रुद्राक्ष

एक दिव्य शक्ति-बीज

THE POWER OF RUDRAKSHA

NOW IN HINDI

रुद्राक्ष

एक दिव्य शक्ति-बीज

THE POWER OF RUDRAKSHA

NOW IN HINDI

पवित्र रूद्राक्ष और उनके उपचारात्मक गुणधर्मो के लिए मार्गदर्शिका

द्वितीय संस्करण

कमल नारायण सीठा

जयको पब्लिशिंग हाउस

अहमदाबाद बेंगलोर चेन्नई

दिल्ली हैदराबाद कोलकाता मुम्बई

DISCLAIMER

While neither the publisher nor the author make any claim for the remedies or the benefits mentioned in this book, the author hopes this compilation will be treated as a database and a starting point to move forward.

Published by Jaico Publishing House
A-2 Jash Chambers, 7-A Sir Phirozshah Mehta Road
Fort, Mumbai - 400 001
jaicopub@jaicobooks.com
www.jaicobooks.com

रुद्राक्ष एक दिव्य शक्ति-बीज
Hindi Edition of *The Power of Rudraksha*
ISBN 978-81-7992-981-0

First Jaico Impression: 2009
Ninth Jaico Impression: 2019
First Jaico Impression (Second Edition): 2025

Printed by
Gopsons Papers Pvt. Ltd., Noida, U.P.

यह पुस्तक सर्वशक्तिमान भगवान शिव को
समर्पित है, जो सभी कारणों के कारण हैं

अनुक्रम

आभार

मैं रसायन संस्थान प्रौद्योगिकी मुंबई (आईसीटी), 2005 और 2008 के बीच गैर-नैदानिक परीक्षण आयोजित करने के लिए और: अनुसंधान की एक टीम प्रदान करने के लिए के प्रतिहार्दिक आभार व्यक्त करता हूँ।

फार्मेकोलॉजी की प्रोफेसर डॉ. अर्चना जुवेकर, पीएचडी के मार्गदर्शन में रुद्रलाइफ़, मुंबई के द्वारा किये गए शोध कार्य के लिए।

पुस्तक प्रकाशन के लिए मैं जैको पब्लिशिंग हाउस, मुंबई को धन्यवाद देना चाहता हूँ I

यह पुस्तक श्रद्धा और विश्वास के सानिध्य में सनातन धर्म की एक विशेषता का परिचय देती है।

कमल नारायण सीठा

नागपुर

प्रस्तावना
संशोधित संस्करण के लिए

पिछले संस्करणों को हमारे प्रबुद्ध पाठकों और रुद्राक्ष प्रेमियों से अत्याधिक प्रतिसाद मिलने के कारण, इस पुस्तक में नए अनुभव जोड़ने के लिए मैं प्रोत्साहित हुआ। मैं पाठकों को सूचित करना चाहूंगा कि इस पुस्तक के पहले संस्करण के जारी होने के बाद। ऑनलाइन और ऑफलाइन दोनों प्लेटफार्मों पर रुद्राक्ष विक्रेताओं और वितरकों की संख्या में वृद्धि हुई है। यदि गलत सूचना और गलत धारणाओं को पीछे करके तथ्यों को प्रस्तुत किया जाएं, तो इस अद्भुत बीज की मांग में वृद्धि के साथ-साथ लोगों को मानसिक और शारीरिक कल्याण प्राप्त करने में मदद मिली है, पर इसका कोई सांख्यिकी विवरण उपलब्ध नहीं है।

मांग में वृद्धि के साथ, नकली रुद्राक्ष की उपलब्धि की संभावना भी बढ़ गई हैजो की इस पुस्तक के उद्देश्य के विपरीत हैं हालाँकि, वास्तविक डीलर जिन्होंने अपने मूल सिद्धांतों को अक्षुण्ण रखते हुए प्रामाणिक रुद्राक्ष का व्यापार किया है, वे अपने पेशे में काफी समृद्ध हुए हैं।

हरिद्वार, ऋषिकेश, वाराणसी आदि तीर्थस्थलों में, ऐसे रुद्राक्ष डीलर हैं जो ईमानदार व्यवसाय प्रथाओं का पालन करते हैं और अपने ग्राहकों को पूरी ईमानदारी से सेवा प्रदान करते हैं, लेकिन ऐसे लोगों की संख्या बहुत कम है।

शांति कुंज हरिद्वार के प्रमुख डॉ. प्रणव पंड्या के साथ मेरी बैठकों के दौरान तथा परमार्थ निकेतन, ऋषिकेश के स्वामी चिदानंद जी; और कई अन्य संतों

और महामंडलेश्वरों ने एक तथ्य दोहराया कि यदि व्यापारी बाजार में अधिक ईमानदारी से रुद्राक्ष का व्यापार करें, तो रुद्राक्ष की माँग और बढ़ सकती है और जनता इससे लाभान्वित हो सकती है, क्योंकि रुद्राक्ष अब आम लोगों तक पहुँच रहा है।

मनुष्य, न केवल धार्मिक विश्वासों के लिए बल्कि व्यक्तिगत कल्याण के लिए भी रुद्राक्ष धारण करते हैं। इस प्रकार के उत्पाद के लिए अभी तक कहीं भी कोई निर्धारित मानक नहीं हैं, और हमें इन व्यवसायों में शामिल लोगों की ईमानदारी और इरादों पर निर्भर रहना होगा।

मैं इस अद्भुत रुद्राक्ष को लोकप्रिय बनाने में नए जमाने के गुरुओं, जैसे श्री श्री रविशंकर, सद्गुरु जग्गी वासुदेव, योग गुरु बाबा रामदेव और कई अन्य लोगों के बहुमूल्य योगदान की भी सराहना करना चाहूंगा, भले ही उनमें से कुछ का व्यावसायिक उद्देश्य हो। हाल के दिनों में, जब हम अपने प्रधान मंत्री नरेंद्र मोदी जी को गंगा नदी में स्नान भी करते समय रुद्राक्ष की माला पहने हुए देखते हैं, तो इन पवित्र बीजों के प्रति हमारा सम्मान, और बढ़ जाता है। वाराणसी के सबसे बड़े सम्मेलन केंद्रों में से एक का नाम "रुद्राक्ष" रखा गया है और आजकल फिल्मों में भी सकारात्मक रूप से चित्रित किया जा रहा है। बाजार में बेहतर उपलब्धता के बावजूद, दुर्लभ, महंगे दाने जैसे 14 मुखी और उससे अधिक मुख दार, त्रिजुटी आदि की प्रामाणिकता संदेह में ही रहती है।

रुद्राक्ष विक्रेताओ की भूमिका बहुत महत्वपूर्ण है क्योंकि ग्राहकों को इन बीजों की अनुशंसा करते समय सही ज्ञान और उचित इरादा आवश्यक है। सभी इस बात से सहमत हैं कि इस पुस्तक के प्रकाशन और हमारे सहयोगी संगठनों के प्रयासों तक, विभिन्न मुखी दानों के उपयोग के बारे में जागरूकता सीमित थी। समय के साथ लोग अधिक जागरूक हो रहे हैं, जो इस व्यवसाय के लिए अच्छा है।

रुद्राक्ष दिव्य शक्ति बीज के इस संशोधित संस्करण के साथ, मैं अपने सम्मानित पाठकों को वर्तमान पीढ़ी के अनुसंधान वैज्ञानिकों और विद्वानों से प्राप्त अधिक तथ्यों और नए निष्कर्षों के साथ प्रस्तुत करना चाहूँगा। इस पुस्तक

में रुद्राक्ष और उसके संयोजनों की कई नई छवियां जोड़ी गई हैं, जो मुझे आशा है कि पाठकों को उपयोगी सिद्ध होगी।

रुद्राक्ष- हमारा धार्मिक प्रतीक, हमारी विरासत और भगवान शिव का

हमारे लिए उपहार है। इसे लोगों के दिलो-दिमाग में और विश्व समाज में उचित स्थान मिलना चाहिए।

ॐ नमः शिवाय

लेखक का एक उपदेश यह भी है कि, हिंदू धर्म अथवा संस्कारोन्मे उपयोग में आनेवाली जितनी वस्तुएँ हैं उनकी गुणवत्ता जंच के लिए शासन की और से नियम बनाया जाए ताकि नकली वस्तुओ के विक्रेताओं पर अंकुश लग सके I

कमल नारायण सीठा

नागपुर

2 July, 2024

प्रस्तावना

रुद्राक्ष ने अपने रहस्यमय गुणों के कारण दुनिया भर के लोगों को आकर्षित किया है। यह आश्चर्यजनक है कि

पेड़ों पर उगने वाले इन फलों ने बहुत अधिक ध्यान आकर्षित किया है और दुनिया भर में रुचि पैदा की है। हिंदू धार्मिक संतों के अलावा, इसके उपयोगकर्ताओं और उपासकों में कारीगर, गृहिणियां, शिक्षाविद और व्यवसायी शामिल हैं। रुद्राक्ष ने धर्म और राष्ट्रीयता की मानव निर्मित सीमाओं को पार कर रहा है।

रुद्राक्ष का प्रयोग प्राचीन काल से होता आ रहा है। इसकी उत्पत्ति हिंदू पवित्र त्रिदेवों में से एक, भगवान शिव से मानी जाती है। प्राचीन काल से ही शिव की छवियों और मूर्तियों को ये रुद्राक्ष मालाएँ पहने हुए दिखाया गया है।

रुद्राक्ष और इसी तरह के दुर्लभ और प्राकृतिक रूप से पाए जाने वाले उत्पादों, जैसे अम्बर, अगर, श्वेतार्क, शालिग्राम, गोरोचन, आदि के बारे में अभी भी कई रहस्यों से पर्दा उठना बाकी है।

रुद्राक्ष आध्यात्मिकता का प्रतीक है। इसे एक मनके के रूप में या माला के रूप में एकाधिक में पहना जाता है। जब साधु इन्हें पहनते हैं, तो माना जाता है कि उन्होंने विशेष शक्तियाँ प्राप्त कर ली हैं और यह लगभग भगवान के भक्तों के लिए एक व्यापार चिह्न की तरह है। बहुत से लोग अच्छे भाग्य के लिए या ताबीज के रूप में या सिर्फ अच्छे स्वास्थ्य के लिए रुद्राक्ष पहनते हैं। कुछ लोग इसके गुणों को जाने बिना भी इसे आभूषण के रूप में पहनते हैं।

रुद्राक्ष को उपचार गुणों या रहस्यमय शक्तियों से युक्त ब्रिटिश शासन के दौरान, रुद्राक्ष से जड़े सोने के आभूषण भारत से इंग्लैंड निर्यात किए जाते थे, जहां वे राजपरिवार के सदस्यों सहित ब्रिटिश महिलाओं के पसंदीदा बन गए।

रुद्राक्ष को वैज्ञानिक समुदाय में उपचारात्मक गुणों या रहस्यमय शक्तियों के लिए व्यापक प्रचार या स्वीकृति नहीं मिली है। यह आश्चर्य की बात नहीं है, क्योंकि किसी विशिष्ट धर्म (इस मामले में हिंदू धर्म) के लिए पारंपरिक और सांस्कृतिक महत्व की कई वस्तुएं आस्था और यहाँ तक कि अंधविश्वास का विषय बन जाती हैं। दूसरा कारण रुद्राक्ष के उपयोग के लाभों और इसकी प्रभावकारिता पर राय की विविधता हो सकती है।

इसके औषधीय या उपचार गुणों या इसके परामनोवैज्ञानिक या दैवीय प्रभावों का आकलन करने के लिए कोई शोध या संगठित अध्ययन नहीं किया गया है। हालाँकि ये एलेओकार्पस पेड़ दुनिया भर में पाए जाते हैं, लेकिन इनका आध्यात्मिक महत्व केवल उन्हीं लोगों के लिए है जो उनकी दिव्य क्षमताओं में विश्वास करते हैं। चूँकि रुद्राक्ष की पहचान हिंदू धार्मिक प्रतीक के रूप में अधिक की जाती है, इसलिए उन्होंने पश्चिमी वाणिज्यिक जगत का विशेष ध्यान आकर्षित नहीं किया।

इस पुस्तक को लिखने का उद्देश्य लोगों को इन बीजों को निष्पक्ष तरीके से देखने में रुचि जगाना है। इस तरह, रुद्राक्ष के आसपास के रहस्यों का खुलासा करने और उनके साथ-साथ रुद्राक्ष के पेड़ के अन्य हिस्सों के लिए सही प्रथाओं और उपयोगों को खोजने के लिए उचित शोध किया जा सकता है। रुद्राक्ष बीजों के अलावा, फल की बाहरी त्वचा, विभिन्न मुखी रुद्राक्ष के बीज, पत्तियां और पेड़ की छाल का उपयोग हर्बल उत्पाद बनाने के लिए किया जा सकता है। एलेओकार्पस की विभिन्न प्रजातियों के अध्ययन से उनके गुणों पर भी प्रकाश डाला जा सकता है।

मैं ऐसे लोगों से मिला हूं जिन्होंने रुद्राक्ष के उपयोग के कई लाभों का उल्लेख किया है। मैंने इसकी प्रभावकारिता के बारे में विभिन्न पुस्तकों में भी पढ़ा है, जिनमें आयुर्वेद पर लिखी पुस्तकें भी शामिल हैं। लाभ भौतिक सफलता

प्राप्त करने और शारीरिक बीमारियों पर काबू पाने से लेकर मानसिक शांति प्राप्त करने तक थे। कई बार, ऐसा अनुभव महज संयोग हो सकता है, फिर भी बड़ी संख्या में लोगों द्वारा इसके अच्छे प्रभावों के पक्ष में निर्णायक रूप से अपने विचार रखने के कारण, मुझे इनके बारे में सीखना जारी रखने के लिए प्रेरित किया गया।

फरवरी 2005 से अगस्त 2007 तक फार्माकोलॉजी विभाग, मुंबई विश्वविद्यालय (अब इंस्टीट्यूट ऑफ केमिकल टेक्नोलॉजी) में रुद्राक्ष पर किए गए गैर-नैदानिक परीक्षण और इसके लाभ काफी आशाजनक दिखते हैं। इन परीक्षणों के निष्कर्षों का सारांश पहली बार इस पुस्तक में प्रकाशित किया जा रहा है।

मेरा दृढ़ विश्वास है कि रुद्राक्ष का महत्व आम तौर पर इसके मूल्य से कहीं अधिक है। इसमें उपचारात्मक गुण हो सकते हैं जो सेल फोन, इलेक्ट्रॉनिक गैजेट्स और प्रक्रियाओं द्वारा उत्पन्न विद्युत चुम्बकीय तरंगों के संपर्क के कारण मनुष्यों को प्रभावित करने वाले मुद्दों को ठीक करने में मदद मिल सकती है। यह मानव शरीर को एक सुरक्षा कवच प्रदान कर सकता है। ऐसे में, इसकी पूरी क्षमता का दोहन करने के लिए इन बीजों का समर्पण, भक्ति, आत्मविश्वास और धैर्य के साथ अध्ययन करने की आवश्यकता है।

रुद्राक्ष पहनने का एक और पहलू है जो आभूषण के रूप में इसके उपयोग से संबंधित है। परंपरागत रूप से, हार पहनना शरीर को सजाने का सबसे आम तरीका है। हार अक्सर कीमती धातुओं, रत्नों, हड्डियों, सीपियों और कई अन्य प्राकृतिक और सिंथेटिक सामग्रियों से बने मोतियों से जड़े होते हैं। इन सभी पत्थरों और अन्य सामग्रियों के बीच - जिनमें मोती और हीरे, सोना या प्लैटिनम शामिल हैं - रुद्राक्ष की प्राकृतिक सुंदरता, ऊर्जा और शरीर और दिमाग दोनों के लिए उपयोगिता रुद्राक्ष सच्चा जैव-आभूषण है, सुंदर और शक्ति से भरपूर है। इसकी आभा और चमक, जब भी आप इन्हें देखते हैं, दिव्य, प्रभावशाली और मंत्रमुग्ध कर देने वाली होती है।

जैसा कि पहले उल्लेख किया गया है, हिंदू धर्मग्रंथ रुद्राक्ष को भगवान शिव से जोड़ते हैं, जिन्हें हिंदू देवताओं में सबसे महान माना जाता है। उन्हें महादेव के नाम से जाना जाता है और ऐसा मानते हैं कि रुद्राक्ष के पेड़ों की उत्पत्ति उनके आंसुओं से हुई है। संस्कृत में, रुद्र का अर्थ है 'भगवान शिव' और अक्ष का अर्थ है 'आँसू' या 'आँखें'। कई लोगों का मानना है कि इन बीजों से अधिकतम लाभ प्राप्त करने के लिए भगवान शिव का आशीर्वाद लेना चाहिए। यदि यह पुस्तक रुद्राक्ष को मात्र एक उत्पाद मानकर और इसके आध्यात्मिक महत्व का उल्लेख किए बिना लिखी गई होती, तो मैं इन बीजों के साथ न्याय नहीं कर पाता। पीढ़ियों से, 'रुद्राक्ष' शब्द का उच्चारण मात्र आत्मा को छूने वाली भावनाएं और कंपन पैदा करता है और आपको भगवान के समीप लाता है।

मेरे अनुभव में इन बीजों की सबसे महत्वपूर्ण संपत्ति व्यक्ति को निडर बनाने की उनकी क्षमता है। अनेक दैवीय शक्तियाँ भगवान शिव के साथ एकजुट होती हैं। ऐसी दिव्य रचना की वैज्ञानिक व्याख्या आसानी से नहीं की जा सकती।

रुद्राक्ष की शक्ति को समझने के लिए कई दृष्टिकोण हैं, जिनमें से सबसे आकर्षक है भगवान शिव द्वारा इसे आभूषण के रूप में पहनना।

वह शक्ति के प्रतीक के रूप में देखे जाने वाले आभूषणों का उपयोग करते हैं, जिनमें अपने अर्थ में शांति और सुंदरता होती है। उदाहरण के लिए, वह अपनी गर्दन और भुजाओं के चारों ओर साँप लपेटते हैं, धतूरे के मादक फूलों का उपयोग करते हैं और अपने शरीर को ढकने के लिए बाघ की खाल पहनते हैं।

वह अपने शरीर पर श्मशान की राख (भस्म) लगाते हैं। इसके अलावा, अर्धचंद्र उनके सिर को सुशोभित करता है, गंगा नदी उनकी जटाओं से बहती है और वह डमरू (एक संगीत वाद्ययंत्र रखते हैं।) चंद्रमा और गंगा अपनी विशालता और शक्ति के लिए जाने जाते हैं, जबकि डमरू को 14 प्रत्याहारों की ध्वनियों को एकीकृत करके संस्कृत भाषा का निर्माता माना जाता है। बारह ज्योतिर्लिंग, उनके दिव्य प्रकाश रूपों का प्रतिनिधित्व करते हुए, भारत के कुछ सबसे सुंदर स्थानों में, कठिन इलाकों में लेकिन शानदार प्राकृतिक परिवेश में

स्थित हैं। उनका स्थायी निवास हिमालय में कैलाश पर्वत पर है, जो किसी भी प्राणी को प्रभावित करेगा। कोई अन्य भगवान उनके अद्वितीय तरीकों से मेल नहीं खा सकता है। उन्हें समर्पित मंदिर भारत के व्यावहारिक रूप से सभी गांवों और कस्बों में पाए जा सकते हैं जहां उनकी पूजा या तो लिंग रूप में, या नृत्य करते नटराज के रूप में, या उनकी पत्नी, पार्वती और उनके परिवार के सदस्यों-पुत्र गणेश, कार्तिकेय, और उनकी सवारी नंदी के साथ की जाती है। संक्षेप में, भारतीय विश्वासियों के लिए, असामान्य रूप से आनंददायक, सुंदर, शक्तिशाली या जो विशालता और गहराई को इंगित करता है, आमतौर पर भगवान शिव से जुड़ा होता है। इसमें मृत्यु, विनाश, जहर, नशा, दुर्गम हिमालय, तांत्रिक अभ्यास या योग और तपस्या का उच्चतम रूप, संगीत, नृत्य, भाषा, या कुछ भी रहस्यमय हो सकता है।

शिव सर्वशक्तिमान हैं और वे परमाणुओं और ब्रह्मांड में विद्यमान हैं। वह जन्म और मृत्यु के चक्र को नियंत्रित करते हैं। जितना कोई उन्हें परिभाषित करने और मापने का प्रयास करता है, वह उतना ही अधिक आयामरहित होता जाता है। वह भाषाओं, कला, नृत्य, संगीत, योग, आयुर्वेद और जड़ी बूटियों के निर्माण के लिए जिम्मेदार हैं। अब तक, वह भारत में सबसे अधिक पूजे जाने वाले भगवान हैं और यहाँ तक कि चीन, जापान और इंडोनेशिया के कई प्राचीन मंदिरों में भी उनका उल्लेख मिलता है।

चूँकि भगवान शिव को रुद्राक्ष का जन्मदाता माना जाता है, इसलिए यह आध्यात्मिकता, निर्भयता का प्रतीक और स्वास्थ्य, शांति और समृद्धि के लिए शक्ति का स्रोत बन जाता है। भारत में अधिकांश हिंदू, जैन और सिख घरों में रुद्राक्ष या तो खुले रूप में या माला के रूप में होता है। दुर्भाग्य से, पीढ़ियों से इन बीजों को पहनने के बाद भी, शायद ही किसी को उनका सही मूल्य पता हो, या उनका उपयोग कैसे और कितनी संख्या में किया जाना चाहिए, और उन्हें कैसे बनाए रखा जाए? आमतौर पर इन बीजों का व्यापार करने वाले लोग कई तथ्य छुपाते हैं और व्यावसायिक कारणों से अपना ज्ञान साझा नहीं करते हैं।

इन बीजों के बारे में जानकारी की कमी के लिए निम्नलिखित कारण जिम्मेदार ठहराए जा सकते हैं:

1. **उचित साहित्य या प्रकाशित जानकारी का अभाव।** उपलब्ध अधिकांश पुस्तकों या लेखों में ऐसी जानकारी होती है जो प्रबुद्ध पाठकों के लिए पूरी तरह उपयुक्त नहीं होती। बाज़ार में ऐसी किताबें हैं जिनमें रुद्राक्ष से जुड़ी पूजा विधियों और अनुष्ठानों का विवरण है। इनमें से कुछ किताबें रुद्राक्ष और पूजा में उपयोग की जाने वाली अन्य वस्तुओं के व्यापारियों और खुदरा विक्रेताओं द्वारा लिखी गई हैं, और प्रस्तुत जानकारी उनके हितों के लिए सबसे उपयुक्त है।
2. **रुद्राक्ष पहनने पर अनुष्ठानों और रीति-रिवाजों के माध्यम से लगाए गए प्रतिबंध।** उदाहरण के लिए, कई परिवारों में महिलाओं को रुद्राक्ष पहनने से मना किया जाता है, जबकि पुरुष केवल एक ही पहन सकते हैं। एक धार्मिक संप्रदाय में, एक व्यक्ति को कम उम्र में एक ही रुद्राक्ष पहनने की अनुमति होती है और हर अगले वर्ष, मनके को धारण करने वाले धागे पर गांठें बांध दी जाती हैं ताकि एक बार जब व्यक्ति 50 वर्ष की आयु तक पहुंच जाए, तो मनका वस्तुतः उसके गले को छू ले। कुछ लोग (विशेष रूप से दक्षिण भारत के पुजारी) इसे एक बक्से में चांदी या सोने के साथ लपेटते हैं और इसे एक श्रृंखला में अपने गले में पहनते हैं।
3. **जटिल अनुष्ठान और कथित नकारात्मक प्रभाव।** कुछ लोग मानते हैं कि रुद्राक्ष पहनना एक जटिल अनुष्ठान है और अक्सर बिना किसी सबूत के नकारात्मक प्रभावों के डर से ऐसा करने से हतोत्साहित किया जाता है। कुछ संप्रदाय रुद्राक्ष से पूर्ण लाभ प्राप्त करने के लिए तंत्र अभ्यास की सलाह देते हैं (उदाहरण के लिए, रात में श्मशान में जाकर रुद्राक्ष की शुद्धि करना)। 2004 की बॉलीवुड फिल्म रुद्राक्ष में इस मनके के बारे में कई असत्य और अवास्तविक पहलुओं पर प्रकाश डाला गया और काल्पनिक रूप से रावण रुद्राक्ष नामक एक नई किस्म बनाई गई,

जिसमें रहस्यमय शक्तियाँ होने का दावा किया गया था। ऐसे उदाहरण केवल इन बीजों को जादुई उत्पाद की तरह दिखाते हैं और अंधविश्वास पैदा करते हैं।

4. **शास्त्रों में बताए गए निषेध।** कुछ धर्मग्रन्थ अलग-अलग विचार प्रस्तुत करते हैं, विशेष रूप से मांसाहार या शराब से परहेज़ जैसे नियमों पर, इन प्रतिबंधों को रचनात्मक तरीके से और धर्मग्रंथों के इतिहास की सच्ची भावना और बिना किसी स्पष्ट नियंत्रण या धार्मिक असहिष्णुता के पीढ़ी-दर-पीढ़ी पारित होने के अनुसार स्वीकार किया जाना चाहिए।
5. **बाजार में बड़ी संख्या में नकली रुद्राक्ष की मौजूदगी.** बाज़ार में नकली रुद्राक्ष ने लोगों का विश्वास हिला दिया है और यही इसके इस्तेमाल पर रोक लगाने का एक महत्वपूर्ण कारण है। विभिन्न हस्तनिर्मित रूपों में एकमुखी (एक मुखी) गोल दानों की पेशकश करना या उन्हें अन्य बीजों से तैयार करना या दानों पर अतिरिक्त रेखाएं उकेरना कई लोगों के लिए एक बढ़ते व्यवसाय का हिस्सा बन गया है।

इन परिस्थितियों में, इस मनके को लोकप्रिय बनाने और इसके वास्तविक गुणों और लाभों को सामने लाने के लिए संयुक्त प्रयासों की आवश्यकता है।

प्राचीन भारत में, महान ऋषियों और अन्य विद्वानों ने ज्योतिष, आयुर्वेद, योग, भाषा, संगीत और नृत्य के विकास में मदद की। ये पूर्वज खोज करने और महान खोज करने की क्षमताओं से संपन्न रहे होंगे। हम केवल अनुमान ही लगा सकते हैं कि रुद्राक्ष जैसे बीजों की खोज करने और उसमें गुण निर्दिष्ट करने के लिए कितने प्रयास की आवश्यकता रही होगी। अब, उपग्रह-सहायता मानचित्रण और अन्वेषण सुविधाओं सहित संसाधनों के साथ, क्या हम फिर से रुद्राक्ष जैसी बुनियादी चीज़ का आविष्कार कर सकते हैं?

आज, हम उन सभी चीज़ों के लिए वैज्ञानिक स्पष्टीकरण ढूंढने का प्रयास कर रहे हैं जिन्हें सदियों पहले उपयोगी या प्रचलित माना जाता था - चाहे वह नीम, इमली, करेला, सरसों, समय-परीक्षणित आयुर्वेदिक दवाएँ, या योग,

प्राणायाम, ध्यान या अनुष्ठान जैसे अभ्यास हों, उगते सूर्य को जल अर्पित करना या शंख बजाना। आश्चर्य की बात है कि इनमें से अधिकांश उत्पादों या प्रथाओं को आज वैज्ञानिक स्वीकृति मिल गई है, जिससे पुराने सिद्धांतों और परंपराओं की सराहना होने लगी है। इससे उन्हें भारत और दुनिया में अन्य जगहों पर प्रमुख और लोकप्रिय बनने में मदद मिली है। यह वैज्ञानिक तथ्यों द्वारा समर्थित पुराने मूल्यों का उद्भव है जो तेज़ी से लोगों को आध्यात्मिकता, योग या आयुर्वेद की ओर ले जा रहा है। नए जमाने के गुरु और विद्वान वक्ता जैसे श्री. मोरारी बापूजी, श्री श्री. रविशंकर, मां चिदविलासानंद (मुक्तानंद आश्रम), और आश्रम प्रमुख जैसे स्वामी अवधेशानंदजी; भारत माता मंदिर, हरिद्वार के दिवंगत स्वामी सत्यमित्रानंदजी; परमार्थ निकेतन, ऋषिकेश के स्वामी चिदानंद; शांति कुंज, हरिद्वार के डॉ. प्रणव पंड्याजी; संन्यास आश्रम, नई दिल्ली के स्वामी पुण्यानंदजी गिरि; संन्यास आश्रम, मुंबई के स्वामी विश्वेश्वरानंद गिरि के साथ-साथ हिंदू धार्मिक संस्थानों के अधिकांश सदस्य, संन्यासी और ज्योतिषी रुद्राक्ष पहनते हैं। श्री. मोरारी बापू रुद्राक्ष की माला पहनते हैं और रत्नों या किसी अन्य अंधविश्वासी अनुष्ठान में विश्वास नहीं करते हैं। मुखर योग और प्राणायाम गुरु स्वामी रामदेवजी भी सभी अंधविश्वासों, रत्नों, पत्थरों या यंत्रों के खिलाफ हैं। लेकिन वे सभी रुद्राक्ष के गुणों का सम्मान करते हैं और अपने अनुयायियों को आशीर्वाद के रूप में हार देते हैं। जब मैं 2005 में स्वामी रामदेवजी से मिला, तो मैंने उन्हें रुद्राक्ष पहनने के लाभों के बारे में बताया (विशेषकर प्राणायाम करते समय) और उनसे हरिद्वार में अपने आयुर्वेदिक अनुसंधान परियोजना में रुद्राक्ष पर कुछ शोध शुरू करने का अनुरोध किया था।

रुद्राक्ष के गुणों को समझने के लिए, हमें औषध विज्ञान, चिकित्सा और भौतिकी के शोधकर्ताओं के साथ-साथ डिजिटल जीव विज्ञान, मैग्नेटो थेरेपी, किर्लियन या अन्य जैव-क्षेत्र फोटो इमेजिंग, एक्स-रे/सीटी स्कैनिंग और वनस्पति विज्ञान जैसे क्षेत्रों के विशेषज्ञों के एक समूह की आवश्यकता है।

इस दायरे और प्रकृति की परियोजना केवल कॉर्पोरेट स्तर पर या सरकार द्वारा ही शुरू की जा सकती है।

आज, रुद्राक्ष के उपयोग को लोकप्रिय बनाने और इसके बारे में कई गलत धारणाओं को दूर करने के प्रयास किए जा रहे हैं। मुंबई में रुद्रलाइफ़ और नागपुर/मुंबई में रुद्र सेंटर जैसी संस्थाएँ देश भर और विदेशों में प्रदर्शनियाँ आयोजित करती हैं, जो बड़ी भीड़ को आकर्षित करती रही हैं। प्रदर्शनियों में भाग लेने वाले लोग रुद्राक्ष चयन के पहलुओं पर चर्चा करते हैं और अपनी शंकाओं का समाधान करते हैं। कई हज़ार लोगों के साथ अपनी बातचीत में, आयोजकों ने पाया है कि, बड़े पैमाने पर, लोग रुद्राक्ष को एक शक्तिशाली और दिव्य मोती के रूप में स्वीकार करते हैं, लेकिन आम तौर पर असली रुद्राक्ष की उपलब्धता और उनकी पहचान के बारे में संदेह होता है। वास्तव में, कई लोग रुद्राक्ष की प्रभावकारिता से इतने अधिक प्रभावित थे कि वे किसी भी वैज्ञानिक अन्वेषण या शोध कार्य के खिलाफ थे। उन्होंने दावा किया कि ये बीज "स्वयं सिद्ध" हैं, इनमें ईश्वर की शक्तियाँ हैं और इन्हें वैज्ञानिक जांच के अधीन नहीं किया जाना चाहिए।

1997 में, मुझे रुद्राक्ष के बारे में अपने अनुभव और ज्ञान को दूसरों के साथ साझा करने की आवश्यकता महसूस हुई। इसे मैंने नागपुर में एक प्रदर्शनी के माध्यम से मर्यादित ढंग से किया, जिसे आगंतुकों ने सराहा। इसने मुझे इसे पूरे देश में और विदेशों में भी ले जाने के लिए प्रेरित किया। भारत के अलावा, हमने मलेशिया और सिंगापुर में प्रदर्शनियाँ आयोजित की हैं, जिससे हमें रुद्राक्ष के उपयोग के अनुभवों के बारे में हजारों लोगों से बातचीत करने का अवसर मिला है।

मुझे कहना होगा कि रुद्राक्ष पहनने वाले लोगों को या तो उनके स्वास्थ्य संबंधी मुद्दों या जीवन में समृद्धि, शादी करने या नकारात्मकता को दूर करने जैसी आकांक्षाओं के लिए सकारात्मक परिणाम मिलते हैं। मेरा मानना है कि अच्छे नतीजों की ठीक से निगरानी या दस्तावेजीकरण नहीं किया गया है। मुंबई में रुद्रलाइफ ने रुद्राक्ष की संरचना, भौतिक और औषधीय गुणों के बारे में

अधिक समझने के लिए मान्यता प्राप्त प्रयोगशालाओं के साथ मिलकर वैज्ञानिक अध्ययन करना शुरू किया।

मुझे आशा है कि इस पुस्तक के माध्यम से पाठकों को रुद्राक्ष के बारे में बुनियादी जानकारी और उन क्षेत्रों के बारे में पता चलेगा जहां आगे शोध की आवश्यकता है।

रुद्राक्ष आत्म-सशक्तिकरण और भीतर से सकारात्मक बदलाव लाने के लिए है। आमतौर पर यह पाया गया है कि उच्च रक्तचाप, मधुमेह, हृदय संबंधी समस्याएं, पेट संबंधी विकार, तनाव, गठिया और भय से पीड़ित लोगों को रुद्राक्ष पहनने से लाभकारी परिणाम मिलते हैं। यहाँ तक कि अस्थमा, अनिद्रा और उच्च रक्तचाप जैसे विकार भी रुद्राक्ष पहनने से ठीक या नियंत्रित हो जाते हैं, कुछ मामलों में अकेले और कुछ मामलों में प्राकृतिक चिकित्सा या हर्बल दवाओं के साथ। ऐसी चिकित्साएँ योग, प्राणायाम, सूर्य चिकित्सा और अन्य वैकल्पिक उपचार विधियों का उपयोग हो सकती हैं।

हालाँकि, अधिक बुनियादी शोध की आवश्यकता है ताकि इन आश्चर्यजनक बीजों की पूरी क्षमता को जाना जा सके और उसका उपयोग किया जा सके। मुझे इसमें कोई संदेह नहीं है कि रुद्राक्ष विश्व को रोग, तनाव और भय मुक्त बनाने में मदद कर सकता है। यह आसानी से विभिन्न शारीरिक और मानसिक विकारों के लिए कम लागत वाला उपचार और निवारक उपचार बन सकता है। हालाँकि, मैं इन मान्यताओं और वास्तविकता के बीच एक लंबी यात्रा देखता हूँ।

मैं पुस्तक की सामग्री और प्रस्तुति को बेहतर बनाने के लिए पाठकों के सुझावों का स्वागत करता हूँ।

ॐ नमः शिवाय

कमल नारायण सीठा

1

रुद्राक्ष – बीज

रुद्राक्ष एलेओकार्पेसी की एक प्रजाति से संबंधित है - बड़े सदाबहार पेड़ – जिनकी विश्व के उष्णकटिबंधीय और उपोष्णकटिबंधीय क्षेत्र में 360 से अधिक प्रजातियां वितरित हैं

रुद्राक्ष का वैज्ञानिक वर्गीकरण इस प्रकार है:

किंगडम: प्लांटे
डिवीजन: मैगनोलियोफाइटा
क्लास: मैंगोलियोप्सिडा
ऑर्डर: ऑक्सलिडेल्स
परिवार: एलेओकार्पेसी
जीनस: एलेओकार्पस
प्रकार: ई. सेराटस लिन, एगनिट्रस, रोक्सब., आदि।

यह प्रजाति मेडागास्कर, भारत, श्रीलंका, नेपाल, सिक्किम, भूटान, म्यांमार, तिब्बत, थाईलैंड, मलेशिया, इंडोनेशिया, ऑस्ट्रेलिया के उत्तरी हिस्सों, न्यूजीलैंड, न्यू कैलेडोनिया, फिजी, फिलीपींस, दक्षिणी चीन, जापान और हवाई में पाई जा सकती है। बोर्नियो और न्यू गिनी के द्वीपों में प्रजातियों की एक बड़ी प्रजातियाँ हैं।

उन्नीसवीं सदी के उत्तरार्ध में, वनस्पतिशास्त्री डॉ. विलियम रॉक्सबर्ग ने भारतीय वनस्पति उद्यान, कोलकाता के निदेशक के रूप में भारत और नेपाल की वनस्पतियों का अध्ययन करते हुए नेपाल में पाए जाने वाले इन पेड़ों की सबसे लोकप्रिय किस्म को वर्गीकृत किया था। उन्हें एलेओकार्पस गैनिट्रस रॉक्सबी, जिसे आमतौर पर रुद्राक्ष कहा जाता है, का विशेषज्ञ माना जाता है, जो हमारे पुराने धार्मिक ग्रंथों में दिए गए व्यापक विनिर्देशों से मेल खाता है। रुद्राक्ष की उपरोक्त प्रजातियाँ वर्तमान में अधिकतर नेपाल और इंडोनेशिया में पाई जाती हैं, क्योंकि अन्य स्थानों पर कोई संगठित वृक्षारोपण कार्य नहीं हुआ है।

यह जानना दिलचस्प है कि हाल ही में कोलकाता विश्वविद्यालय के डॉ. सुबीर बेरा और अन्य लोगों द्वारा अरुणाचल प्रदेश के ऊपरी शिवालिक तलछट (किमिन संरचनाओं) से रुद्राक्ष के जीवाश्म अवशेषों की खोज की गई है। वे आधुनिक टैक्सोन एलेओकार्पस लांसिफोलियस रॉक्सब से मिलते जुलते कार्बोनाइज्ड फल हैं। इन फलों का पाया जाना निक्षेपण के समय क्षेत्र में उपोष्णकटिबंधीय से समशीतोष्ण जलवायु, चौड़ी पत्ती से लेकर सदाबहार वन तक का संकेत देता है और यह तथ्य भी दर्शाता है कि ये पेड़ मूल रूप से भारतीय उपमहाद्वीप के प्रतीत होते हैं। ई. अन्गुस्टिफोलियस अपेक्षाकृत तेजी से बढ़ने वाला पेड़ है, जो द्वितीयक वनों में सबसे आम है। यह क्वींसलैंड, न्यू गिनी, मलेशिया और दक्षिणी नेपाल के उष्णकटिबंधीय जंगलों में जंगली रूप से उगता है, जहां इसे हिंदू मिशनरियों और व्यापारियों द्वारा लाया गया होगा।

ग्रीक में, एलाई का अर्थ है 'जंगली जैतून' पेड़ और कार्पस का अर्थ है 'फल', और इसलिए जंगली जैतून जैसे पेड़ों के फल के बीज को एलियोकार्पस के रूप में वर्गीकृत किया गया है। संस्कृत, हिंदी और मराठी में इसे रुद्राक्ष, कन्नड़ में रुद्राक्षी, तमिल में अक्कम, तेलुगु में रुद्राक्ष हलु और बंगाली में रुद्रक्य के नाम से जाना जाता है।

ये पेड़ 14.60 मीटर से 29.20 मीटर तक ऊंचे हो सकते हैं (चित्र 1-ए)

क्षेत्र के आधार पर (नेपाल रुद्राक्ष के पेड़ 20 मीटर से अधिक ऊंचे होते हैं) और इनके तने का व्यास 1.22 मीटर तक होता है।

इसके पत्ते आम के पत्तों के समान होते हैं और लगभग 17.78 सेमी लंबे और 2.54 सेमी से 4.45 सेमी चौड़े होते हैं। जब पत्तियाँ उगती हैं तो उनका रंग हल्का हरा होता है, परिपक्व होने पर गहरे हरे रंग में बदल जाती हैं और गिरने से पहले भूरे-भूरे रंग में बदल जाती हैं। पत्तियाँ वर्ष भर बढ़ती और गिरती रहती हैं।

नवंबर के मध्य में फूल आते हैं और पुराने पत्तों की धुरी से सफेद फूलों के गुच्छे उगते हैं।

फूल पेड़ की सुंदरता को बढ़ाते हैं और उनमें रात में खिलने वाले चमेली (रात रानी) के फूलों के समान हल्की सुगंध होती है। फूल का गुच्छा पत्ती के गुच्छे से छोटा होता है। फूल आने के लगभग एक महीने बाद, फल आना शुरू हो जाते हैं, लेकिन ऐसा तभी होता है जब पेड़ सात से आठ साल का हो जाता है (कुछ किस्मों में फूल आते हैं और प्रजाति, मिट्टी की परिपक्वता और पर्यावरण के आधार पर 4 साल बाद ही फल लगते हैं)। छोटे पेड़ों पर फूल तो आते हैं लेकिन फल नहीं लगते। फल 2 से 4 सेमी व्यास और हरे रंग के होते हैं। एक बार परिपक्व होने पर, फल नीले, फिर नीले-बैंगनी फिर गहरे भूरे और अंत में काले हो जाते हैं। बीजों का आकार उस क्षेत्र के अनुसार भिन्न होता है जहां पेड़ उगते हैं। उदाहरण के लिए, नेपाली किस्म के फल सबसे बड़े और इंडोनेशियाई किस्म के फल सबसे छोटे होते हैं।

रुद्राक्ष ई. गैनिट्रस रॉक्सब का फल है। बाहरी एपिकार्प और मांसल मध्य मेसोकार्प को हटाने पर पथरीली एंडोकार्प या मनका देखी जा सकती है। फल की बाहरी त्वचा के कई औषधीय उपयोग हैं। जिस क्षेत्र में ये पेड़ उगते हैं वहां के लोग बुखार, खांसी या सर्दी होने पर इन्हें पानी में उबालकर पीते हैं। पत्तियों में जीवाणुरोधी गुण होते हैं और घावों के इलाज में उपयोग किया जाता है। सिरदर्द, माइग्रेन और मानसिक विकारों को ठीक करने और मिर्गी के इलाज के लिए भी इन्हें मौखिक रूप से लिया जाता है।

फल के अंदर पथरीला एंडोकार्प या मनका होता है, जो तने से जुड़ा होता है। मनके की सतह बहुत कठोर, खुरदरी होती है (चित्र 2) जिसमें खांचे होते हैं और केंद्र में एक लंबी गुहा होती है जहां यह तने से जुड़ा रहता है। मनके

में बीज होते हैं जो केंद्रीय गुहा से पोषण प्राप्त करते हैं। इस गुहा से ऊर्ध्वाधर दरारें जुड़ी होती हैं। जबकि प्रत्येक दरार में एक बीज वाले अलग-अलग फांक (कम्पार्टमेंट) होते हैं, इन दरारों का जोड़ बीज के शरीर के बाहर फैला होता है। बाहर से दिखाई देने वाले इस जोड़ को मुखी या धारी के नाम से जाना जाता है। सीधे शब्दों में कहें तो, एक पाँच मुखी मनके में पाँच आंतरिक बीज के साथ पाँच फांक (कम्पार्टमेंट) होंगे (चित्र 10), एक नौ मुखी मनका में नौ फांक और नौ बीज होंगे, आदि। आंतरिक फांक की संख्या मुख की संख्या के समान होनी चाहिए। कोई भी रुद्राक्ष. कई मुखी रुद्राक्ष को पहचानने के लिए यह एक अच्छा परीक्षण है। हालाँकि, इस प्रक्रिया में, मनका आमतौर पर नष्ट हो जाता है। और कई मोतियों में, विशेष रूप से छह मुखी से परे, यह देखा गया है कि बीज अक्सर ओवरलैप होते हैं या, कुछ मामलों में, उनमें से कुछ पूर्ण विकास प्राप्त नहीं कर पाते हैं। डिब्बों को देखने और आंतरिक बीजों को गिनने का सही काम करने के लिए एक्स-रे के माध्यम से बहुत अभ्यास और करीबी परीक्षा की आवश्यकता होती है। हालाँकि, यह निश्चित है कि अंदर फांकों की संख्या पहलुओं की संख्या के बराबर रहती है और बीजों की संख्या मनके की परिपक्वता पर निर्भर करती है और आमतौर पर अपेक्षित आंकड़े का लगभग 50%, उदाहरण के लिए 14 मुखी में, यह 7 से 9 बीज देखना आम बात है और बहुत ही दुर्लभ मामलों में 12 बीज या अधिक। इस पहलू और एक्स-रे अध्ययन के बारे में विवरण अध्याय 4 में प्रदान किया गया है। सतह के आंतरिक अध्ययन और बाहरी परीक्षण के संयोजन को निर्धारित करने के लिए नियोजित किया जाना चाहिए।

जब रुद्राक्ष कच्चा होता है तो उभार कांटेदार होते हैं और जैसे-जैसे यह परिपक्व होता है, कांटेदार सतह चिकनी हो जाती है। परिपक्वता से पहले तोड़ने पर बीजों का घनत्व कम हो जाता है। 21 मुखी तक के रुद्राक्ष (चित्र 6) पाए गए हैं और उनका दस्तावेजीकरण किया गया है। कुछ मौसमों में (लेकिन शायद ही कभी) कुछ उच्च मुखी बीज, जैसे 22 मुखी और 29 मुखी तक, प्राप्त किए गए हैं। इंडोनेशियाई किस्मों में, 21 से अधिक मुखी आम हैं और कुछ मामलों में,

38 मुखी तक के बीजों की खोज की गई है। शिव पुराण जैसे पुराने ग्रंथों में केवल 14 मुखी तक का उल्लेख है।

कुछ दाने प्राकृतिक रूप से पेड़ों पर जुड़ जाते हैं। यदि बीज एक साथ उगते हैं, तो उन्हें गौरीशंकर रुद्राक्ष (जुड़वा बीज) के रूप में जाना जाता है (चित्र 6)। कुछ अत्यंत दुर्लभ मामलों में, तीन मोती भी जुड़ जाते हैं और ऐसे अनोखे मनके को त्रिजुटी या गौरी-पथ या ब्रह्मा-विष्णु-महेश कहा जाता है (चित्र 7)। किसी विशेष मौसम में केवल कुछ ही प्राकृतिक त्रिजुटियाँ विभिन्न आकृतियों और आकारों में पाई जाती हैं। लगभग समान दूरी और समान मनका आकार वाली संतुलित त्रिजुटी अत्यंत दुर्लभ है। बहुत ही दुर्लभ मामलों में एक साथ जुड़े हुए 4 मोती भी पाए गए हैं, जिन्हें "चतुर्जुति" नाम दिया गया है) (चित्र 7 देखें) गौरीशंकर और त्रिजुटी मोतियों का परीक्षण किया जाना चाहिए ताकि किसी भी कृत्रिम रूप से बनाए गए जोड़ों का पता लगाया जा सके।

नेपाल का एक मुखी रुद्राक्ष (आकार में गोल) पौराणिक है और कई साधन संपन्न लोग इसके अस्तित्व पर दांव लगाने को तैयार हैं। जिन व्यापारियों का पारिवारिक व्यवसाय पिछली कुछ पीढ़ियों से रुद्राक्ष का कारोबार कर रहा है, उन्होंने नेपाल से एक आदर्श आंख के आकार का* एक मुखी रुद्राक्ष नहीं देखा है। इस विषय पर अध्याय 4 में विस्तार से चर्चा की गई है। इंडोनेशिया का एक मुखी रुद्राक्ष भी दुर्लभ है, लेकिन उपलब्ध है। हालाँकि, इसे अच्छे स्रोत से प्राप्त करने का ध्यान रखा जाना चाहिए। इस प्रकार के रुद्राक्ष की लंबाई 8 से 10 मिमी और केंद्रीय व्यास 4 से 7 मिमी होता है। यह आकार में थोड़ा अण्डाकार है।

प्राकृतिक रूप से उगाए गए अलग-अलग आकार और रूप वाले रुद्राक्ष होते हैं, जिनके नाम पर इन रुद्राक्षों का नाम रखा गया है। ऐसा ही एक मनका है, जो बहुत शुभ माना जाता है, वह है सवार (चित्र 7)। यह गौरीशंकर की तरह एक

---

* कुछ लोगों के अनुसार नेपाल का एक मुखी गोल रुद्राक्ष आंख के आकार का होना चाहिए। इसका स्वरूप नेपाल के दो मुखी के करीब होना चाहिए।

जुड़वां मनका है, लेकिन अंतर यह है कि एक मनके में केवल एक पूर्ण मुख होता है जबकि दूसरा एक सामान्य मनका होता है जिसमें कई मुख होते हैं, ज्यादातर चार से सात। हिंदी में सवार का अर्थ है 'सवार' (एक मुखी दूसरे पर सवार)। कई लोग सवार से एक मुखी जुड़े हुए बीज को काटकर पहन लेते हैं या एक मुखी रुद्राक्ष के रूप में उपयोग करते हैं।

हालाँकि काटने से मनका ख़राब हो जाता है, लेकिन मन का विश्वास महत्वपूर्ण है, और सवार को विशेष रुद्राक्ष (गौरीशंकर, त्रिजुटी आदि सहित) का प्राचीन ग्रंथों में कोई संदर्भ नहीं हो सकता है, लेकिन लोग उन्हें शुभ मानते हैं क्योंकि सभी रुद्राक्षों पर देवताओं का आशीर्वाद होता है। ऐसे भी बीज हैं जिनकी पूरी सतह पर कोई रेखा नहीं है और इन्हें गुप्त मुखी (छिपे हुए पहलू) नाम दिया गया है।

रुद्राक्ष के फल हरे होते हैं और सामान्य किस्मों (पांच, छह, और सात मुखी) के लिए आकार में लगभग गोल होते हैं। हरा होने पर इनका खट्टा स्वाद वाला गूदा पक्षी खाते हैं। परिपक्व होने पर वे नीले और फिर गहरे भूरे रंग में बदल जाते हैं। गहरे नीले- (कभी-कभी बैंगनी-) रंग के फलों के साथ, पेड़ शानदार दिखता है। इसे अक्सर "ब्लू मार्बल ट्री" कहा जाता है। कॉर्नर ने अपने लेख "वेसाइड ट्रीज़ ऑफ़ मलाया" में बताया है कि फल का शानदार नीला रंग नीले रंग के कारण नहीं बल्कि छल्ली की संरचना के कारण होता है, जो नीली रोशनी को दर्शाता है; संचरित प्रकाश में त्वचा के पतले टुकड़े हरे होते हैं। नीला रंग आम तौर पर एंथोसायनिन के कारण होता है, जो धातुओं या अन्य फ्लेवोनोइड पिगमेंट के साथ उनके सहयोग से संशोधित होता है।

हालाँकि, रुद्राक्ष फलों से अम्लीय मेथनॉल में ऐसा कोई एंथोसायनिन निकालने योग्य नहीं था, जिससे पता चलता है कि रंग की उपस्थिति का आधार संरचनात्मक हो सकता है। तीन भौतिक अवलोकन जानवरों में रंग उत्पन्न करते हैं- पतली फिल्म हस्तक्षेप, टिंडल प्रकीर्णन और विवर्तन। रुद्राक्ष के फलों में नीले इंद्रधनुषीपन का आधार भी पतली फिल्म का हस्तक्षेप प्रतीत होता है। फलों का नीला रंग पानी में डुबाने से कम नहीं होता; कुछ भी हो, तीव्रता बढ़

जाती है। फलों में रंगों को आम तौर पर जानवरों, विशेषकर पक्षियों द्वारा फैलाव को बढ़ावा देने के लिए एक अनुकूलन के रूप में माना जाता है। पके हुए रुद्राक्ष के फल जमीन पर गिर जाते हैं; कॉर्टेक्स के क्षय के बाद भी रंग बना रहता है, और लगातार बना रहने वाला रंग फ्रुजीवोर फैलाने वालों को आकर्षित कर सकता है। जबकि रुद्राक्ष के फलों में इंद्रधनुषी नीला रंग सबसे अधिक आकर्षक होता है, वहीं एलियोकार्पस में नीला रंग इसके पूरे वितरण में प्रचलित है। दुनिया की शास्त्रीय संस्कृतियों में, पौधों के औषधीय और पवित्र मूल्य अक्सर पौधे की उल्लेखनीय उपस्थिति से जुड़े होते हैं - जिसे आम तौर पर "हस्ताक्षर के सिद्धांत" के रूप में जाना जाता है। उदाहरण के लिए, जिनसेंग और मैन्ड्रेक पौधों के औषधीय लाभ अंग जैसी पार्श्व जड़ों द्वारा सुझाए गए हैं। यह अनुमान लगाना आकर्षक है कि रुद्राक्ष फलों का आध्यात्मिक महत्व दीवार के आकर्षक नीले रंग से जुड़ा है। चूंकि भगवान शिव नीले गले वाले (नीलकंठ) हैं, इसलिए समान रंग वाले अन्य फलों के साथ गुणों (विशेष रूप से इसके औषधीय मूल्यों) की तुलना करना एक दिलचस्प अध्ययन होगा। डेविड डब्ल्यू ली ने रुद्राक्ष के फलों और पत्तियों के रंग का अध्ययन करने के लिए उल्लेखनीय काम किया है, और यहाँ दिए गए कुछ अवलोकन करंट साइंस, वॉल्यूम में प्रकाशित उनके लेख से हैं। 75, नंबर 1, जुलाई 1998। (संदर्भ में नंबर 37 देखें).

एलेओकार्पस के पेड़ सजावटी उद्देश्यों के लिए लगाए जाते हैं क्योंकि पूरे पेड़ पर नीले फलों के गुच्छे बहुत सुंदर लुक देते हैं। लगभग एक महीने की परिपक्वता अवधि के बाद, यह लगभग काला हो जाता है। पकने की अवस्था में फल अपने आप गिर जाता है। अक्सर, बागवान फलों को बहुत पहले तोड़ लेते हैं, खासकर जब उन्हें पता चलता है कि मनके में अधिक मुख हैं। ऐसे मामलों में, आंतरिक बीज अविकसित रह जाते हैं और पत्थर का घनत्व कम हो सकता है।

रुद्राक्ष के फल के नीले पड़ जाने और सूखने के बाद उसकी बाहरी त्वचा को हटाना मुश्किल होता है। हरे आवरण को छीलना आसान होता है और आवरण आमतौर पर हरे रंग की अवस्था में ही छिल जाते हैं। ऐसे बीज मिलने

की संभावना है जो पूरी तरह से परिपक्व नहीं हैं। बीज को बिक्री योग्य रूप में तैयार करने में खेत मालिकों का अनुभव काम आता है।

पेड़ सर्दियों के दौरान (नवंबर के आसपास) फल देते हैं और उनकी सफाई और प्रसंस्करण के बाद, नई फसल जनवरी के आसपास बाजारों में पहुंचती है। कुछ किस्मों में, विशेष रूप से सह्याद्रि पर्वतमाला और महाराष्ट्र में उगाए गए पेड़ों में, फूल फरवरी या मार्च में लगते हैं और उपज अक्टूबर और नवंबर के बीच आती है। ऐसी प्रजातियाँ हैं जो साल में दो फसलें देती हैं। जुलाई की फसल जनवरी की तुलना में अधिक गुणवत्ता वाली है। यह घटना केवल कुछ प्रजातियों और क्षेत्रों के लिए विशिष्ट है, सभी पौधों के लिए नहीं।

पेड़ की लकड़ी मटमैले सफेद या भूरे रंग की होती है और इसका उपयोग फर्नीचर बनाने और ईंधन के रूप में किया जाता है। इस कारण से, और चूँकि नेपाल या इंडोनेशिया में स्थानीय सरकारों से कोई सुरक्षा नहीं है।

पेड़ों को बेरहमी से काटा जाता है। उनकी संख्या घट रही है। हालाँकि, अच्छी खबर यह है कि हाल के दिनों में, कई किसान और बड़े व्यापारी नेपाल और उत्तर-पूर्व भारत (पश्चिम बंगाल, असम, आदि) में बड़े पैमाने पर और व्यवस्थित तरीके से रोपण कर रहे हैं, हालांकी ऐसा है की पुष्टि नहीं हुई है। आने वाले वर्षों में, इसके परिणाम मिलेंगे - मात्रा और गुणवत्ता दोनों में। कोचीन के पास एक बागान था (42 परिपक्व पेड़ों के साथ) (अब मसालों के बागान के बदले सभी पेड़ काट दिए गए हैं) और कुछ पेड़ देश भर में बिखरे हुए पाए गए हैं। नागपुर के पास रुद्र ज्योति फार्महाउस में 15 से अधिक पेड़ हैं, जिनमें से कुछ अब 8 साल पुराने हो गए हैं।

एलेओकार्पेसी परिवार में छह महत्वपूर्ण वर्ग हैं:

1. **एलेओकार्पस गैनिट्रस रॉक्सब:** यह नेपाल, मलेशिया, इंडोनेशिया और उत्तरी बिहार, असम, बंगाल और अरुणाचल प्रदेश में कम संख्या में पाया जाता है। मुख्य रूप से, ये मोती हार और अन्य पहनने योग्य वस्तुएं बनाने के लिए उपयोग किए जाते हैं। इन्हें ही हमारे प्राचीन ग्रंथों

में शुद्ध और प्रामाणिक बताया गया है। इन किस्मों के फूल सफेद होते हैं, घने गुच्छों में होते हैं जो ज्यादातर पुराने पत्तों की धुरी से निकलते हैं, डूप (बीज) गहरे या नीले बैंगनी और ओबोवॉइड (व्यास में 12.5 से 25.40 मिमी) एक कठोर, अनुदैर्ध्य रूप से ट्यूबरकल, सामान्य रूप से पांच-कोशिका वाले पत्थर से घिरे होते हैं। इस पुस्तक में उल्लिखित सांस्कृतिक विशेषताओं की अधिकांश उपयोगिताएँ और विवरण इसी प्रकार से संबंधित हैं।

2. **ई. फ्लोरिबंडस ब्लूम:** इन पेड़ों की छाल का उपयोग मसूड़ों की बीमारियों से निपटने के लिए किया जाता है।
3. **ई. ओलिओंगस मास्ट:** इसके फल का उपयोग उल्टी के रूप में और अल्सर, आमवाती निमोनिया, कुष्ठ रोग और बवासीर के उपचार में किया जाता है। यह चिकनी छाल वाला एक बड़ा पेड़ है, जो पश्चिमी घाट में 2000 मीटर की ऊंचाई तक पाया जाता है। पत्तियाँ मोटे तौर पर अण्डाकार या अंडाकार, कोरियासियस, अक्सर लाल फूलों से रंगी हुई, सहायक गुच्छों में सफेद, डूप आयताकार, एक या दो-बीज वाले पत्थर से युक्त होती हैं। इसकी लकड़ी माचिस बनाने के लिए उपयुक्त है।
4. **ई. पेटिओलेटस वॉल:** इसकी पत्तियों के रस का उपयोग मलेशिया में सनस्ट्रोक के इलाज के रूप में किया जाता है। इसकी जड़ों का उपयोग बुखार ठीक करने के लिए किया जाता है।
5. **ई. सेराटस लिनन:** बंगाली में इसे जलपाई, कन्नड़ में पेरिंकारा और तमिल में उलंगा-केरेई के नाम से जाना जाता है। पत्तियों का उपयोग गठिया के इलाज में और जहर की दवा के रूप में किया जाता है। यह एक मध्यम आकार का पेड़ है जो पूर्वी हिमालय में 1000 मीटर तक और उत्तरी कनारा और पश्चिमी तट के सदाबहार जंगलों में पाया जाता है। पत्तियाँ अंडाकार या मोटी, दाँतेदार, नुकीली और चर्मवत् होती हैं। सहायक गुच्छों में फूल सफेद होते हैं। डूप अंडाकार है, 25.40 से 40 मिमी, जिसमें बहुत अधिक ट्यूबरकल एक-बीज वाला पत्थर होता है।

6. **ई. ट्यूबरकुलैटस रॉक्सब:** तमिल में, इस किस्म को रुथ्राचम और कन्नड़ में डेंडेले के नाम से जाना जाता है। पेड़ की छाल का उपयोग रक्तगुल्म और अपच को ठीक करने के लिए किया जाता है, जबकि बीज का उपयोग टाइफाइड बुखार और मिर्गी के इलाज के रूप में किया जाता है। यह पेड़ दक्षिण कनारा में पश्चिमी घाट के माध्यम से कूर्ग, मैसूर और नीलगिरि, पलानी और अन्नामलाई में भी पाया जाता है। यह किस्म अण्डाकार आकार के मोती पैदा करती है, जो विशेष रूप से एक मुखी चंद्राकर (आधे चंद्रमा के आकार) प्रकार के लिए लोकप्रिय हो गए हैं। पत्तियाँ मोटी, दाँतेदार (किनारे पर छोटे, महीन दांत या निशान वाली) होती हैं, पत्तियों के नीचे फूल एकत्रित प्रचुर गुच्छों में सफेद रंग के होते हैं। ड्रूप चिकना और अंडाकार होता है, और इसमें एक या दो बीज होते हैं, जिसमें दो वाल्व वाले और गहरे ट्यूबरकल पत्थर होते हैं। नट्स का उपयोग गठिया, टाइफाइड और मिर्गी के इलाज में किया जाता है। नेपाली एक मुखी रुद्राक्ष की अनुपस्थिति और एक मुखी इंडोनेशियाई मोतियों की अत्यधिक दुर्लभता के कारण, मोतियों का उपयोग उनके आध्यात्मिक गुणों के कारण पहनने के लिए तेजी से किया जा रहा है। हालाँकि, व्यावसायिक विज्ञापनों के अलावा, उपरोक्त अर्ध-चंद्राकार आकृति को रुद्राक्ष के रूप में वर्गीकृत करना अनुचित है, परंतु इसे 1 मुखी का विकल्प माना जा सकता है।

उपरोक्त के अलावा, ये पेड़ कम दो, तीन या चार मुखी पैदा करते हैं। ऐसे पेड़ों पर पाँच मुखी नहीं पाए जाते। इन बीजों का अंतिम भाग चिकना होता है। निम्नलिखित भी ऐसे वृक्ष प्रकार हैं: ई. प्रुनिफोलियस, ई. ग्लैब्रेसेन्स, और ई. एमोइनस। हालाँकि, मनके का आकार गोल नहीं है; यह अर्धचंद्राकार (चंद्राकर) हो सकता है। इन्हें प्राचीन ग्रंथों में वर्णित रुद्राक्ष नहीं माना जाता है।

ऐसे पेड़ हैं जो दो मुखी रुद्राक्ष देते हैं: ई. पॉलीस्टाचियस,
ई. रूगोसस, और ई. पेंडुनकुलैटस।

निम्नलिखित प्रकार के पेड़ केवल पाँच मुखी रुद्राक्ष देते हैं: ई. पारविफोलियस, ई. नाइटिडस, और ई. स्टिपुलरिस।

ये पेड़ तीन मुखी रुद्राक्ष देते हैं, और मुख्य रूप से मलेशिया में पाए जाते हैं: ई. क्यूनेटस, ई. फ्लोरिबंडस, और ई. सायनोकार्पा।

ई. पैनिकुलैटस, ई. सिक्कीमेंसिस, ई. ओबवेटस, और ई. सबविलस वृक्षों पर अस्पष्ट रेखाओं या केवल कुछ स्पष्ट मुखों वाले रुद्राक्ष होते हैं। ऐसे रुद्राक्ष फलों का उपयोग अतिरिक्त रेखाएं बनाने और नकली मोती बनाने के लिए किया जाता है।

एलियोकार्पस के फूलों, फलों और बीजों की कुछ लोकप्रिय किस्मों को चित्र 1-बी में दिखाया गया है।

उपरोक्त विवरण पाठकों को यह जानने में सक्षम बनाने के लिए दिया गया है कि रुद्राक्ष की एक विस्तृत श्रृंखला मौजूद है, लेकिन वर्तमान पुस्तक के दायरे में, हम मुख्य रूप से एलेओकार्पस गैनिट्रस रॉक्सब का ही अवलोकन करेंगे, जो प्राचीन ग्रंथों में दी गई परिभाषा को पूरा करता है। इस पर अध्याय 2 में विस्तार से चर्चा की गई है।

भद्राक्ष के नाम से जानी जाने वाली एक और प्रजाति है, जो कोएनिगी, गुडेनियासी, स्केवोला फ्रूटसेन्स, लांसैफोलियस और सिक्किमेंसिस नामक पेड़ों से उत्पन्न होती है। इन किस्मों के बीज चपटे, वजन में हल्के और अधिक कांटेदार नहीं होते हैं। अधिकतर दो मुखी के रूप में उपलब्ध होते हैं, इनमें प्राकृतिक छिद्र नहीं होता। कुछ लोग इनका उपयोग जप करने के लिए करते हैं और इनका उल्लेख कुछ ग्रंथों में भी मिलता है, लेकिन आम तौर पर यह माना जाता है कि ये प्रकार निम्न गुणवत्ता वाले होते हैं। ज्यादातर धार्मिक प्रसाद के रूप में या चुनिंदा उद्देश्यों के लिए हार के रूप में उपयोग किया जाता है, इन दो मुखी भद्राक्षों का उपयोग नकली एक मुखी रुद्राक्ष बनाने के लिए बड़े पैमाने पर किया जाता है जिसमें एक पंक्ति को वैसे ही छोड़ दिया जाता है जबकि दूसरी तरफ सांप, शिवलिंग या अन्य के प्रतीक उकेरे जाते हैं। धार्मिक रूपांकनों

एलेओकार्पस ओब्लोंगस गार्टन

एलेओकार्पस एरिस्टेटस रॉक्सब।

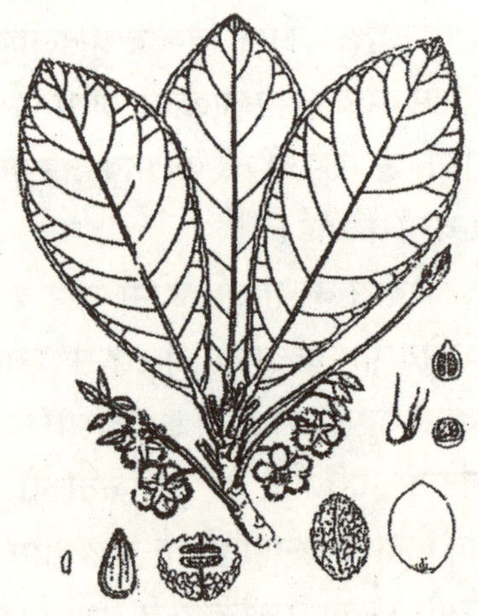

एलेओकार्पस ट्यूबरकुलैटस रॉक्सब।

चित्र 1-बी: विभिन्न एलेओकार्पस की पत्तियाँ और फल

वेल्थ ऑफ इंडिया और फ्लोरा ऑफ महाराष्ट्र में ड्रूप और पेड़ के लोकप्रिय अंतिम उपयोगों के विवरण के साथ प्रजातियों का उल्लेख किया गया है, जो नीचे सूचीबद्ध हैं। कुछ प्रजातियाँ दोहराई जाती हैं लेकिन जानकारी का उपयोग वस्तुनिष्ठ रूप से किया जा सकता है।

निम्नलिखित प्रजातियों की एक और सूची है, जिसे भारतीय वनस्पति सर्वेक्षण और केव बुलेटिन (यूके) से पुन: प्रस्तुत किया गया है:

- ई. एबर्रेन्स
- ई. एक्रान्थेरस
- ई. एक्यूमिनेटस: भारत, लुप्तप्राय
- ई. एक्यूटिफ़िडस
- ई. एमुलस
- ई. एफिनिस
- ई. अल्टरनोइड्स
- ई. अलाटस
- ई. अलनिफोलियस
- ई. एम्बोइनेंसिस
- ई. अमोनियस: श्रीलंका
- ई. एम्प्लिफोलियस
- ई. अंगुस्टिफोलियस (समानार्थी ई. ग्रैंडिस)-नीला अंजीर, नीला संगमरमर का पेड़, नीला क्वांडोंग: क्वींसलैंड, ऑस्ट्रेलिया
- ई. एपिकुलैटस
- ई. बिफिडस
- ई. बाइफ्लोरस
- ई. ब्लास्कोई: भारत, लुप्तप्राय
- ई. कास्टानेफोलियस
- ई. कोलनेटियानस
- ई. कूरंगूलू: क्वींसलैंड (ऑस्ट्रेलिया)
- ई. कोरियासियस: श्रीलंका
- ई. क्रैसस: न्यू गिनी
- ई. डेब्रूनी: न्यू गिनी

- ई. यूमुंडी
- ई. फ्लोरिबंडस
- ई. गैनिट्रस (रुद्राक्ष वृक्ष)
- ई. गौसेनी: दक्षिणी भारत, लुप्तप्राय।
- ई. ग्रेफ़ी
- ई. ग्रैंडिफ़्लोरस
- ई. ग्रैंडिस

रुद्राक्ष - माला 13

- ई. हार्टलेई: न्यू गिनी
- ई. हेड्योसमस: श्रीलंका
- ई. हुकेरियनस: पोकाका, न्यूजीलैंड
- ई. जैपोनिकस
- ई. जॉनसनी
- ई. कैलेंसिस
- ई. k|rton||
- ई. मास्टर्सि
- ई. मिगेई: न्यू गिनी, बिस्मार्क द्वीपसमूह, सोलोमन द्वीप, अरु द्वीप और मेलविले द्वीप
- ई. मोंटैनस: श्रीलंका
- ई. मोराटी
- ई. मुन्रोनी: भारत। संकटग्रस्त।
- ई. नियोब्रिटेनिकस: न्यू गिनी, बिस्मार्क द्वीपसमूह
- ई. आयताकार
- ई. ओबोवेटस
- ई. ओबटुसस
- ई. पेटिओलेटस

- ई. फोटिनियाफोलियस: ओगासावारा द्वीप समूह
- ई. प्रुइफोलियस: भारत, लुप्तप्राय
- ई. रिकर्वटस: भारत, लुप्तप्राय
- ई. रेटिकुलैटस (syn. E. cyaneus)—ब्लूबेरी राख: ऑस्ट्रेलिया
- ई. सेराटस: दक्षिणी भारत, श्रीलंका
- ई. स्फेरिकस
- ई. स्टिपुलरिस
- ई. सबविलोसस: श्रीलंका
- ई. टैप्रोबैनिकस: श्रीलंका
- ई. टाइमिकेंसिस: न्यू गिनी
- ई. ट्यूबरकुलैटस: दक्षिणी भारत, श्रीलंका
- ई. वेरिएबिलिस: दक्षिणी भारत
- ई. वैलेटोनि
- ई. वेनोसस
- ई. वेनस्टस: भारत, लुप्तप्राय।
- ई. वेरुकुलोसस
- ई. वर्टिसिलैटस
- ई. विस्कोसस
- ई. व्हार्टनेंसिस
- ई. ज़ैंथोडैक्टाइलस
- ई. ज़म्बलेंसिस

लगभग दो सहस्राब्दियों से रुद्राक्ष का उपयोग धार्मिक उद्देश्यों के लिए किया जाता रहा है। जीनस एलेओकार्पस गैनिट्रस रॉक्सब, रुद्राक्ष माना जाता है। व्यावसायिक पहलू के कारण रुद्राक्ष के प्राकृतिक वितरण का पता लगाना कठिन है। ऐसा माना जाता है कि क्वींसलैंड, न्यू गिनी, मलेशिया और दक्षिणी नेपाल के उष्णकटिबंधीय जंगलों में इन पेड़ों को लाने के लिए हिंदू मिशनरी और व्यापारी जिम्मेदार थे।

जीनस एलेओकार्पस के बारे में हमारा ज्ञान अधूरा है क्योंकि आज भी इस उल्लेखनीय टैक्सोन का पुनरीक्षण किया जा रहा है। ज़मर्ज़टी (2001) ने दक्षिणी भारत और श्रीलंका से नौ प्रजातियों को मान्यता दी है, जिनमें तीन नई प्रजातियाँ शामिल हैं, अर्थात् ई. हेड्योमस ज़मर्ज़्टी

ई. वेरिएबिलिस ज़मर्ज़्टी, और ई. टैप्रोबैनिकस ज़मर्ज़्टी, और एक नई किस्म ई. सेराटस लिन। वर. वेइबेली ज़मर्ज़्टी (संदर्भ 35)। इसी तरह, कूडे (2001) ने जीनस एलेओकार्पस की दो नई प्रजातियों का वर्णन किया है, अर्थात्, न्यू गिनी से ई. क्रैसस कूडे और ई. टिमिकेंसिस कूडे (संदर्भ 33)। जीनस के वर्गीकरण संबंधी उपचार के बारे में भ्रम अभी भी सुलझाया जा रहा है। उदाहरण के लिए, ई. डेसिपिएन्स और ताइवान (चीन) इसकी नई किस्म हुई (संदर्भ में संख्या 38 देखें)।

एलेओकार्पस की कुछ लोकप्रिय किस्में हैं जो भारत और नेपाल के बाहर, ऑस्ट्रेलिया, न्यूजीलैंड और मलेशिया में उगती हैं। ये अण्डमान और निकोबार द्वीप समूह में भी पाए जाते हैं। ये पेड़ अक्सर बगीचों में लगाए जाते हैं।

ई. गैनिट्रस रॉक्सब के रुद्राक्ष का विवरण अध्याय 4 में किया गया है। यहाँ कुछ प्रमुख बिंदुओं का उल्लेख किया गया है। हमारे प्राचीन ग्रंथों, विशेषकर शिव पुराण, श्रीमद् देवीभागवत और पद्म पुराण में दिए गए कुछ व्यापक मानदंड आज भी उपयोगी और प्रासंगिक हैं।

शिव पुराण (संदर्भ 1) के अनुसार, एम्बोलिक हरड़ (धत्रिफल या आंवला) के आकार का रुद्राक्ष सर्वोत्तम होता है, और जो बेर के पेड़ (बद्रीफला) के फल के आकार का होता है वह मध्यम गुणवत्ता का होता है। मनके की सबसे निम्न किस्म वह है जो चने के आकार की होती है। समान आकार का, चमकदार, दृढ़, मोटा और कई कांटों जैसे उभार वाला रुद्राक्ष वांछित परिणाम देता है। छह प्रकार के रुद्राक्ष त्यागने योग्य हैं: जो कीड़ों द्वारा दूषित हो गए हों, कटे और टूटे हुए हों, जिनमें कांटे जैसे उभार न हों, दरारें हों और गोल न हों। जिनमें प्राकृतिक छिद्र होता है वे सर्वोत्तम होते हैं और जिनमें मानवीय प्रयास से छेद करना पड़ता है वे मध्यम गुणवत्ता के होते हैं। शिव पुराण में कहा गया है कि, रुद्राक्ष जितना छोटा

होता है, वह उतना ही अधिक शक्तिशाली होता है और इसके वजन का दसवां हिस्सा कम होना सबसे अधिक फलदायी माना जाता है। यह कथन अस्पष्ट है और पिछले कथन के साथ असंगत है और कुछ इच्छुक पक्ष द्वारा इसे बाद में जोड़े गए कथन के रूप में लेना बेहतर है। कथन नीचे दिया गया है:

"आंवला के आकार का रुद्राक्ष सबसे अच्छा होता है और बेर जैसा आकार मध्यम गुणवत्ता का होता है। चने के बराबर साइज सबसे खराब होता है। बेर के आकार का रुद्राक्ष सुख और सौभाग्य देने वाला होता है। आंवले के आकार का यह समस्त अमंगलों को दूर करता है। जो गुंजा फल के आकार का होता है वह हर चीज के लिए अच्छा होता है। रुद्राक्ष का आकार जितना छोटा होगा, उसकी प्रभावशीलता उतनी ही अधिक होगी। जो पिछले वाले से दसवां हिस्सा छोटा होगा वह अधिक प्रभावी होगा।

श्रीमद् देवीभागवत (संदर्भ 2) में कहा गया है: आंवला के आकार वाला रुद्राक्ष अत्यधिक गुणकारी होता है और सभी में सर्वश्रेष्ठ होता है। बेर के फल के आकार का रुद्राक्ष का दाना मध्यम गुणवत्ता का होता है और चने के आकार का रुद्राक्ष मध्यम गुणवत्ता का होता है। समान आकार के चमकदार और कांटेदार रुद्राक्ष सर्वोत्तम होते हैं। कांटे रहित, कीड़ा खाए हुए, असमान, गैर-गोलाकार दाने वर्जित हैं। प्राकृतिक छिद्र वाला रुद्राक्ष सर्वोत्तम होता है और जिसमें छेद करने के लिए मानवीय प्रयास की आवश्यकता होती है वह मध्यम गुणवत्ता का होता है। रुद्राक्ष गोलाकार आकार का होना चाहिए और अगर इसे किसी खुरदरी सतह पर रगड़ा जाए तो इसमें सुनहरे रंग की धारियां निकलनी चाहिए।

रुद्राक्षजबालोपनिषद (संदर्भ 3) में उल्लेख है कि आंवले के आकार का रुद्राक्ष सर्वोत्तम होता है। जो बेर के आकार का होता है वह मध्यम गुणवत्ता का होता है और सबसे छोटा, एक चने के आकार का, सबसे खराब होता है।

इसलिए, कोई यह निष्कर्ष निकाल सकता है कि बड़े आकार के रुद्राक्ष छोटे आकार की तुलना में बेहतर होते हैं। इन तीन प्राचीन ग्रंथों से यह स्पष्ट है कि केवल बड़े आकार वाले गोल रुद्राक्ष, जैसे आंवला (15 से 40 मिमी व्यास) वाले रुद्राक्ष ही बेहतर होते हैं और उनमें प्राकृतिक छेद होना चाहिए। उनकी

सतह कांटेदार, कठोर और चमकदार होनी चाहिए। एकमात्र किस्म जो इस परिभाषा में फिट बैठती है, वह एलियोकार्पस गैनिट्रस रॉक्सब है, जो वर्तमान में केवल नेपाल में उगाई जाती है और उत्तर-पूर्व भारत में बिखरे हुए पेड़ पाए जाते हैं। मध्यम प्रकार (जो नकली नहीं हैं) जैसे कि हरिद्वार/देहरादून किस्मों के केंद्र में छेद करने के लिए ड्रिलिंग की आवश्यकता होती है, अतः ये रुद्राक्ष मध्यम किस्म के होते हैं। हार बनाने में उपयोग की जाने वाली छोटे आकार की इंडोनेशियाई और मलेशियाई किस्मों में 4 से 12 मिमी व्यास वाले दाने होते हैं। इन छोटे आकार के दानों के प्रभाव के संबंध में राय अलग-अलग है। चूंकि इन्हें आमतौर पर बड़ी संख्या में पहना जाता है, एक्यूप्रेशर और स्पर्श प्रभाव अधिक होता है और यह पहलू छोटे आकार की भरपाई से कहीं अधिक है। यह भी स्पष्ट नहीं है कि क्या शिव पुराण या अन्य प्राचीन ग्रंथों में वर्णित छोटे आकार के दाने एक ही क्षेत्र के दानों का उल्लेख करते हैं या क्या यह नेपाली और इंडोनेशियाई किस्मों के बीच तुलना है। इस बात की संभावना बहुत कम है कि प्राचीन ज्ञान ने इंडोनेशियाई किस्म की तुलना नेपाली या हिमालयी किस्म से की है; इसलिए, यह सुझाव दिया जाता है कि इंडोनेशियाई दानों का स्वतंत्र रूप से उपयोग किया जाए।

बड़े आकार के मोतियों को मनोवैज्ञानिक प्रभाव के कारण प्राथमिकता मिलती है, क्योंकि उनमें अच्छी उपस्थिति और रेखाओं की स्पष्टता होती है। जब हम रुद्राक्ष की मालाओं की प्रभावकारिता पर चर्चा करते हैं, तो यह समझना आवश्यक है (ए) पहने जाने वाले रुद्राक्ष का प्रकार और स्रोत, (बी) उनकी संख्या, (सी) प्रति दिन पहनने की अवधि, और

(डी) बीजों के रखरखाव के लिए बरती जाने वाली सावधानियां। इन पहलुओं पर विवरण बाद के अध्यायों में दिया गया है।

रुद्राक्ष के मुख

मुख बीज के शीर्ष से नीचे तक चलने वाली एक पूर्ण विभाजन रेखा है। आम तौर पर, दो, तीन, चार, पाँच और छह मुखी रुद्राक्ष में, ये विभाजन रेखाएं कमो

वेश समान दूरी पर होती हैं (कई अपवाद हो सकते हैं)। ऊंचे मुखी में, मुख असमान रूप से फैला हुआ हो सकता है, हालांकि बेहतर दिखने वाले वे होते हैं जिनकी सतह का वितरण लगभग समान होता है। अधिकतर, रेखाएं या मुख रुद्राक्ष के शरीर के उभरे हुए पर्वत भाग (पर्वत)पर होते हैं, न कि खाइयोन (घाटी)

पर असली रुद्राक्ष और नकली रुद्राक्ष की पहचान करते समय याद रखने योग्य यह एक महत्वपूर्ण बात है।

यह सुविधा लोगों के लिए अतिरिक्त रेखाएँ बनाकर दानों में हेरफेर करना थोड़ा कठिन बना देती है। यह प्रकृति और मनुष्य के लालच के बीच बुद्धि का मामला है। ऐसे बेईमान लोग हैं जो अतिरिक्त लाइन बनाने से पहले चतुराई से खाली जगह की उपलब्धता और आकार का अध्ययन करते हैं और इससे एक सामान्य ग्राहक के लिए रुद्राक्ष की पहचान करना मुश्किल हो जाता है। ये लोग ऊंचे मुखी रुद्राक्ष बनाने के लिए कई मुखी रुद्राक्ष के एक पूरे खंड को काउंटर स्पेस वाले दूसरे रुद्राक्ष में डालते हैं। यह आमतौर पर 12 और उससे अधिक मुखी के लिए किया जाता है। एक विशेषज्ञ ऐसे रुद्राक्ष को देखकर ही हेरफेर का पता लगा सकता है।

प्रकृति से प्राप्त सभी रुद्राक्ष में से लगभग 70 प्रतिशत पाँच मुखी हैं, 20 प्रतिशत चार मुखी और छह मुखी हैं, और शेष 10 प्रतिशत निचली मुखी (एक, दो, तीन) या उच्च मुखी (सात, आठ, नौ) हैं। , और ऊपर की ओर)। 16 मुख और ऊपर की ओर के रुद्राक्ष वास्तव में दुर्लभ हैं और पूरे वर्ष में केवल कुछ दाने ही प्रकृति में पाए जाते हैं। 20. 21 मुख और त्रिजुटि के केवल कुछ दाने ही हर साल प्रकृति में पाए जाते हैं। गौरीशंकर (पेड़ पर प्राकृतिक रूप से जुड़े दो दाने) भी एक दुर्लभ किस्म है। इसलिए, ऐसी अत्यंत दुर्लभ किस्मों के खरीदारों को इन्हें खरीदते समय अतिरिक्त सावधानी बरतनी चाहिए।

कथित तौर पर नेपाल में 29 मुख तक के रुद्राक्ष पाए गए हैं। इंडोनेशियाई किस्म में उच्च मुखी दाने पाये जा सकते हैं। ऐसे दाने प्रकृति की अत्यंत दुर्लभ विशेषता हैं।

शिव पुराण, पद्म पुराण, श्रीमद् देवीभागवत या स्कंद पुराण जैसे प्राचीन ग्रंथों में 14 मुख तक के रुद्राक्ष का उल्लेख मिलता है। संभवतः ऐसे दानों की अत्यंत दुर्लभता के कारण, 14 मुखी से अधिक के दानों का कोई संदर्भ नहीं है। हालांकि इन ग्रंथों में शामिल नहीं किया गया है, परन्तु गौरीशंकर जैसे कुछ दुर्लभ रुद्राक्ष प्राचीन काल से बहुत लोकप्रिय रहे हैं क्योंकि उनका उपयोग संतों और पुजारियों द्वारा ध्यान और धार्मिक अनुष्ठानों के लिए किया जाता है। ऊंचे मुखी दाने राजसी परिवारों, अमीर व्यापारिक परिवारों और संतों के बीच लोकप्रिय रहे हैं। मैंने कुछ शाही परिवारों के पुराने संग्रह देखे हैं, जिनमें बारहवीं और चौदहवीं शताब्दी के एक मुखी से लेकर 21 मुखी, गौरीशंकर और त्रिजुटी की पूरी श्रृंखला शामिल है, सभी अच्छी स्थिति में हैं और तेल और कपूर का उपयोग करके संरक्षित हैं। लगभग आठ या नौ शताब्दी पहले लिखे गए कात्यानानी तंत्र और कुछ अन्य ग्रंथों में 14 मुखी से अधिक ऊंचे दानों का उल्लेख मिलता है।

रुद्राक्ष का रंग

पौराणिक संस्करणों के अनुसार रुद्राक्ष के दाने सफेद, लाल, पीले और काले रंग के होते हैं (एलेओकार्पस गैनिट्रस RoXb से संबंधित)। यह वर्गीकरण पूरी तरह से प्रकृति (पेड़ की परिपक्वता/प्रकार और स्थान) पर निर्भर करता है। रंग के अनुसार रुद्राक्ष को वर्गीकृत करते समय व्यावहारिक कठिनाइयों का अनुभव होता है क्योंकि रंग के कई मानक नहीं होते हैं और रंग अक्सर मिश्रित होते हैं। इसके अलावा, किसी भी वैज्ञानिक अध्ययन में परिणामों को रंग के अनुसार वर्गीकृत नहीं किया गया है। ऐसा प्रतीत होता है कि किसी भी रंग रुद्राक्ष समान परिणाम दे सकते हैं और चार या पाँच महीने तक पहनने के बाद, सभी प्रकार के रुद्राक्ष गहरे रंग के हो जाते हैं और शरीर के तेल और पसीने के साथ प्रतिक्रिया के कारण काले या गहरे भूरे रंग में बदल जाते हैं। इसलिए, रंग के आधार पर किसी भी वर्गीकरण को नजरअंदाज करना ही बेहतर है। जो लोग इस प्रकार के वर्गीकरण में दृढ़ता से विश्वास करते हैं, जैसा कि प्राचीन ग्रंथों में

इसका उल्लेख है, वे ऐसा करना जारी रख सकते हैं क्योंकि यह किसी और की विचारधारा में हस्तक्षेप नहीं करता है। ब्राह्मणों द्वारा सफेद रुद्राक्ष, क्षत्रियों द्वारा लाल, वैश्यों द्वारा पीला और शूद्रों द्वारा काला रुद्राक्ष पहनने की सिफारिश की गई है, लेकिन विभिन्न कारणों से, इसका व्यापक रूप से समर्थन नहीं किया जाता है। व्यावहारिक आधार पर, इस वर्गीकरण को बहुत कम लोग स्वीकार करते हैं। ऐसा विवरण वर्ण व्यवस्था में विश्वास करने वाले कुछ इच्छुक व्यक्तियों द्वारा जोड़ा गया हो सकता है जिसकी आज कोई प्रासंगिकता नहीं है या जिसका कोई वैज्ञानिक आधार नहीं है।

आंतरिक संरचना

रुद्राक्ष के बीज अपने स्रोतों के अनुसार संरचना में भिन्न होते हैं। नेपाली और इंडोनेशियाई दानों (ई. गैनिट्रस RoXb.) में ऊर्ध्वाधर खंड में प्रत्येक मुख के लिए एक खाना (कम्पार्टमेंट) होता है। प्रत्येक खाने (कम्पार्टमेंट) में एक बीज हो सकता है, जो बाहर से भूरे या काले रंग का और अंदर से मटमैले सफेद/सफ़ेद रंग का होता है। रुद्राक्ष में खंडों (फांकों) की संख्या उसके मुखों की संख्या के बराबर होनी चाहिए। एक सात मुखी में सात खाने और एक मुखी या दो मुखी के साथ भी यही बात लागू होती है। रुद्राक्ष की वास्तविकता और प्रामाणिकता स्थापित करने के लिए यह एक महत्वपूर्ण परीक्षण है।

हालाँकि, यह सिद्धांत देहरादून/हरिद्वार रुद्राक्ष पर लागू नहीं हो सकता है क्योंकि एक से चार मुख तक के सभी रुद्राक्षों के अंदर केवल एक ही खाना होता है (चित्र 10)। इसलिए, इन दो, तीन या चार मुखी रुद्राक्ष से नकली एक मुखी माला बनाना काफी आसान है, इस किस्म का क्योंकि इसमें केवल एक छेद/बीज दिखाई देगा। हालाँकि, यह नहीं माना जाना चाहिए कि देहरादून/हरिद्वार किस्म के सभी एक मुखी रुद्राक्ष नकली हैं, हालांकि वे "मध्यम" गुणवत्ता के होंगे। बारीकी से जांच करने पर नकली दानों को पहचानने में सक्षम होना चाहिए और पता लगाना चाहिए कि अतिरिक्त लाइनें मिटा दी गई हैं। इसलिए, प्रजातियों के स्रोत और प्रकार को ठीक करने के लिए पहले

चमक, कठोरता, घनत्व और सतह की विशेषताओं को निर्धारित किया जाना चाहिए - चाहे वह नेपाल से हो या हरिद्वार/देहरादून से - और फिर उपरोक्त सिद्धांत को लागू किया जाना चाहिए।

जहां तक आंतरिक संरचना का सवाल है, इंडोनेशियाई रुद्राक्ष में नेपाल किस्म के समान विशेषताएं हैं। जैसा कि कई लोग मानते हैं, रुद्राक्ष की शक्ति आंतरिक बीज से उत्पन्न होती है। इसलिए इस निष्कर्ष को समझना बहुत जरूरी है। इंडोनेशिया के एक मुखी रुद्राक्ष के अंदर एक बीज होता है (या एक फांक या खाना) (चित्र 8), दो मुखी में दो बीज, तीन मुखी में तीन बीज, और इसी तरह, जैसे कि नेपाली दानों के मामले में, और वहाँ कोई भ्रम नहीं हैं। (चित्र 9)। इस प्रकार इंडोनेशिया का एक मुखी रुद्राक्ष एक प्राकृतिक रुद्राक्ष है। काजू- (काजू) के आकार के एक, दो और तीन मुखी दाने भी हरिद्वार/देहरादून प्रकार के समान पैटर्न का पालन करते हैं, जिससे मुखों की संख्या के बावजूद, इन दानों के अंदर केवल एक खोखला कम्पार्टमेंट होता है (चित्र 10)।

मुख की गिनती के लिए गैर-विनाशकारी परीक्षण विधियों का भी उपयोग किया गया है, जैसे एक्स-रे, सीटी स्कैन, आदि (आंतरिक खंडों की जांच के लिए मनके को काटना और नष्ट करना आवश्यक नहीं है)। कठिनाई इसलिए उत्पन्न होती है क्योंकि सभी बीज समान रूप से विकसित नहीं होते हैं और केवल खाने ही देखे जा सकते हैं।

रुद्राक्ष की वास्तविकता स्थापित करने के लिए आमतौर पर अपनाई जाने वाली कुछ विधियाँ हैं:

1. इसे पानी में डूब जाना चाहिए
2. इसे दो तांबे के सिक्कों के बीच रखने पर घूमना चाहिए, और
3. दूध में उबालने पर भंडारण के एक सप्ताह बाद भी दूध खराब नहीं होगा।

ये तरीके कई मायनों में अच्छे नहीं हैं।

पानी में डूबना: पेड़ से तोड़े गए पके रुद्राक्ष का घनत्व पानी से अधिक होगा। अत: यह डूब जायेगा। हालाँकि, यदि इसके साथ बाहरी रूप से छेड़छाड़

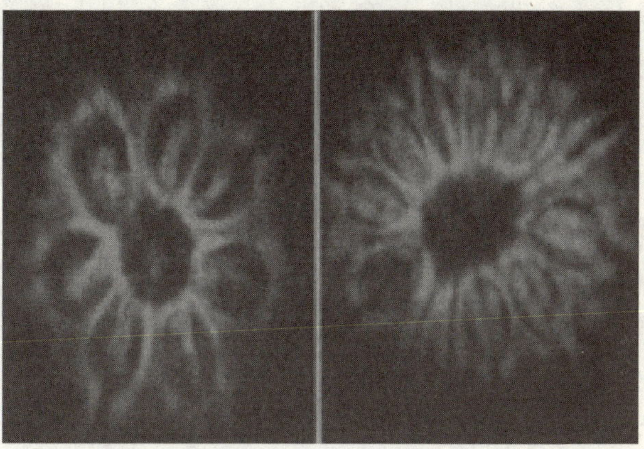

चित्र 11: रुद्राक्ष की माला का एक्स-रे

की गई है और रेखाओं को बदल दिया गया है या दो मोतियों को एक साथ चिपका दिया गया है, तो भी वे सभी डूब जाएंगे। इसके अलावा, यदि हल्की लकड़ी से बना मनका या कम घनत्व वाली बेरी को भारी धातु या कांच के एक पिंट के साथ चालाकी से लगाया जाता है (हमारे पास ऐसे मामले आए हैं), तो मनका पानी में डूब जाएगा। इसलिए, यह एक अचूक परीक्षण नहीं है।

रुद्राक्ष का विशिष्ट गुरुत्व 1.00 से अधिक है और इस प्रकार, ज्यादातर मामलों में मनका पानी में डूब जाना चाहिए। इसलिए, कोई यह मान सकता है कि यह परीक्षण एक महत्वपूर्ण पैरामीटर है। हालाँकि, यह पर्याप्त नहीं है और अन्य पहलुओं को स्पष्ट रूप से समझा जाना चाहिए। कई लोग इंडोनेशियाई मोतियों के हार पर यह परीक्षण आज़माते हैं। वे मोतियों को जोड़ने वाले धागे सहित पूरे हार को पानी में डुबाने की कोशिश करते हैं। आम तौर पर, धागे के कारण, हार शुरू में नहीं डूबेगा। लेकिन, एक बार जब धागा पानी में भीग जाता है, तो यह भारी हो जाता है और पूरा हार डूब जाता है। हार को धागे से डुबाना बुद्धिमानी नहीं है। आदर्श रूप से, दानों को निकालकर अलग से पानी में डुबाना चाहिए। इंडोनेशियाई छोटे आकार के बीज तभी डूबते हैं जब वे उच्च गुणवत्ता वाले होते हैं और उनका विशिष्ट गुरुत्व अधिक होता है। यदि

वे तैरते हैं, तो यह माना जाना चाहिए कि दानों का घनत्व कम है और जरूरी नहीं कि वे नकली हों।

परीक्षण किसी अन्य उदाहरण में प्रभावी नहीं है। यदि आपके पास एक बड़े छेद वाला पूरी तरह से बना हुआ मनका है, तो यह पानी में तब तक नहीं डूबेगा जब तक कि मनके के अंदर फंसी सारी हवा बाहर न निकल जाए और पानी अंदर न आ जाए। ऐसा होने में कुछ मिनट लग सकते हैं, लेकिन इस समय तक, लोग यह निष्कर्ष निकालेगा कि चूंकि मनका डूबा नहीं, इसलिए यह नकली है।

पुराना और सूखा मनका भी पानी में नहीं डूबेगा। इसी प्रकार, कच्चा तोड़ा गया या कम घनत्व वाली प्रजातियों से प्राप्त असली बीज भी नहीं डूबेगा।

इसलिए, ज्यादातर व्यापारियों द्वारा लोकप्रिय यह परीक्षण, सभी रुद्राक्षों के लिए एक अचूक तरीका नहीं है। अधिक से अधिक, इसका उपयोग असली रुद्राक्ष पर केवल यह पुष्टि करने के लिए किया जा सकता है कि यह एक पके फल से बना है और उचित घनत्व का है।

तांबे के सिक्के का घूमना: रुद्राक्ष पर पाए जाने वाले उभारों वाली कोई भी गोल वस्तु, धुरी वाली सतह पर लगाए गए यांत्रिक बल के कारण दो सिक्कों के बीच रखी जाने पर घूम जाएगी। यहाँ तक कि अगर बेरी के बीज का उपयोग किया जाता है, तो इसके उभारों के कारण हल्का दबाव डालने पर यह घूम सकता है। रुद्राक्ष की विद्युत चुम्बकीय शक्ति की कोई भूमिका नहीं है और यह मनके को भौतिक रूप से घुमा नहीं सकती है।

पेंडुलम परीक्षण एक प्रायोगिक विधि है। बहुत से लोग जो ऊर्जा के स्तर को नियंत्रित करके उपचार करने की कला में विशेषज्ञ हैं, वही तकनीक रुद्राक्ष पर लागू करने का प्रयास करते हैं। वे अपनी हथेली या पेंडुलम का उपयोग करते हैं (चित्र 12)।

चिकित्सक हाथ या पेंडुलम के घूमने पर ऊर्जा क्षेत्रों की सीमा का आकलन करते हैं और फिर अपने दिमाग के माध्यम से कंपन महसूस करते हैं और ध्यान

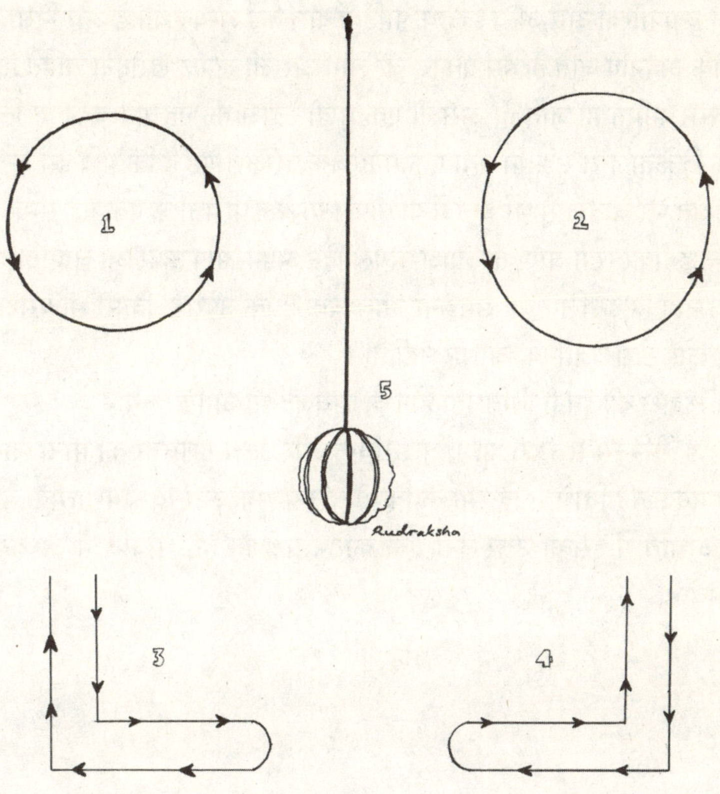

चित्र 12: रुद्राक्ष का पेंडुलम और द्वि-दिशात्मक घुमाव

केंद्रित करते हैं। उनके पास अपने स्वयं के कौशल हैं, लेकिन दुनिया भर के विशेषज्ञों द्वारा रुद्राक्ष की वास्तविकता निर्धारित करने के लिए ऐसे परीक्षणों का आमतौर पर उपयोग नहीं किया जाता है।

दूध में उबालना: यह साबित करने का कोई वैज्ञानिक आधार नहीं है कि अगर दूध को रुद्राक्ष के साथ उबाला जाए तो उसे लंबे समय तक सुरक्षित रखा जा सकता है। दाना दूध में विद्युत आवेश को बढ़ा सकता है और इसमें दिमाग से संबंधित कुछ बीमारियों को ठीक करने और याददाश्त में सुधार करने का भी गुण हो सकता है।

व्यापारियों और अन्य इच्छुक पार्टियों द्वारा कई अन्य हथकंडे और निराधार तरीके अपनाए जाते हैं। इस प्रकार, जो लोग असली रुद्राक्ष खरीदना चाहते हैं वे अक्सर भ्रमित हो जाते हैं। असली एक मुखी रुद्राक्ष की पहचान करने के लिए एक विक्रेता द्वारा सुझाया गया एक मनोरंजक परीक्षण यह है कि यदि इस मनके को रात भर चावल से भरे थैले में या पीपल या बेल के पत्तों के एक बड़े समूह के नीचे डुबोकर रखा जाए, तो रुद्राक्ष अगले दिन अपने आप ऊपर आ जाएगा। यह सच नहीं है। इसलिए यह समझना आवश्यक है कि उपरोक्त किसी भी परीक्षण का कोई ठोस वैज्ञानिक आधार नहीं है।

रुद्राक्ष की इतनी विविधता होने के बावजूद भी आखिर क्यों

ई. गैनिट्रस RoXb. शुभ, वास्तविक और उच्च गुणवत्ता का माना जाता है? मनके की विभिन्न किस्मों के किसी तुलनात्मक और विश्लेषणात्मक डेटा के अभाव में इसका उत्तर देना एक कठिन प्रश्न है। हाँ, भविष्य में अध्ययन संभव है।

2

बहुआयामी रुद्राक्ष

रुद्राक्ष के बीज पर मुख या पहलू ('चैनल' के रूप में संदर्भित) रुद्राक्ष के एक छोर से अंत तक जाने वाली एक रेखा है,

जैसा कि चित्र 13 में दर्शाया गया है।

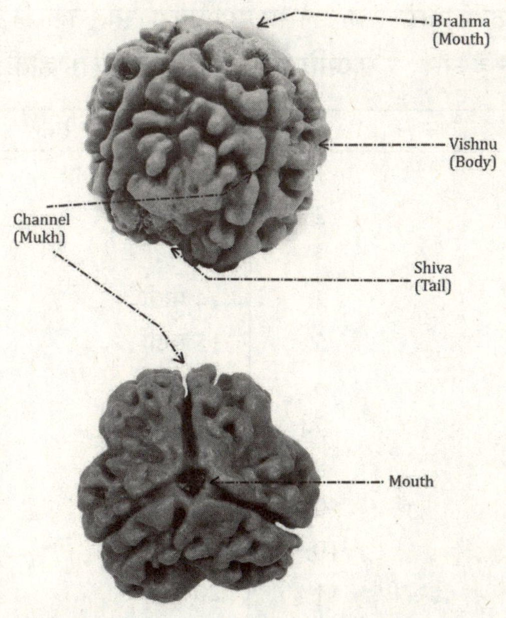

चित्र.13: रुद्राक्ष; मुँह, शरीर और पूँछ

रुद्राक्ष बीज का शीर्ष भाग जहां से रेखाएं (मुख) निकलती हैं, भगवान ब्रह्मा को सौंपा गया है। सबसे बड़े व्यास वाला मध्य भाग विष्णु के रूप में जाना जाता है और निचला भाग जहां रेखाएँ समाप्त होती हैं भगवान शिव को सौंपा गया है।

सभी उपलब्ध रुद्राक्ष (नेपाल से) में से, लगभग 70% 5 मुखी हैं, अन्य 20% 4 और 6 मुखी हैं और लगभग 9% में 2 मुखी, 3 मुखी, 7 मुखी, 8 मुखी, 9 मुखी, 10 मुखी शामिल हैं। 11 मुखी, 12 मुखी, 13 मुखी, 14 मुखी और 15 मुखी। शेष 1% 15 से अधिक मुखी, गौरीशंकर, गणेश और अन्य दुर्लभ किस्मों वाले हैं। (दिया गया क्रम बाजार में इन की सामान्य उपस्थिति पर आधारित है)। दो मुखी नेपाली 14 मुखी की तरह ही दुर्लभ है।

14 मुखी से ऊंचे दाने अत्यंत दुर्लभ हैं। वे अपने मुख के अनुसार दुर्लभ हो जाते हैं - उदाहरण के लिए 21 मुखी रुद्राक्ष 20 मुखी की तुलना में दुर्लभ होते हैं और ज्यादातर मामलों में यही चलन है, जैसा कि निम्नलिखित तालिका में बताया गया है:

उपलब्धता में आसानी के अनुसार मुख रैंकिंग (सात तक की रैंक अधिकतर उपलब्ध होती है और 17 से अधिक की रैंक अत्यंत दुर्लभ होती है)।

रैंक		रैंक	
5 मुखी	1	13 मुखी	13
6 मुखी	2	2 मुखी	14
4 मुखी	3	सवार	15
3 मुखी	4	14 मुखी	16
7 मुखी	5	15 मुखी	16
गणेश	6	16 मुखी	17
8 मुखी	7	17 मुखी	18
गौरीशंकर	8	18 मुखी	19
10 मुखी	9	19 मुखी	20
9 मुखी	10	त्रिजुटी	21
11 मुखी	11	20 मुखी	22
12 मुखी	12	21 मुखी	23

उपरोक्त रैंकिंग बाजार की प्रतिक्रिया और व्यापार से मिली जानकारी पर आधारित है और केवल नेपाल किस्म पर लागू होती है। इंडोनेशियाई रुद्राक्ष आसानी से उपलब्ध हैं, विशेष रूप से हार (माला) के लिए उपयोग किए जाने वाले पाँच मुखी। ऊंचे मुखी रुद्राक्ष दुर्लभ हैं और वे नेपाल के ऊंचे मुखी के समान प्रवृत्ति का अनुसरण करते हैं।

22 मुखी और उससे अधिक मुखी कि उपलब्धि असाधारण घटनाएँ हैं। पेड़ों पर प्राकृतिक रूप से जुड़े हुए दो दाने 10 या 11 मुखी के समान संख्या में उत्पन्न होते हैं और इन्हें गौरीशंकर के नाम से जाना जाता है। पेड़ों पर प्राकृतिक रूप से जुड़े तीन दाने भी एक दुर्लभ घटना है और यह 19 मुखी और उससे अधिक (प्रति मौसम 100 से कम) के समान होती है। इस तीन दानों वाली किस्म को गौरी-पथ, त्रिजुति, त्रिभगी या ब्रह्मा-विष्णु-महेश के नाम से जाना जाता है। गौरीशंकर रुद्राक्ष, जिसके एक दाने पर एक, दो या अधिक मुख होते हैं और दूसरे पर एक मुखी होता है, उसे सवार कहा जाता है (हिंदी में सवार का अर्थ है सवारी करने वाला और यहां, एक मुखी दूसरे दाने पर सवार होता है, जो किसी भी प्रकार का रुद्राक्ष हो सकता है) जो आम तौर पर चार, पांच, छह या सात मुखी हो सकता है। बहुत से लोग इस दानों को जुड़वाँ गौरीशंकर से काटकर बड़ी श्रद्धा से अलग-अलग एक मुखी के रूप में प्रयोग करते हैं। एक मुखी सवार दाने में एक प्राकृतिक छेद भी होता है और अगर कुछ लोग इसे नेपाल से एक मुखी के रूप में स्वीकार करते हैं, तो यह उनकी पसंद है। तथ्य यह है कि यह एक स्वतंत्र दाना नहीं है, बल्कि जुड़वां दानों का हिस्सा है। हालाँकि, यदि सवार एक मुखी बिना किसी बाहरी बल के स्वाभाविक रूप से जुड़वां दाने से अलग हो जाता है, तो लेखक की राय में इसे एक मुखी के रूप में स्वीकार किया जा सकता है।

अध्याय 4 में उल्लेख किया गया है कि कट-एंड-आइडेंटिफाई टेस्ट ya एक्स-रे टेस्ट केवल ई. गैनिट्रस RoXb पर लागू होता है। विविधता और हरिद्वार या दक्षिण भारतीय किस्मों के लिए नहीं। हालाँकि, सभी इंडोनेशियाई रुद्राक्ष, जिनमें सबसे छोटे रुद्राक्ष भी शामिल हैं, नेपाली दानों के समान सिद्धांत का

पालन करते हैं। गैर-विनाशकारी परीक्षणों में, जैसे कि एक्स-रे और सीटी स्कैनिंग के माध्यम से किए गए परीक्षणों में, रुद्राक्ष के अंदर की दरारों को स्पष्ट रूप से देखा जा सकता है। ऊंचे मुख वाले दानों में, बीजों के ओवरलैपिंग और खानों के कारण यह मुश्किल हो जाता है। यह भी देखा गया है कि कुछ बीज अच्छी तरह से विकसित नहीं हुए हैं। अधिकांश मामलों में, केवल 50 से 70% बीज ही बनते हैं और दिखाई देते हैं।

भद्राक्ष किस्म में मुख्य रूप से दो मुख और बहुत कम संख्या में तीन मुख होते हैं। इन चपटे दानों का लोकप्रिय उपयोग नहीं है क्योंकि इनमें रुद्राक्ष की कोई भौतिक विशेषता नहीं होती है। इनका उपयोग अक्सर नक्काशी के साथ नकली एक मुखी बनाने के लिए किया जाता है।

नीचे दिए गए विभिन्न मुखों के रुद्राक्षों का विवरण प्राचीन ग्रंथों, जैसे शिव पुराण, श्रीमद देवीभागवत, पद्म पुराण और स्कंद पुराण, साथ ही ग्रंथ सूची में स्वीकार किए गए कई हालिया पुस्तकों में वर्णित तथ्यों पर आधारित है। पिछले कुछ वर्षों में एक विशेषज्ञ टीम द्वारा संपर्क किए जाने पर कई हजार लोगों द्वारा साझा किए गए अनुभवों के आधार पर रुद्राक्ष के कुछ गुण दिए गए हैं। इसलिए, भविष्य में अध्ययन करने वालों के लिए इन पर विचार करना और फिर जानकारी को एकत्र करना और उसका विश्लेषण करना महत्वपूर्ण है।

शिव पुराण में कहा गया है कि रुद्राक्ष व्यक्ति द्वारा किए गए पापों को निष्क्रिय कर देता है। इस प्रकार, यह शक्ति केवल उसी वस्तु को प्रदान की जा सकती है जो सबसे शुद्ध हो।

1 मुखी रुद्राक्ष

एक मुखी रुद्राक्ष अत्यंत शुभ है लेकिन यह सबसे अधिक गलत फहमियों मे समझा जाता है। इस विविधता पर यदि कोई उपाख्यानों का संकलन करे तो उस पर एक पूरी किताब लिखी जा सकती है। यहाँ मेरे कुछ अवलोकन हैं। पाठक ये गुण नेपाल या इंडोनेशिया के असली एक मुखी रुद्राक्ष के हैं।

आकृति और माप

नेपाल का एक मुखी रुद्राक्ष प्राकृर्तिक संरचना के आधार पर दो मुखी के समान होगा लेकिन उसकी तुलना में छोटा होगा। किनारों से देखने पर यह अंडाकार और थोड़ा चपटा होगा और इसका आकार आंख (या मछली) जैसा होगा। इसकी लंबाई 10 से 15 मिमी हो सकती है। अध्याय 4 में चर्चा और सारांशित प्राकृतिक विन्यास के अनुसार इसका आकार पूर्ण गोल नहीं हो सकता। इसके विपरीत, यह थोड़ा अण्डाकार हो सकता है, लेकिन दक्षिण भारत की चंद्राकर किस्म जैसा नहीं होना चाहिए। नेपाल किस्म के दानों के बीच में एक प्राकृतिक छेद होगा। आकार में भिन्नता से इंकार नहीं किया जा सकता। केवल एक मुख वाले गोल दाने अविकसित हो सकते हैं और बाजार में ऐसे दानों को उनकी एक्स-रे रिपोर्ट का हवाला दिए बिना एक मुखी के रूप में बेचा जा रहा है। हालाँकि एक एक्स-रे अध्ययन से एक से अधिक कंपार्टमेंट का पता चल सकता है, फिर भी कुछ लोग इन्हें "वास्तविक" एक मुखी के रूप में स्वीकार करते हैं। कुछ लोगों का तर्क है कि एक्स-रे विश्लेषण की शुरुआत से पहले, अधिकांश निर्धारण केवल बाहरी दिखावे के अनुसार होता था, इसलिए, यह विश्वास करना उचित है कि ऐसे दाने एक मुखी हैं। वनस्पति अध्ययन के अनुसार, ये अल्प विकसित दाने हैं।

इंडोनेशियाई एक मुखी रुद्राक्ष बहुत छोटा होता है, लंबाई में 5 से 12 मिमी और व्यास में 3 से 6 मिमी (चित्र 6)। इसका आकार गेहुँ के मोटे दाने जैसा होता है। एक तरफ एक मुख पूर्ण है और दूसरी तरफ, मुंह के ठीक पास एक आंशिक समापन रेखा है। इंडोनेशियाई एक मुखी रुद्राक्ष के अंदर केवल एक बीज होता है, एक मुखी में केवल एक ही रेखा पूर्ण होती है, जबकि दो मुखी में दो पूर्ण रेखाएँ स्पष्ट रूप से देखी जा सकती हैं।

ई. ट्यूबरकुलैटस किस्म से संबंधित एक मुखी चंद्राकर, एक मुखी नेपाल रुद्राक्ष का एक विकल्प मात्र है। अब इसका व्यापक रूप से उपयोग किया जाता है और कई प्रजातियाँ बाज़ार में अपनी जगह बना रही हैं। नकली, लकड़ी-प्लास्टिक ढाले और कट-पेस्ट प्रकार भी बेचे जा रहे हैं और इसलिए इस विकल्प के बारे में भी सावधान रहना चाहिए।

संक्षेप में, यह निष्कर्ष निकाला जा सकता है कि नेपाल से एक मुखी आसानी से उपलब्ध नहीं है और लोगों को इसे प्राप्त करने का प्रयास नहीं करना चाहिए, और इंडोनेशियाई एक मुखी उपलब्ध है। हालाँकि, प्रकृति का रहस्य समझ से परे है इसलिए इन तथ्यों का कुछ अपवाद होना बहुत संभव है।

गुण

एक मुखी रुद्राक्ष को स्वयं भगवान शिव का आशीर्वाद प्राप्त है। अध्याय 12 में, आप इन शक्तिशाली महादेव के बारे में और अधिक जानेंगे, जिन्हें पौराणिक कथाओं में सबसे शक्तिशाली देवताओं के रूप में सार्वभौमिक रूप से प्यार और पूजा जाता है। उन्हें भाषा, संगीत, नृत्य और आयुर्वेद का निर्माता माना जाता है और प्रेम के स्वामी के रूप में, वह जन्म और मृत्यु के चक्र के लिए जिम्मेदार हैं। दरअसल, शैव सिद्धांतों को समझे बिना हिंदू धर्म और उसके दर्शन और विचारों को पूरी तरह से नहीं समझा जा सकता है।

एक मुखी रुद्राक्ष किसी पवित्र व्यक्ति की हत्या जैसे गंभीर पापों को भी माफ कर देता है। यह सर्वोच्च (ब्रह्म ज्ञान) के बारे में ज्ञान को बढ़ाता है और पहनने वाले को अपनी इंद्रियों पर पूर्ण नियंत्रण रखने के लिए जाना जाता है। फिर वह परा-तत्व (शिव तत्व) में संलग्न हो जाता है। यह मृत्यु के बाद शाश्वत आनंद और निर्वाण (मोक्ष) देने के लिए भी जाना जाता है। जहां भी इस रुद्राक्ष की पूजा की जाती है, वहां देवी लक्ष्मी (धन की देवी) भी मौजूद होती हैं। यह सभी दानों में सबसे शुभ रुद्राक्ष है। यह न केवल पहनने वाले या उपासक को शिव के करीब लाता है (आध्यात्मिकता और दयालुता के संदर्भ में) बल्कि यह भौतिक जगत में उसकी सभी इच्छाओं को भी पूरा कर सकता है। इसे पहनने वाले को एकाग्रता की शक्ति भी प्राप्त होती है और आंतरिक शांति का आनंद मिलता है।

शिव पुराण के अनुसार, एक मुखी रुद्राक्ष सांसारिक सुख और मोक्ष प्रदान करता है, और इसलिए सभी रुद्राक्षों में इसका एक अद्वितीय स्थान है। यह तनावपूर्ण स्थितियों से निपटने के लिए नेतृत्व गुण और कौशल प्रदान करता

है और इसलिए, यह उन लोगों के लिए एक पसंदीदा विकल्प है जो नेतृत्व की भूमिका निभाते हैं या किसी संगठन का नेतृत्व करते हैं।

वैदिक ज्योतिष के अनुसार रुद्राक्ष पर सूर्य का आधिपत्य माना जाता है। इस रुद्राक्ष को पहनने से व्यक्ति पर सूर्य द्वारा उत्पन्न सभी नकारात्मक प्रभाव दूर हो जाते हैं। कहा जाता है कि इसके सेवन से सिरदर्द, नेत्र दोष, बवासीर और यकृत एवं त्वचा रोग ठीक हो जाते हैं।

लोगों द्वारा साझा किए गए अनुभवों के अनुसार, यदि किसी को कोई लत है (विशेष रूप से धूम्रपान, शराब पीना, नशीली दवाओं का सेवन, तंबाकू चबाना, अधिक खाना या अत्यधिक बात करना) तो एक मुखी पहनना (इन मामलों में, इंडोनेशियाई रुद्राक्ष का उपयोग किया जा सकता है)) उसे ऐसी आदतों पर काबू पाने में मदद करता है। एक पूर्ण परिवर्तन तब होता है जब पहनने वाला थोड़े से प्रयास से इन बुराइयों या आदतों को छोड़ देता है और उनकी जीवनशैली स्थायी रूप से बदल जाती है।

इसे किसे पहनना चाहिए?

इस रुद्राक्ष को सभी वयस्क पहन सकते हैं। इसे पूजा कक्ष या वेदी पर भी रखा जा सकता है, जहां नियमित पूजा की जाती है। जो लोग ऐसी आदतों या विशेष जीवनशैली के आदी हैं जो उनके शारीरिक और मानसिक स्वास्थ्य के लिए अनुकूल नहीं हैं, वे अपनी दुर्दशा से बाहर आने के लिए एक मुखी इंडोनेशियाई रुद्राक्ष पहन सकते हैं। यदि कोई एक से अधिक दाने पहनता है, तो यह आनुपातिक रूप से अधिक प्रभावी माना जाता है।

चंद्राकर रूप में एक मुखी एक प्रतीकात्मक रुद्राक्ष है जो विशेष रूप से भगवान शिव का आशीर्वाद प्राप्त करने के लिए है। इसलिए, इसे कोई भी पहन सकता है या पूजा कक्ष में रख सकता है। दुर्भाग्य से, टेलीविजन विज्ञापनों और चंद्राकर के बारे में बिक्री प्रचार में, इसके स्रोत और प्रकार का पूरी तरह से खुलासा नहीं किया गया है और इसे मूल एक मुखी रुद्राक्ष के बराबर बताया गया है, जो उचित नहीं है। लाभ अक्सर बढ़ा-चढ़ाकर बताए जाते हैं। चंद्राकर ई.

गैनिट्रस RoXb. नहीं है, बल्कि एक मुखी रुद्राक्ष का विकल्प है। जैसा कि पहले उल्लेख किया गया है, यह ई. ट्यूबरकुलैटस किस्म से संबंधित है।

नकली एक मुखी रुद्राक्ष या तो दो मुखी भद्राक्ष से या गोल देहरादून किस्म से, या अन्य क्षेत्रों के पाँच मुखी रुद्राक्ष से बनाया जाता है। एक बार जब आपको पता चल जाए कि रुद्राक्ष नकली है, तो बेहतर होगा कि इसे न पहनें या इसे अपने घर में भी न रखें। ऐसा इसलिए है क्योंकि यह आपके दिमाग में नकारात्मकता बढ़ा सकता है, खासकर तब जब आपको इसके बारे में पता चल गया हो। भले ही ऐसा नकली दाना किसी गुरु या आध्यात्मिक व्यक्ति (जो इसे अज्ञानतावश दे सकता है) द्वारा उपहार या आशीर्वाद के रूप में दिया गया हो, इसे किसी नदी या समुद्र में फेंक देना या तालाब में डाल देना उचित है।

एक मुखी उन लोगों द्वारा पहना जाता है जिन्हें सूर्य की कृपा की आवश्यकता होती है, या उसके अशुभ प्रभावों को दूर करने के लिए, या उन लोगों द्वारा पहना जाता है जो ईश्वर की भक्ति चाहते हैं, सांसारिक चीजों के प्रति लगाव को कम करते हैं और अंततः निर्वाण प्राप्त करने की उम्मीद करते हैं।

एक मुखी रुद्राक्ष के लिए जपने योग्य मंत्र:

ओम ह्रीं नमः (शिव पुराण)

ॐ ॐ द्रुशान नमः (मन्त्र महार्णव)

ओम रुद्र (पद्म पुराण)

महामृत्युंजय मंत्र (ब्रहज्जलोपनिषद)

ॐ नमः शिवाय

2 मुखी रुद्राक्ष

यहाँ दिए गए विवरण नेपाल या इंडोनेशियाई किस्म के दो मुखी रुद्राक्ष से संबंधित हैं जिनमें प्राकृतिक छेद होता है। हरिद्वार/देहरादून के दाने, जहां छेद मैन्युअल रूप से ड्रिल किया जाता है, मध्यम गुणवत्ता के होते हैं।

नेपाल का दो मुखी रुद्राक्ष चपटा, थोड़ा पतला और सतह चिकनी और सख्त होती है। इसकी लंबाई 15 मिमी, चौड़ाई 10 मिमी और मोटाई 8 मिमी

तक हो सकती है। हरिद्वार/देहरादून का रुद्राक्ष अंडाकार, खुरदरी सतह वाला और हल्का घनत्व वाला होता है। यह नेपाल 2 मुखी से थोड़ा बड़ा है, लंबाई में 20 मिमी और औसत व्यास 15 मिमी तक है। इसके अंदर केवल एक गुहा होती है, इस किस्म का उपयोग नक्काशी करके नकली एक मुखी रुद्राक्ष बनाने के लिए भी किया जाता है और कभी-कभी प्राकृतिक रूप से एक मुखी रुद्राक्ष भी इन पेड़ों से प्राप्त किया जाता है, जिसका अंदाजा बनावट और एक्सरे को देखकर लगाया जा सकता है। इंडोनेशियाई दो मुखी रुद्राक्ष छोटा होता है, लंबाई 10 मिमी और व्यास 5 से 6 मिमी होता है, लेकिन इसमें एक प्राकृतिक छेद होता है और आंतरिक रूप से 2 खाने होते हैं। इसका घनत्व हरिद्वार किस्म की तुलना में अधिक है और इसकी सतह चिकनी है। दो खानो के अंदर नेपाल दाने के समान दो बीज होते हैं। चित्र 6 रुद्राक्ष के तीनों प्रकार दिखाता है।

नेपाल दो मुखी रुद्राक्ष की कीमत हरिद्वार किस्म की तुलना में कई गुना अधिक है।

दो मुखी की कुछ अन्य किस्में भी हैं (जैसे असम किस्म) इसलिए दो मुखी रुद्राक्ष खरीदने से पहले विशेषज्ञ की सलाह लेनी चाहिए।

गुण

दो मुखी रुद्राक्ष को भगवान शिव के अर्धनारीश्वर रूप का आशीर्वाद प्राप्त है, जो शिव और शक्ति का प्रतिनिधित्व करता है (चित्र 15)। प्राचीन ग्रंथों के अनुसार, आदि नामक राक्षस ने पार्वती का रूप धारण करके शिव को लुभाने की कोशिश की, लेकिन शिवजी ने चाल समझकर उसे मार डाला। हालाँकि, असली पार्वती शिव को किसी अन्य महिला के साथ देखकर क्रोधित हो गईं। सबसे पहले, उन्होंने शिव के वाहन नंदी को श्राप दिया, जो यह सुनिश्चित करने के लिए निगरानी रखते थे कि कोई भी उनके गर्भगृह में प्रवेश न करे। परिणामस्वरूप, नंदी हमेशा के लिए हृदयहीन, ठंडा पत्थर बन गया। इसके बाद, पार्वती, जो अभी भी बहुत गुस्से में थीं, ने आत्महत्या करने की कोशिश की, लेकिन ब्रह्मा ने उन्हें रोक दिया, जिन्होंने उनके क्रोध और उग्रता के अंधेरे रूप को हटा दिया और

इसे देवी काली में अवतरित किया। तब पार्वती को अपनी शिष्टता और अपना सुनहरा रंग प्राप्त हुआ। इस अवतार में उन्हें गौरी के नाम से जाना जाता है। भगवान ब्रह्मा ने भी उन्हें आशीर्वाद देते हुए कहा, "तुम और तुम्हारे पति इतने करीब रहेंगे कि तुम एक-दूसरे में पिघल जाओगे, एक व्यक्ति बन जाओगे, और अर्धनारीश्वर (आधे पुरुष, आधे महिला) के रूप में जाने जाओगे।" उनके क्रोध से उत्पन्न एक शक्तिशाली शेर उनकी नई सवारी बन गया जिस पर वह दुर्गा के रूप में सवार होकर पूरे ब्रह्मांड में राक्षसों से लड़ेंगी।

चित्र 15: अर्धनारीश्वर

प्राचीन ग्रंथों में उल्लेख है कि हमारी दुनिया में, महिला और पुरुष गुण एक ही शरीर में मौजूद होते हैं और अपने भीतर से पैदा होते हैं। "अग्नीशोमात्मकं जगत्" वेदों का एक सूक्त है। अग्नि पुरुष तत्त्व है और स्त्री के मासिक धर्म प्रवाह में विद्यमान है। चंद्रमा (सोम) स्त्री तत्त्व है और पुरुष के शुक्राणु में मौजूद होता है। काम (इच्छा) दोनों को एकजुट करने वाली शक्ति है। दैवीय ऊर्जा (शक्ति) के साथ शिव की एकता के बिना, कोई भी रचना संभव नहीं है। अद्वैत दर्शन में, माया (भ्रम) का त्याग नहीं किया जाता है बल्कि इसे ब्रह्म की शक्ति या ऊर्जा के रूप में पूरी तरह से स्वीकार किया जाता है। अतः शिव और शक्ति का स्थायी मिलन अद्वैतवाद माना जाता है। शिव का दाहिना भाग स्त्रीलिंग है। इस रूप में स्त्री और पुरुष गुणों की क्षमता समान होती है, इसलिए इसे "शक्ति सहित शंभू" या शक्ति के साथ शिव के रूप में वर्णित किया गया है।

दो मुखी रुद्राक्ष धारण करने से गौहत्या के पाप से मुक्ति मिलती है। पद्म पुराण के अनुसार, इस रुद्राक्ष को अग्नि देवता (अग्नि) का आशीर्वाद प्राप्त है, और इसलिए यह पहनने वाले को किसी भी प्रकार के पाप से मुक्त करता है। पहनने वाले या उपासक को वे लाभ प्राप्त करने के लिए भी जाना जाता है जो आमतौर पर यज्ञ और होम या अग्निहोत्र के माध्यम से प्राप्त होते हैं।

यह रुद्राक्ष अच्छे पारिवारिक जीवन, सभी लोगों के साथ अच्छे रिश्ते और विवाह के लिए उपयोगी है। वास्तव में, यह सभी प्रकार की एकता लाने के लिए जाना जाता है - दोस्तों, पति और पत्नी, पिता और पुत्र, या खरीदार और विक्रेता के बीच। इसका उपयोग भौतिक लाभ और निर्वाण और मोक्ष प्राप्त करने के लिए किया जाता है। इसकी आध्यात्मिक एवं भौतिक (दोहरे प्रयोजन) विशेषताओं को देखते हुए इसे देव-देव भी कहा जाता है।

इसे किसे पहनना चाहिए?

जो लोग अकेले हैं और सही जीवनसाथी मिलने में कठिनाइयों का सामना कर रहे हैं या जिनके रिश्ते में समस्याएँ हैं, उन्हें इस रुद्राक्ष को पहनना चाहिए। खुशी और भौतिक लाभ चाहने वाले लोगों के साथ-साथ आध्यात्मिक रूप से इच्छुक और मोक्ष की आकांक्षा रखने वाले लोगों को या तो इसे पहनना चाहिए या इसकी पूजा करनी चाहिए। यह संतान प्राप्ति के लिए भी उपयोगी है।

दो मुखी रुद्राक्ष के लिए जपने योग्य मंत्र:

ओम नमः (शिव पुराण)

ॐ ॐ नमः (मन्त्र महार्णव)

ओम खुं (पद्म पुराण)

ॐ श्रीं नमः (स्कंद पुराण)

महामृत्युंजय मंत्र

ॐ नमः शिवाय

3 मुखी रुद्राक्ष

तीन मुखी रुद्राक्ष के गुणों का वर्णन करते समय हम नेपाल किस्म का उल्लेख कर रहे हैं। हालांकि हरिद्वार/देहरादून किस्म कम प्रभावी हो सकती है, लेकिन कोई गुणात्मक अंतर ज्ञात नहीं है। आंतरिक संरचना के अनुसार 3 मुखी हरिद्वार किस्म में नेपाल किस्म के विपरीत केवल एक छेद होता है और तीन खाने मौजूद होते हैं। इंडोनेशियाई तीन मुखी रुद्राक्ष या तो समान स्तर पर या नेपाल दानों की तुलना में थोड़ा कम प्रभावी हो सकता है (चित्र 6)।

तीन मुखी रुद्राक्ष अग्नि (अग्नि) का प्रतिनिधित्व करता है (चित्र 16)। अग्नि की तरह, जो सब कुछ जला देती है और भस्म कर देती है, फिर भी शुद्धता और शक्ति से भरपूर रहती है, तीन मुखी रुद्राक्ष व्यक्ति को पिछले सभी पापों से शुद्ध कर देता है। जो लोग हीन भावना या भय से पीड़ित हैं, या जो आत्म-घृणा या मानसिक तनाव का अनुभव कर रहे हैं, उन्हें इस रुद्राक्ष का उपयोग करना चाहिए। यह प्रभावी ढंग से श्रीमद् देवीभागवत के अनुसार यह रुद्राक्ष गर्भपात करने के पाप से मुक्ति दिलाता है। अग्निसंभूत (अग्नि से उत्पन्न) होने के कारण यह आत्मा को शुद्ध करने में उपयोगी है और व्यक्ति को दोषमुक्त जीवन जीने में सक्षम बनाता है।

पद्म पुराण इस रुद्राक्ष को ब्रह्म को सौंपता है। इससे जीवन की हर समस्या का समाधान होता है और सफलता मिलती है। आलस्य को दूर कर व्यक्ति को ऊर्जावान बनाता है।

चित्र.16: भगवान अग्नि

तीन मुखी रुद्राक्ष का उपयोग रक्तचाप, मधुमेह, पेट की बीमारियों, बुखार, नेत्र दोष और यहाँ तक कि कैंसर जैसे विकारों में किया जाता है। यदि किसी बच्चे को बार-बार बुखार हो या वह बहुत कमजोर हो तो उसे राहत पाने के लिए तीन मुखी रुद्राक्ष के तीन दाने गले में पहनानी चाहिए। छह साल से कम उम्र के बच्चों के लिए, एक दाना पहनने से भी मदद मिल सकती है। तीन मुखी रुद्राक्ष का उपयोग आमतौर पर सभी प्रकार की बीमारियों के लिए किया जाता है और इसके लाभों के कई अनुभव दर्ज किए गए हैं। यह भी माना जाता है कि यह मंगल के बुरे प्रभावों, जैसे भूमि विवाद, रक्त विषाक्तता और दुर्घटनाओं का प्रतिकार करता है।

पुराने ग्रंथों के अनुसार, संपूर्ण ब्रह्मांड तीन की शक्ति से नियंत्रित होता है, विशेषकर शैवागम के त्रिस्तरीय दर्शन द्वारा। तीन मुखी रुद्राक्ष इस पहलू का प्रतीकात्मक बीज है।

इसे किसे पहनना चाहिए?

किसी भी रोग से पीड़ित, कमजोरी, आलस्य या हीन भावना से ग्रसित लोगों को इसे धारण करना चाहिए। यह त्वचा रोगों, पेट संबंधी विकारों, नेत्र दोषों और तनाव को नियंत्रित करने और आत्मविश्वास हासिल करने में विशेष रूप से प्रभावी पाया गया है। वयस्क लोग

नेपाल के नौ दानों की माला पहन सकते हैं या इंडोनेशियाई किस्म की 54 या 108 दानों की माला पहन सकते हैं।

तीन मुखी रुद्राक्ष के लिए जपने योग्य मंत्र:

ॐ क्लीं नमः (शिव पुराण)

ॐ ॐ नमः (पद्म पुराण)

ॐ धुं धुं नमः (स्कंद पुराण)

महामृत्युंजय मंत्र

ॐ नमः शिवाय

4 मुखी रुद्राक्ष

चित्र 17: भगवान ब्रह्मा

नेपाल का चार मुखी रुद्राक्ष (चित्र 6) प्राप्त करना आसान है और यह सबसे अधिक उपयोग किए जाने वाले रुद्राक्षों में से एक है। इंडोनेशियाई चार मुखी दाने आकार में छोटे होते हैं और हार में उपयोग किए जाते हैं। चार मुखी रुद्राक्ष का आकार लगबघ चौकोर होता है। चार मुखी रुद्राक्ष को भगवान ब्रह्मा का आशीर्वाद प्राप्त है, जो हिंदू त्रिमूर्ति के देवताओं में से एक हैं, जो सृष्टि रचना के लिए जिम्मेदार हैं। (चित्र 17) यह ज्ञान और रचनात्मकता का निवास है।

ब्रह्मा को प्रजापति, हिरण्यगर्भ, ब्राह्मणस्पति या विश्वकर्मा भी कहा जाता है। उनका जन्म भगवान विष्णु की नाभि से निकले कमल के फूल से हुआ था।

महाभारत के अनुसार, ब्रह्मा ब्रह्मांड के निर्माता हैं। ऐसा कहा जाता है कि जो चार मुखी रुद्राक्ष पहनता है वह द्विज (दो बार जन्म लेने वाला) का स्तर प्राप्त करता है, खुद को एक नए व्यक्तित्व में बदल लेता है और जीवन में एक नई और बेहतर भूमिका ग्रहण करता है। द्विज अवधारणा हिंदू जाति व्यवस्था का सार है, जिसे ज्यादातर लोगों ने पूरी तरह से गलत समझा है। जाति के आधार पर जनता को बांटने पर आमादा लोग कभी सत्य की जीत नहीं होने देते और इन महान सिद्धांतों को जानने के बाद भी कोई सही दृष्टिकोण प्रस्तुत नहीं करता। जाति व्यवस्था (वर्णाश्रम धर्म) कार्य प्रकार और व्यक्तित्व के सिद्धांतों पर आधारित है न कि पूरी तरह से वंश पर। मानव जाति का ब्राह्मण, क्षत्रिय, वैश्य या शूद्र के रूप में यह विभाजन प्राकृतिक है और सामाजिक स्थिरता के

लिए भगवान द्वारा बनाया गया है। हालाँकि, यह प्राकृतिक गुणों पर आधारित है न कि जन्म या त्वचा के रंग पर।

चित्र 17(ए): सरस्वती - ज्ञान की देवी

चार मुखी रुद्राक्ष पहनने वाले व्यक्ति की चमकदार आंखें और संतुलित दिमाग होगा, और वह अपने लाभ के लिए भाषण की शक्ति का उपयोग कर सकता है। यह रुद्राक्ष व्यक्ति को मनुष्यों या जानवरों की हत्या सहित विभिन्न पापों से भी मुक्त करता है। मुझे यहाँ यह उल्लेख करना चाहिए कि प्राचीन ग्रंथ सभी मुखों के रुद्राक्षों के लिए "हत्या के पाप से मुक्ति" के पहलू के बारे में बात करते हैं। मेरा मानना है कि यद्यपि दोषियों को दंडित करने के लिए कानून हर समय अस्तित्व में थे, और उन्होंने अपना काम किया है, रुद्राक्ष की संपत्ति मन को शुद्ध करना, चेतना पैदा करना और व्यक्ति को उसकी गलतियों के लिए वास्तव में पश्चाताप करना है। ईसाइयों के बीच "स्वीकारोक्ति" की तरह, रुद्राक्ष का उपयोग पश्चाताप के बाद आत्मा को शुद्ध करने के लिए एक उपकरण के रूप में किया जाता है। हत्या करने वाले व्यक्ति को सजा मिलती है और उसे मौत या आजीवन कारावास की सजा दी जाती है। जरूरी नहीं कि यह सज़ा उसकी आत्मा को शुद्ध कर दे। यह तभी संभव है जब उसे गलत कार्य करने पर सच्चा पश्चाताप हो। रुद्राक्ष का उपयोग करके, व्यक्ति अपने पापों से छुटकारा पा सकता है और यह सुनिश्चित कर सकता है कि उसे ईश्वर से न्याय मिले। चार मुखी रुद्राक्ष चारों दिशाओं में प्रसिद्धि दिलाता है। यह मानव जीवन के सभी चरणों (ब्रह्मचर्य, पारिवारिक जीवन, पारिवारिक या सांसारिक जीवन से वैराग्य और अंततः संसार का त्याग- ब्रह्मचर्य, गृहस्थ, वानप्रस्थ और संन्यास) के लिए उपयुक्त है।

बच्चे पढ़ाई में एकाग्रता और याददाश्त में सुधार के लिए इस रुद्राक्ष को पहन सकते हैं। इस रुद्राक्ष के लिए छात्रों, शिक्षकों और मानसिक और कुशल कार्य में लगे लोगों से उत्कृष्ट प्रशंसापत्र प्राप्त हुए हैं। इसे धर्म (कर्तव्य), अर्थ (धन), काम (अवकाश/आनंद), और मोक्ष या निर्वाण (जन्म और मृत्यु के चक्र से शाश्वत मुक्ति) के क्षेत्रों में सफलता पाने के लिए पहना जा सकता है। चार मुखी रुद्राक्ष दिमाग से संबंधित बीमारियों (याददाश्त की हानि, मिर्गी आदि) को ठीक करने में बहुत प्रभावी साबित हुआ है। यह नाक और पित्ताशय की बीमारियों और पक्षाघात को नियंत्रित करने या ठीक करने में प्रभावी है।

इसे किसे पहनना चाहिए?

छात्रों, शिक्षकों और मानसिक कार्यों में लगे सभी लोगों को यह रुद्राक्ष पहनना चाहिए। दरअसल, आज शायद ही कोई ऐसा काम हो जो स्थैतिक ज्ञान पर आधारित हो। समकालीन जीवनशैली की चुनौतियों को झेलने और जीवित रहने के लिए किसी के मानसिक दृष्टिकोण को निरंतर उन्नत करना आवश्यक है।

जबकि इसका उपयोग छह साल से कम उम्र के बच्चों के लिए एकल रुद्राक्ष के रूप में किया जा सकता है, बेहतर शिक्षा और अच्छे प्रदर्शन के लिए इसका उपयोग छह मुखी रुद्राक्ष के साथ किया जाता है। आमतौर पर कुल तीन मनके पहने जाते हैं।

चार मुखी रुद्राक्षों के साथ पाँच मुखी और/या छह मुखी रुद्राक्षों से बना एक मुकुट जिसमें 550 मनके होते हैं, क्राउन थेरेपी में उपयोग किया जाता है। किसी भी मानसिक विकार के इलाज या तनाव को नियंत्रित करने के लिए व्यक्ति के सिर पर ताज पहनाया जाता है।

इंडोनेशिया से आए चार मुखी रुद्राक्ष के छोटे दानों के हार (मूल रूप से छोटे आकार को देखते हुए पहनने पर आराम के लिए) व्यक्ति को शांत और स्वस्थ बनाने में अत्यधिक प्रभावी हैं। इस किस्म का उपयोग किसी भी संख्या में रुद्राक्ष के किसी भी संयोजन के साथ किया जा सकता है।

स्मृति हानि या किसी मानसिक विकार को ठीक करने के लिए चार मुखी रुद्राक्ष (नेपाल) को दूध में 10 से 15 मिनट तक उबालकर भी पिया जा सकता है।

चार मुखी के तीन दानों को एक गिलास पानी में लगभग 12 घंटे तक भिगोया जा सकता है और याददाश्त में सुधार के लिए इस पानी को रोजाना सुरक्षित रूप से दिया जा सकता है। दानों को सुखाएं और हर दिन भिगोने को दोहराएं।

चार मुखी रुद्राक्ष के लिए जपने योग्य मंत्र:

ॐ ह्रीं नमः (शिव पुराण)

ओम ह्रीं (पद्म पुराण)

ॐ ह्रीं हुं नमः (स्कंद पुराण)

महामृत्युंजय मंत्र

ॐ नमः शिवाय

5 मुखी रुद्राक्ष

पाँच मुखी रुद्राक्ष सबसे आम रुद्राक्ष है और कुल उत्पादन का लगभग 60 से 70% हिस्सा है। इंडोनेशियाई पाँच मुखी दाने आकार में छोटे होते हैं (व्यास में 4 से 15 मिमी तक)। नेपाली रुद्राक्ष इंडोनेशियाई किस्म से बड़े होते हैं (व्यास में 15 से 30 मिमी तक)। नेपाल के पाली क्षेत्र में पाए जाने वाले दाने आकार में सबसे बड़े माने जाते हैं (चित्र 6)।

पाँच मुखी रुद्राक्ष को स्वयं भगवान शिव ने कालाग्नि रुद्र के रूप में आशीर्वाद दिया है (चित्र 18)। इस रुद्राक्ष को पहनने से निषिद्ध कृत्यों के माध्यम से किए गए विभिन्न पाप दूर हो जाते हैं। पद्म पुराण में कहा गया है कि पाँच मुखी रुद्राक्ष पहनना सभी के लिए सबसे महत्वपूर्ण है क्योंकि इसे वामदेव (शिव) का आशीर्वाद प्राप्त है। इसे पहनने वाले को स्वयं देवताओं द्वारा लंबे समय तक सम्मानित किया जाता है। यह रुद्राक्ष देवगुरु के समान है क्योंकि यह बृहस्पति ग्रह द्वारा नियंत्रित होता है। श्रीमद् देवीभागवत में कहा गया है, 'पंचवक्त्रः स्वयं

चित्र 18: पंच महादेव

रुद्रः कालाग्निर्मतः; अगम्यगमनं चौव तथा चाभयभक्षणम्; मुच्यते नात्र सन्देहं पंचवक्त्रः धारणात्। (पाँच मुखी रुद्राक्ष खाने या यौन जीवन के मामले में निषिद्ध कानूनों के तहत किए गए पापों को दूर करता है।)

ऐसा माना जाता है कि तीन बड़े रुद्राक्ष या 1 बड़ी पाँच मुखी माला पहनने से व्यक्ति आकस्मिक मृत्यु से बच सकता है।

महादेव स्वरूप में शिव मानव जाति का कल्याण करते हैं। उत्तर की ओर मुख वाले को छोड़कर उसके प्रत्येक चेहरे पर तीन आंखें हैं। उसके घने बाल हैं और सिर पर अर्धचंद्र है। पांचवां मुख आध्यात्मिक उन्नति की ओर ऊपर की ओर इशारा करता है।

सृजन, संरक्षण, विनाश, वैराग्य और दायित्व ये पाँच कर्म हैं जिन्हें हम रोजमर्रा की जिंदगी में देखते हैं और पाँच मुखी रुद्राक्ष इन कर्मों का प्रतीक है। पंचाक्षरी मंत्र (नमः शिवाय) भगवान शिव के इस पंचमुखी रूप से विकसित हुआ और प्रणव ओम एक साथी के रूप में आया। इसलिए, पाँच मुखी रुद्राक्ष

किसी भी साधना या ध्यान में महत्व रखता है। भगवान शिव के पाँच रूप- सद्योजात, ईशान, तत्पुरुष, अघोर और वामदेव- पाँच मुखी रुद्राक्ष में रहते हैं। कुछ लोग इस रुद्राक्ष को रुद्र-कालाग्नि भी बताते हैं।

आम तौर पर, जब रुद्राक्षों का उपयोग संयोजनों में किया जाता है, तो उनमें अनिवार्य रूप से कम से कम एक पाँच मुखी रुद्राक्ष होगा। हम जो हार देखते हैं उनमें से अधिकांश पाँच मुखी रुद्राक्ष के होते हैं। वास्तव में, 'रुद्राक्ष' शब्द पाँच मुखी रुद्राक्ष का प्रतीक है, जब तक कि अन्यथा निर्दिष्ट न किया गया हो। कुछ वनस्पतिशास्त्रियों का मानना है कि रुद्राक्ष के अन्य सभी पहलू या प्रकार "प्रकृति की विचित्रताएं" हैं और केवल पाँच मुखी ही मानक (Bas|c stone) है। हालाँकि हम इस विचार से सहमत नहीं हैं।

पाँच मुखी रुद्राक्ष प्रसिद्धि और मानसिक शांति लाता है। इसके औषधीय गुणों के संबंध में, इसका व्यापक रूप से रक्तचाप और मधुमेह को नियंत्रित करने के लिए उपयोग किया जाता है। इसका उपयोग कान, जांघों और गुर्दे की बीमारियों के लिए भी किया जाता है। कच्चे (रंग या तेल से उपचारित नहीं) पाँच मुखी रुद्राक्ष के तीन दानों का उपयोग भारत में कई परिवारों द्वारा जल चिकित्सा के लिए किया जाता है, जिसमें इन दानों को रात भर पानी में भिगोया जाता है, और तांबे के बर्तन में संग्रहित किया जाता है। भिगोने का समय आठ घंटे से कम नहीं होना चाहिए। रक्तचाप, मधुमेह और पेट संबंधी विकारों को नियंत्रित करने के लिए, या यहाँ तक कि सभी बीमारियों के खिलाफ एक सामान्य स्वास्थ्य रक्षक के रूप में, इस पानी को रोजाना, अधिमानतः खाली पेट पीना चाहिए। दानों को हर दिन पानी से बाहर निकालना चाहिए, एक या दो घंटे के लिए हवा में सुखाना चाहिए और फिर दोबारा इस्तेमाल करना चाहिए।

जल चिकित्सा में उपयोग किए जाने पर ये दाने कितने समय तक प्रभावी रहेंगे, इस पर अलग-अलग विचार हैं - एक महीने, एक वर्ष या उससे अधिक। अनुभव से पता चला है कि यह एक वर्ष तक प्रभावी रहता है। इसके बाद दानों को बदल देना चाहिए। वास्तव में, सभी चिकित्सीय-गैर-नैदानिक या

नैदानिक-परीक्षण पाँच मुखी रुद्राक्ष का उपयोग करके किए गए हैं, क्योंकि ये आसानी से उपलब्ध हैं।

इसे किसे पहनना चाहिए?

कोई भी व्यक्ति इस रुद्राक्ष को निर्दिष्ट संख्या में (आमतौर पर तीन से कम नहीं) पहन सकता है। जो लोग रुद्राक्ष की प्रभावकारिता का प्रत्यक्ष अनुभव लेना चाहते हैं, उन्हें रुद्राक्ष के दानों (7 से 10 मिमी व्यास, जो आमतौर पर कम कीमत पर उपलब्ध होते हैं) या तीन बड़े पाँच मुखी रुद्राक्ष की माला पहननी चाहिए। 7 मिमी से छोटे दाने अधिकतर सजावटी प्रकृति के होते हैं।

आमतौर पर दुकानों में उपलब्ध पाँच मुखी रुद्राक्ष असली होगा क्योंकि यह आसानी से उपलब्ध है। हार की संख्या 27+1, 54+1 या 108+1 होनी चाहिए। सभी हारों में अंतिम एक मेरु मनका है (बाकी को एक साथ रखने वाला बड़ा मनका), आमतौर पर गिनती के अंत को दिखाने के लिए जप हार में उपयोग किया जाता है। इसका उपयोग पहनने योग्य हार में भी किया जाता है। कुछ उपयोगकर्ता 81+1 संयोजन की अनुशंसा करते हैं क्योंकि यह 27 मूल दानों का गुणज भी है। हालाँकि, इसका उपयोग केवल तभी किया जाना चाहिए जब हार की लंबाई समायोजित करते समय कोई विकल्प न हो या दाना उपलब्ध न हों। ध्यान रखें कि किसी भी विषम संख्या में तीन या उससे अधिक का संयोजन पहना जा सकता है। 27+1 में बड़े पाँच मुखी दानों के साथ पाँच मुखी हार,32 या 36 संख्याएँ बहुत सामान्य हैं। पहनने वाली माला या संयुक्त में 27 का गुणं आवश्यक नहीं है। यह समग्र स्वास्थ्य, भय को दूर करने और ध्यान के प्रयोजनों के लिए पहनने के लिए एक उत्कृष्ट वस्तु है। यदि आपके पास पाँच मुखी दानों की अधिकता है जो आपने एकत्र किए हैं या उपहार के रूप में प्राप्त किए हैं, तो सर्वोत्तम दानों का चयन करना और क्षतिग्रस्त दानों को पानी (कुआं, झील, नदी, आदि) में फेंक देना सबसे अच्छा है। ऊनी या चांदी या किसी भी धातु का 27+1 या 32 दानों का हार बनाएँ और इसे पहनना शुरू करें। इसे उपहार के रूप में भी दिया जा सकता

है या भगवान शिव के विग्रह को सजाने के लिए एक माला में चढ़ाने के विशेष अनुरोध के साथ किसी मंदिर में दान किया जा सकता है। इसे किसी देवी-देवता की तस्वीर पर भी लगाया जा सकता है। मोतियों को किसी लॉकर में रखने और सूखने और नष्ट होने देने के बजाय किसी भी संभव तरीके से उपयोग किया जाना चाहिए। आमतौर पर ऐसा केवल पाँच मुखी रुद्राक्ष के साथ ही होता है, इसलिए यह सुझाव दिया गया है।

पाँच मुखी रुद्राक्ष के लिए जपने योग्य मंत्र:

ॐ ह्रीं नमः (शिव पुराण)

ॐ हुं नमः (मंत्र महार्णव/पद्म पुराण)

ॐ ह्रीं हुं नमः (स्कंद पुराण)

महामृत्युंजय मंत्र

ॐ नमः शिवाय

6 मुखी रुद्राक्ष

छह मुखी रुद्राक्ष आसानी से मिल जाता है और यह कम कीमत वाली किस्म है। नेपाल के दाने का आकार पाँच मुखी रुद्राक्ष के समान होता हैं, जबकि इंडोनेशियाई रुद्राक्ष थोड़ा छोटा होता है (आमतौर पर 8 से 10 मिमी व्यास (चित्र 6)।

"श्रीमद् देवीभागवत" छह मुखी रुद्राक्ष को कार्तिकेय और "निर्णय सिंधु" इसे गुहासंज्ञक (अर्थात् छिपा हुआ ज्ञान) कहती है। जाबालोपनिषद इसे कार्तिकेय और गणेश (भगवान शिव के दोनों पुत्र) को संयुक्त रूप से सौंपता है। यह ज्ञान को परिष्कृत करने, अभिव्यक्ति की शक्ति में सुधार करने और इच्छाशक्ति बढ़ाने के लिए जाना जाता है। इस रुद्राक्ष के प्रयोग से धन की देवी महालक्ष्मी भी प्रसन्न होती हैं। यह वक्तृत्व कौशल में सुधार के लिए भी अच्छा है और इसे पहनने वाला किसी भी सभा या लोगों के समूह को प्रभावित करने में सक्षम होगा। वह भगवान शिव के पुत्र स्कन्द के समान वीर होता हैं। यह रुद्राक्ष व्यक्ति को गंभीर पापों से शुद्ध करने के

लिए भी जाना जाता है। देवी पार्वती भी छह मुखी रुद्राक्ष पहनने वाले को आशीर्वाद देती हैं।

"रुद्र संहिता" (कुमार खंड) में, यह उल्लेख किया गया है कि कार्तिकेय (चित्र 19) का जन्म गंगा से हुआ था और उनका पालन-पोषण बचपन से ही छह महिलाओं द्वारा किया गया था। इनमें से प्रत्येक माँ के लिए उसके छह सिर थे। भगवान शिव उन्हें राक्षस तारकासुर को मारने के लिए लाए थे और उन्होंने और पार्वती ने उन्हें मार्शल आर्ट, हथियार, मन की शक्ति और ज्ञान की कई शिक्षाएँ दीं। पार्वती ने भी उसे अपनी अपार धन-संपत्ति और विलासिता प्रदान की और उसे सदैव जीवित रहने का आशीर्वाद दिया। देवी लक्ष्मी ने उन्हें अपना धन और एक सुंदर हार दिया, जबकि देवी सरस्वती ने उन्हें सभी प्रकार का ज्ञान प्रदान किया। कार्तिकेय ने कांतिमत शक्ति का उपयोग करके एक ही झटके में तारकासुर को मार डाला।

चित्र.19: भगवान कार्तिकेय

छह मुखी कार्तिकेय रुद्राक्ष पहनने वाले को धन, स्वास्थ्य और खुशी का आशीर्वाद मिलता है। नियंत्रक ग्रह शुक्र है, जो जीवन में विलासिता, आनंद और आराम का प्रतीक है।

शिक्षा में उत्कृष्टता प्राप्त करने के लिए इसे आमतौर पर चार मुखी रुद्राक्ष के साथ पहना जाता है।

अपने औषधीय गुणों के संबंध में, यह आंखों के लिए अच्छा है और यौन रोगों, मुंह के रोगों, मूत्र समस्याओं, गर्दन से संबंधित रोगों और जलोदर को नियंत्रित करने में मदद कर सकता है। निःसंतान दम्पति संतान प्राप्ति के लिए इसे गौरीशंकर (या नेपाली दो मुखी रुद्राक्ष) के साथ प्रयोग करते हैं। कहा जाता है कि इंडोनेशियाई या नेपाल किस्म के छह मुखी रुद्राक्ष को तीन से अधिक संख्या में पहनने से सभी प्रकार के मानसिक रोग, कैंसर और किसी भी अंग की विफलता ठीक हो जाती है। इसे दाहिने हाथ (या तो कलाई या बांह) पर अकेले या अन्य मुख के दानों के साथ पहना जा सकता है। यह हकलाने जैसे वाणी दोष वाले लोगों के लिए भी सहायक हो सकता है। मेरा मानना है कि भविष्य के किसी भी शोध कार्य में तीन, चार और पाँच मुखी रुद्राक्षों के साथ-साथ इस माला पर भी ध्यान केंद्रित किया जाना चाहिए क्योंकि ये आसानी से उपलब्ध हैं और अधिकांश लोग इन्हें खरीद सकते हैं।

इसे किसे पहनना चाहिए?

छात्रों, शिक्षकों, कलाकारों, लेखकों और मानसिक कार्यों में लगे वैज्ञानिकों को यह रुद्राक्ष पहनना चाहिए। जिन नेताओं और अभिनेताओं को भाषण आदि देना होता है, उन्हें यह माला पहनने से लाभ हो सकता है।

छह मुखी रुद्राक्ष भी 13 मुखी रुद्राक्ष का एक विकल्प है।

दक्षिण भारत के कुछ हिस्सों में, इस रुद्राक्ष का उपयोग लोग बचपन से करते हैं। लिंगायतों और पुजारियों द्वारा भी इसका बड़े पैमाने पर उपयोग किया जाता है।

इसके औषधीय गुणों का पूरा लाभ पाने के लिए इसका उपयोग किसी जानकार व्यक्ति के मार्गदर्शन में ही करना चाहिए।

छह मुखी रुद्राक्ष के लिए जपने योग्य मंत्र:

ॐ ह्रीं हुं नमः (शिव पुराण)

ॐ हुं नमः (मंत्र महार्णव)

ॐ हूम (पद्म पुराण)

ॐ ह्रीं नमः (स्कंद पुराण)

महामृत्युंजय मंत्र

ॐ नमः शिवाय

7 मुखी रुद्राक्ष

सात मुखी रुद्राक्ष आकार में लगभग गोल होता है। इंडोनेशियाई किस्म आकार में छोटा (7 से 9 मिमी व्यास) होता है। यद्यपि यह छह मुखी रुद्राक्ष की तुलना में दुर्लभ है, पर आसानी से उपलब्ध है (चित्र 6)।

इस रुद्राक्ष को विभिन्न शास्त्रों के अनुसार सात मातृकाएँ (सात माताएँ), सूर्य, सप्तर्षि (सात महान ऋषि), महासेन (कार्तिकेय), अनंग (कामदेव), अनंत (वासुकी, नागों के राजा), और नागरटा (नागराज) को सौंपा गया है। सबसे लोकप्रिय रूप से, इसे देवी लक्ष्मी को सौंपा गया है। भिन्न धर्मग्रन्थ. सबसे लोकप्रिय रूप से, इसे देवी लक्ष्मी को सौंपा गया है। ब्रह्मा पुराण के अनुसार, जो ब्रह्मांड की उत्पत्ति की व्याख्या करने के लिए समर्पित है, भगवान विष्णु ने भगवान शिव की इच्छा के अनुसार अपनी नाभि से एक कमल बनाया। यह विशाल, बहु-तने वाली संरचना वाला और सुंदर, कनेर के फूल के पीले रंग जैसा था। भगवान शिव ने अपनी दाहिनी ओर से ब्रह्मा (जिन्हें यहाँ हिरण्यगर्भ के नाम से जाना जाता है) को बुलाया और उन्हें कमल के तने के अंदर डाल दिया। हिरण्यगर्भ का जन्म कमल से हुआ था। चार सिरों वाला हिरण्यगर्भ अपने बारे में जानना चाहता था और इसलिए कमल के तने के अंदर घूमने लगा लेकिन सैकड़ों दिव्य वर्षों के बाद भी वह अपनी उत्पत्ति का पता नहीं लगा सका।

भगवान शिव ने स्वयं उन्हें ध्यान करने की सलाह दी और 12 दिव्य वर्षों की तपस्या के बाद, भगवान विष्णु उनके सामने प्रकट हुए। जैसे ही दोनों ने उत्पत्ति पर बहस की, भगवान शिव ज्योतिर्लिंग (एक आभा वाला लिंग) के रूप में प्रकट हुए और कहा, "आप दोनों के पास महान शक्तियाँ और व्यापक ज्ञान है, लेकिन आप इस ब्रह्मांड का अंत या शुरुआत खोजने में सक्षम नहीं हैं।" . इसलिए, इसे 'अनंत' (आयाम रहित) कहें।

सात मुखी रुद्राक्ष को दिया गया अनंत का यह अर्थ बताता है कि यह एक बहुत ही उपयोगी माला है, जो पहनने वाले को कई शक्तियाँ प्रदान करता है।

पद्म पुराण के अनुसार, इस रुद्राक्ष के सात मुखों में निम्नलिखित दिव्य साँप रहते हैं: अनंत, कर्कटा, पुंडरीक, तक्षक, वाशोशिबन, करोश और शंखचूड़। इसलिए, यह माना जाता है कि सात मुखी रुद्राक्ष पहनने वाला व्यक्ति किसी भी प्रकार के जहर से प्रभावित नहीं होता है। यह चोरी, व्यभिचार और नशीली दवाओं के दुरुपयोग जैसे अपराध करने के पापों को दूर करता है।

इस रुद्राक्ष को पहनने वाला व्यक्ति छिपे हुए खजाने को पा सकता है, विपरीत लिंग का अधिक ध्यान आकर्षित कर सकता है और अपने दुश्मनों को नष्ट कर सकता है। चूंकि यह रुद्राक्ष सप्तमातृकाओं को भी सौंपा गया है, इसलिए इसे देवी महालक्ष्मी को प्रसन्न करने वाला माना जाता है। सात माताएँ हैं: ब्राह्मी, माहेश्वरी, कौमारी, वैष्णवी, वाराही, इंद्राणी और चामुंडा। चूँकि इसे कई शक्तिशाली देवी-देवताओं का आशीर्वाद प्राप्त है, यह रुद्राक्ष जीवन में प्रसिद्धि, धन और प्रगति लाता है और दुर्भाग्य को दूर करता है। पहनने वाले को देवी महालक्ष्मी का दिव्य आशीर्वाद भी मिलता है (चित्र 20)।

जाबालोपनिषद के अनुसार, सात मुखी रुद्राक्ष सप्त ब्राह्मी या सप्त ऋषि (भगवान ब्रह्मा द्वारा अपने विचार से बनाए गए सात महान ऋषि) जैसा दिखता है और यह स्वास्थ्य और धन प्रदान करता है। ये सात महान ऋषि हैं: मरीचि, अत्रि, अंगिरा, पुलत्स्य, पुलह, ऋतु और वशिष्ठ। प्रत्येक मन्वंतर (ब्रह्मांड के चक्र) में अलग-अलग सप्तर्षि होते हैं। वे भी आकाश में सप्तऋषि लोक नामक तारामंडल के सात तारों की भाँति दिखाई देते हैं। ऐसा कहा जाता है कि पवित्र

चित्र 20: देवी महालक्ष्मी

लोग जो संध्या वंदनम (विशेष मंत्रों के साथ प्रार्थना का एक दैनिक अनुष्ठान) करते हैं और गायत्री मंत्र का पाठ करते हैं, वे सप्तर्षि लोक में जाते हैं।

सात मुखी रुद्राक्ष का नियंत्रक ग्रह शनि है। मत्स्य पुराण में, मानव रूप में शनि का वर्णन इस प्रकार किया गया है, "गहरा रंग, एक ओर दंड (दंड की छड़ी), दूसरे में रुद्राक्ष की माला"। वह इसकी प्रार्थना करने वाले की सभी बीमारियों को ठीक करने के लिए तैयार रहते हैं।

मेरे अनुभव में, सात मुखी रुद्राक्ष गठिया के कारण होने वाले दर्द को नियंत्रित करने में बहुत उपयोगी है। यह मांसपेशियों के दर्द के खिलाफ भी प्रभावी है और सभी प्रकार के यौन रोगों (नपुंसकता सहित), हृदय की समस्याओं, गले के रोगों और ल्यूकेमिया के इलाज में उपयोगी है।

इसे किसे पहनना चाहिए?

सात मुखी रुद्राक्ष का उपयोग सभी प्रकार के व्यवसायों में लोग धन और समृद्धि प्राप्त करने के लिए कर सकते हैं। सात मुखी रुद्राक्ष के साथ आठ मुखी (गणेश) रुद्राक्ष का उपयोग करने की सलाह दी जाती है; हालाँकि, सात मुखी अपने आप में बहुत शक्तिशाली है। कुछ परिवार इसे पूजा के लिए वेदी पर या अपने कैश बॉक्स में रखते हैं।

हड्डियों के रोगों या गठिया से पीड़ित लोगों को रोग को नियंत्रित करने और दर्द को कम करने के लिए यह बहुत उपयोगी लगेगा। किसी को बड़े नेपाली रुद्राक्ष के कम से कम पाँच टुकड़े या 54+1 या 108+1 इंडोनेशियाई मोतियों का पूरा हार पहनना चाहिए।

सात मुखी रुद्राक्ष के लिए जपने योग्य मंत्र:

ॐ हुं नमः (शिव पुराण)

ॐ हः (पद्म पुराण)

ॐ ह्रीं नमः (स्कंद पुराण)

ॐ ह्रीं श्रीं क्रीं सौं

महामृत्युंजय मंत्र

ॐ नमः शिवाय

8 मुखी रुद्राक्ष

आठ मुखी रुद्राक्ष दुर्लभ श्रेनी में आता है है।

नेपाली किस्म थोडा अण्डाकार है (चित्र 6)। इंडोनेशियाई किस्म आकार में छोटा (9 से 15 मिमी व्यास) होता है। आठ मुखी रुद्राक्ष की कीमत सात मुखी रुद्राक्ष से लगभग 5 से 15 गुना तक अधिक हो सकती है।

आठ मुखी रुद्राक्ष को भगवान गणेश (विघ्नहर्ता) का आशीर्वाद प्राप्त है (चित्र 21)। श्रीमद् देवीभागवत, पद्म पुराण और मंत्र महार्णव के अनुसार, यह रुद्राक्ष कार्तिकेय और गणेश को सौंपा गया है। रुद्राक्षजबालोपनिषद के अनुसार, यह आठ मातृ देवियों, आठ वसुओं और गंगा का एक रूप है।

चित्र.21: भगवान गणेश

यह बुद्धि और स्वास्थ्य में सुधार करता है, और पहनने वाले को एक विश्लेषणात्मक दिमाग, अच्छी समझ और अच्छा लेखन कौशल देता है। इसे धारण करने से झूठ बोलते समय किये गये पाप क्षमा हो जाते हैं। यह प्रसिद्धि, कला में उत्कृष्टता, नेतृत्व गुण और समृद्धि लाने के लिए भी जाना जाता है।

चिकित्सीय दृष्टिकोण से, यह तंत्रिका तंत्र, प्रोस्टेट और पित्ताशय की बीमारियों के लिए लाभदायक है।

ग्रहों की दृष्टि से, यह रुद्राक्ष राहु से संबंधित है और महादशा या नकारात्मकता से पीड़ित लोग राहु के कारण कष्ट पाते हैं।

राहु व्यक्ति के संपूर्ण स्वास्थ्य और पाचन शक्ति के लिए जिम्मेदार है, इसलिए पेट संबंधी विकारों से पीड़ित किसी भी व्यक्ति को यह रुद्राक्ष पहनना चाहिए।

इसे किसे पहनना चाहिए?

आमतौर पर आठ मुखी रुद्राक्ष को सात मुखी रुद्राक्ष के साथ पहना जाता है। जो लोग जीवन में बाधाओं और असफलता का सामना करते हैं उन्हें इस रुद्राक्ष को पहनना चाहिए। इसका उपयोग शनि देव को प्रसन्न करने के लिए भी किया जा सकता है;

आठ मुखी रुद्राक्ष के लिए जपने योग्य मंत्र:

ॐ हुं नमः (शिव पुराण)

ॐ सः हूम नमः (पद्म पुराण)

ॐ काम वाम नमः (स्कंद पुराण)

महामृत्युंजय मंत्र

ॐ ह्रीं ग्रीम लीं आं श्रीं

ॐ नमः शिवाय

9 मुखी रुद्राक्ष

नौ मुखी रुद्राक्ष नेपाल और इंडोनेशिया में पाए जाने वाले दुर्लभ दानों में से एक है। इसका आकार आठ मुखी रुद्राक्ष की तुलना में चपटा होता है और आमतौर पर अंडाकार होता है (चित्र 6)। इसकी कीमत आठ मुखी रुद्राक्ष से अधिक होती है।

नौ मुखी रुद्राक्ष को देवी शक्ति दुर्गा (चित्र 22) का आशीर्वाद प्राप्त है, जिन्होंने अपने अनुयायियों की रक्षा के लिए विभिन्न रूपों में नौ बार पृथ्वी पर जन्म लिया। इन नौ देवियों- शैलपुत्री, ब्रह्मचारिणी, चंद्रघंटा, कुष्मांडा, स्कंदमाता, कात्यायनी, कालरात्रि, महागौरी और सिद्धिदात्री की पूजा नवरात्रि के त्योहार के दौरान की जाती है। पद्म पुराण और श्रीमद् देवीभागवत के अनुसार, भगवान भैरव (शिव) इस रुद्राक्ष को आशीर्वाद देते हैं। इस रुद्राक्ष को धारण करने से व्यक्ति द्वारा किए गए पाप क्षमा हो जाते हैं। यह पहनने वाले को निडर और तनाव मुक्त, शक्तिशाली और आत्मविश्वासी भी बनाता है। इसे धारण करना अग्नि द्वारा अंतःकरण को शुद्ध करने के समान है।

चित्र 22: देवी दुर्गा

रुद्राक्षजबालोपनिषद के अनुसार इस रुद्राक्ष में नौ प्रकार की शक्तियाँ होती हैं। यह पहनने वाले को आकस्मिक मृत्यु से बचाता है, क्योंकि इसे भैरव, जिन्हें काल भैरव भी कहा जाता है, का आशीर्वाद प्राप्त है। मृत्यु के देवता यमराज को काल के नाम से जाना जाता है और इसलिए, काल और काल भैरव दोनों नौ मुखी रुद्राक्ष पहनने वाले व्यक्ति की रक्षा करते हैं। इसी कारण से कहा जाता है कि यह व्यक्ति के मन से समय के डर को दूर कर देता है। यह केतु ग्रह द्वारा शासित है और इस ग्रह के सभी नकारात्मक प्रभावों को ख़त्म करता है।

इसे किसे पहनना चाहिए?

जिन व्यक्तियों को मृत्यु सहित किसी भी प्रकार का भय रहता है, उन्हें नौ मुखी रुद्राक्ष धारण करना चाहिए। 10 और 11 मुखी किस्मों के संयोजन में, यह सुरक्षा के लिए एक शक्तिशाली उपकरण बन जाता है। यह धन लाने वाला

भी माना जाता है। गृहिणियाँ जो पारिवारिक जीवन से संबंधित समस्याओं के कारण तनाव में हैं और अपने पतियों और बच्चों के बारे में चिंतित हैं, साथ ही कामकाजी महिलाएँ, उन्हें यह रुद्राक्ष या तो अकेले या अन्य प्रकारों के साथ मिलाकर पहनना चाहिए।

नौ मुखी रुद्राक्ष के लिए जपने योग्य मंत्र:

ॐ ह्रीं नमः (शिव पुराण)

ॐ हुं नमः (मन्त्र मन्त्रमहार्णव)

ॐ सम (पद्म पुराण)

ॐ ह्रीं वेंग युं रं लाइम

महामृत्युंजय मंत्र

ॐ नमः शिवाय

10 मुखी रुद्राक्ष

10 मुखी रुद्राक्ष दुर्लभ किस्मों में से एक है। यह गोल या थोड़ा अंडाकार आकार में उपलब्ध है (चित्र 6)।

निर्णय सिंधु, मन्त्रमहार्णव और श्रीमद् देवीभागवत के अनुसार, इसे भगवान विष्णु का आशीर्वाद प्राप्त है (चित्र 23)। रुद्राक्षजाबालोपनिषद के अनुसार, इसे मृत्यु के देवता यमराज (चित्र 24) और दस दिशाओं के नियंत्रक और संरक्षक दशदिग्पाल का आशीर्वाद प्राप्त है। यह नौ ग्रहों, बेतालों और ब्रह्मराक्षस के प्रभाव से होने वाली पीड़ा को समाप्त करता है, और इस प्रकार पहनने वाले को काले जादू और बुरी नज़र से बचाता है, और असामयिक मृत्यु को रोकता है। भूत-प्रेत का भय (यह सोचना कि कोई आपके पीछे है) समाप्त हो जाता है। चूंकि इस रुद्राक्ष को कई देवताओं - विष्णु, महासेन (कार्तिकेय), दशदिगपाल यमराज और दशमहाविद्या - का आशीर्वाद प्राप्त है, इसलिए इसे बहुत शक्तिशाली माना जाता है।

इस रुद्राक्ष का उपयोग वास्तु दोष (दिशात्मक दोष) को ठीक करने के लिए भी किया जाता है जो व्यवसाय चलाने पर प्रतिकूल प्रभाव डाल सकता है। यह

चित्र 23: भगवान विष्णु **चित्र 24:** श्री यमराज

अदालती मामलों, विवादों और शत्रुता के कृत्यों का सामना करने और सुलझाने में सहायक है।

यह जानना दिलचस्प है कि यह रुद्राक्ष अज्ञात समस्याओं, भूत-प्रेत, काले जादू और ईर्ष्या के दुष्प्रभावों के कारण होने वाले मानवीय दुखों को दूर करने के लिए दो शक्तिशाली देवताओं की शक्तियों का उपयोग करने में हिंदुओं के वैष्णव और शैव संप्रदायों को एक साथ लाता है।

इसे किसे पहनना चाहिए?

दस 10 मुखी रुद्राक्ष और एक 1 मुखी रुद्राक्ष से बना नारायण कवच कानूनी विवाद में किसी भी प्रतिद्वंद्वी पर जीत हासिल करने का एक शक्तिशाली उपकरण है। एक 10 मुखी रुद्राक्ष के दोष निवारण संयोजन का उपयोग वास्तु दोष को ठीक करने, नकारात्मकता को दूर करने और खुद को काले जादू से बचाने के लिए किया जा सकता है।

जो लोग अनिद्रा, मानसिक अस्थिरता से पीड़ित हैं और जो जीवन और पेशे में एक दिशा खोजने में विफल रहते हैं, वे भी इस शक्तिशाली रुद्राक्ष से

सहायता प्राप्त कर सकते हैं। हरि-हर (विष्णु और शिव) का संयुक्त आशीर्वाद प्राप्त करने के लिए इसे पूजा स्थान पर रखा जा सकता है।

10 मुखी रुद्राक्ष के लिए जपने योग्य मंत्र:

ॐ ह्रीं नमः नमः (शिव पुराण)

ॐ ह्रीं नमः (मन्त्रमहार्णव)

ॐ क्षीं (पद्म पुराण)

महामृत्युंजय मंत्र

ॐ नमः शिवाय

11 मुखी रुद्राक्ष

11 मुखी रुद्राक्ष (चित्र 6) को श्री हनुमान (चित्र 25) का आशीर्वाद प्राप्त है, जिन्हें एकादश रुद्र भी कहा जाता है। पद्म पुराण के अनुसार, 11 मुखी रुद्राक्ष पहनने वाले को श्री हनुमान के गुण, जैसे वक्तृत्व और वार्ता कौशल,

चित्र 25: श्री हनुमान भगवान राम का नाम जपते हुए

आत्मविश्वास, बुद्धि और शारीरिक और मानसिक शक्ति प्राप्त हो सकती है। इसका धारक ब्रह्मांड में पुनर्जन्म से बच सकता है। इस रुद्राक्ष में शारीरिक इंद्रियों को नियंत्रित करने और व्यक्ति को निर्भय बनाने की शक्ति है। इसलिए, ध्यान प्रयोजनों और भगवान के प्रति समर्पण को बढ़ावा देने के लिए इसकी अनुशंसा की जाती है।

भगवान इंद्र (चित्र 28) भी इस रुद्राक्ष को आशीर्वाद देते हैं। इस प्रकार, यह सौभाग्य और भाग्य लाता है, और नेतृत्व गुण और सभी 11 इंद्रियों (पाँच शारीरिक, पाँच ज्ञानेन्द्रिय और एक हृदय या मन) पर नियंत्रण हासिल करने की शक्ति प्रदान करता है। इस महान रुद्राक्ष के 11 मुखों में ग्यारह रुद्रों का वास बताया गया है। प्राचीन ग्रंथों में कहा गया है कि इसे चोटी (शिखा) पर पहना जाना चाहिए, जोकि एक कठिन प्रस्ताव है। इसे भी अन्य रुद्राक्षों की तरह गले में धारण किया जा सकता है। इसे पहनने वाले को हजारों अश्वमेध यज्ञ (घोड़ों की बलि) करने और ब्राह्मणों को एक लाख गाय (पशु दान) दान करने के समान लाभ मिल सकता है। इस रुद्राक्ष को धारण करने से सुख, दीर्घायु और विजय प्राप्त होती है। यह पहनने वाले को सभी प्रकार की दुर्घटनाओं से बचाता है और आकस्मिक मृत्यु से बचाता है। स्कंद पुराण में भगवान शिव कहते हैं कि 11 मुखी रुद्राक्ष उनके ही 11 रुद्रों का स्वरूप है। 11 रुद्र हैं कपाली, पिंगला, भीम, विरूपाक्ष, विलोहिता, शास्ता, अजपाद, अहिर्बुधन्य, शंभु, चंदा और भव। (11 रुद्रों के और भी कई रूप अन्यत्र उद्धृत हैं।)

रुद्र संहिता में, यह उल्लेख किया गया है कि देवताओं को असुरों (राक्षसों) से पराजित होने के बाद, वे शरण के लिए अमरावती से ऋषि कश्यप के आश्रम में भाग गए। उन पर दया करके ऋषि काशी (वाराणसी) गए और कठोर तपस्या के माध्यम से भगवान शिव से प्रार्थना की। तब शिव उनके सामने प्रकट हुए और उन्हें आश्वासन दिया कि वह देवताओं की रक्षा करेंगे। सुरभि से कश्यप को संतान के रूप में 11 रुद्र प्राप्त हुए। इन 11 रुद्रों ने तब राक्षसों को हराया और देवताओं को पूर्ण सुरक्षा प्रदान की।

ऐसा माना जाता है कि इस रुद्राक्ष में इन 11 रुद्रों की शक्ति मौजूद है। यह रुद्राक्ष किसी भी राशि के लिए शनि के किसी भी प्रतिकूल चरण में बड़ी राहत लाता है।

औषधीय दृष्टि से यह पेट के रोग, एसिडिटी और लीवर एवं स्तन रोगों के लिए अच्छा माना जाता है। इसे लोग हृदय रोग, मधुमेह और रक्तचाप के इलाज के लिए भी पहन सकते हैं।

योगिक या तांत्रिक प्रथाओं में लगे लोगों के लिए, यह रुद्राक्ष उनके स्वास्थ्य का ख्याल रखता है और हठयोग, मंत्रयोग, यम नियम, आसन, षट्कर्म और कई तांत्रिक गतिविधियों में मदद करता है।

इसे किसे पहनना चाहिए?

यह रुद्राक्ष सुरक्षा प्रदान करता है और इसे पहनने वाला निडर हो सकता है और समृद्धि प्राप्त कर सकता है। यह ध्यान और योगाभ्यास के लिए भी अच्छा है।

11 मुखी रुद्राक्ष के लिए जपने योग्य मंत्र:

ॐ ह्रीं हुं नमः (शिव पुराण)

ॐ श्रीं नमः (मन्त्रमहार्णव)

ॐ श्रीं (पद्म पुराण)

ऊँ रूम मूम यौम ऊँ

महामृत्युंजय मंत्र

ऊँ नमः शिवाय

12 मुखी रुद्राक्ष

12 मुखी रुद्राक्ष (चित्र 6) को सूर्य का आशीर्वाद प्राप्त है (चित्र 26)। इसे द्वादश-आदित्य भी कहा जाता है। पद्म पुराण के अनुसार, इस रुद्राक्ष को पहनने वाले अग्नि और रोगों के भय से मुक्त हो सकते हैं। वह धन और सुख प्राप्त कर सकते हैं और उन्हें कभी गरीबी का अनुभव नहीं होगा। वह हाथियों,

चित्र 26: सूर्य (सूर्य देव)

घोड़ों, बिल्लियों, चूहों, खरगोशों, बाघों, भालू, लोमड़ी और जैसे जानवरों को मारने और यहाँ तक कि पुरुषों (युद्ध में या आत्मरक्षा में) के पाप से मुक्त हैं।

श्रीमद् देवीभागवत में उल्लेख है कि 12 मुखी रुद्राक्ष हथियारबंद लोगों, सींग वाले जानवरों और शेरों के डर को दूर करता है। इसे धारण करने वाले को कभी भी शारीरिक एवं मानसिक कष्ट नहीं होता। यह व्यक्ति को निडर और परेशानी मुक्त बनाता है।

रुद्राक्षजबालोपनिषद में भगवान विष्णु द्वारा इस बीज को आशीर्वाद देने का उल्लेख है। कई लोगों के अनुभव के अनुसार, इस रुद्राक्ष में कई रोगों को ठीक करने की शक्ति होती है। यह लोगों पर नेतृत्व और नियंत्रण का गुण भी प्रदान करता है। यह पहनने वाले को सूर्य के समान तेजस्वी बनाता है और उसे शासन करने की आंतरिक शक्ति देता है। इससे मन से सभी प्रकार की शंकाएं दूर हो जाती हैं और व्यक्ति अंदर से प्रसन्न रहता है।

अथर्ववेद के अनुसार, सूर्य हृदय की कमजोरी को दूर करता है और कुष्ठ रोग और नेत्र रोगों सहित त्वचा विकारों को ठीक करता है। 12 मुखी रुद्राक्ष में ये सभी गुण हैं।

सूर्य की पत्नी छायादेवी हैं और उनके पुत्र काकवाहन, शनि और यम हैं। सूर्य बहुमूल्य रत्न नीलमणि (माणिक्य) का नियंत्रक स्वामी है। सभी जड़ी-बूटियाँ अपने गुण सूर्य से प्राप्त करती हैं और शनि और यम के बुरे प्रभावों को सूर्य के आशीर्वाद से ठीक किया जा सकता है। भगवान विष्णु से संबंधित ऋक्, ऋजु और साम की वेद त्रिमूर्ति सूर्य में सन्निहित हैं और ताप शक्ति प्रदान करती हैं। अदिति सभी देवों की माता थी, दिति दैत्यों (अपराधियों) की माता थी और दनु दानवों (राक्षसों) की माता थी। जब देवता दैत्यों से युद्ध हारने लगे तो अदिति ने अपने पुत्रों के कल्याण के लिए सूर्य से प्रार्थना की। सूर्य ने उसे आशीर्वाद देते हुए कहा कि वह अदिति के पुत्र के रूप में जन्म लेगा, जिसका नाम सहस्त्रांशु होगा और फिर वह दैत्यों का विनाश करेगा। इस प्रकार मार्तण्ड का जन्म हुआ, जिसने सभी दैत्यों का वध कर दिया। हमारे महान ग्रंथ सूर्य और उसकी शक्तियों के बारे में कहानियों से भरे हुए हैं।

भगवान कृष्ण का पुत्र सांबा अत्यंत सुंदर और आकर्षक था लेकिन पाप करने के कारण वह कुष्ठ रोग से संक्रमित हो गया। उन्होंने सूर्य की आराधना की और रोगमुक्त हो गये। मार्कंडेयपुराण में कहा गया है कि जो भी व्यक्ति 12 मुखी रुद्राक्ष धारण करेगा उसे सभी प्रकार की समस्याओं से मुक्ति मिलेगी।

12 मुखी रुद्राक्ष पहनने वाले को बेहतर परिणामों के लिए निम्नलिखित दिनचर्या का पालन करना चाहिए:

- सूर्योदय से पहले उठें
- सूर्य को जल चढ़ाएं और जल में से सूर्य की ओर देखें (स्नान के बाद)
- किसी भी सूर्य स्तोत्र का पाठ करें (सूर्य के 21 या 108 नामों के साथ)
- रविवार के दिन हवन करें और गायत्री मंत्र का जाप करें
- रविवार के दिन नमक, तेल और अदरक खाना त्याग दें

• इस रुद्राक्ष से अपनी पलकों और आंखों के आसपास के क्षेत्र को स्पर्श करें

औषधीय दृष्टिकोण से 12 मुखी रुद्राक्ष को आंखों के रोग, मानसिक विकार, हड्डी के रोग, अपच, रक्तचाप, मधुमेह और आंतों की समस्याओं को ठीक करने के लिए उपयुक्त माना जाता है।

इसे किसे पहनना चाहिए?

जो कोई भी इस रुद्राक्ष को प्राप्त कर सकता है उसे इसे पहनना चाहिए, क्योंकि यह स्वस्थ और समृद्ध रहने के लिए एक प्रभावी उपकरण है। प्रशासकों, व्यापारियों, राजनेताओं और वरिष्ठ पेशेवरों को अधिकार और शक्ति हासिल करने के लिए इसे पहनना चाहिए।

इसका उपयोग वास्तु दोषों (दिशात्मक दोष) के उपाय के रूप में और किसी भी प्रकार के काले जादू का मुकाबला करने के लिए भी किया जाता है।

12 मुखी रुद्राक्ष के लिए जपने योग्य मंत्र:

ॐ क्रौं क्षौं रोम नमः(शिव पुराण)

ॐ हूं ह्रीं नमः (मन्त्रमहार्णव)

ॐ ह्रीं (पद्म पुराण)

ॐ ह्रीं क्षौं एह्राणिः

श्रीं महामृत्युंजय मंत्र

ॐ नमः शिवाय

13 मुखी रुद्राक्ष

13 मुखी रुद्राक्ष (चित्र 6) पर कामदेव का आशीर्वाद है (चित्र 27)। यह अल्केमी, शोध कार्य और चिकित्सा में पूर्णता सहित सभी इच्छाओं को पूरा करने के लिए जाना जाता है। पहनने वाले को जीवन का पूरा आनंद लेने के लिए सब कुछ मिलता है। एक व्यक्ति जो सुधा-रसायन (जीवन की विलासिता) को पूरा करना और उसका आनंद लेना चाहता है और जो लोग अनुसंधान

के माध्यम से कुछ संश्लेषण करने के लिए समर्पित हैं, उन्हें इस रुद्राक्ष को पहनने से वांछित परिणाम मिलते हैं। यह अपने करीबी रिश्तेदारों, जैसे कि अपने पिता, माता, भाई, बहन और गुरु (उन लोगों के संदर्भ में जिन्होंने ऐसे कार्य किए हैं, लेकिन पश्चाताप करते हैं और क्षमा चाहते हैं) की हत्या के पाप को हटा देता है। पद्म पुराण के अनुसार, इस बीज को पहनने वाला सौभाग्य से संपन्न होता है और अमृत को प्राप्त करता है। उसे इस जीवन के बाद स्वर्ग प्राप्त करने के लिए भी जाना जाता है।

चित्र 27: कामदेव चित्र

13 मुखी रुद्राक्ष को भगवान इंद्र का भी आशीर्वाद प्राप्त है (चित्र 28) और इस तरह पहनने वाले को सभी देवताओं का आशीर्वाद मिलता है। यह व्यक्ति को आध्यात्मिक उपलब्धियों के साथ-साथ भौतिक सफलताएँ भी प्राप्त करने में मदद करता है। अपने सभी पापों से छुटकारा पाने के बाद, पहनने वाला अपनी पसंद की मृत्यु (इच्छामृत्यु) मांग सकता है।

चित्र 28: भगवान इंद्र

कई लोग 13 मुखी रुद्राक्ष को देवी महालक्ष्मी का आशीर्वाद मानते हैं। वह महर्षि

भृगु और ख्याति की पुत्री हैं। उनके दो भाई हैं, धाता और विधाता, और वह भगवान विष्णु की पत्नी हैं। यह भी कहा जाता है कि वह देवताओं और असुरों द्वारा समुद्र मंथन के बाद उत्पन्न 14 रत्नों में से एक है। उन्हें हमेशा कमल पर बैठे और हाथ में कमल का फूल पकड़े हुए चित्रित किया जाता है।

श्रीमद देवीभागवत में कहा गया है कि जहाँ भी शिवलिंग की पूजा होती है और शंख, शालिग्राम और तुलसी उपस्थित होते हैं और उनकी सेवा की जाती है, वहाँ लक्ष्मी अपनी पूर्ण महिमा में रहती हैं।

जब भगवान विष्णु ने सूर्यदीप का रूप धारण किया, तो वह पद्मा (कमल) के रूप में पैदा हुईं; जब उन्होंने परशुराम का अवतार लिया, तो वह पृथ्वी के रूप में पैदा हुईं; जब वह राम के रूप में आए, तो वह सीता बन गईं, और जब वह कृष्ण थे, तो वह रुक्मणी बन गईं।

ऐसा कहा जाता है कि भगवान इंद्र अपने मुख्य पुजारी वृहस्पति और भगवान ब्रह्मा की सलाह पर 13 मुखी रुद्राक्ष पहनकर अपना राज्य वापस पाने में सक्षम हुए थे।

इस रुद्राक्ष को पहनने वाले व्यक्ति को देवी महालक्ष्मी की पूजा (जैसे लक्ष्मी सूक्त या महालक्ष्मी स्तोत्र का पाठ) करने से कई गुना लाभ मिलता है।

औषधीय दृष्टिकोण से, 13 मुखी रुद्राक्ष का उपयोग मानसिक रोगों और यौन विकारों के इलाज के लिए किया जाता है।

इसे किसे पहनना चाहिए?

सभी प्रदर्शन कलाकार, अभिनेता, नेता और राजनेता, शीर्ष अधिकारी और मार्केटिंग पेशे में काम करने वाले इस रुद्राक्ष का उपयोग करना चाहिए।।

13 मुखी रुद्राक्ष के लिए जपने योग्य मंत्र

ॐ ह्रीं नमः नमः (शिव पुराण)

ॐ क्षमा चौं नमः (मन्त्रमहार्णव)

ॐ क्षौम (पद्म पुराण)

ॐ क्षयेम स्तौम नमः (स्कंद पुराण)

ॐ ऐं यम आप ॐ

महामृत्युंजय मंत्र

ॐ नमः शिवाय

14 मुखी रुद्राक्ष

इस रुद्राक्ष पर स्वयं भगवान शिव का आशीर्वाद है और यह उनकी आंखों से उत्पन्न हुआ है। इसलिए, इसे एक विशेष दर्जा प्राप्त है (चित्र 6)। इसे नियंत्रक या आज्ञा चक्र (मेडुला प्लेक्सस) के रूप में जाना जाता है, जो भौंहों के बीच स्थित होता है। जो व्यक्ति इस रुद्राक्ष को माथे पर पहनता है (चित्र 29) उसकी देवताओं और ब्राह्मणों द्वारा पूजा की जाती है, और अंत में उसे निर्वाण (जन्म के चक्र से मुक्ति) प्राप्त होता है। यह आज्ञा चक्र को खोलने में मदद करता है, जिससे व्यक्ति की देखने की शक्ति में सुधार होता है। यह भगवान शिव की तीसरी आंख की तरह है।

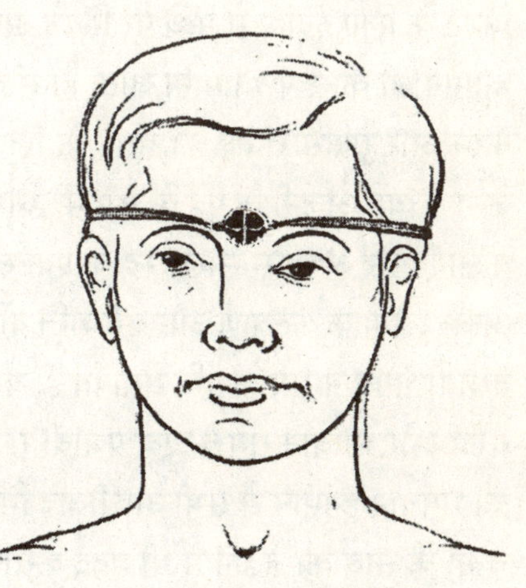

चित्र 29: कपाल पर धारित चतुर्दश मुखी

और लोगों को अपनी रक्षा करने और उनके सभी कार्यों में सही निर्णय लेने में मदद करती है। आज्ञा चक्र का आकार दो पत्तों वाले रोशन कमल के समान है; इसमें हम और क्षम शब्द रहते हैं; इसका बीज तत्व ॐ है; यह तप लोक में निवास करता है, यंत्र (यंत्र) लिंग (फाल्लस) की तरह है और शासक देवता भगवान शिव हैं।

ऐसा कहा जाता है कि 14 मुखी रुद्राक्ष पहनने वाले को शिव-शक्ति-पिंड प्राप्त होता है, जिसका अर्थ है कि वह शक्ति पीठ और ज्योतिर्लिंग को धारण करेगा। इसे पहनने वाला अपने पूर्वजों को शुद्ध करता है और अपने पूर्वजों के लिए प्रसिद्धि और पवित्रता लाता है। यह रुद्राक्ष न केवल वर्तमान को बेहतर बनाता है बल्कि अतीत को भी सही करता है और भविष्य को पूरी तरह से पूर्वानुमानित और सकारात्मक बनाता है।

इस बीज से सर्वोत्तम परिणाम प्राप्त करने के लिए, पहनने वाले को कुछ मिनट के लिए रुद्राक्ष से माथे पर स्थित आज्ञा चक्र को स्पर्श करना चाहिए। इसे हनुमान जी का रूप भी माना जाता है। सीता की खोज में भगवान राम की मदद करने और राक्षस रावण को हराने के लिए भगवान शिव ने हनुमान के रूप में जन्म लिया। अंजनी के पुत्र के रूप में, हनुमान सूर्य के पास गए और उनसे सभी कलाएँ और अभ्यास सीखे। रुद्र के एक रूप के रूप में, हनुमान का पूरा जीवन अच्छे लोगों के कल्याण और बुरी शक्तियों के विनाश के लिए समर्पित है। वे पूरी तरह से भगवान राम के प्रति समर्पित हैं। वे बुद्धि से भी भरपूर हैं और एक सशक्त वक्ता और भगवान राम के एक प्रभावी राजदूत हैं। 14 मुखी रुद्राक्ष पहनने वाले को भगवान हनुमान से सभी आशीर्वाद मिलते हैं। यह रुद्राक्ष आठ चक्रों (विष्णु चक्र) के स्राव को बढ़ाने में भी मदद करता है।

औषधीय दृष्टिकोण से, यह रुद्राक्ष हृदय, आंख, त्वचा, गर्भाशय और दिमाग के रोगों के साथ-साथ अल्सर और यौन कमजोरी के खिलाफ भी प्रभावी है। लोगों ने इस रुद्राक्ष का उपयोग निम्नलिखित तरीके से किया है:

1. त्वचा पर झुर्रियों की समस्या को दूर करने के लिए कुछ घंटों के लिए पानी में डुबोकर रखें और फिर इस पानी को पी लें।

2. यौन विकारों के लिए 24 दिनों तक शहद में डुबाकर रखें और फिर रोजाना एक चम्मच शहद का सेवन करें;

3. इसे गाय के दूध में तीन घंटे तक भिगोकर रखें और फिर इस दूध को बच्चों को पिलाने से बुखार जैसी बीमारी ठीक हो जाती है और याददाश्त बढ़ती है।

वनौषधि कटाक्ष पुस्तक में बताया गया है कि स्त्री रोग संबंधी समस्याओं के लिए इसे अंगूर के रस के साथ पाउडर के रूप में (0.25 मिलीग्राम) आंतरिक रूप से लिया जाना चाहिए। यह हकलाहट को ठीक करने के लिए भी कहा जाता है।

हालाँकि, इन सभी दावों की पुष्टि क्लिनिकल परीक्षणों के माध्यम से की जानी चाहिए।

इसे किसे पहनना चाहिए?

इस रुद्राक्ष को महा शनि के नाम से भी जाना जाता है, और शनि की ग्रह स्थिति (शनि दशा) से प्रभावित लोगों को इसे पहनना चाहिए। शेयर ट्रेडिंग या किसी सट्टा व्यवसाय में शामिल लोगों को यह बहुत उपयोगी लगेगा, साथ ही मानव संसाधन प्रबंधन में लगे पेशेवरों को भी यह बहुत उपयोगी लगेगा क्योंकि यह लोगों को बेहतर और अधिक प्रभावी ढंग से पहचानने में मदद करेगा। आयात-निर्यात व्यवसाय से जुड़े लोग भी अपने सहयोगियों से व्यक्तिगत रूप से मिले बिना भी उनके उचित निर्णय के माध्यम से अपना व्यवसाय कुशलतापूर्वक चला सकते हैं।

14 मुखी रुद्राक्ष के लिए जपने योग्य मंत्र:

ओम नमः (शिव पुराण)

ॐ नमो नमः (मन्त्रमहार्णव)

ॐ नम्रम् (पद्म पुराण)

ॐ दम माम् नमः (स्कंद पुराण)

ॐ ॐ हस्फ्रेम खाफ्रेम

महामृत्युंजय मंत्र

ॐ नमः शिवाय

दुर्लभ रुद्राक्ष (गौरीशंकर, त्रिजुटी, गणेश और 15 से 21 मुखी रुद्राक्ष)

रुद्राक्ष की कई किस्में हैं जिनका उल्लेख पुराने ग्रंथों में नहीं मिलता है लेकिन बाद के लेखों में उनका उल्लेख मिलता है। कात्यायिनी तंत्र में यह दावा किया गया है कि इन दुर्लभ किस्मों में कई रहस्यमय शक्तियाँ हैं। इनमें से, गौरीशंकर रुद्राक्ष अपने ध्यान में मदद करने वाले गुणों के कारण आम उपयोगकर्ताओं के साथ-साथ संतों और पुजारियों के बीच भी बहुत लोकप्रिय है। अन्य दुर्लभ किस्मों के गुणों का ठीक-ठीक पता नहीं है क्योंकि बहुत कम लोग ही इन दुर्लभ रुद्राक्ष को खरीद सकते हैं। हालाँकि, अनुभव और उपलब्ध जानकारी के आधार पर, उनकी कुछ मुख्य विशेषताएं नीचे दी गई हैं।

गौरीशंकर रुद्राक्ष

प्राकृतिक रूप से जुड़े हुए दो रुद्राक्षों को गौरीशंकर कहा जाता है। इसे शिव और शक्ति का एकीकृत रूप माना जाता है। कुछ लोग इस किस्म को अर्धनारीश्वर रुद्राक्ष भी कहते हैं। इसे दो मुखी रुद्राक्ष के गुणों के लिए जाना जाता है, हालांकि इसका प्रभाव दो मुखी रुद्राक्ष से थोड़ा अलग होता है, खासकर रिश्तों जैसे पहलुओं में। पति-पत्नी, पिता-पुत्र और दोस्तों के बीच संबंधों को बेहतर बनाने के लिए गौरीशंकर रुद्राक्ष पहना जा सकता है (चित्र 7)। विवाह की इच्छा रखने वाले या संतान प्राप्ति के इच्छुक जोड़े इस रुद्राक्ष को पहनते हैं।

कभी-कभी, इस बीज के अलग-अलग आकार और विन्यास होते हैं और इनका वर्णन नीचे दिया गया है:

1. **सवार:** हिंदी में सवार का अर्थ है "किसी वाहन पर चढ़ना" और इस मामले में, बीजो में से एक - अनिवार्य रूप से एक मुखी - दूसरे बीज पर सवार होता है, जो किसी भी मुख का हो सकता है। सवार रुद्राक्ष में, बीजो में से एक हमेशा एक मुखी होगा और इसे गुणों में मूल और दुर्लभ एक मुखी रुद्राक्ष के बाद दूसरा माना जाता है। कुछ लोग एक मुखी रुद्राक्ष को

दो बीजो से काटकर अलग भी उपयोग में लाते हैं। हालांकि, विशेषज्ञों का मानना है कि यह शुद्ध एक मुखी रुद्राक्ष नहीं होगा। दोनों रुद्राक्षों में प्राकृतिक छिद्र मौजूद होते हैं।

2. **विभिन्न मुखी गौरीशंकर:** सबसे आम गौरीशंकर रुद्राक्ष की किस्मों में 9, 10 या 11 मुख होंगे। कुछ गौरीशंकर किस्मों में 21 मुख तक होते हैं और प्रत्येक बीज में एक मुख भी होता है। इस बात पर मतभेद है कि क्या कुल मुखों की गणना करना मुखों की संख्या निर्धारित करने का सही तरीका है। तार्किक रूप से, गिनती एक साथ की जा सकती है, जैसे उच्च मुखी में, और जुड़वां विशेषताएं कई बार पाई जा सकती हैं। दूसरे शब्दों में, मुखों की कुल संख्या जानने के लिए दोनों बीजो पर मुखों की संख्या की गणना की जानी चाहिए।

   गौरीशंकर रुद्राक्ष को गले में धारण किया जा सकता है। कई परिवारों में इस रुद्राक्ष को पूजा कक्ष (वेदी पर) में रखने की परंपरा है।

   औषधीय दृष्टिकोण से, इसके गुण इसके मुखों की संख्या के अनुरूप होते हैं - यदि इसके नौ मुख हैं, तो इसमें नौ मुखी रुद्राक्ष के गुण होंगे।

3. **गर्भगौरी:** एक जुड़वां बीज जिसमें एक बीज दूसरे से बहुत छोटा होता है, इसे महिलाएं संतान प्राप्ति के लिए पहनती हैं।

इसे किसे पहनना चाहिए?

32 संख्या वाले गौरीशंकर कंठा को किसी विवाहित व्यक्ति को नहीं पहनना चाहिए क्योंकि यह आदर्श रूप से उन लोगों के लिए है जो ब्रह्मचर्य का पालन करते हैं, जैसे कि संन्यासी (जिन्होंने सांसारिक जीवन त्याग दिया है)। इसे कोई भी पूजा स्थान पर रख सकता है और पहन नहीं सकता। इस प्रतिबंध का कारण स्पष्ट नहीं किया जा सकता है, सिवाय इसके कि 32 रद्राक्ष वाले कण्ठे से निकलने वाली ऊर्जा एक सामान्य व्यक्ति के लिए अवशोषित करने के लिए बहुत अधिक होगी और शरीर के चक्रों पर प्रतिकूल प्रभाव डाल सकती है, जिससे त्याग की मजबूत भावना आ सकती है। रिश्तों में सुधार और/या ध्यान

के लिए वांछित परिणाम प्राप्त करने के लिए इस रुद्राक्ष को अकेले या अधिक संख्या में भी पहना जा सकता है। ध्यान में उपयोग किए जाने वाले सभी माला में, गौरीशंकर रुद्राक्ष आमतौर पर उपयोग किए जाने वाले मोतियों के संयोजन में से एक है। यह सबसे आम रुद्राक्षों में से एक है जिसके नकली उत्पाद प्रचुर मात्रा में उपलब्ध हैं। आमतौर पर, ऐसे बीज कृत्रिम रूप से दो निचले मुखी रुद्राक्षों (अधिकतर पाँच या छह मुखी) को जोड़कर बनाए जाते हैं। इस रुद्राक्ष की जांच करते समय और इसे प्राप्त करने से पहले इसकी वास्तविकता की पहचान करते समय पर्याप्त सावधानी बरतनी चाहिए (अध्याय 4)।

गौरीशंकर रुद्राक्ष के लिए जपने योग्य मंत्र:

ओम नमः शिवाय

महामृत्युंजय मंत्र

ॐ ऐं ह्रीं युगल रूपन्ये नमः

ॐ गौरीशंकराभ्यां नमः

15 मुखी रुद्राक्ष

15 मुखी रुद्राक्ष में 14 मुखी रुद्राक्ष के समान गुण हैं और इसलिए, दोनों किस्मों की कीमतें लगभग समान हैं। 15 मुखी रुद्राक्ष को भगवान शिव ने पशुपति के रूप में आशीर्वाद दिया है। इसमें 14 मुखी रुद्राक्ष के सभी गुण हैं और यह धन प्राप्ति में भाग्य भी प्रदान करता है (चित्र 6)। भगवान शिव के 1008 नाम हैं, जिनमें से पशुपति (जानवरों के स्वामी) सबसे आम नामों में से एक है। पशुपति के रूप में, वह मनुष्यों और जानवरों को जीवन प्रदान करते हैं, और अपनी स्वतंत्र इच्छा से इसे वापस लेते हैं। भगवान शिव को शर्व यानि "शिकारी" भी कहा जाता है। उनका शिकार करने का हथियार त्रिशूल है जिसकी नोक पर शुभ अंक 3 है। त्रिशूल को बहुत पवित्र माना जाता है। यह भगवान के प्रति प्रेम के प्रतीक के रूप में और उनका आशीर्वाद प्राप्त करने के लिए उन्हें अर्पित किया जाता है। कई स्थानों पर, जहां शिव मंदिर पहाड़ों पर या काफी ऊंचाई पर स्थित हैं, भक्त उन्हें प्रसाद के रूप में हाथ से त्रिशूल ले जाते हैं, जो अक्सर बहुत भारी

होते है। ऐसा ही एक मंदिर मध्य प्रदेश के पचमढ़ी के भैरवगढ़ में है। पशुपति के रूप में, वह कुछ सबसे पुराने प्रकार के हथियार रखते हैं, जैसे कुल्हाड़ी (परशु), हाथ ड्रम (डमरू), छड़ी (योग दंड), तीर (पिनाक और अजगव), भाला (पाशुपत), गोफन या फंदा (पासा)। और दिव्य छड़ी (खटवंगा)। उन्हें रुद्राक्ष की माला पहने, एक खोपड़ी, एक कमल का फूल, एक चक्र और एक तलवार लिए देखा जाता है।

प्रसिद्ध पशुपतिनाथ मंदिर नेपाल के काठमांडू में स्थित है और सभी हिंदुओं द्वारा पूजनीय है।

15 मुखी रुद्राक्ष के लिए जपने योग्य मंत्र:

ॐ श्रीं मनोवांचितं ह्रीं

ॐ नमः

ॐ ह्रीं नमः

महामृत्युंजय मंत्र

ॐ नमः शिवाय

16 मुखी रुद्राक्ष

इस रुद्राक्ष (चित्र 6) को “जय” रुद्राक्ष कहा जाता है। इसकी अलौकिक शक्तियाँ पहनने वाले को किसी भी चोरी या धोखाधड़ी से बचाती हैं और उसे उसके विरोधियों के खिलाफ विजयी बनाती हैं। यह भगवान राम को समर्पित है (चित्र 25) और इसलिए, अच्छे पारिवारिक रिश्ते, सम्मान और प्रसिद्धि जैसे महान मानवीय गुणों से संपन्न है। इसे महाकाल का आशीर्वाद माना जाता है, जो इसे पहनने वालों में मृत्यु का भय दूर करता है। यह उन लोगों के लिए मददगार है जिनकी जन्म राशि में ग्रहों की स्थिति प्रतिकूल है। जब भी कोई व्यक्ति ऐसी स्थिति में होता है जहां उसे किसी प्रियजन को खोने का डर होता है, या किसी कार्य के लिए उसे दोषी ठहराया जा सकता है, या उसे अपने सिद्धांतों से समझौता करना पड़ता है, या मृत्यु से डर लगता है, यह रुद्राक्ष ऐसी स्थितियों से उबरने के लिए आंतरिक शक्ति प्रदान करता है।

जैसे ही शिव ने सती (उनकी पत्नी पार्वती) की मृत्यु के बारे में सुना, उन्होंने महाकाल रूप धारण कर लिया और क्रोधित और क्रूर हो गए। महाकाल शिव को प्रसन्न करने के लिए महामृत्युंजय मंत्र (ऋषि शुक्राचार्य द्वारा प्रतिपादित) सबसे उपयुक्त मंत्र था। मार्कण्डेय पुराण के अनुसार इसी मंत्र ने ऋषि मार्कण्डेय को मृत्यु से बचाया था। आज भी लोग मृत्यु भय या किसी अन्य भय को दूर करने के लिए इस मंत्र का जाप करते हैं।

इसे किसे पहनना चाहिए?

यदि आवश्यक हो तो 16 मुखी रुद्राक्ष को अन्य बीजों के साथ अकेले या एकाधिक में पहना जा सकता है। इसे प्रतिकूलताओं पर काबू पाने और मृत्यु या अन्य समान कारणों के भय पर विजय पाने के लिए पहना जा सकता है।

16 मुखी रुद्राक्ष के लिए जपने योग्य मंत्र:

महामृत्युंजय मंत्र

ॐ हौं जूं सः

ॐ ह्रीं हुं नमः

ॐ नमः शिवाय

17 मुखी रुद्राक्ष

17 मुखी रुद्राक्ष अपने कई गुणों के कारण लोकप्रिय है (चित्र 6)। ऐसा माना जाता है कि यह रुद्राक्ष पहनने वाले को कम समय में अमीर बना सकता है।

यह भगवान विश्वकर्मा (चित्र 30) का प्रतिनिधित्व करता है जो शिल्पकला और रचनात्मकता में विशेषज्ञ हैं। इसे पहनने वाले को न केवल अचानक धन की प्राप्ति होती है, बल्कि आध्यात्मिक शक्तियाँ भी प्राप्त होती हैं। धन, शेयर की कीमतों में अचानक वृद्धि, संपत्ति के मूल्य में, अप्रत्याशित विरासत के रूप में, संयोग के खेल के माध्यम से आ सकता है।

चित्र 30: भगवान विश्वकर्मा

कात्यायनी यंत्र के अनुसार, 17 मुखी रुद्राक्ष देवी कात्यायनी का प्रतिनिधित्व करता है। यह रुद्राक्ष जीवन की चारों सिद्धियाँ धर्म, अर्थ, काम और मोक्ष प्रदान करता है।

इस रुद्राक्ष को पहनने वाली महिलाएं अपनी सभी इच्छाएं - अच्छा वैवाहिक जीवन, बच्चे, खुशी और अपने पति के लिए लंबी उम्र - पूरी होने की उम्मीद कर सकती हैं।

कात्यायनी देवी के मंत्र निम्नलिखित हैं:

वंदे वांचितं मनोरथार्थ चंद्रार्ध कृत शेखरं, सिंहारूढ़ा चतुर्भुज कटकाना यशस्वनीम;

स्वर्णवर्ण आज्ञाचक्र स्थितं षष्ठं दुर्गा त्रिने त्रम, वारभीत करम खद्दर पद्मधरम कात्यायन सुता भजामि।

विवाह की इच्छुक स्त्री को निम्नलिखित मंत्र का जाप करना चाहिए:

कात्यायनी महामाये महायोगिन्य धीश्वरी नंदगोपसुतं देवि पतिं मे कुरु ते नमः।

जो महिलाएं 17 मुखी रुद्राक्ष पहनती हैं और कात्यायनी देवी की पूजा करती हैं उन्हें उनका आशीर्वाद मिलता है। दूसरों के लिए, यह अचानक धन ला सकता है।

17 मुखी रुद्राक्ष के लिए जपने योग्य मंत्र:

महामृत्युंजय मंत्र

ॐ नमः शिवाय

18 मुखी रुद्राक्ष

18 मुखी रुद्राक्ष (चित्र 6) भूमि (पृथ्वी) का प्रतिनिधित्व करता है (चित्र 31)। इसे पहनने वाला धनवान और सभी रोगों से मुक्त रहता है।

प्राचीन धर्मग्रंथ कहते हैं कि पृथ्वी का जन्म दो शक्तिशाली राक्षसों- मधु और कैटभ के पसीने से हुआ था। सूर्य की गर्मी से उनका पसीना सूख गया। इसलिए पृथ्वी को मेदनी भी कहा जाता है। चूँकि पृथ्वी (जिसे पिथ और अवनि भी कहा जाता है) सभी को मातृ-स्नेह प्रदान करती है - चाहे वह पौधे हों, जानवर हों या उस पर मौजूद पदार्थ हों - इसे अवनि कहा जाता है। इसके सबसे बड़े गुणों में से एक है सभी को क्षमा करना, चाहे उन्होंने कोई भी पाप किया हो। इसी कारण इसका नाम क्षमाधात्री है।

जब कोई व्यक्ति अपनी धरती का कुछ हिस्सा दान करके वह सभी देवताओं का आशीर्वाद प्राप्त करता है। बिना कानूनी मंजूरी के किसी दूसरे व्यक्ति की जमीन छीनना पाप है। गायों के लिए चारा उगाने या पानी की टंकी, कुआँ या सड़क बनाने वाली भूमि पर खेती करना उचित नहीं है। पृथ्वी पर शिवलिंग, देवी-देवताओं की मूर्ति, शंख, शालिग्राम, फूल, तुलसी, कपूर, चंदन, रुद्राक्ष की माला, कुशा घास, गोरोचन, किताबें और यंत्र बिना

चित्र.31: भूमि (पृथ्वी)

किसी सहारे के नहीं रखना चाहिए। ग्रहण या भूकंप के समय पृथ्वी को खोदना पाप है। पृथ्वी को भूमि कहा जाता है क्योंकि इस पर आवासीय भवनों (भुवन) का निर्माण किया जा सकता है।

18 मुखी रुद्राक्ष का परामर्श उन लोगों के दिया जाता है, जो प्रमुख परियोजनाएं, किसी भी प्रकार का नया काम शुरू कर रहे हैं, या अपने व्यवसाय की लाइन में बदलाव कर रहे हैं। गायत्री साधना में लगे लोगों को यह ध्यान और एकाग्रता के लिए उपयोगी लगेगा। जिन महिलाओं को अक्सर गर्भपात कराने की आवश्यकता होती है उन्हें इस रुद्राक्ष को पहनने से राहत मिलती है। यह छोटे बच्चों के स्वास्थ्य के लिए भी अ़च्छा है।

इस रुद्राक्ष को अकेले भी पहना जा सकता है। हालाँकि, जीवन में उचित प्रगति और सुरक्षा के उद्देश्य से घर में 18 मुख तक के सभी बीजों वाला हार रखने की सलाह दी जाती है।

इसे किसे पहनना चाहिए?

जो लोग बड़ी परियोजनाएं शुरू कर रहे हैं या अपना व्यवसाय बदलना चाह रहे हैं उन्हें यह रुद्राक्ष पहनना चाहिए।

18 मुखी रुद्राक्ष के लिए जपने योग्य मंत्र:

ॐ ह्रीं हुं एकत्व रूपे हुं ह्रीं ॐ ॐ ॐ ह्रीं श्रीं वसुधाय स्वाहा महामृत्युंजय मंत्र

ॐ नमः शिवाय

19 मुखी रुद्राक्ष

19 मुखी रुद्राक्ष (चित्र 6) भगवान विष्णु (चित्र 23) का प्रतिनिधित्व करता है जिनका निवास क्षीरसागर है। यह सभी भौतिक इच्छाओं को पूरा करने के लिए जाना जाता है। यह किसी व्यक्ति को व्यवसाय चलाने के तरीके के बारे में भी स्पष्टता प्रदान करता है। व्यक्ति कोई भी कार्य कर सकता है - चाहे वह व्यवसाय

हो, मानव सेवा हो, राजनीति हो, या सामाजिक गतिविधि हो - बिना अधिक तनाव के।

श्रीमद् देवीभागवत, शिल्परत्न और विष्णुधर्मोत्तर पुराण जैसे कई ग्रंथों में भगवान विष्णु को क्षीरसागर में महान नाग शेषनाग पर विश्राम करते हुए दर्शाया गया है। उनके एक ओर देवी लक्ष्मी हैं। एक महान अलंकृत मुकुट पहने हुए, उनकी छाती पर श्री वत्स, गले में कौस्तुभ मणि और वनमाला (दो बेहद कीमती रत्न), उनके दाहिने हाथ में एक शंख, दूसरे हाथ में तीन वलय (अंगूठियां), तीसरे हाथ में गदा, और चौथे में चक्र है। नंद, सुनंदा, सनक सनातन, आदि कई ऋषि, ब्रह्मा, शिव और कई देवता उनसे प्रार्थना कर रहे हैं। पुष्टि, सरस्वती, कांति, कीर्ति, तुष्टि, ऊर्जा संविता और माया उनकी सेवा में हैं। उनका एक पैर लक्ष्मी की गोद में है और दूसरा शेषनाग के आसन पर है। उनके चार हाथों में से एक घुटने तक और दूसरा उनकी नाभि तक फैला हुआ है। एक हाथ नीचे से उनके सिर को सहारा देता है और चौथे में संतान-मंजरी (संतान का प्रतीक) है। उनकी नाभि से एक कमल नाल निकलता है, जिसके ऊपर भगवान ब्रह्मा विराजमान हैं। मधु और कैटभ नामक राक्षस कमल के तने के पास रहते हैं। यह ब्रह्मांड के भगवान का वर्णन है, जो सभी जीवित प्राणियों और पौधों के जीवन के लिए जिम्मेदार है, और वह ही 19 मुखी रुद्राक्ष को आशीर्वाद देते हैं। इसलिए, इसे पहनने वाले को भगवान विष्णु का उदार आशीर्वाद मिलता है और वह अपने सभी कार्यों में विलासिता, धन और सफलता का आनंद लेता है।

कुछ ग्रंथों में उल्लेख है कि यह रुद्राक्ष तनाव मुक्त जीवन जीने में मदद करता है।

19 मुखी रुद्राक्ष के लिए जपने योग्य मंत्र:

ॐ ह्रीं हुं नमः

ॐ वं विष्णवे क्षीरशयायन्ये स्वाहा

महामृत्युंजय मंत्र

ॐ नमः शिवाय

20 मुखी रुद्राक्ष

चित्र.32: अक्षर ब्रह्म – ॐ

20 मुखी एक अत्यंत दुर्लभ रुद्राक्ष है (चित्र 6)। आमतौर पर अधिकांश दुकानों पर इस रुद्राक्ष को इसके शुद्ध रूप में देखना भी मुश्किल होता है।

20 मुखी रुद्राक्ष ब्रह्म का प्रतिनिधित्व करता है ऐसा कहा जाता है कि यह विभिन्न स्रोतों से ऊर्जा प्राप्त करता है और दैवीय शक्तियों से भरपूर है। नौ ग्रहों की शक्तियाँ, दस दिग्पाल (सभी दिशाओं के रक्षक) और त्रिदेव की शक्तियाँ सभी इस रुद्राक्ष में एकत्रित होती हैं (चित्र 32)। हिंदू शिक्षाओं के अनुसार, नौ ग्रह है: सूर्य, चंद्रमा, मंगल, बुध, बृहस्पति, शुक्र, शनि, राहु और केतु (अंतिम दो छाया ग्रह) हैं। अग्नि, इंद्र, वरुण, सोम, विष्णु, बृहस्पति, वायु और कुबेर ये आठ दिग्पाल हैं, जो दिशाओं के स्वामी हैं। विभिन्न धर्मग्रंथों में इनके वर्गीकरण में भिन्नता है। देवताओं की त्रिमूर्ति ब्रह्मा, विष्णु और शिव हैं। इन 20 केंद्रों की शक्ति इस रुद्राक्ष के 20 मुखों में केंद्रित है। यह एक दुर्लभ रुद्राक्ष है और अगर किसी को यह मिल जाए तो उसे इसे धारण करना चाहिए या बड़ी श्रद्धा से इसकी पूजा करनी चाहिए।

20 मुखी रुद्राक्ष के लिए जपने योग्य मंत्र:

ओम ह्रीं ह्रीं हुं हुं ब्रह्मणे नमः

महामृत्युंजय मंत्र

ॐ नमः शिवाय

21 मुखी रुद्राक्ष

21 मुखी रुद्राक्ष (चित्र 7) भगवान कुबेर का प्रतिनिधित्व करता है (चित्र 33)। इसे धारण करने वाले को अपार धन की प्राप्ति होती है। जब तक रुद्राक्ष उनके पास रहता है तब तक उनका भाग्य नहीं बिगड़ता। जीवन की सभी सुख-सुविधाएँ, चाहे भौतिक हों या भौतिक, उनके लिए उपलब्ध हैं और पहनने वाला हमेशा बुरी ताकतों या कानूनी उलझनों से सुरक्षित रहता है।

ऐसा भी कहा जाता है कि इससे व्यक्ति किसी भी तांत्रिक प्रभाव या बुरी नजर से अछूता रहता है।

कुबेर राजकोष के स्वामी हैं। उन्हें वित्तेश्वराय (वित्त का देवता) भी कहा जाता है। उसकी सहमति के बिना धन की देवी मां लक्ष्मी भी किसी व्यक्ति को अपना आशीर्वाद नहीं दे सकतीं। भगवान शिव हमेशा कुबेर को आशीर्वाद देते हैं और वह गण प्रमुख और यक्षों के राजा हैं। ब्रह्मा के पुत्र पुलस्त्य हैं, जिन्होंने

चित्र 33: भगवान कुबेर

विश्रवा को जन्म दिया, जिन्होंने बदले में कुबेर को जन्म दिया। कुबेर ने भगवान शिव की गहन पूजा की और फिर उन्हें विश्वकर्मा द्वारा बनाई गई भव्य नगरी अलकापुरी पर शासन करने का अधिकार मिला।

एक बार, अपनी महान तपस्या (गहन तपस्या/ध्यान) के बाद, कुबेर ने अपनी आँखें खोलीं लेकिन वह शिव के चमकते रूप को देख नहीं सके। जब शिव ने उन्हें दिव्य प्रकाश देखने की शक्ति दी, तो कुबेर ने अपनी आँखें खुली रखीं और भगवान शिव के बगल में पार्वती को देखा। जिस तरह से वह उन्हें देख रहा था वह पार्वती को पसंद नहीं आया और उनके क्रोध के कारण कुबेर को अपनी एक आंख खोनी पड़ी। उनकी कड़ी मेहनत और तपस्या से प्रसन्न होकर शिव ने उन्हें राजकोष का प्रभारी बना दिया। उन्हें पिंगलनेत्री (एक आँख वाला) भी कहा जाता है। कुबेर का एक अर्थ शत्रुता रखने वाला भी होता है (उसने पार्वती के प्रति शत्रुता की भयानक दृष्टि रखी थी)। वास्तव में, वे सभी जो अपनी कड़ी मेहनत या भाग्य से पैसा कमाने में भाग्यशाली रहे हैं, उन्हें कई ऐसे लोगों का सामना करना पड़ता है जो उनकी उपलब्धियों से ईर्ष्या करते हैं। यह रुद्राक्ष दुर्लभ है और लोगों को इसको बहुत सावधानी से खरीदना चाहिए। एक स्रोत द्वारा आपूर्ति किए गए नकली 21 मुखी रुद्राक्ष का एक उदाहरण है जिसने इसे बड़ी सटीकता के साथ जंगली बेर (दूसरे मामले में, लकड़ी से) से बनाया है। किसी को पता होना चाहिए कि 21 मुखी रुद्राक्ष का आकार असामान्य रूप से बड़ा नहीं होता है। इसका आकार लगभग 16 या 17 मुखी गोल रुद्राक्ष के समान ही होता है। केवल दुर्लभ अवसरों पर ही बड़ा, गोलाकार 21 मुखी रुद्राक्ष उत्पन्न होता है। गौरीशंकर रूप में, 21 मुखी को वास्तविक रूप मे नहीं माना जा सकता है परन्तु दुर्लभता के कारण अनेक लोग गौरीशंकर 21 मुखी को भी असली अवं पूर्ण रुद्राक्षा मानते हैं।

इंडोनेशियाई 21 मुखी रुद्राक्ष के मामले में, रेखाएं एक-दूसरे के बहुत करीब हैं, और 25 मिमी से कम होने के बाद भी, सभी 21 रेखाओं को स्पष्ट रूप से देखा जा सकता है। इंडोनेशियाई नकली 21 मुखी रुद्राक्ष मिलने की संभावना

बहुत कम है। हालाँकि, रेखाओं की जाँच और गिनती में सावधानी बरतनी चाहिए, जो आमतौर पर बिना किसी गहरे खांचे के सतह पर रहती हैं।

21 मुखी रुद्राक्ष के लिए जपने योग्य मंत्र:

ॐ ह्रीं हुं शिवमित्राय नमः

ॐ यक्षाये कुबेराय वैश्रवणाये धनधान्यधिपतये धन धान्य समृद्धि मे दापय दप्पय स्वः

महामृत्युंजय मंत्र

ॐ नमः शिवाय

त्रिजुटी

त्रिजुटी प्रकृति का एक आश्चर्य है। तीन रुद्राक्ष आपस में जुड़ कर इस दुर्लभ रुद्राक्ष को पेड़ पर ही बनाते हैं।

दूसरे शब्दों में, यह एक गौरीशंकर पर एक और रुद्राक्ष का दाना जुड़ कर यह त्रिजुटी प्राकर्तिक रूप से बनती है।

त्रिजुटी के कई प्रकार होते हैं, लेकिन एक में समान आकृति और माप के तीन दाने होते हैं, और समान रूप से एक-दूसरे से चिपके होते हैं, यह दुर्लभ है। (चित्र 7)। बाजार में कई तरह की तैयार की गई त्रिजुटियां मौजूद हैं और इस दाने को खरीदते समय व्यक्ति को बेहद सावधान रहना चाहिए। आम तौर पर, त्रिजुटी बनाने वाले लोग एक असली गौरीशंकर और एक अन्य बीज लेते हैं, जो रंग और आकृति से मेल खाता है, और उच्च गुणवत्ता वाले केमिकल का उपयोग करके उन्हें बड़ी सटीकता के साथ जोड़ते हैं। चूँकि एक त्रिजुटी लाखों रुपये ला सकती है, नकली बनाने के लिए उच्च स्तर की शिल्प कौशल का उपयोग किया जाता है। पहले, इन बीजों को एक से दो घंटे तक पानी में उबालने पर अलग किया जा सकता था, लेकिन नए प्रकार के चिपकने वाले पदार्थ और नई तकनीकों के कारण नकली बीजो की पहचान करना मुश्किल होता है। अब भी, कोई व्यक्ति बीजो को दो से तीन घंटे तक पानी में उबाल कर यदि एक या अधिक बीजो का रंग खराब हो जाए तो वह त्रिजुटी असली

नहीं होगी। यदि बीज असली है, तो दाने की पूरी सतह पर रंग लगभग एक समान होना चाहिए।

त्रिजुटी को त्रिभागी, गौरी पाठ या ब्रह्म के नाम से भी जाना जाता है-

यह रुद्राक्ष संपूर्ण व्यक्तित्व का प्रतिनिधित्व करता है और

पहनने वाले का कठिन परिस्थितियों पर पूर्ण नियंत्रण देता है। यह नेतृत्व और पूर्ण सफलता प्राप्त करने में एक बहुत ही उपयोगी उपकरण हो सकता है।

त्रिजुटी में किसी भी संख्या में मुख हो सकते हैं, यद्यपि अधिकांश में इस पहलू को कोई महत्व नहीं दिया जाता है। उदाहरण के लिए, 14,19, 20 और 21 मुखी त्रिज़ुटियाँ दुर्लभ मानी जाती हैं

एक त्रिजुटी, जिसमें एक दाना एक मुखी हो तो वह भी बोहोत दुर्लभ होती है और अच्छे गुणों के लिए जानी जाती है। कुछ त्रिजुटी पहनने वालों ने इसे पहनने के पहले कुछ हफ्तों के दौरान विशिष्ठ भावनाओं का अनुभव किया है, जिसमें अजीब सपने आना भी शामिल है। उन्हें सलाह दी जाती है कि वे डरें नहीं या गलत निष्कर्ष पर न पहुँचें। यह इस दिव्य दाने की रहस्यमय शक्ति है जिसे पहनने वाले की शरीर प्रणाली के साथ तालमेल बिठाने में समय लगता है।

त्रिजुटी के लिए जपने योग्य मंत्र:

महामृत्युंजय मंत्र

ॐ नमः शिवाय

गणेश रुद्राक्ष और अन्य

यदि किसी मुख के रुद्राक्ष पर उभार आ जाए तो इस रुद्राक्ष को गणेश रुद्राक्ष कहा जाता है (चित्र 7)। हाल ही में इस रुद्राक्ष को व्यापक लोकप्रियता मिली है। यह दाना अपने उभार से भगवान गणेश जैसा दिखता है। 8 या 11 मुखी रुद्राक्षों की ऊंची कीमतों को देखते हुए, जिन पर भगवान गणेश का भी आशीर्वाद है, व्यापारी इस रुद्राक्ष को सस्ते विकल्प के रूप में बेचते हैं। 8 मुखी या 11 मुखी गणेश रुद्राक्ष का विशेष महत्व है और ये बहुत शुभ माने जाते हैं।

गणेश रुद्राक्ष को सिद्ध माला में अन्य दानों के साथ वैकल्पिक रूप से 27 तक की संख्या बनाने के लिए उपयोग किया जाता है (1 से 14 मुखी बीजों के लिए 13 गणेश रुद्राक्ष की आवश्यकता होगी)। गणेश रुद्राक्ष के बत्तीस बीजो को एक साथ पिरोकर एक हार बनाया जाता है, जिसे लोग सुरक्षा के लिए और जीवन में किसी भी बाधा को दूर करने के लिए अपने पूजा स्थान पर रखते हैं। कुछ लोग ऐसी माला हार नियमित रूप से भी पहनते हैं।

कुछ लोग रुद्राक्ष में गणेश की छवि के प्रति इस हद तक सोचने लगते हैं कि वे किसी भी रुद्राक्ष की सतह पर भगवान गणेश जैसी आकृति की तलाश करते हैं। इस मुद्दे पर किताबें लिखी गई हैं और पूरा दृष्टिकोण दिलचस्प और संदिग्ध है। व्यावहारिक रूप से, केवल एक रुद्राक्ष जिसके शरीर पर सूंड जैसी ऊंचाई होती है, उसे गणेश रुद्राक्ष कहा जा सकता है। किसी भी प्राचीन ग्रंथ में इस प्रकार के दाने का कोई उल्लेख नहीं है।

उपरोक्त किस्मों के अलावा, कई अन्य प्रकार के रुद्राक्ष प्राप्त करना संभव है क्योंकि यह प्रकृति का एक उत्पाद है। उदाहरण के लिए, सवार, जो एक गौरीशंकर रुद्राक्ष है जिसके एक दाने में केवल एक रेखा होती है और दूसरे दाने में चार से सात मुख का सामान्य रुद्राक्ष होता है। इसे अध्याय 1 में समझाया गया है। फिर नंदी रुद्राक्ष है, जिसके दाने के किनारों पर दो सूंड जैसे उभार हैं। कुछ लोग इस दाने को द्वि गणेश कहते हैं। इसके बाद चतुरजूटी भी होती है जिसमें 4 दाने एक साथ जुड़ जाते हैं। यह अत्यंत दुर्लभ घटना है।

इन सभी किस्मों और प्रकृति में उपलब्ध अन्य अज्ञात किस्मों का उन लोगों द्वारा सम्मान किया जाता है जो लाभ प्राप्त करने की आशा में उनका उपयोग करते हैं। इन दानों के विशिष्ट गुणों के बारे में कोई प्रामाणिक जानकारी उपलब्ध नहीं है। यदि कोई ऐसे रुद्राक्षों का उपयोग करना चाहता है, तो यह उसकी पसंद है। पहनने की प्रक्रिया अन्य रुद्राक्षों की तरह ही होनी चाहिए और ओम नमः शिवाय मंत्र का जाप करना चाहिए।

3

रुद्राक्ष का विज्ञान

रुद्राक्ष को आध्यात्मिकता, स्वास्थ्य, समृद्धि और भय, चिंता और अवसाद जैसे भावनात्मक मुद्दों के समाधान जैसे विभिन्न लाभों के लिए जाना जाता है। प्राचीन ग्रंथों में इसकी प्रभावकारिता के बारे में बताया गया है। शिव पुराण, श्रीमद् देवीभागवत और अन्य ग्रंथ विभिन्न मुखी रुद्राक्ष के उपयोग के गुणों और लाभों से भरे हुए हैं। जैसे ही कोई व्यक्ति रुद्राक्ष धारण करता है, उसके सभी प्रकार के पाप, जिनमें हत्या के कार्य, निषिद्ध खाद्य पदार्थ खाना, या धोखाधड़ी जैसे बुरे कार्य शामिल हैं, क्षमा हो जाते हैं और पापी को विचार और कर्म की शुद्धता प्राप्त होती है। डर को दूर करना इन बीजो की मूल विशेषता है। ऐसा कहा जाता है कि जब भगवान शिव ने उस पीड़ा को देखा जिससे मानव जाति पीढ़ी दर पीढ़ी गुजर रही थी, तो उन्होंने भगवान ब्रह्मा और विष्णु से सवाल किया कि “हम सभी जीवित प्राणियों के लिए जन्म और मृत्यु के चक्र का पालन क्यों करते हैं, जो अंतहीन पीड़ा सहते हैं”। जैसे ही उन्होंने कोई संतोषजनक स्पष्टीकरण खोजा, उनकी आंखों से आंसू बहने लगे और कहा जाता है कि जहां भी ये आंसू गिरे, वहां रुद्राक्ष के पेड़ उग आए। इस उपाख्यान में यह संदेश दिया गया है कि रुद्राक्ष की माला में...

प्राप्त करने का उद्देश्य; अर्थात् सभी प्राणियों के दुःखों का ध्यान रखना।

कई लोगों ने अनुभव किया है कि रुद्राक्ष पहनने से स्वास्थ्य, खुशी, शांति और समृद्धि आती है। हालाँकि, संबंधित ग्रंथों में पापों से मुक्ति के पहलू पर जोर दिया गया है। किसी भी आध्यात्मिक मार्ग पर आगे बढ़ने के लिए, शरीर, मन और हृदय को कर्मों के अतीत के पछतावे और इनसे संबंधित विचारों से रहित होना चाहिए। रुद्राक्ष को इसके लिए एक आदर्श उपकरण माना गया है क्योंकि यह किसी के विचारों को शुद्ध करने और आध्यात्मिक मार्ग पर चलने के योग्य बनाने के लिए जाना जाता है। व्यक्ति नये आत्मविश्वास के साथ जीवन को फिर से शुरू कर सकता है।

यह स्पष्ट किया जाना चाहिए कि केवल रुद्राक्ष पहनने से किसी को कोई पाप कर्म करने या तमस गतिविधियों में संलग्न होने का अधिकार नहीं मिलता है। किसी की आंतरिक भावनाओं को शक्ति और पवित्रता देना इसका बहुत बड़ा गुण है। जैसे ही कोई व्यक्ति दाना पहनता है, वह पहले की गई गलतियों को नहीं दोहराता है।

रुद्राक्ष एक औषधीय जड़ी बूटी के रूप में भी उपयोगी है, विशेष रूप से हृदय संबंधी समस्याओं, रक्तचाप और मानसिक विकारों के लिए। इससे बुद्धि में भी सुधार होता है। इस पहलू को आगे अध्याय 5 में वर्णित किया गया है।

यह कोई साधारण बीज या जड़ी-बूटी नहीं है। भारत में इसे अत्यधिक सम्मान दिया जाता है और इसे दिव्य माना जाता है। आवश्यक स्नान-संस्कार किए बिना लोग इसे नहीं छूते। इसे हमेशा दाहिने हाथ में लिया जाता है (क्योंकि बायां हाथ अशुद्ध माना जाता है!) और चढ़ाने पर नंगे पैर ही स्वीकार किया जाता है। इसके साथ कई अन्य शुभ संकेत भी जुड़े हुए हैं।

जॉन गैरेट और केर्बर ड्रोरी ने रुद्राक्ष के कई औषधीय गुणों की जानकारी दी है। 1864 की शुरुआत में, डॉ. अब्राहम जजुआर ने दर्ज किया था कि रुद्राक्ष का उपयोग दिमाग से संबंधित बीमारियों और तनाव को नियंत्रित करने के लिए किया जा सकता है (संदर्भ13)।

यह भी बताया गया है कि अज्ञात बीमारियों के इलाज के लिए रुद्राक्ष से बने इंजेक्शन तेल इंडोनेशिया से चीन तक निर्यात किए जाते हैं। जर्मनी में कोलोन

विश्वविद्यालय, फ्लोरिडा में अंतर्राष्ट्रीय विश्वविद्यालय (मियामी, यूएसए) के साथ-साथ स्विट्ज़रलैंड में एक फार्मास्युटिकल दिग्गज द्वारा किए गए शोध कार्य से इस प्राचीन दाने के औषधीय गुणों के बारे में नए निष्कर्ष सामने आएंगे। 2005 के बाद से मुंबई विश्वविद्यालय द्वारा किए गए कार्य और लेखक द्वारा प्रतिनिधित्व किए गए रुद्रलाइफ द्वारा शुरू किए गए काम में बीड को मधुमेह, हृदय संबंधी बीमारियों और सूजन जैसी बीमारियों और स्मृति वृद्धि के लिए उपयोगी पाया गया है। एलेओकार्पस में इंडोलिज़िडाइन एल्कलॉइड होता है, जो कथित तौर पर एचआईवी/एड्स के इलाज के लिए एक आशाजनक घटक है (संदर्भ 40)।

शरीर पर पहनने पर इन बीजो की प्रभावशीलता का अभी भी अध्ययन चल रहा है। इसकी सतह स्थलाकृति, विद्युत चुम्बकीय गुण जैसे कैपेसिटेंस, इंडक्टेंस आदि और इसके जैविक प्रभावों के और अधिक मूल्यांकन की आवश्यकता है। भारत के बनारस हिंदू विश्वविद्यालय में कुछ काम किया गया है, लेकिन विभिन्न मुखी के प्रभाव या मौखिक सेवन और स्पर्श के बीच संबंध के संदर्भ में अध्ययन अनिर्णायक है (संदर्भ 13)। यह अध्ययन, प्रारंभिक होते हुए भी, कुछ दिलचस्प बातें सामने लाता है। उदाहरण के लिए, इसमें कहा गया है:

> "रुद्राक्ष की माला शरीर के संपर्क में ढांकता हुआ सामग्री के रूप में विभिन्न प्रकार के कैपेसिटर का उपयोग करती है। एक जोड़ी उंगलियों के बीच रुद्राक्ष की माला को पकड़कर समय-समय पर अलग-अलग कम वोल्टेज के विद्युत संकेत प्राप्त करने को दो समानांतर प्लेटों के बीच एक वेरिकॉन ढांकता हुआ सामग्री वाले एक साधारण संधारित्र के रूप में विद्युत रूप से तैयार किया जा सकता है। कंधे, कलाई, माथे, गर्दन या बाल आदि जैसे अन्य उपयोगों में सूती धागे या धातु के तारों से बनी उनकी मालाएँ मुक्त स्थान कैपेसिटर का प्रतिनिधित्व करती हैं, जिसमें प्रत्येक शरीर का अंग अलग-अलग विद्युत संकेत प्रदान करता है। जैसा कि उल्लेख किया गया है, ये विद्युत संकेत शरीर के कामकाज में आयनिक धाराओं के कारण उत्पन्न होते हैं और मानव मस्तिष्क में तंत्रिका प्रोसेसर द्वारा नियंत्रित होते हैं। प्रत्येक उपयोग में, अलग-अलग जैव-प्रभावों का कारण उनके परिवर्तनशील संपर्क उत्तेजनाओं के कारण प्रतीत होता है जो स्पर्श संवेदी

तंत्रिकाओं के विद्युत संकेतों को प्रभावित करते हैं और विभिन्न मुखी बीजों के विशिष्ट विद्युत गुणों द्वारा उत्तरार्द्ध के मॉड्यूलेशन को प्रभावित करते हैं।

"विभिन्न शास्त्रीय उपयोगों में, बीजों का कांटा स्पर्श तंत्रिकाओं के साथ परिवर्तनशील संपर्क बनाता है। रुद्राक्षों की अलग-अलग कांटेदार सतह की विशेषताओं के कारण, प्रत्येक मुखी के संपर्क के अलग-अलग बिंदु होंगे और इसलिए, प्रत्येक मुखी समान शक्ति पर भी उपयोग में विशिष्ट प्रकार की उत्तेजना पैदा करेगा। इस प्रकार प्रत्येक मुखी के बायोमेडिकल और आध्यात्मिक प्रभावों को सतह संरचनाओं और विद्युत गुणों के लिए जिम्मेदार ठहराया जा सकता है।

इन अध्ययनों के नतीजे जो भी हों, यह तो माना ही जाता है कि रुद्राक्ष का स्पर्श-प्रभाव हमें आश्चर्यचकित कर देता है। यह मानना गलत हो सकता है कि रुद्राक्ष पहनने की सलाह बीजों की दुर्लभ उपलब्धता के कारण दी गई थी या इस तथ्य के कारण कि ये मोती केवल नेपाल में उपलब्ध थे। अतीत में, अगर यह औषधीय प्रयोजनों के लिए होता तो बड़ी मात्रा में मोती प्राप्त करना आसान नहीं होता था। संभवतः यह मान लिया गया था कि, चूंकि मोती काफी शक्तिशाली थे, इसलिए कोई भी व्यक्ति वांछित परिणाम प्राप्त करने के लिए उन्हें आसानी से पहन सकता है। स्कंद पुराण के सभी कथनों में इन्हें धारण करने का ही विधान बताया गया है। इसलिए, यह अनुशंसा की जाती है कि रुद्राक्ष के विद्युत चुम्बकीय गुणों का विस्तृत अध्ययन आगे किया जाए।

किर्लियन फोटोग्राफी (या आभा इमेजिंग) एक और दृष्टिकोण है जो इन बीजों की शक्ति पर प्रकाश डाल सकता है। इस प्रक्रिया में शरीर के विभिन्न अंगों से निकलने वाली ऊर्जा की तस्वीरें एक विशेष कैमरे का उपयोग करके ली जाती हैं और आसपास की तरंगों के रंग से आभा को मापा जाता है। विकिरणित ऊर्जा की मात्रा और रंग से, शरीर प्रणाली के प्रभावित हिस्सों और निर्धारित किए जाने वाले उपचार का निर्धारण किया जा सकता है। ऊर्जा स्तर के आधार पर आभा अलग-अलग व्यक्तियों में भिन्न-भिन्न होती है। उदाहरण के लिए, उच्च स्तर के विचारों (मन की अल्फा अवस्था) वाले व्यक्ति की

वृक्ष

फूल

कच्चे फल

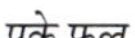

पके फल

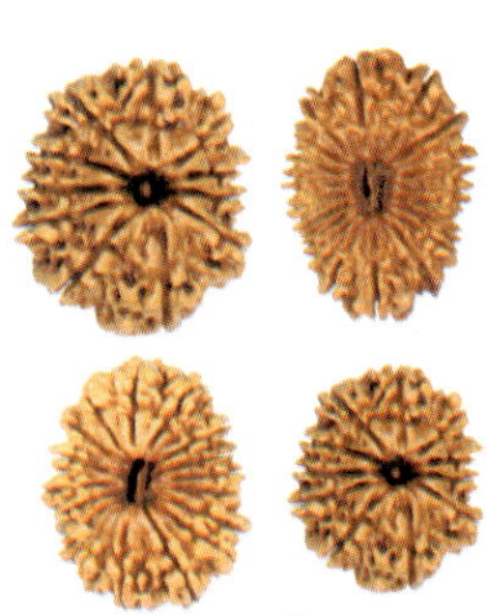

रुद्राक्ष रूप में बीज

चित्र 1: रुद्राक्ष के पेड़ के विभिन्न भाग

चित्र 2: पत्ते की क्रमश अवस्था ऐ
(पत्ता नारंगी, फिर भूरा होता है)

चित्र 3 : फूलों की बहार, चरम पर

चित्र 4: सूखे फल और बीज (रुद्राक्ष)

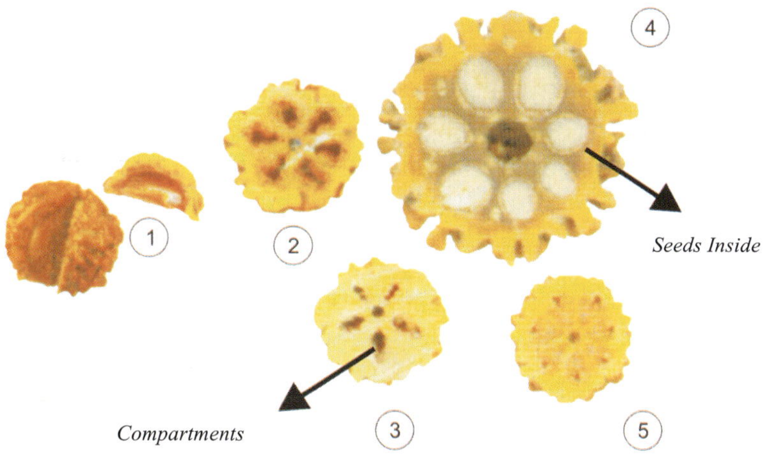

1. *25 मि.मि. नेपाली सात मुखी दाना खड़े में कटा हुआ*
2. *10 मि.मि. इंडोनेशियाई छः मुखी का कटा हुआ भाग*
3. *10 मि.मि. इंडोनेशियाई पाँच मुखी का कटा हुआ भाग*
4. *25 मि.मि. नेपाली सात मुखी का कटा हुआ भाग*
5. *10 मि.मि. इंडोनेशियाई सात मुखी का कटा हुआ भाग*

चित्र 5: कटे भाग

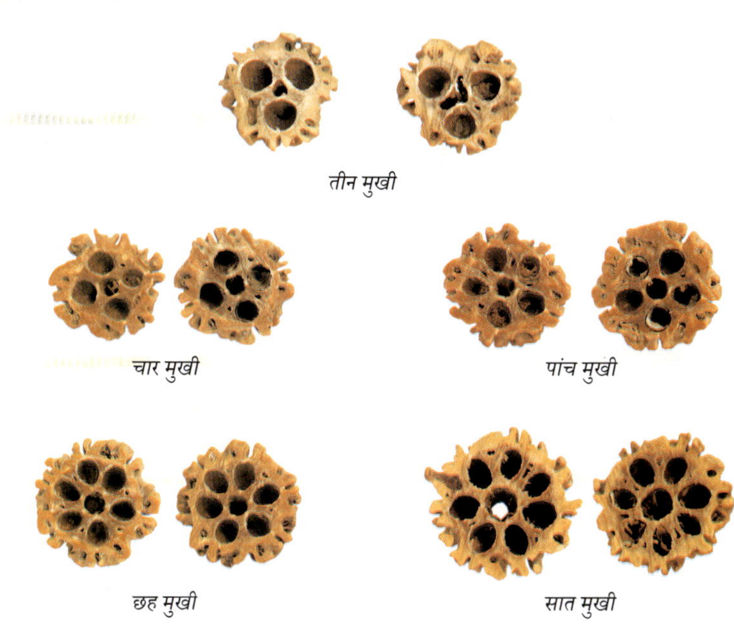

चित्र 6: बीजों के अन्य कटे हुए भाग

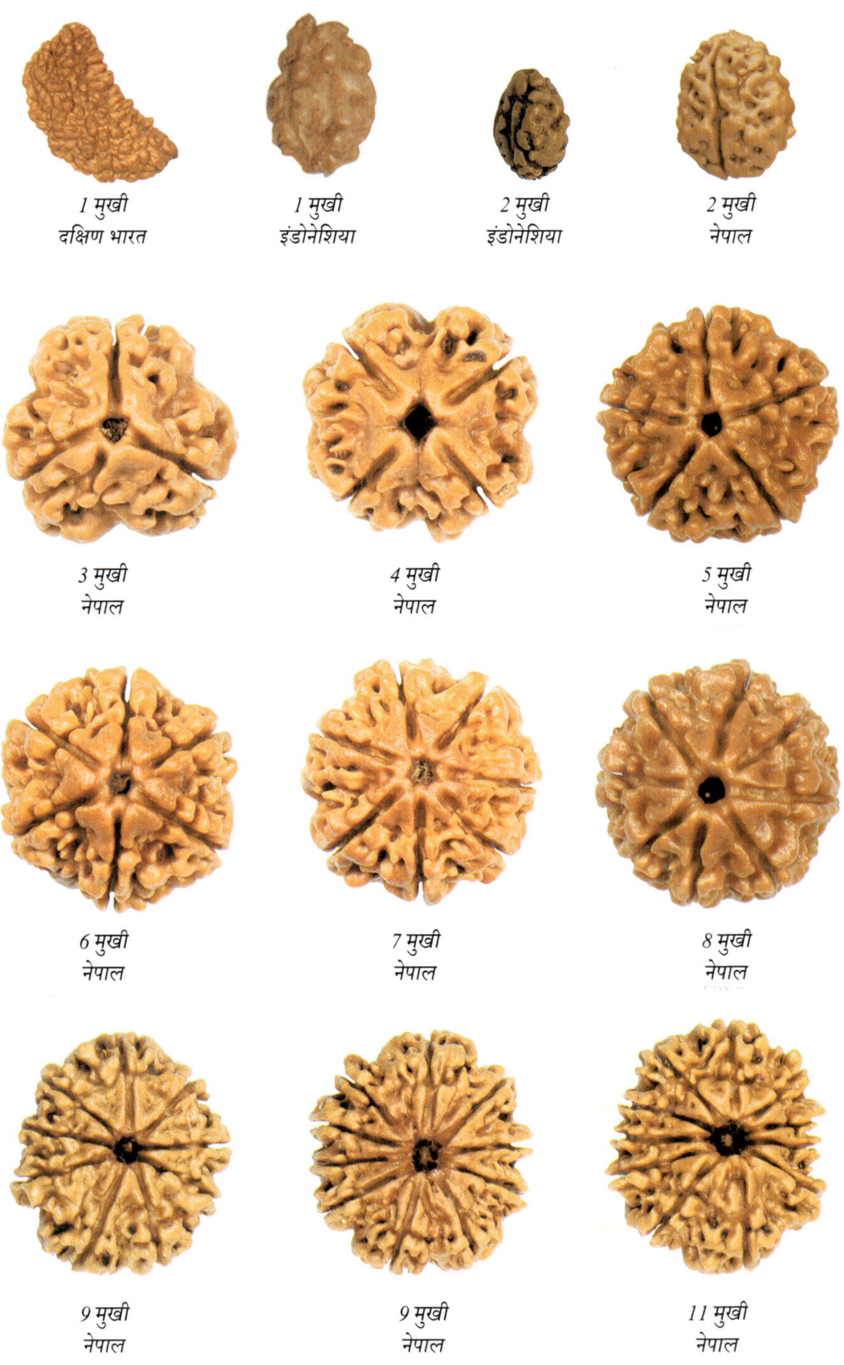

चित्र 6: भिन्न मुखी रुद्राक्ष

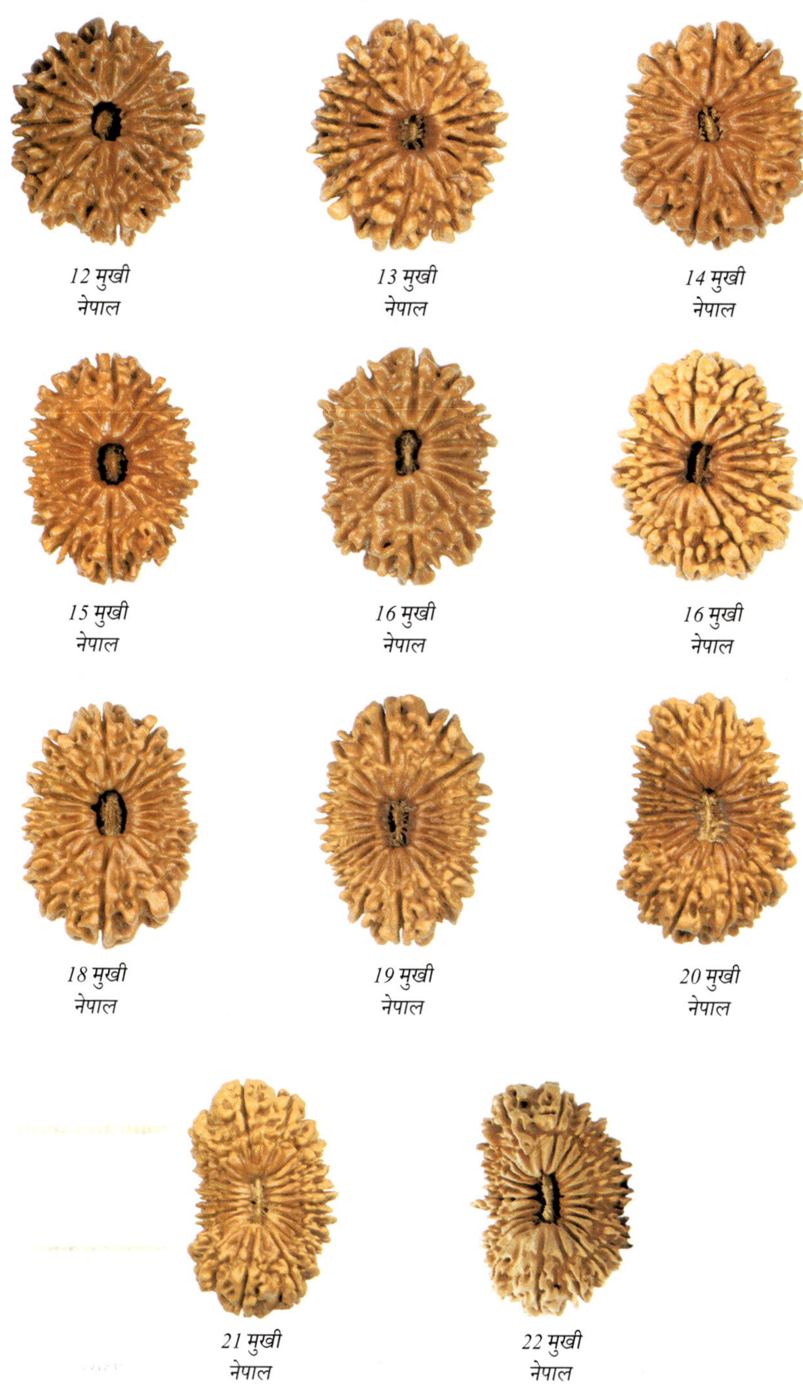

चित्र 6: भिन्न मुखी रुद्राक्ष

चित्र 7: कुछ दुर्लभ बीज

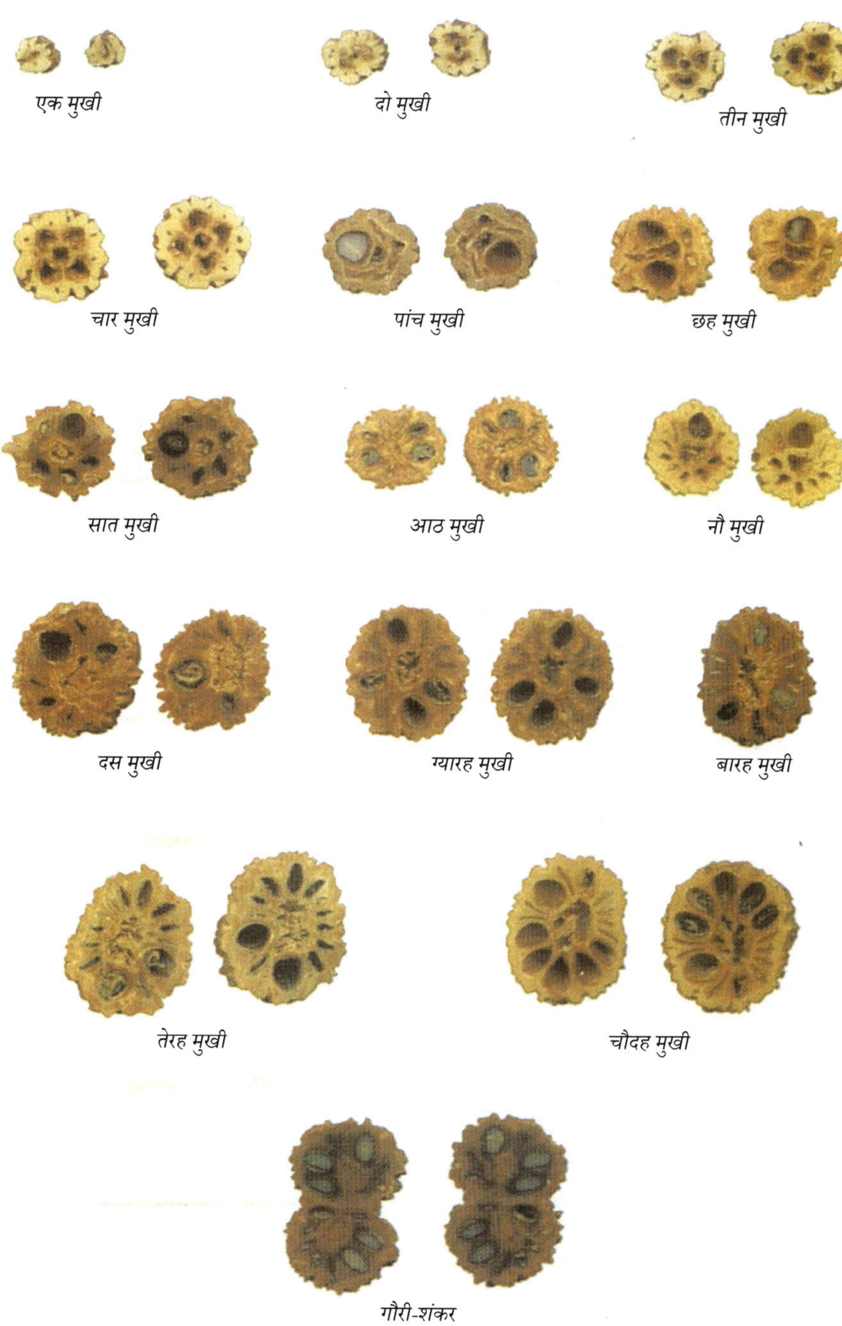

चित्र 8: इंडोनेशियाई रुद्राक्ष : एक-चौदह मुखी बीजोंके लिए खंड काटें

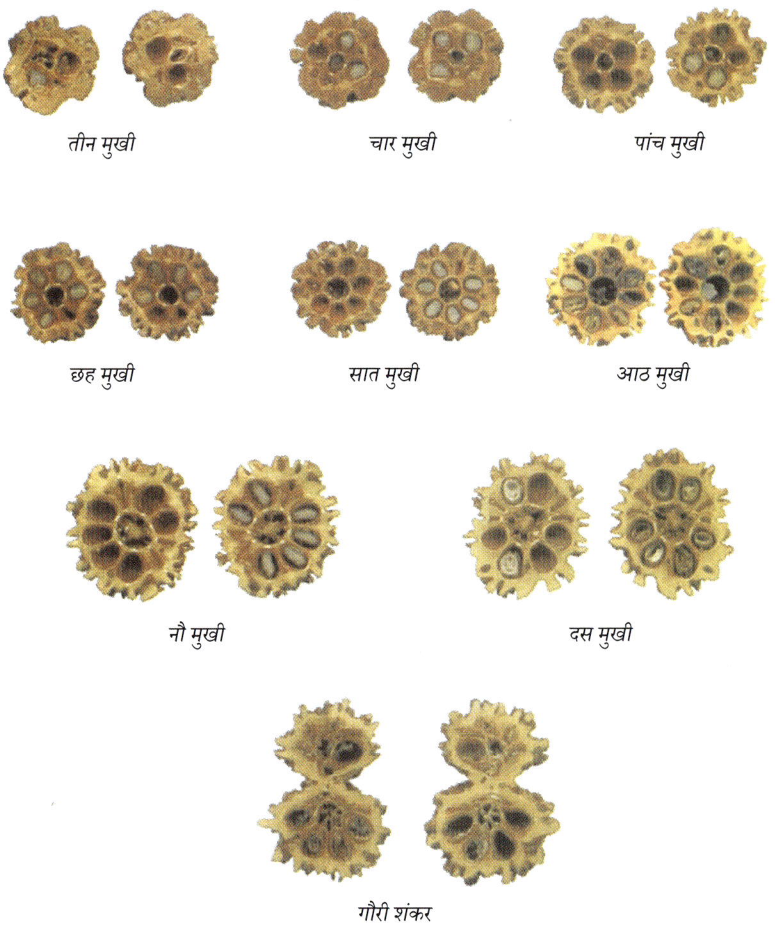

तीन मुखी

चार मुखी

पांच मुखी

छह मुखी

सात मुखी

आठ मुखी

नौ मुखी

दस मुखी

गौरी शंकर

चित्र 9: नेपाल बीज : कटे भाग

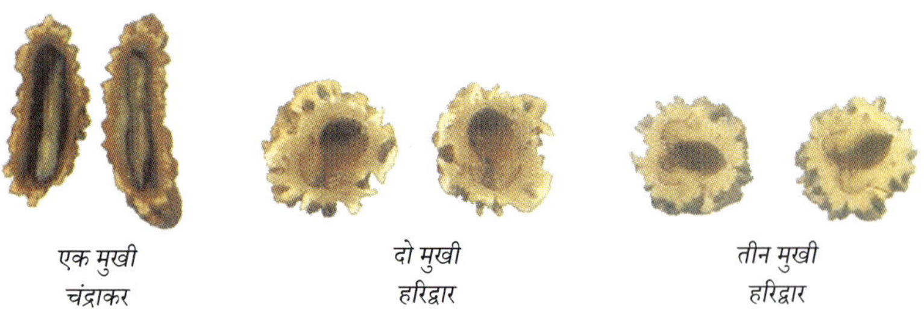

एक मुखी
चंद्राकर

दो मुखी
हरिद्वार

तीन मुखी
हरिद्वार

चित्र 10: अन्य कटे हुए भाग

1-27 मुखी नक्षत्र माला: एक दुर्लभ माला, अपनी तरह की अकेली।

शिव, पार्वती (गोद में गणेश के साथ) और कार्तिकेय

चित्र 37: रुद्राक्ष शक्ति संयोजन

एकता शक्ति

नारायण कवच

हृदय माला

कामकाजी महिलाएं

शनि कंथा®

दोष निवारण

ध्यान योग माला

गौरी शंकर कण्ठ

चित्र 37: रुद्राक्ष शक्ति संयोजन

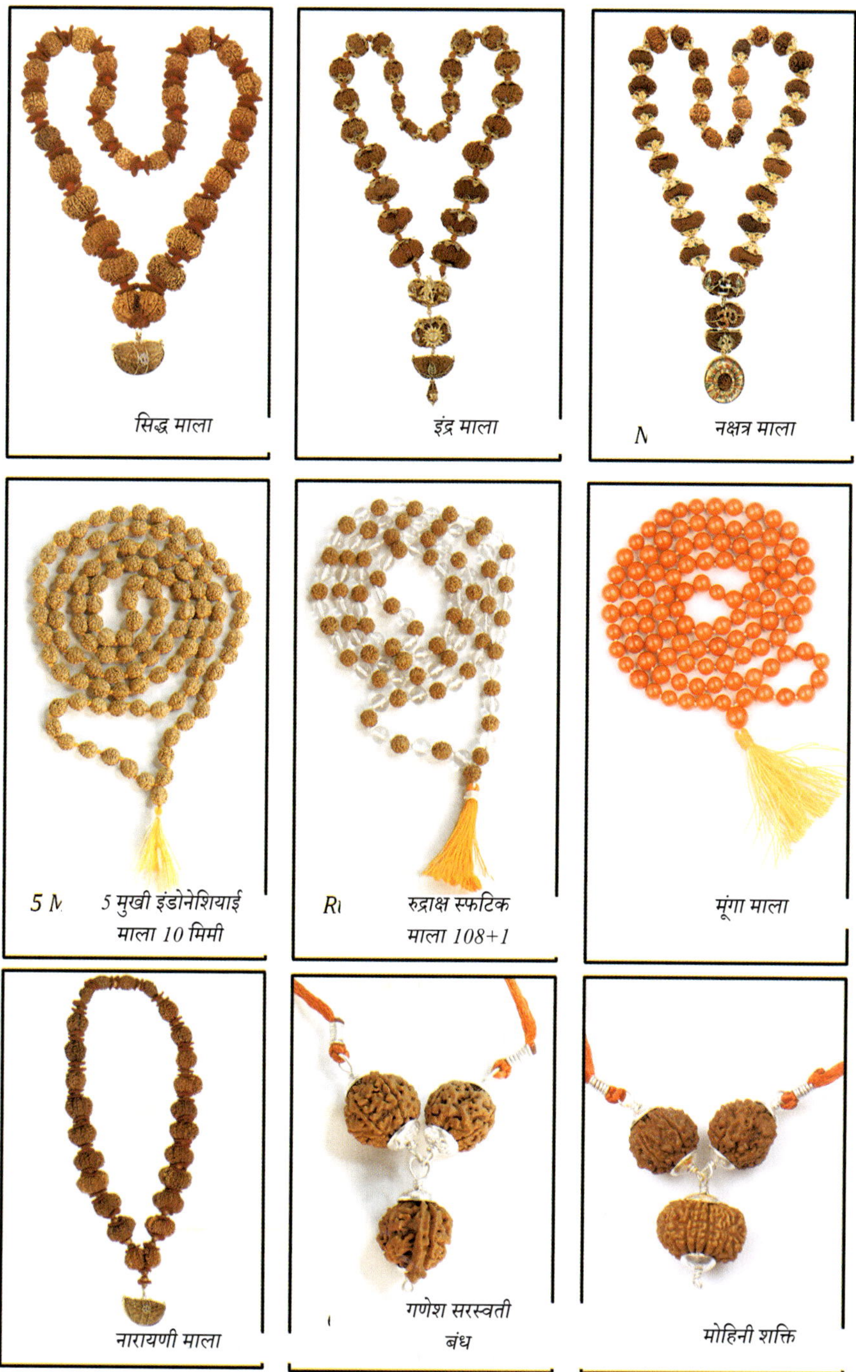

चित्र 37: रुद्राक्ष शक्ति संयोजन

चित्र 38: रुद्राक्ष कंगन

चित्र 47: चीनी लोग रुद्राक्ष पहनते हैं

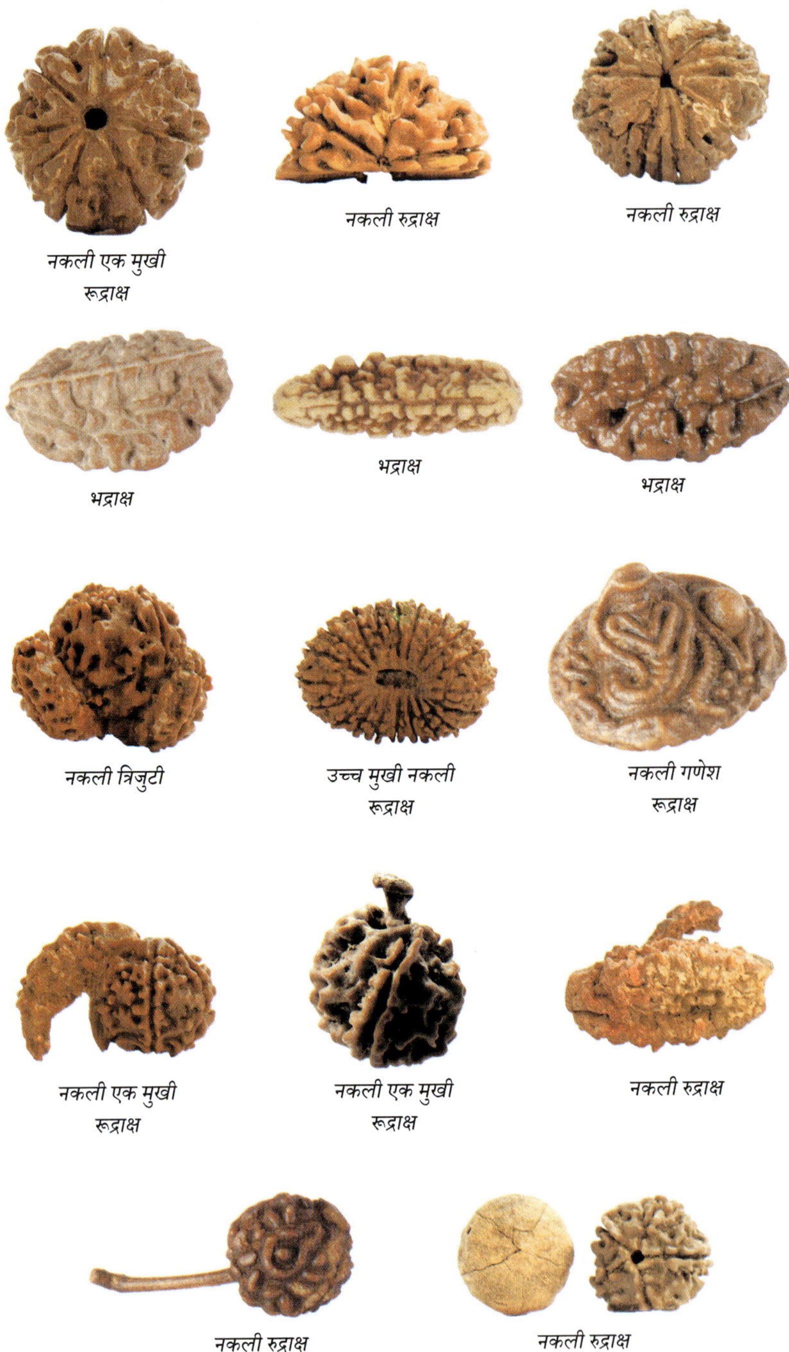

चित्र 37: भद्राक्ष और नकली बीजों के विभिन्न जामुन

आभा एक औसत इंसान की तुलना में सफेद रंग के प्रति बड़ी और अधिक उज्ज्वल होगी। प्रयोगों से साबित हुआ है कि रुद्राक्ष पहनने के बाद आभा में परिवर्तन दिखाई देता है। हालाँकि, इस विशेष क्षेत्र के लिए मानक और एक मूल्यांकन प्रणाली विकसित करने के लिए बहुत काम करने की आवश्यकता है। यह आवश्यक है कि आभा परीक्षण निरंतर आर्द्रता वाले कमरे में किया जाए और तुलनात्मक माप कम से कम संभव समय के भीतर किया जाए। उदाहरण के लिए, यदि आप सुबह 9 बजे परीक्षण करते हैं, तो शाम 5 बजे उसी वस्तु पर रीडिंग भिन्न हो सकती है। इसलिए, समय अंतर कारक को भी ध्यान में रखा जाना चाहिए। किसी भी व्यक्ति के ऊर्जा स्तर का प्रतिनिधित्व करने के लिए जैव-संवेदन तंत्र को एक प्रामाणिक प्रणाली के रूप में स्थापित किया जाना बाकी है।

इस पुस्तक के लेखक द्वारा RFI (रेज़ोनेंस फ्रीक्वेंसी इमेजिंग) तकनीक का उपयोग किया गया है और उन्होंने चर के प्रभाव को कम करने के लिए कई सुधार किए हैं, लेकिन अध्ययन अनिर्णायक था। विश्वसनीय परिणाम प्राप्त करने के लिए आभा और/या चक्र की स्थिति को मापने की कभी भी विधि की आवश्यकता नहीं होती है। वर्तमान में कई सिस्टम उपयोग में हैं, जो बहु-पृष्ठ रिपोर्ट देते हैं लेकिन लगभग कोई उपयोग नहीं करते।

जैसा कि हम जानते हैं, मानव मस्तिष्क में हिप्पोकैम्पस स्मृति और स्थानिक नेविगेशन के लिए जिम्मेदार है। दिमाग की तीव्रता विभिन्न अनुभवों और कई प्रशंसापत्रों से पता चला है कि रुद्राक्ष पहनने से तनाव, मानसिक विकार, भय, सर्दी और गले से संबंधित रोग और रक्तचाप नियंत्रित हो जाते हैं। ऐसा देखा गया है कि रुद्राक्ष धारण करने से मुख्य रूप से मन को शांति मिलती है और डर दूर हो जाता है। इसके और भी फायदे हैं. ये कैसे होता है? विभिन्न सिद्धांत हैं और उत्तर आमतौर पर सरल नहीं है।

हिप्पोकैम्पस में तंत्रिका कोशिकाओं के माध्यम से संदेशों के संचरण की गति पर निर्भर करती है। दो तंत्रिकाओं के बीच एक सिनैप्स मौजूद होता है और एक तंत्रिका द्वारा प्राप्त कोई भी संदेश जैव-विद्युत ऊर्जा का उपयोग करके इस

जंक्शन के माध्यम से दूसरी तंत्रिका तक प्रेषित किया जाता है। यह एक चक्र है जिसके द्वारा संदेश मस्तिष्क से संचारित होते हैं। मेमोरी ऐसे जैव-विद्युत संदेशों का एक पूल है। इस अवस्था में हृदय या मुन का निर्माण होता है हालांकि मुन की सही व्याख्या अभी तक नहीं हो पाई है। एक अंतःकरण (आंतरिक चेतना) है, जो मन, बुद्धि (बुद्धि), चित्त (पसंद और नापसंद) और अहंकार (अहंकार) के विलय से उत्पन्न होता है। इसे मुन के चार रूप या मनुष्य-चतुष्टय के नाम से भी जाना जाता है।

यह मन हमारे द्वारा खाए जाने वाले भोजन से अपना आकार प्राप्त करता है और यह मन का झुकाव तय करता है - चाहे वह सात्विक (शुद्ध विचार, केवल अच्छे काम करने की उत्सुकता के साथ), राजसिक (विलासिता और जीवन के लापरवाह तरीके में डूबे विचार) की ओर हो), या तामसिक (सभी के प्रति दुर्भावना से भरे बुरे विचार)।

हम जो भोजन खाते हैं वह मुन के निर्माण में महत्वपूर्ण भूमिका निभाता है - यह निर्धारित करता है कि यह सात्विक है या राजसिक या तामसिक। शरीर का तंत्रिका तंत्र हृदय के निकट स्थित स्वायत्त तंत्रिकाओं द्वारा नियंत्रित होता है और मस्तिष्क इन तंत्रिकाओं द्वारा नियंत्रित होता है। ये नसें बेहद छोटी होती हैं लेकिन पूरे शरीर में फैली होती हैं और हृदय, रक्त वाहिकाओं, पेट, दिमाग, आंखों आदि के कार्यों को नियंत्रित करती हैं। स्वायत्त तंत्रिकाएं पाचन तंत्र, रक्तचाप, पसीना और विभिन्न ग्रंथियों के कामकाज को नियंत्रित करती हैं। अगर रुद्राक्ष को हृदय के करीब पहना जाए तो यह इन नसों और इस तरह पूरे शरीर तंत्र पर प्रभाव डालता है। चूंकि मंत्रों के जाप और मनके को बनाए रखने की शुद्धता के कारण रुद्राक्ष के माध्यम से विद्युत चुम्बकीय धाराओं का प्रवाह केवल सकारात्मक ऊर्जाओं द्वारा संचालित होता है, इसलिए उनके द्वारा दिए गए संकेत शरीर और दिमाग के लिए फायदेमंद होते हैं।

बनारस हिंदू विश्वविद्यालय का शोध पत्र (संदर्भ 13) एक और दिलचस्प जानकारी देता है:

"जब मंत्रों का जाप करते समय रुद्राक्ष की माला को किसी भी उंगली के जोड़े के बीच रखा जाता है, तो इसके पार संकेत द्वि-दिशात्मक होगा, जिसका तात्कालिक आयाम इनपुट सिग्नल आयाम और तंत्रिका नेटवर्क द्वारा इसकी व्याख्या पर निर्भर करेगा।

"शरीर-मस्तिष्क विद्युत सर्किटरी संबंध के प्रकाश में, यह संकेत दिया जा सकता है कि रिसेप्टर तंत्रिकाओं द्वारा संशोधित संकेत, मस्तिष्क तक पहुंचने पर, वास्तव में मस्तिष्क संकेतों को नियंत्रित कर सकते हैं, जो मनो-शारीरिक प्रभावों को जन्म दे सकता है। छाती क्षेत्र से मस्तिष्क तक पहुंचने वाले संग्राहक संकेतों की स्थिर स्थिति हृदय के विद्युत संकेतों में लय उत्पन्न कर सकती है, जिसके परिणामस्वरूप हृदय सामान्य रूप से कार्य कर सकता है। इनके अलावा, संशोधित संकेतों का प्रभाव, बदले में शरीर में सभी आवश्यक हार्मोन और एंजाइमों के स्राव को ट्रिगर कर सकता है और परिणामस्वरूप स्वास्थ्य की स्थिति स्थिर हो सकती है। इसके अलावा, माला के उपयोग के दौरान उंगलियों (या हृदय) के नरम ऊतकों पर मोतियों द्वारा लयबद्ध यांत्रिक दबाव शरीर में परिधीय परिसंचरण में सुधार करता है। लगभग 350 मेगाहर्ट्ज पर रुद्राक्ष के अनुनाद अवशोषण के कारण, यानी, मानव शरीर के अनुनाद अवशोषण के आवृत्ति बैंड के पास, यह जीवन प्रक्रिया की लय शहर को बनाए रखने के लिए शरीर प्रणालियों को आवश्यक ऊर्जा की पूर्ति कर सकता है।

"आउटपुट सिग्नल आवृत्तियों में अंतर के कारण, विभिन्न मुखी रुद्राक्षों को विभिन्न जैव-प्रभाव उत्पन्न करने का सुझाव दिया जाता है। विभिन्न आवृत्तियों के प्रभाव पहले से ही अच्छी तरह से स्थापित हैं। 0-5 हर्ट्ज आवृत्ति सहानुभूति तंत्रिकाओं को प्रभावित करती है, 0-10 हर्ट्ज बाहरी मांसपेशियों को प्रभावित करती है, 10-15 हर्ट्ज मोटर तंत्रिकाओं को प्रभावित करती है, 90-110 हर्ट्ज संवेदी तंत्रिकाओं को प्रभावित करती है और 100-150 हर्ट्ज पैरासिम्पेथेटिक तंत्रिकाओं को प्रभावित करती है। इस प्रकार, रुद्राक्ष के विभिन्न उपयोग तंत्रिका 0 पर उत्तेजक क्रिया के माध्यम से जैव-प्रभाव उत्पन्न करते प्रतीत होते हैं।

"इस अध्ययन से पता चलता है कि शिव पुराण में वर्णित रुद्राक्ष बीजों का जैव-चिकित्सा अनुप्रयोग सर्वोत्तम वैज्ञानिक ज्ञान के अनुरूप है।"

यह और इसी तरह की अन्य वस्तुएं शरीर पर धारण करते समय रुद्राक्ष के कार्य को स्पष्ट रूप से नहीं समझाती हैं।

एक शोध वैज्ञानिक डॉ. गोडे ने 1983 में साबित किया कि रुद्राक्ष में स्टेरोल और पॉलीफेनोलिक यौगिक होते हैं। 1985 में, डॉ. एस.पी. गुप्ता ने उच्च रक्तचाप के रोगियों को 10 दिनों तक मौखिक रूप से रुद्राक्ष पाउडर देकर इलाज किया। परिणाम सकारात्मक थे और उपचारात्मक शक्तियाँ सिद्ध हुईं, बिना किसी दुष्प्रभाव के (संदर्भ 19)।

एक शोध विद्वान, डॉ. वी.आई. पांडे ने इसे माला के रूप में पहनने वाले 1,000 रुद्राक्ष उपयोगकर्ताओं का एक सर्वेक्षण किया और कुछ टिप्पणियों का विवरण नीचे दिया गया है (हालांकि अध्ययन में शामिल सभी लोगों की अलग-अलग विधियां, अनुष्ठान और विविध जीवन शैली हैं, फिर भी यह एक दिलचस्प सर्वेक्षण है):

रुद्राक्ष की माला पहनने वाले पुरुष: 95% महिलाएं: 5%।

89% उपयोगकर्ता 35 वर्ष से अधिक आयु के थे।

इनमें से 43% की उम्र 35 से 40 साल के बीच थी, 28% की उम्र 50 साल तक थी और बाकी लोगों ने 50 साल की उम्र पार करने के बाद रुद्राक्ष का उपयोग करना शुरू किया।

सभी लोगों में से, 35% रक्तचाप की समस्याओं के लिए, 18% मानसिक रोगों के लिए, और शेष आध्यात्मिक या सामान्य विचारों के लिए रुद्राक्ष का उपयोग कर रहे थे।

रक्तचाप नियंत्रण के लिए रुद्राक्ष पहनने वाले लोगों में से 85% ने रुद्राक्ष पहनने के बाद बेहतर महसूस किया। मानसिक विकारों के लिए इसे पहनने वालों में से 71% ने बेहतर महसूस किया (संदर्भ 19)।

क्या रुद्राक्ष में विद्युत शक्ति होती है और यदि हां, तो क्या इसका शरीर या मन पर लाभकारी प्रभाव पड़ता है?

प्रयोग क्रमांक 1

प्रारंभ के बाद की समयावधि	**आसुत जल**	**सोडा वाटर**
24 घंटे	396 mlcro mlllmhos	410 mlcro mlllmhos
48	611	623
72	724	710
96	746	780

प्रयोग क्रमांक 2

24 घंटे	421	510
48	610	650
72	745	754
96	772	785

इस ग्रह पर कई उत्पादों में विद्युत आवेश या चुंबकीय शक्ति हो सकती है (कोई सीधे चुंबक का उपयोग कर सकता है!) लेकिन जो चीज रुद्राक्ष को अलग बनाती है वह खुराक और शरीर की कोशिकाओं के साथ बातचीत है। सांगली (महाराष्ट्र) के श्री वसंतराव वैद्य (संदर्भ 19) द्वारा किए गए एक अध्ययन के अनुसार, जब रुद्राक्ष को पानी में डुबोया जाता है, तो उनकी विद्युत ऊर्जा पानी में संचारित हो जाती है। उन्होंने आसुत और वातित जल (50ºC पर प्रत्येक 150 मिलीलीटर) का उपयोग करके रुद्राक्ष से आयनों के प्रवाह की जांच करने के लिए एक

इलेक्ट्रॉन जल चालकता परीक्षण का उपयोग किया।

मुंबई में हमारी प्रयोगशाला (रुद्राक्ष अनुसंधान और परीक्षण प्रयोगशाला-आरआरटीएल l) में (हमने विभिन्न मुखी का उपयोग करके पानी में भिगोए गए रुद्राक्ष की विद्युत चालकता निर्धारित करने के लिए कई परीक्षण भी किए हैं और यहाँ अवलोकन हैं:

5 मुखी

प्रारंभ करने के बाद की समय अवधि	आसुत जल
24 घंटे	144 माइक्रो मिली महोस
48	270

दरअसल, वनस्पति के सभी प्रकार के अनाजों और बीजों में यह विशेषता होती है। हालाँकि, प्रकार और दर भिन्न हो सकते हैं। रुद्राक्ष के बीजों को 8 से 12 घंटे तक भिगोने की सलाह दी जाती है। पानी चार्ज हो जाता है और अगर इसे सुबह खाली पेट पिया जाए तो यह कई फायदे देता है, जैसा कि कई प्रशंसापत्रों से पुष्टि होती है। कुछ ग्रंथों में यह भी उल्लेख किया गया है कि इस चार्ज किए गए पानी को ऊनी चटाई या लकड़ी के तख्ते पर खड़े होकर, या पैरों के नीचे किसी इन्सुलेशन के साथ, फर्श पर खड़े होकर नहीं पीना चाहिए, ताकि चार्ज किए गए आयन शरीर में बने रहें। . चालकता में वृद्धि पानी में इलेक्ट्रोलाइट्स के फैलाव के कारण होती है।

रुद्राक्ष शरीर द्वारा प्राप्त किसी भी अत्यधिक हानिकारक चार्ज के लिए एक निष्क्रिय स्रोत के रूप में कार्य करता है।

आज, संचार (टीवी, टेलीकॉम, मोबाइल) में विस्फोटक वृद्धि के कारण हमारे चारों ओर लाखों ध्वनि और रेडियो/इलेक्ट्रॉनिक तरंगें हैं, और हमारे शरीर की कोशिकाएं दिन-रात इन शक्तिशाली तरंगों के संपर्क में रहती हैं। हमें शायद इसका एहसास न हो, लेकिन समय बीतने के साथ ये हमारे मस्तिष्क या मेटाबॉलिज्म के लिए हानिकारक हो सकते हैं। कई देश अब कम विद्युत चुम्बकीय विकिरण वाले "सुरक्षित" मोबाइल हैंडसेट का उपयोग कर रहे हैं।

इसलिए, एक समय ऐसा आ सकता है जब ध्वनि और डिजिटल तरंगों के प्रभाव, जिनमें लाखों टेलीविज़न और अन्य उपकरण, 5G ट्रांसमिटिंग डेटा वाले मोबाइल शामिल हैं, को हानिकारक के रूप में वर्गीकृत किया जाएगा, और फिर मानवता को इस महासंकट से बचाने के लिए कोई न कोई समाधान तो खोजना ही होगा। क्या रुद्राक्ष बिना किसी दुष्प्रभाव के आर्थिक रूप से लोगों को इन विकिरण प्रभावों से बचा सकता है? वास्तविक परीक्षणों के बिना पूर्वानुमान लगाना कठिन है। लेकिन, जैसा कि हमने ऊपर उल्लिखित संदर्भों में अध्ययन किया है, रुद्राक्ष कैपेसिटर की तरह काम करते हैं और इसमें मनुष्यों के लिए सबसे उपयुक्त विद्युत ऊर्जा होती है। इसलिए इस पहलू पर गंभीरता से गौर करने की जरूरत है।

एक हालिया निजी और स्वतंत्र अध्ययन से पता चलता है कि:

> "रुद्राक्ष मानव शरीर पर सभी हानिकारक रेडियो और संचार आवृत्तियों को निष्क्रिय करने में सक्षम है। प्रयोगों से यह भी देखा गया है कि नेपाल/भारतीय उपमहाद्वीप के रुद्राक्ष में सूर्योदय के समय (आईएसटी) सबसे अधिक शक्ति होती है और सूर्यास्त के समय (आईएसटी) भी लगभग उतनी ही होती है। दोपहर और आधी रात के समय आवृत्तियाँ सबसे कम होती हैं। यही कारण हो सकता है कि सुबह सूर्योदय के समय या सूर्यास्त के समय रुद्राक्ष से ध्यान करने की सलाह दी जाती है। रुद्राक्ष का तथाकथित 'नींद चक्र' सूर्योदय के लगभग 2 घंटे बाद शुरू होता है और शाम को फिर जाग जाते हैं।'

इसका और अध्ययन करने की आवश्यकता है।

डिजिटल बायोलॉजी या मैग्नेटो बायोलॉजी के क्षेत्र के विशेषज्ञ इन बीजो पर शोध कर रहे हैं और उनकी प्रारंभिक टिप्पणियों से एक आश्चर्यजनक तथ्य सामने आया है: कि रुद्राक्ष की माला एक जीवित जीव की तरह व्यवहार करती है। यदि इसे एनेस्थीसिया दिया जाए तो यह बेहोश हो जाता है और कुछ समय बाद सामान्य व्यवहार करने लगता है। यह समय के साथ अपने प्रदर्शन चक्र को भी बदलता है। हो सकता है कि कुछ वर्षों में, रुद्राक्ष मानव शरीर और दिमाग में समाहित हो जाएंगे, और हमारी सभी नकारात्मकताओं को अपने ऊपर ले लेंगे। इस प्रकार, वे हमारे कई कष्टों का उत्तर हो सकते हैं और तनाव को दूर कर सकते हैं, मन से संबंधित बीमारियों को ठीक कर सकते हैं और शांति ला सकते हैं ताकि लोग भयमुक्त जीवन जी सकें।

मन से इलेक्ट्रॉनिक तरंगें

रुद्राक्ष शरीर की कोशिकाओं को सक्रिय करता है और दिमाग को इलेक्ट्रॉनिक सिग्नल देता है। इस पर प्रयोगशालाओं में प्रयोग किया गया है, और यह एक ऐसा पहलू है जिसकी गहन जांच की जानी चाहिए। रुद्राक्ष पहनने के बाद हम मन का मानचित्रण करने के लिए नवीनतम उपकरणों का लाभ उठा सकते हैं।

कुछ अध्ययनों ने योग या ध्यान या दोनों करने के बाद दिमाग पर सकारात्मक प्रभाव दिखाया है (संदर्भ 14)।

शरीर मन से जुड़ा है, और मन का प्रतिरूप है। आप इसे दृश्य रूप में मन का विस्तार भी कह सकते हैं। विचार में प्रत्येक परिवर्तन मानसिक शरीर में एक कंपन पैदा करता है और जब यह भौतिक शरीर में संचारित होता है, तो मस्तिष्क में गतिविधि का कारण बनता है। तंत्रिका कोशिकाओं में यह गतिविधि कई विद्युत और रासायनिक परिवर्तनों का कारण बनती है। यह विचार गतिविधि ही है जो इन परिवर्तनों का कारण बनती है। जब मन किसी विशेष विचार की ओर मुड़ जाता है और वहीं रुक जाता है, तो पदार्थ का एक निश्चित कंपन स्थापित हो जाता है। अक्सर, यदि यह कंपन किसी के प्रयास के कारण खुद को दोहराता है, तो यह खुद को दोहराता रहता है और यह प्रणाली बन जाती है, जो फिर स्वचालित हो जाती है। शरीर मन के परिवर्तनों का अनुकरण करता है।

इस इलेक्ट्रॉनिक युग में, आप किफायती मूल्य पर बायोफीडबैक मॉनिटर प्राप्त कर सकते हैं। एक प्रमुख मनोवैज्ञानिक के अनुसार, "बायोफीडबैक चिकित्सा क्षेत्र में सबसे महत्वपूर्ण प्रगति में से एक है। इसका उपयोग यह सीखने के लिए किया जा रहा है कि सिरदर्द, उच्च रक्तचाप और खराब परिसंचरण जैसे विकारों को कैसे नियंत्रित किया जाए। ऐसे उपकरणों के उपयोग के माध्यम से जो शरीर के सूक्ष्म विद्युत संकेतों को रिकॉर्ड करते हैं और उन्हें टोन या मशीन पर कुछ दृश्य संकेतक के माध्यम से प्रवर्धित रूप में वापस भेजते हैं, शरीर की आंतरिक प्रक्रियाओं में कुछ परिवर्तनों के बारे में जागरूक होना, उन पर कार्य करना और परिवर्तन करना संभव है।

बायोफीडबैक क्या है?

जैसा कि हम जानते हैं, सामान्य जीवन कार्य व्यक्ति के सचेतन नियंत्रण या ज्ञान के बिना चलते हैं। बायोफीडबैक एक ऐसी प्रक्रिया है जिसके द्वारा उन स्वचालित आंतरिक गतिविधियों को सचेत जागरूकता में लाया जाता है। सबसे शुरुआती

उपकरणों में से एक, ध्यान के लिए उपयोग किए जाने से बहुत पहले, पॉलीग्राफ था, जिसे झूठ डिटेक्टर के रूप में जाना जाता था। पॉलीग्राफ का उपयोग वर्षों से न केवल मनोविज्ञान में बल्कि शारीरिक अनुसंधान के क्षेत्र में भी किया जाता रहा है। इस मशीन का उपयोग करने के लिए, विभिन्न रिसीवर शरीर के विशिष्ट क्षेत्रों से जुड़े होते हैं। जैसे ही शरीर कुछ उत्तेजनाओं के प्रति भावनात्मक और शारीरिक रूप से प्रतिक्रिया करता है, सेंसर इन परिवर्तनों को पकड़ते हैं और उन्हें मशीन पर रिकॉर्ड करते हैं, जहां वे अधिक आसानी से पहचाने जाने योग्य रूप में बदल जाते हैं, जैसे कि ग्राफ पेपर की शीट पर खींची गई रेखाएं।

इलेक्ट्रोएन्सेफलोग्राफ (ईईजी) खोपड़ी पर लगाए गए इलेक्ट्रोड का उपयोग करके मस्तिष्क के विद्युत उत्पादन को मापता है। सेंसर कोई विद्युत चार्ज नहीं देते बल्कि केवल रिसीवर होते हैं। प्रत्येक मस्तिष्क रेडियो तरंगों की तरह ऊर्जा की तरंगें उत्सर्जित करता है, जिनकी लंबाई और आयाम को मापा जा सकता है। 13 चक्र प्रति सेकंड (सीपीएस) से अधिक की तरंग दैर्ध्य सामान्य जागृत अवस्था से मेल खाती है, और इसे बीटा अवस्था कहा जाता है। अल्फ़ा अवस्था 7.5 सीपीएस-13 सीपीएस है, जो दर्शाता है कि मन बेहद शांत या चिंतनशील है। थीटा अवस्था, 3.3-3.5 सीपीएस, अल्फ़ा से कहीं अधिक गहरी अवस्था है। यह एक ऐसी अवस्था है जिसमें बहुत अधिक रचनात्मक विचार घटित होते हैं। इस अवस्था के साथ-साथ थीटा अवस्था के बारे में अभी भी बहुत कुछ सीखना बाकी है। 0.5 पर- 3.5 सीपीएस, यह गहरी नींद की अवस्था है, जहां कोई चेतना नहीं होती। हाल ही में एक टीवी शो, 'गिनीज बुक ऑफ वर्ल्ड रिकॉर्ड्स' में, अपनी मानसिक क्षमताओं का प्रदर्शन करने वाला एक व्यक्ति आंखों पर पट्टी बांधकर उसके सामने से एक के बाद एक गुजरने पर 50 वस्तुओं को सही क्रम संख्या में याद रख सकता है। उन्होंने इस अनूठी उपलब्धि का श्रेय अपने दिमाग की 7 सीपीएस से कम, अल्फा अवस्था के करीब की शांति को दिया।

हालाँकि ये अवस्थाएँ प्रति सेकंड चक्र, या मस्तिष्क तरंग की लंबाई पर आधारित होती हैं, फिर भी आपके द्वारा डाले गए एर्ग का परिमाण भी

मापा जा सकता है। ध्यान का अभ्यास करने वाले अनुभवी लोगों के लिए 30-40 माइक्रोवोल्ट की रीडिंग आम है। कुछ योगियों ने अल्फ़ा अवस्था में इच्छानुसार 100 माइक्रोवोल्ट से अधिक का मानसिक उत्पादन दर्ज किया है। मस्तिष्क तरंगों में आयाम होगा चाहे तरंग दैर्ध्य या मस्तिष्क की स्थिति कुछ भी हो।

मन की शांति

योगाभ्यास में प्रशिक्षित व्यक्ति अपने मन और शरीर में होने वाली विभिन्न अवचेतन प्रक्रियाओं से पूरी तरह अवगत होता है, और एकाग्रता की शक्ति के माध्यम से अपने तंत्रिकाओं को नियंत्रित करने में सक्षम होता है। औसत व्यक्ति ऐसा नहीं कर सकता क्योंकि उसके पास आवश्यक शारीरिक और मानसिक प्रशिक्षण और अनुशासन का अभाव है। अनुशासित, प्रशिक्षित योगी जिन्होंने महान तपस्या की है और एकाग्रता और ध्यान के माध्यम से शरीर के अनैच्छिक कार्यों को नियंत्रित करना सिखाया और अभ्यास किया है, वे ऐसा करने में सक्षम हैं। वहीं सामान्य विज्ञान इन बातों पर ध्यान नहीं देता है। अब, बायोफीडबैक अनुसंधान के खुलासे के साथ, कई लोग आश्वस्त हैं कि योगिक सिद्धांत न केवल सत्य है बल्कि एक निश्चित मात्रा में प्रशिक्षण और प्रयास के साथ इसका पालन किया जा सकता है। चूँकि रुद्राक्ष की पूरी कार्यप्रणाली मन पर इसके प्रभावों के इर्द-गिर्द घूमती है, इसलिए उपरोक्त विवरण रुद्राक्ष पहनने से पहले और बाद में प्रभावों को मात्रात्मक रूप से मापने के लिए झूठ डिटेक्टर या ईईजी जैसे एक उपयुक्त उपकरण खोजने के दृष्टिकोण को खोलता है।

रुद्राक्ष की रासायनिक संरचना

गैसीय संरचना सी-एच-एन विश्लेषक द्वारा निर्धारित की जाती है और गैस क्रोमैटोग्राफी से पता चलता है कि रुद्राक्ष में कार्बन 50%, नाइट्रोजन 0.95%,

हाइड्रोजन 17.89% और ऑक्सीजन 30.53% शामिल हैं। रुद्राक्ष का रेडियोग्राफिक विश्लेषण धातुओं की निम्नलिखित संरचना को इंगित करता है; दो रीडिंग रिपोर्ट की गई 1/.2:

कॉपर	:	0.034 पीपीएम/4.205 पीपीएम
आयरन	:	1.014/5.938 पीपीएम
चांदी	:	0.212 पीपीएम मैंगनीज 1.158/1.276 पीपीएम
सोना	:	0.013 पीपीएम/1.078 पीपीएम
बेरियम	:	उपस्थित/उपस्थित

यह जानना दिलचस्प है कि बेरियम और सोना हृदय रोगों के लिए अच्छे माने जाते हैं। भौतिक रासायनिक गुण इस प्रकार हैं:

गिलावा	:	12.85
तेल	:	०.88 प्रतिशत
विशिष्ट घनत्व	:	1.6481 (यह 1 से ज्यादा होने के कारण रुद्राक्ष पानी में डूबता है)
आई वी.	:	68.2
ए.वी	:	32.०6
साबुनीकरण मूल्य	:	18०.०7
साबुनीकरण समतुल्यांक	:	322.72
असाबुनीकरण द्रव्य	:	2.41
अपवर्तनांक (refractlvel ndex)	:	1.5०1

रुद्राक्ष के बाहरी आवरण (एमएनसी) और आंतरिक बीज (एमएनएस) के हमारे अभी के विश्लेषण ने स्पेक्ट्रोफोटोमेट्री द्वारा किया गया निम्नलिखित विश्लेषण दिया है:

चिन्ह	तांबा Cu	मैंगनीज Mn	बेरियम Ba	लोहा Fe	सोना Au	चादी Ag
4 एम.एन.एस.	17.51	37.42	8.76	78.22	1.10	4.71
4 एम.एन.सी.	6.17	5.98	1.68	24.5०	०.65	०.86
5 एम.एन.एस.	17.36	36.31	9.47	72.42	1.15	3.89
5 एम.एन.सी.	5.93	6.67	नहीं पाया गया	55.94	०.51	०.72
6 एम.एन.एस.	17.66	34.33	9.72	82.35	०.98	4.०5
6 एम.एन.सी.	6.36	12.72	०.73	45.25	०.42	०.82
5. एम.एन.एस.	16.95	38.82	8.67	74.69	1.०8	4.46
5. एम.एन.सी.	5.9०	7.42	०.76	85.6०	०.54	०.71

अनुसंधानः सेरा प्रयोगशाला, मुंबई

दो प्रमुख प्रयोगशालाओं द्वारा प्रस्तुत रुद्राक्ष की विश्लेषणात्मक रिपोर्ट निम्नलिखित हैं: संदर्भ के लिए भारतीय रासायनिक प्रौद्योगिकी संस्थान (वैज्ञानिक और औद्योगिक अनुसंधान परिषद) हैदराबाद, और एनाकॉन प्रयोगशालाएं, नागपुर।

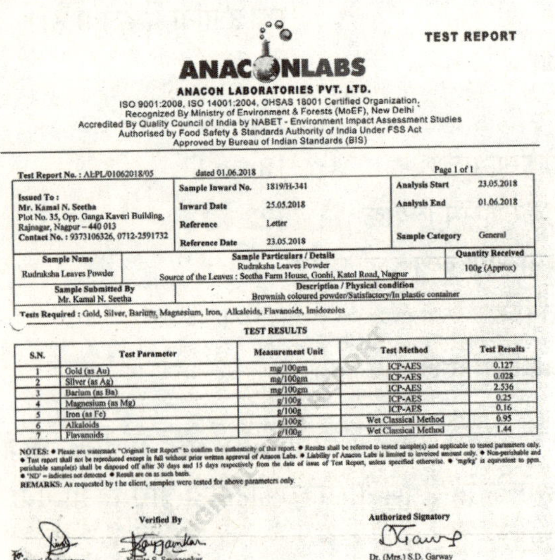

TEST REPORT

ANACONLABS

ANACON LABORATORIES PVT. LTD.

ISO 9001:2008, ISO 14001:2004, OHSAS 18001 Certified Organization,
Recognized By Ministry of Environment & Forests (MoEF), New Delhi
Accredited By Quality Council of India by NABET - Environment Impact Assessment Studies
Authorised by Food Safety & Standards Authority of India Under FSS Act
Approved by Bureau of Indian Standards (BIS)

Test Report No. : AI:PL/01062018/05 dated 01.06.2018 Page 1 of 1

Issued To :
Mr. Kamal N. Seetha
Plot No. 35, Opp. Ganga Kaveri Building,
Rajnagar, Nagpur – 440 013
Contact No. : 9373106326, 0712-2591732

Sample Inward No. 1819/H-341
Inward Date 25.05.2018
Reference Letter
Reference Date 23.05.2018

Analysis Start 23.05.2018
Analysis End 01.06.2018
Sample Category General

Sample Name	Sample Particulars / Details	Quantity Received
Rudraksha Leaves Powder	Rudraksha Leaves Powder Source of the Leaves : Seetha Farm House, Gonhi, Katol Road, Nagpur	100g (Approx)

Sample Submitted By	Description / Physical condition
Mr. Kamal N. Seetha	Brownish coloured powder/Satisfactory/In plastic container

Tests Required : Gold, Silver, Barium, Magnesium, Iron, Alkaloids, Flavanoids, Imidozoles

TEST RESULTS

S.N.	Test Parameter	Measurement Unit	Test Method	Test Results
1	Gold (as Au)	mg/100gm	ICP-AES	0.127
2	Silver (as Ag)	mg/100gm	ICP-AES	0.028
3	Barium (as Ba)	mg/100gm	ICP-AES	2.536
4	Magnesium (as Mg)	g/100g	ICP-AES	0.25
5	Iron (as Fe)	g/100g	ICP-AES	0.16
6	Alkaloids	g/100g	Wet Classical Method	0.95
7	Flavanoids	g/100g	Wet Classical Method	1.44

NOTES: • Please see watermark "Original Test Report" to confirm the authenticity of this report. • Results shall be referred to tested sample(s) and applicable to tested parameters only. • Test report shall not be reproduced except in full without prior written approval of Anacon Labs. • Liability of Anacon Labs is limited to invoiced amount only. • Non-perishable and perishable sample(s) shall be disposed off after 30 days and 15 days respectively from the date of issue of Test Report, unless specified otherwise. • 'mg/kg' is equivalent to ppm. • 'ND' = indicates not detected • Result are on as such basis.

REMARKS: As requested by t he client, samples were tested for above parameters only.

Swati Shrivastava
Technical Manager

Verified By
Kavita S. Saygaonkar
Technical Manager

Authorized Signatory
Dr. (Mrs.) S.D. Garway
Director Labs

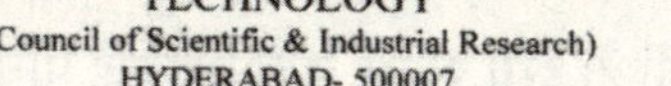

INDIAN INSTITUTE OF CHEMICAL TECHNOLOGY
(Council of Scientific & Industrial Research)
HYDERABAD- 500007

Dr.R.Nageswara Rao
Chief Scientist& Head
Analytical Chemistry Division

Phone No: 040-27193193
Fax No: +91-040-27193156
Telegrams: "RESEARCH"

Ref: ICP/ACD/2014

Date: 15-10-2014.

To
Mr.Kamal Narayan Seetha,
Rudra Life,
Osiwara Industrial centre,
Opp Goregaon Bus Depot Link Road,
Mumbai- 400 104.

Dear Sir.

This is with reference to your letter dated 07/10/2014 regarding the analysis of Rudraksha Powder sample. The report for the same is given below.

ICP-OES Analysis Report

S.No	Sample Code	Ag (μg/g)	Au (μg/g)	Ba (μg/g)	Cd (μg/g)	Cu (μg/g)	Mg (μg/g)	Mn (μg/g)
1	Rudraksha Powder	B.D	0.2	59.9	0.2	B.D	2138.4	143.9

B.D: Below Detection Limit

Analyzed by: Scientist-in-charge for Director

1. This Certificate refers to the sample(s) examined only.
2. These Results should not be used for commercial purpouses (advertisement)

चुंबकीय गुण

एक रिपोर्ट में कहा गया है (संदर्भ 13) कि रुद्राक्ष अपने प्रकार और स्रोत के आधार पर अपनी विशेषताओं में प्रतिचुंबकीय, अनुचुंबकीय और लौहचुंबकीय होते हैं। प्रतिचुम्बकत्व गैर-ध्रुवीय बंधों वाले कार्बनिक यौगिकों के कारण होता है जिनमें अणुओं या मूलकों में कोई चुंबकीय क्षण नहीं होता है या अनुचुंबकीय प्रभाव प्रतिचुंबकीय प्रभाव से दबा दिया जाता है। क्षारीय धातुओं में अनुचुंबकीय गुण चालन इलेक्ट्रॉनों के कारण होते हैं। लौहचुम्बकत्व लोहे या उसके यौगिकों की उपस्थिति के कारण हो सकता है।

रुद्राक्ष के स्रोत में परिवर्तन के कारण ऊपर प्रस्तुत परिणाम काफी भिन्न हो सकते हैं। मैदानी इलाकों के रुद्राक्ष की तुलना में बड़े नेपाल दानों की संरचना अलग हो सकती है। इसी प्रकार, इंडोनेशियाई मोती संरचना में भिन्न होते हैं और इसलिए, स्रोत निर्दिष्ट करना आवश्यक है।

सीधे शब्दों में कहें तो, किसी को रुद्राक्ष की इन सभी शक्तियों का प्रभावी ढंग से उपयोग कैसे करना चाहिए?

बस दानों को सही संख्या में और उचित प्रक्रिया के अनुसार पहनें।

परिणाम धीरे-धीरे और सूक्ष्म रूप से, लेकिन प्राकृतिक और स्थायी तरीके से आते हैं। हमें चमत्कार घटित होने की आशा नहीं करनी चाहिए। रुद्राक्ष रखने से, आप प्रकृति के करीब आते हैं और आप प्रार्थना, भक्ति और प्रेम की वैदिक प्रणालियों में विश्वास करने के इच्छुक होते हैं।

पौधों और रुद्राक्ष पर संगीत का प्रभाव

1962 में प्रसिद्ध वनस्पतिशास्त्री डॉ. टी.सी. सिंह, जो तमिलनाडु में अन्नामलाई विश्वविद्यालय के वनस्पति विज्ञान विभाग के प्रमुख थे, ने पाया कि पौधों में संवेदी धारणाएँ होती हैं और जब वे रिकॉर्डर से सुखदायक संगीत के संपर्क में आते हैं तो ध्वनि तरंगों और कंपन पर प्रतिक्रिया करते हैं। उन्होंने बांसुरी, वायलिन, वीणा और हारमोनियम का उपयोग करके शास्त्रीय शैलियों के साथ प्रयोग किया। वे सकारात्मक ऊर्जा का संचार करते हुए दोगुने स्वस्थ और मजबूत हो गए। हालाँकि, वैश्विक स्तर पर वैज्ञानिकों द्वारा किए गए अन्य प्रयोगों में यह भी पता चला कि जो पौधे रॉक संगीत के मुख्य आहार थे, वे जल्द ही निचले स्तर पर पहुंच गए, क्योंकि वे पीले हो गए और अंततः मर गए!

इस सिद्धांत के अनुसार, यह अनुशंसा की जाती है कि रुद्राक्ष की मालाओं को कभी-कभी संगीत की दृष्टि से अनुकूल वातावरण में रखा जाए, ताकि उनकी प्रभावकारिता को बढ़ाया जा सके और उनकी शक्तिशाली शक्ति को बहाल किया जा सके।

4

रुद्राक्ष की पहचान

बीजों बताए गए हैं। इस अध्याय में हम समझेंगे कि कैसे यह सुनिश्चित करने के लिए बीजों की वास्तविकता और उनके स्रोत के आधार पर उन्हें कैसे वर्गीकृत किया जाए - हरिद्वार, नेपाल, दक्षिण भारत, इंडोनेशिया। यह सच है कि किसी भी किस्म को कहीं भी उगाया जा सकता है, जैसे नेपाल के पेड़ इंडोबेशिया में उग सकते हैं, लेकिन एक विशेष से अधिक उपलब्धता के कारण स्रोत, रुद्राक्ष को पारंपरिक रूप से उनकी उत्पत्ति के मुख्य स्रोत के अनुसार वर्गीकृत किया गया है। इस अध्याय को पढ़ने के बाद आप देखेंगे कि असली रुद्राक्ष की पहचान करना मुश्किल नहीं है, लेकिन आसान पैसे के लालच में व्यापारियों या विक्रेताओं द्वारा की गई हेराफेरी का पता लगाने के लिए कुछ ज्ञान की आवश्यकता होती है।

दुर्भाग्य से, पारंपरिक रुद्राक्ष विक्रेता वास्तविक बीजों की पहचान करने के उचित तरीकों के बारे में जानकारी साझा नहीं करते हैं, जिसका कारण वे ही जानते हैं। रुद्राक्ष पर दर्जनों किताबें हैं, जिनमें मंत्रों, भगवान शिव को दी गई प्रार्थनाओं और रुद्राक्ष के बारे में कहानियों का विवरण दिया गया है, लेकिन अभी तक, उल्लेख करने लायक कोई किताब नहीं है जो असली रुद्राक्ष की पहचान करने और यह सुनिश्चित करने के लिए प्रक्रियाओं को सूचीबद्ध करती है कि कोई सही माला खरीद रहा है।

इसके बावजूद, कुछ विशिष्ट मामलों में, दानों की वास्तविकता का पता लगाने के लिए कुछ विशेषज्ञता की आवश्यकता होती है। उदाहरण के लिए, त्रिजुटी और 14 या उससे अधिक मुखी जैसे दुर्लभ रुद्राक्ष अक्सर उपलब्ध होते हैं

नकली रुद्राक्ष बनाने के लिए बेईमान तत्वों द्वारा उच्च स्तर के कौशल का उपयोग करने के कारण जटिलताएँ उत्पन्न होती हैं, जैसे कि दाने के अंदर एक खंड को जोड़ना। कुछ मामलों में, असली दाने की संरचना में भी अंतर्निहित विपथन हो सकता है।

अभी तक ऐसा कोई उपकरण विकसित नहीं हुआ है, जिसका उपयोग आसानी से रुद्राक्ष की वास्तविकता की जांच करने के लिए किया जा सके। और यह बिल्कुल असंभव है कि ऐसे उपकरण का आविष्कार किया जाएगा क्योंकि जिस उत्पाद का परीक्षण किया जाना है वह विभिन्न संरचनाओं वाले फल का बीज है, जो इसकी उत्पत्ति के स्रोतों पर निर्भर करता है।

इसलिए, नकली दानों की जांच के लिए अप्रत्यक्ष मार्ग अपनाना आवश्यक है, ताकि नकली दानों की संभावना कम से कम हो।

यदि हम नकली रुद्राक्ष बाजार का बारीकी से अध्ययन करें, तो हमें प्रत्येक के मुकाबले नकली किस्मों का निम्नलिखित प्रतिशत मिल सकता है:

रुद्राक्ष का प्रकार उनका प्रतिशत

1. एक मुखी	30%
2. गौरीशंकर	10%
3. 7 मुखी से अधिक 21 मुखी तक	44%
4. त्रिजुटी	8%
5. 10 मिमी से कम	3%
6. अन्य (2 मुखी नेपाल, 1 मुखी चंद्राकर, सवारआदि)	5%

यह आकलन इस बाज़ार के बारे में हमारे अनुभव पर आधारित एक विचार मात्र है, लेकिन इसमें महत्वपूर्ण भिन्नताएँ हो सकती हैं।

नेपाल से एक मुखी रुद्राक्ष

सभी व्यावहारिक उद्देश्यों के लिए, नेपाल से प्राप्त एक मुखी गोल किस्म का रुद्राक्ष इतना दुर्लभ है कि अधिकांश रुद्राक्ष डीलरों का मानना है कि यह अस्तित्व में ही नहीं है। लगभग सभी व्यापारी जो कई दशकों से इस व्यवसाय में हैं, उन्होंने एक मुखी रुद्राक्ष की गोल किस्म नहीं देखी है जिसमें एक लाइन बाहर और एक खाना अंदर होता है जैसा कि एक्स-रे में देखा गया है। हालाँकि इसका उल्लेख सभी पुराने ग्रंथों में मिलता है, लेकिन यह एक पहेली बनी हुई है। यहाँ तक कि आश्रमों, साधुओं या राजसी परिवारों के पुराने संग्रहों में भी ऐसा रुद्राक्ष नहीं दिखता। अगर हम पुराने शास्त्रों की मानें तो एक मुखी नेपाल किस्म सबसे बड़े रहस्यों में से एक बना हुआ है।

नेपाल के एक मुखी रुद्राक्ष से संबंधित कई धारणाएं, मिथक और कहानियां हैं, जिनमें शामिल हैं:

- केवल एक पेड़ पर यह फल/बीज पाँच या दस साल में एक बार लगता है
- हर साल एक विशिष्ट पेड़ पर पैदा होने वाले तीन दानों में से एक गिर कर धरती के अंदर गायब हो जाता है, दूसरा नेपाल के राजा के पास चला जाता है, जबकि तीसरा हिस्सा महाशिवरात्रि के दिन प्रसाद (गोल लड्डू मिठाई) के अंदर छिपाकर मनमाने ढंग से वितरित किया जाता है। मंदिर परिसर में लाखों लोग इकट्ठा होते हैं और जो भाग्यशाली होता है उसे ही यह मिलता है। (चूंकि अब नेपाल में कोई राजा नहीं है, इसलिए यह अप्रासंगिक है।)
- नेपाल और किसी में भी एक मुखी रुद्राक्ष का व्यापार प्रतिबंधित है इसे बेचते हुए पाए जाने पर मुकदमा चलाया जा सकता है।
- पूर्व प्रधान मंत्री श्रीमती इंदिरा गांधी या अन्य महत्वपूर्ण राजनेताओं, या कुछ प्रभावशाली लोगों के पास एक मुखी रुद्राक्ष रहा है।

- चावल के थैले में डुबाने पर यह अपने आप ऊपर आ जाता है रात भर यदि इसे रात भर बेल के पत्तों के नीचे रखा जाए तो यह पत्तों के ऊपर निकल आता है।
- इसमें चमत्कारी शक्तियाँ हैं और यह मालिक को अमीर और प्रसिद्ध बनाता है।
- यह कई फिल्मी सितारों और बिजनेस टाइकून के लिए प्रसिद्धि और समृद्धि का कारण है

उपरोक्त सभी बिंदु सत्य नहीं हैं और रुद्राक्ष चाहने वालों के बीच प्रचलित कहानियों का हिस्सा हैं। आइए एक मुखी होने की कुछ संभावनाओं का मूल्यांकन करें:

पहली संभावना

ऐसे भी मामले होते हैं जहां रुद्राक्ष में सभी रेखाएं एक सिरे से दूसरे सिरे तक स्वाभाविक रूप से पूरी नहीं हो पाती हैं और केवल एक ही रेखा खुली और स्पष्ट रह जाती है। कई लोग ऐसे रुद्राक्ष को एक मुखी मान लेते हैं। यह विवादित है। इस मनके को एक मुखी मानना विश्वास की बात है। ऐसा चार मुखी रुद्राक्ष में और कभी-कभी पाँच मुखी रुद्राक्ष में अधिक होता है। असली रुद्राक्ष में कोई छेड़छाड़ नहीं होती है और प्रत्येक दानों में एक प्राकृतिक छेद होना चाहिए। यदि इस तरह के रुद्राक्ष को क्षैतिज रूप से काटा जाता है, तो इसमें पांच, चार या तीन खाने दिखाई देंगे, जैसा कि एक्स-रे में देखा गया है, जो इसके मुख पर निर्भर करता है। अत: वैज्ञानिक दृष्टि से ऐसा बीज एक मुखी नहीं हो सकता। इस बीज को हम अविकसित (undeveloped) कहते हैं। हालाँकि, गोल एक मुखी रुद्राक्ष की दुर्लभता लोगों को किसी भी उपलब्ध विकल्प के लिए समझौता करने के लिए मजबूर करती है।

कुछ दो मुखी नेपाल रुद्राक्षों में, दूसरी पंक्ति या तो पूरी तरह से पूरी नहीं होती है या इसे यांत्रिक रूप से दबा दिया जाता है (पकने से पहले पेड़ पर फल के मुंह

पर एक वाइस लगाकर)। कई लोग ऐसे मनके को एक मुखी के रूप में स्वीकार करते हैं। हरिद्वार किस्म में एक मुखी भद्राक्ष प्राप्त करना संभव है, आंतरिक भाग नेपाल दानों के अनुसार नहीं होते हैं, इस क्षेत्र में यहाँ के पेड़ 2 मुखी और 3 मुखी ही जादा उत्पन्न करते हैं, और 4 या 5 मुखी अत्यंत कम मात्रा में निकलते हैं।

दूसरी संभावना

प्राचीन ग्रंथों में वर्णित रुद्राक्ष नेपाल के अलावा अन्य क्षेत्रों से भी हो सकता है, जैसे इंडोनेशिया से एक मुखी माला। अब हम जानते हैं कि इंडोनेशिया का एक मुखी इस श्रेंणी का असली रुद्राक्ष है। दुर्लभ होते हुए भी ये उपलब्ध हैं।

इंडोनेशिया की एक मुखी का आकार छोटा होता है लेकिन संरचना की दृष्टि से इसे असली एक मुखी के रूप में स्वीकार किया जाता है। अनेक व्यापारिक कारणों से इस 1 मुखी की प्रसिद्धि अधिक नहीं है, उसका एक कारण उसका छोटा अत्यंत छोटा आकार भी हो सकता है।

तीसरी संभावना

गौरीशंकर की तरह सवार में भी दो दाने स्वाभाविक रूप से एक में जुड़े हुए होते हैं। इसमें दो रुद्राक्ष हैं, जिनमें से एक अनिवार्य रूप से एक मुखी है जिसमें एक पंक्ति और एक छेद है। कुछ लोग इस एक मुखी रुद्राक्ष को असली मानते हैं और वे इसे पूरे से तोड़कर अलग पहनना पसंद करते हैं। आमतौर पर इस में एक छेद होता है और इसका आकार अण्डाकार होता है। कई उदाहरणों में, सवार को जुड़वां बीज से एक मुखी को काटे बिना सीधे एक मुखी रुद्राक्ष के रूप में उपयोग किया जाता है।

नेपाल के एक मुखी रुद्राक्ष के संबंध में, निम्नलिखित बातों को ध्यान में रखना चाहिए। काल्पनिक रूप से इसमें निम्नलिखित विशेषताएं होनी चाहिए

1. इसका आकार गोल नहीं होगा लेकिन यह छोटे आकार में दो मुखी रुद्राक्ष के समान होगा। यह सर्वविदित है कि 5 मुखी लगभग गोल, 4 मुखी

लगभग चौकोर, 3 मुखी त्रिकोणीय और 2 मुखी आयताकार होता है। इसलिए एक मुखी कभी गोल नहीं हो सकता.

2. इस 1 मुखी में एक प्राकृतिक छेद होगा। जैसा कि एक्स-रे में देखा गया है इसमें एक आतंरिक बीज (इंटरनल सीड)और एक कम्पार्टमेंट होगा।
3. अर्धचंद्राकार एक मुखी रुद्राक्ष (जिसे चंद्रमुखी या अर्धचंद्राकार या केवल चंद्राकार भी कहा जाता है) वास्तव में मूल एक मुखी का एक विकल्प है। जैसा कि पहले उल्लेख किया गया है, यह यह रुद्राक्ष दक्षिण भारत और श्रीलंका में उगाए जाने वाले एलेओकार्पस ट्यूबरकुलैटस की प्रजाति से है।

हालाँकि, अगर कुछ धार्मिक संस्थान छोटे लाभ के लिए नकली एक मुखी रुद्राक्ष (नेपाल किस्म) बेच रहे हैं, तो यह अनैतिक और अवांछनीय है।

इंडोनेशियाई एक मुखी

यदि किसी के पास सही स्रोत हो तो इंडोनेशिया से असली एक मुखी रुद्राक्ष प्राप्त किया जा सकता है। यह एक छोटा दाना है (अधिकतम 12 मिमी लंबा और केंद्रीय चौड़ाई में 6 मिमी तक), आकार में आयताकार (चित्र 6)। यह इंडोनेशियाई दो मुखी जैसा दिखता है लेकिन अपवाद यह है कि एक तरफ एक पंक्ति पूरी होती है और दूसरी तरफ, यह आंशिक रूप से दाने के समापन लूप के रूप में मौजूद होती है। दो मुखी रुद्राक्ष में दोनों रेखाएं स्पष्ट रूप से विद्यमान होती हैं।

सभी मुखों के इंडोनेशियाई रुद्राक्षों को विच्छेदित किया गया है और कोई देख सकता है कि आंतरिक दरारों की संख्या बाहर मुखों की संख्या के बराबर है। एक मुखी रुद्राक्ष के अंदर एक फांक होती है, जबकि दो मुखी रुद्राक्ष में दो फांकें होती हैं इत्यादि। चंद्राकर एक मुखी में एक चौड़ा छिद्र (छिद्र नहीं) होता है। दो या तीन मुखी चंद्राकर के साथ भी ऐसा ही है। यहाँ तक कि हरिद्वार के दो, तीन और चार मुखी रुद्राक्षों में भी अंदर केवल एक ही छिद्र होता है (चित्र 10)।

यह रुद्राक्ष में मुखों को सत्यापित करने के लिए एक वैध परीक्षण है और यह नेपाल या इंडोनेशियाई दानों के लिए पूरी तरह से प्रासंगिक है, जो हमारे प्राचीन ग्रंथों में दी गई अन्य विशेषताओं का भी पालन करते हैं।

असली एक मुखी रुद्राक्ष पाने की इच्छा रखने वालों के लिए इंडोनेशियाई एक मुखी रुद्राक्ष, यदि उपलब्ध हो, आज की तारीख में सबसे अच्छा विकल्प है।

अन्य क्षेत्रों से एक मुखी रुद्राक्ष

कभी-कभी, हमें नुकीले उभारों और कांटों वाले लगभग गोल रुद्राक्ष जैसे बीज दिखाई देते हैं। कई बार इन दानों का एक मुख होता है। हालाँकि, ये वजन में हल्के हो सकते हैं और इनमें प्राकृतिक छेद नहीं होगा। ऐसी मालाओं को रुद्राक्ष के रूप में स्वीकार नहीं किया जाता है।

तीर्थस्थलों की सड़कों पर नकली एक मुखी रुद्राक्षों को मार्केटिंग हथकंडों का उपयोग करके खुलेआम बेचा जाना आम बात है। कई दुकानों में, कोई भी ऐसे नकली दानों को आदरपूर्वक लाल कपड़े पर सिन्दूर फैलाकर रखते हुए देख सकता है। सेल्समैन आपको बताएंगे कि पवित्र रुद्राक्ष सुबह तक नहीं दिखाया जाएगा, जो आमतौर पर एक भोले व्यक्ति को रुद्राक्ष की वास्तविकता के बारे में आश्वस्त कर देगा। ज्यादातर मामलों में, ऐसे दानों को तेज उपकरणों का उपयोग करके एक या दो रेखाओं को हटाकर दो या तीन मुखी हरिद्वार/देहरादून किस्म से बनाया जा सकता है। चार रेखाओं को हटाकर पाँच मुखी नेपाल दानों से बड़ी संख्या में नकली एक मुखी रुद्राक्ष भी बनाए जाते हैं।

नकली एक मुखी रुद्राक्ष बनाने वाला कारीगर केवल उन बीजों पर काम करेगा जिनमें रेखाएं गहरी नहीं हैं, इस प्रकार पाँच में से चार रेखाओं को हटाने के बाद भी इसका आकार गोल बना रहता है।

शीशम (भारतीय रोज़वुड) या कुछ अन्य पर काम करने वाले लोग भी हैं त्रिशूल, सांप, ओम या शिवलिंग को चित्रित करने वाले रुद्राक्ष के आकार के दानों को तराशने के लिए कठोर चमकदार लकड़ी, एक पंक्ति में गहरी नाली के

साथ। हमें पता चला है कि ऐसी पूरी कार्यशालाएँ हैं जहाँ ऐसे नकली दानों का निर्माण किया जाता है।

उत्तर प्रदेश और पश्चिमी बिहार में पाए जाने वाले भद्राक्ष का उपयोग अक्सर नकली एक मुखी रुद्राक्ष बनाने के लिए किया जाता है। भद्राक्ष एक चपटा बीज है जिसकी बनावट और खांचे रुद्राक्ष जैसे होते हैं लेकिन इसे आसानी से पहचाना जा सकता है। अधिकतर, भद्राक्षों के दो चेहरे होते हैं (3 मुखी भद्राक्ष भी पाए गए हैं) और इनका उपयोग एक तरफ की रेखा को हटाकर और दूसरी तरफ शिवलिंग/योनि या सांप के रूपों को उकेरकर एक मुखी रुद्राक्ष बनाने के लिए किया जाता है।

पिछले 15 से 20 वर्षों में एक मुखी रुद्राक्ष के विकल्प के रूप में रुद्राक्ष की एक मुखी चंद्राकर (अर्धचंद्राकार) किस्म लोकप्रिय हो गई है। यह एलेओकार्पस ट्यूबरकुलैटस प्रजाति का है।

एक मुखी चंद्राकर को अक्सर एक मुखी गोल नेपाल किस्म का विकल्प माना जाता है। हालाँकि, यह आस्था का विषय है क्योंकि इसमें मूल एक मुखी रुद्राक्ष के प्राकृतिक छिद्र, बनावट, घनत्व और आकार जैसे गुण नहीं हो सकते हैं। आंतरिक संरचना की दृष्टि से इसमें केवल एक चौड़ा कम्पार्टमेंट है। यहाँ तक कि दो, तीन या चार मुखी चंद्रकारों के अंदर केवल एक ही कम्पार्टमेंट होता है, जो सामान्य रुद्राक्ष में मुख को पहचानने के स्वीकृत मानदंड के विपरीत है। पहनने के लिए, इसे विशेष रूप से डिज़ाइन किए गए पिंजरे (जैकेट) का उपयोग करके क्लैंप किया जाता है और छेद कभी नहीं किया जाता है।

अत: यह चंद्राकर हमारे महान ग्रंथों में दी गई परिभाषा के अनुसार रुद्राक्ष नहीं है।

टीवी चैनलों पर एक मुखी चंद्राकर किस्म का खूब प्रचार-प्रसार होता है और इसके गुणों का खूब बढ़ा-चढ़ाकर वर्णन किया जाता है। दावा किए गए सभी लाभ केवल नेपाली या इंडोनेशियाई किस्म के एक मुखी रुद्राक्ष के हैं। उपयोगकर्ताओं को यह ध्यान में रखना चाहिए कि आधे चंद्रमा के आकार का रुद्राक्ष असली एक मुखी रुद्राक्ष की विशेषताओं से मेल नहीं खा सकता है।

आजकल चंद्राकर की अधिकांश किस्में भी हाथ से इंजेक्शन मोल्डिंग द्वारा बनाई जाती हैं और कुछ लोगों की मानें तो कुछ दाने चीन से भी आ रहे हैं!

कुछ नकली रुद्राक्ष सामान्य लकड़ी, सुपारी या जंगली जामुन के बीजों से बनाए जाते हैं जिन पर शिवलिंग, सांप, चंद्रमा या ओम की आकृति बनी होती है। हालाँकि, नकली गोल एक मुखी नेपाल किस्म बनाने के लिए इस प्रथा का पालन किया जाता है।

गौरीशंकर

गौरीशंकर रुद्राक्ष उन किस्मों में से एक है जिसके नकली उत्पाद बड़ी संख्या में उपलब्ध हैं। ऐसा अनुमान है कि पूरे नकली रुद्राक्ष बाजार में लगभग 5-10 प्रतिशत नकली रुद्राक्ष इसी किस्म के हैं। आमतौर पर दो दाने (पाँच या छह मुखी) लिए जाते हैं और किनारों पर सपाट काट दिए जाते हैं। फिर इन्हें बेहतर चिपकने वाले पदार्थों का उपयोग करके एक साथ चिपका दिया जाता है ताकि जुड़े हुए टुकड़े उबलते पानी में डालने पर भी अलग न हों। रुद्राक्ष को तराशने के लिए साधारण लकड़ी का भी उपयोग किया जाता है। कुछ मामलों में, विशेषज्ञों को मात देने के लिए अलग-अलग टुकड़ों को अनुभागों में जोड़ दिया जाता है। जोड़ को मजबूत बनाने के लिए अक्सर बीजों के बीच में लकड़ी का एक हिस्सा लगा दियस जाता है।

यह जांचने के लिए निम्नलिखित कदम उठाए जा सकते हैं कि दाना नकली गौरीशंकर है या नहीं:

1. बीजों को एक-दूसरे के करीब सपाट तरीके से नहीं जुड़ना चाहिए और जोड़ दाने के अंदर से निकलना चाहिए न कि केवल दानों।
2. उबलने के परीक्षण के लिए इन चरणों का पालन करें:
   बीज को लगभग 15 मिनट से आधे घंटे तक पानी में उबालें। यदि यह सामान्य चिपकने वाले पदार्थों का उपयोग करके एक साथ जोड़ा गया नकली है, तो बीज अलग हो जाएंगे। यहाँ तक कि जब गुणवत्ता वाले

चिपकने वाले पदार्थों का उपयोग किया जाता है, तो जोड़ों पर मलिनकिरण होगा, अर्थात्, दानों की तुलना में जोड़ों पर एक अलग रंग होगा। यदि यह असली गौरीशंकर है, तो रंग सर्वत्र एक समान होगा। यह परीक्षण त्रिजुटी जैसे उच्च मुखी नकली रुद्राक्षों की पहचान करने में भी उपयोगी है।

3. जब गौरीशंकर रुद्राक्ष को क्षैतिज रूप से काटा जाता है, तो यह बीजों की जुड़वां-स्थानीय व्यवस्था के साथ एक परिभाषित एकल बीज का आभास देगा (चित्र 9)।

4. कभी-कभी, नकली गौरीशंकर रुद्राक्ष के निर्माता अनुभागीय सम्मिलन का उपयोग इतनी जटिल तरीके से करते हैं कि रेखाएं सटीक रूप से मेल खाती हैं और केवल तेज, आलोचनात्मक आंखें ही जोड़ का पता लगा सकती हैं। हालाँकि, जब दानों को पानी में उबाला जाता है, तो इन सम्मिलनों पर मलिनकिरण आ जाएगा।

उच्च मुखी नकली रुद्राक्ष

आठ मुखी और उससे ऊपर के रुद्राक्ष अक्सर निचले मुखी दानों से बनाए जाते हैं। सबसे आम तरीका अतिरिक्त लाइनें बनाना है। उदाहरण के लिए, 11 मुखी रुद्राक्ष से 13 मुखी रुद्राक्ष, 12 मुखी रुद्राक्ष से 14 मुखी रुद्राक्ष इत्यादि आसानी से बनाया जा सकता है। इससे विक्रेता को अधिक मार्जिन मिलता है। उदाहरण के लिए, एक 10 मुखी रुद्राक्ष 4,500 रुपये में बिक सकता है, लेकिन अगर इसे 12 मुखी रुद्राक्ष बनाने के लिए दो अतिरिक्त लाइनें बनाई जाती हैं, तो इससे उसे आसानी से 9,000 रुपये मिल सकते हैं। लाभ अक्सर कारीगरों, व्यापारियों और खुदरा विक्रेताओं के बीच वितरित किया जाता है। यदि केवल एक अतिरिक्त लाइन बनाई जाती है, तो मार्जिन लगभग 800 रुपये हो सकता है। फिर, यह मुखों पर निर्भर करता है। उदाहरण के तौर पर अगर 13 मुखी रुद्राक्ष में एक लाइन जोड़कर 14 मुखी रुद्राक्ष बनाया जाए तो प्रति मनके 15,000 रुपये तक मेहनत मिल सकती है। अतिरिक्त लाइन की पहचान करने के लिए इसे बहुत बारीकी से और विशेषज्ञ परीक्षा की आवश्यकता होगी क्योंकि यह लगभग प्राकृतिक

लाइनों के समान ही दिखती है। एक्स-रे पद्धति और लैब रिपोर्ट पिछले 7-8 वर्षों में बहुत लोकप्रिय हो गई हैं और वे सभी निर्धारित एसओपी का पालन करते हैं। मेरे द्वारा मुंबई में पहली लैब यानी आरआरटीएल में स्थापित किया गया। यह तब तक ठीक है जब तक ये प्रयोगशालाएं बिक्री केंद्र नहीं बन जातीं क्योंकि वे अपना स्वतंत्र दृष्टिकोण और प्रतिष्ठा खो सकती हैं। दिल्ली में स्थित ऐसी ही एक लैब को इसके कारण हर जगह बहुत आलोचना का सामना करना पड़ रहा है। इस प्रतिरोध के होते हुए लैब टेस्टिंग से असली रुद्राक्ष की उपलधि में बढ़ोतरी हुई है और आजकल ग्राहक लैब सर्टिफिकेट की मांग करने लगे हैं। मुझे विश्वास है की जाँच करने वाली प्रयोग शालाएं रुद्राक्ष के व्यापर में सम्मिलित नहीं होंगी।

नकली रुद्राक्ष बनाने वाले कारीगर अपने-अपने तरीके से माहिर होते हैं। यह उन्हें तय करना है कि संदेह से बचने के लिए अतिरिक्त लाइनें कहां बनानी हैं। आमतौर पर, अतिरिक्त रेखाएं अनुदैर्ध्य भाग के अंत में बनाई जाती हैं क्योंकि यहाँ अधिक जगह उपलब्ध होती है। कारीगर को इस बात का भी ध्यान रखना पड़ता है कि रेखाएँ किसी तेज़ उपकरण द्वारा बनाई गई सीधी न दिखें; उन्हें दाँतेदार किया जाना चाहिए और रेखाओं की गहराई मूल रेखाओं से मेल खानी चाहिए।

यह दुर्भाग्यपूर्ण है कि बेईमान तत्व भोले-भाले लोगों का शोषण करने के लिए इस दिव्य माला का उपयोग कर रहे हैं। यहाँ तक कि पढ़े-लिखे लोग भी इन तत्वों द्वारा मूर्ख बनाए जाते हैं, जो सुपारी और जामुन जैसे नकली बीजों को असली रुद्राक्ष बता देते हैं। लोगों को अत्यधिक सावधानी बरतनी चाहिए और रेखाओं के आकार और गहराई में किसी भी सूक्ष्म अंतर को देखना चाहिए और ऐसे दानों को सिरे से खारिज कर देना चाहिए।

वैज्ञानिक प्रक्रिया का उपयोग करके निर्मित रेखाओं की पहचान कैसे करें

एक तरीका एक्स-रे तकनीक (चित्र 13) या सीटी स्कैन का पालन करना है, जिससे कोई दानों को नुकसान पहुंचाए बिना आंतरिक संरचना देख सकता है। यह परीक्षण नौ मुखी तक के रुद्राक्षों के लिए बिना किसी जटिलता के काम

कर सकता है। हालाँकि, उच्च मुखी दानों के लिए, यह आंतरिक बीजों के ओवरलैपिंग के कारण 100 प्रतिशत सटीक परिणाम नहीं दे सकता है। इस तकनीक को और अधिक परिष्कृत और विकसित करने की आवश्यकता है क्योंकि यह मुखी की संख्या को सत्यापित करने की एकमात्र गैर- तोड़े जाने वाली प्रक्रिया है। 10 मुखी और उससे अधिक के लिए, विभिन्न कोणों से एक्स-रे लेने से आंतरिक बीजों को गिनने में मदद मिल सकती है। सीटी स्कैनिंग दूसरा तरीका है, लेकिन यह अधिक महंगा है।

निर्मित रेखाओं की पहचान करने के लिए इन्फ्रारेड प्रतिबिंब और अन्य तरीकों का मूल्यांकन किया जा रहा है।

अब तक किसी प्रत्यक्ष वैज्ञानिक विधि के अभाव में, दानों की मौलिकता की जांच करने के लिए ऊपर दी गई सरल प्रक्रियाओं का पालन करना उचित है। सरल शब्दों में, जाँच के बारे में निम्नलिखित कहा जा सकता है:

1. एक अच्छा और पूर्ण रूप से पका हुआ रुद्राक्ष पानी में डूब जाना चाहिए, लेकिन इसका मतलब यह नहीं है कि पानी में न डूबने वाले सभी रुद्राक्ष नकली हैं। किसी निष्कर्ष पर पहुंचने से पहले लाइनों या जोड़ों की सुक्ष्म जांच आवश्यक है।

एक असली रुद्राक्ष पानी में भी तैर सकता है अगर उसमें छेद हो और हवा फंसी हो, या पुराना होने के कारण बीज सूख गया हो। कुछ असली रुद्राक्ष ऐसे होते हैं जिनका घनत्व इतना नहीं होता कि उन्हें डुबाया जा सके या जिन्हें पकने से पहले ही पेड़ से तोड़ लिया गया हो।

इसलिए, इस परीक्षण की अपनी सीमाएं हैं और इसे आपके अंतिम निर्णय को प्रभावित नहीं करना चाहिए, लेकिन यह सुनिश्चित कर सकता है कि बीज पूरी तरह से पका हुआ था और यह भारी किस्म का था।

2. दो तांबे के सिक्कों के बीच दाने को घुमाना भी एक सही प्रक्रिया नहीं है क्योंकि रुद्राक्ष के समान सतह और खांचे और उतार-चढ़ाव वाला कोई भी दाना इस स्थिति में घूम सकता है।

3. अन्य परीक्षण, जैसे कि यह देखना कि जिस दूध में रुद्राक्ष डुबोया जाता है, वह अगर नहीं फटता है, या अनाज से भरे थैले में रखने पर रुद्राक्ष अपने आप ऊपर आ जाता है, यह निर्णायक नहीं है।

4. रुद्राक्ष की अपनी आंखों से ही सही जांच करना सबसे अच्छी विधि है, जिसके लिए विशेषज्ञ होने की जरूरत नहीं है। गोल एक मुखी न खरीदें, भले ही वह छिलके से ढकी हुई या पत्तों से ढकी हुई उपलब्ध हो, या मुफ्त दी गई हो तो उसे स्वीकार करें। एक सिरे से दूसरे सिरे तक सपाट जोड़ वाला गौरीशंकर न खरीदें। गौरीशंकर में बीच का जोड़ अंदर से जुड़न। चाहिए जैसा कि इस पुस्तक में दिखाए गए कई चित्रों में दर्शाया गया है। अतिरिक्त कृत्रिम रूप से निर्मित रेखाओं के लिए उच्च मुखी बीजों (आठ मुखी और ऊपर) की सावधानीपूर्वक जांच की जानी चाहिए। कुछ अपवादों को छोड़कर लाइनें पहाड़ों पर होनी चाहिए न कि घाटियों (वैली)पर।

5. संदेह की स्थिति में, बीज की सीटी स्कैन द्वारा जाँच कराई जा सकती है बीजों की संख्या पंक्तियों की संख्या के बराबर होनी चाहिए। यहाँ फिर से आपको यह समझना होगा कि यदि अंदर का बीज पूरी तरह से विकसित नहीं हुआ है, तो आपको बीज के बजाय केवल एक बिंदु या यहाँ तक कि एक खाली डिब्बा भी दिखाई देगा। आम तौर पर, बीज रेखा के ठीक विपरीत स्थित होता है। कुछ मामलों में, दो बीजों के संलयन के परिणामस्वरूप बीज बहुत बड़ा हो जाता है। इस प्रकार का परीक्षण 10 मुखी तक के बीजों के लिए उपयोगी हो सकता है। उच्च मुखी के दानों की जांच और परीक्षण विशेष कौशल का उपयोग करके किया जाना चाहिए और सीटी स्कैन का उंपयोग करके प्रति-जाँच की जानी चाहिए।

एक्स-रे या सीटी स्कैन, संकेतक हो सकते हैं, लेकिन अभी तक तरीकों में सुधार नहीं हुआ है। अत: इन्हें अचूक नहीं माना जा सकता। ये परीक्षण आठ मुखी तक के दानों के लिए सही ढंग से किए जा सकते हैं, लेकिन उससे आगे, आंतरिक बीजों को गिनने या विस्तृत दृश्य निरीक्षण

का उपयोग करके अतिरिक्त जांच करने के लिए धैर्य और कौशल की आवश्यकता हो सकती है। इस उद्देश्य के लिए एक विशेषज्ञ को नियुक्त करने की आवश्यकता है, जिसकी दृश्य जांच सही हो सकती है।

6. गौरीशंकर या त्रिजुटी को कम से कम आधे घंटे तक पानी में उबालने से यह साबित हो जाएगा कि दाना कृत्रिम जोड़ का उपयोग करके बनाया गया था या नहीं। एक आदर्श बीज का रंग उबलने की प्रक्रिया के बाद भी एक समान रहना चाहिए।
7. ऐसे उत्तम रुद्राक्ष को खरीदने के लिए हमेशा दिशानिर्देशों का पालन करें जो क्षतिग्रस्त न हों और जो कठोर हो, कांटेदार हो लेकिन चिकनी सतह हो और प्राकृतिक छिद्र हो (उच्चतम गुणवत्ता वाले दानों के लिए)। रुद्राक्ष किसी भी रंग का हो सकता है, लेकिन वह सर्वत्र एक समान होना चाहिए।
8. ओम, शिवलिंग या त्रिशूल की प्रमुख नक्काशी से संकेत मिलता है कि यह नकली है, हालांकि कुछ वास्तविक दानों में ऐसी नक्काशी होती है, लेकिन बहुत ही प्राकृतिक और सहज तरीके से।

रुद्राक्ष-रहस्यमय मनके के अंदर का सत्य

इस लेख में डॉ. अभिलाष कुमार जैन, एमबीबीएस, डीसीएच (पेड्स), नियोनेटोलॉजी में फेलोशिप द्वारा योगदान दिया गया है।

"ऐसे प्रश्न हमेशा होते हैं जो वैज्ञानिक दिमाग को चिंतित करते हैं, जैसे:

सत्य क्या है और क्या कोई पूर्ण सत्य है?

मैंने एक विश्लेषण करके अपने प्रश्न का उत्तर देने का प्रयास किया है, जिसे मैं सभी के देखने के लिए प्रस्तुत कर रहा हूं। जिस प्रकार एक डॉक्टर आपके शरीर को अंदर से देखने के लिए सीटी स्कैन का उपयोग करता है, उसी प्रकार हम इसका उपयोग रुद्राक्ष के अंदर देखने के लिए कर सकते हैं!

पहले यह जानने का एकमात्र "पूर्ण" तरीका था कि कोई मनका असली है या नकली, एक बीज को तोड़कर अंदर से देखना और गिनना था, जो यदि किया जाता है, तो इस प्रक्रिया में मनका पूरी तरह से नष्ट हो जाता है। हालाँकि, हम ऐसा वस्तुतः सीटी स्कैन मशीन का उपयोग करके कर सकते हैं जो मनके को कोई नुकसान नहीं पहुँचाता है। हम प्रवेश की गहराई को भी बदल सकते हैं और इसलिए बेहतर दृश्य प्राप्त कर सकते हैं। 3डी मॉडलिंग से हम चारों ओर से और अंदर से भी देख सकते हैं। तो मूल रूप से, कोई बाहर से रेखाओं को गिन सकता है और उन्हें अंदर से मिला सकता है। अक्सर, मैंने कहानियाँ सुनी हैं कि कुछ रुद्राक्षों का वांछित प्रभाव नहीं होता। मेरा ईमानदार विश्वास है कि शायद अधूरा सच है और किसी को मनके को अंदर से देखने की आवश्यकता हो सकती है। निःसंदेह, ऊर्जावान करने की प्रक्रिया की तरह विश्वास का भी अपना स्थान है, लेकिन तथ्य यह है कि अंदर से सच्चाई क्या है?

यहाँ कुछ तस्वीरें हैं जो इसे पूरी तरह से स्पष्ट कर देंगी। ये पाँच मुखी रुद्राक्ष की छवियां हैं।

यह मशीन द्वारा दोबारा बनाई गई छवि है।

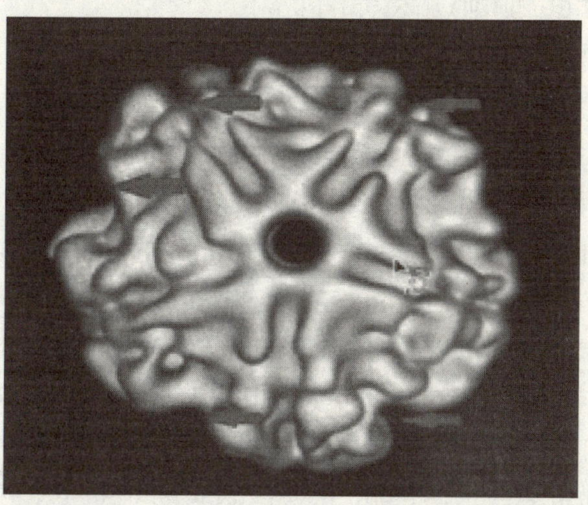

प्रत्येक लाल तीर एक रेखा की ओर इशारा कर रहा है जो बाह्य रूप से पुष्ट होती है।

यह वह छवि है जब हम सॉफ़्टवेयर का उपयोग करके मनके को काटते हैं-

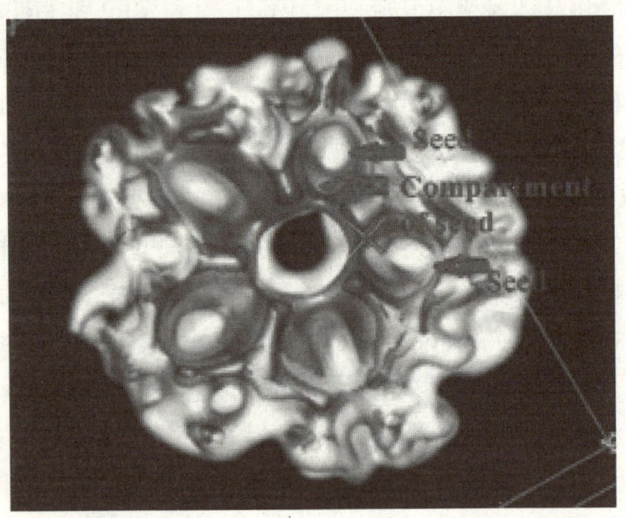

यह प्रत्येक डिब्बे के अंदर स्पष्ट डिब्बे और बीज दिखाता है जो केंद्र (केन्द्रापसारक वितरण) से दूर रखा गया है।"

रुद्राक्ष क्षेत्र में चीनी हस्तक्षेप

यह लेख रुद्राक्ष व्यवसाय से जुड़े सभी व्यक्तियों या उपयोगकर्ताओं के रूप में चीनियों की भागीदारी के कारण न केवल उपयोगकर्ताओं के रूप में, बल्कि रुद्राक्ष की प्राकृतिक विशेषताओं को संशोधित करने में रुद्राक्ष उत्पादकों या किसानों की सहायता में संभावित हस्तक्षेप के कारण भी लिखा जा रहा है। इन मुद्दों का दीर्घकालिक प्रभाव नहीं हो सकता है लेकिन संबंधित लोगों को पता होना चाहिए कि रुद्राक्ष के नियमित व्यवसाय में चीनी भागीदारी के कारण क्या हो रहा है।

नब्बे के दशक की शुरुआत में, औद्योगिक क्रांति के चरम पर, चीनियों में अचानक रुद्राक्ष के प्रति एक बड़ा जुनून पैदा हो गया। लगभग 12-15 बड़े

आकार के रुद्राक्ष के कंगन पहनना, जो 4, 5 या 6 मुखी हैं, सभी चीनी लोगों के बीच एक प्रवृत्ति और फैशन स्टेटमेंट बन गया। बीजिंग में, सैकड़ों चीनी दुकानें खुल गईं, जो विभिन्न आकृतियों और आकारों में ये कंगन बेच रही थीं। वे दानों को मशीन से पॉलिश भी करते थे ताकि वे एक समान और ठीक से तराशे हुए दिखें, एक ऐसी प्रथा जो किसी भी रूप में क्षतिग्रस्त रुद्राक्ष न पहनने की पारंपरिक धारणा से मेल नहीं खाती। chtra no.

फिर चिकनी, भारी और एक समान "चिकनी माला" की ओर चीनी झुकाव आया। 108+1=109 दानों या अन्य संख्या के इन मालाओं की इतनी भारी मांग थी कि न केवल नेपाल बल्कि इंडोनेशिया भी चीनी व्यापारियों द्वारा छान लिया गया। 7 मिमी चिकनी (या पथरी) माला की कीमत में बेतहाशा वृद्धि हुई, जो पहले के 1,000/- रुपये के मूल्य वर्ग की तुलना में 15,000-20,000/- रुपये प्रति mala तक बिकी। बड़े भारी दानों की कीमत भी बढ़ गई (इन बड़े दानों को स्थानीय तौर पर 'पाली दाना' कहा जाता है)।

उनका मानना था कि रुद्राक्ष पहनने से उनका तनाव कम होता है और समृद्धि आती है। यह उस विश्वास प्रणाली के कारण हो सकता है जो इस हिंदू देश की यात्रा के दौरान नेपाल से चीनी पर्यटकों तक फैल गई। चीनी रुद्राक्ष बाजार का आकार बहुत बड़ा है और यह इस दिव्य दाने की पवित्रता के बजाय दिखावट और सौंदर्यशास्त्र को महत्व देता है। चीनी लोग भगवान शिव में विश्वास नहीं करते हैं, यह आस्था का विषय हो सकता है, लेकिन वे निश्चित रूप से इन पवित्र बीजों के उपचारात्मक प्रभावों से अवगत हैं।

चीनियों ने किसानों को नेपाल में रुद्राक्ष के बागानों में विशेष रूप से तैयार किए गए कृषि रसायनों का उपयोग करने के लिए भी राजी किया है, जिससे बीजों का आकार असामान्य स्तर तक बदल गया है। खेती में इस तरह के हेरफेर ने असली बनाम नकली बीजों की पहचान को और भी कठिन और भ्रमित करने वाला बना दिया है।

24 मिमी से लेकर चौंकाने वाले 50 मिमी तक के आकार के 7 से 14 मुखी रुद्राक्ष हैं, जिन्होंने बाजार में अप्रिय मूल्य टैग की बाढ़ ला दी है। हाल ही में,

48 मिमी की 14 मुखी बाज़ार में आई और इसकी कीमत स्पष्ट रूप से 3 लाख रुपये बताई गई। न तो कीमतें और न ही आकार यथार्थवादी हैं।

चीनी जानते हैं कि बड़े आकार के दानों की भारतीय और चीनी दोनों बाजारों में ऊंची कीमत होती है। कलेक्टर या सुपर कलेक्टर बीड्स कहे जाने वाले, मुखी और आकार के आधार पर, उनकी प्रीमियम कीमत 200-300% अधिक होती है।

दुर्भाग्य से, रासायनिक रूप से उपचारित इन रुद्राक्षों ने भारतीय बाजार में भी प्रवेश किया है और खरीदारों की धारणाओं और व्यावसायिक मापदंडों को काफी हद तक बदल दिया है। बाजार ने खुद को दो भागों में विभाजित कर लिया है: एक जो अधिक सौंदर्यपूर्ण अपील के साथ रासायनिक रूप से उपचारित उत्पादों पर भरोसा करता है और दूसरा जो अभी भी मूल रूप से शास्त्रों में निर्दिष्ट प्राकृतिक शुद्ध मनके हार में विश्वास करता है। कई व्यवसायियों ने इन गड़बड़ियों को लेकर अपनी चिंता व्यक्त की है। हालाँकि, वे इसके बारे में कुछ नहीं कर सकते क्योंकि इन अनैतिकताओं को नियंत्रित करने के लिए कोई सरकारी या कानूनी उपाय नहीं हैं प्रथाएं, जो पूरी तरह से व्यावसायिक उद्देश्यों के लिए हैं।

रुद्राक्ष के सच्चे प्रेमियों के लिए यह महत्वपूर्ण है कि वे अपने ज्ञान को अद्यतन रखें और रुद्राक्ष क्षेत्र पर चीनी आक्रमण के नकारात्मक प्रभाव को कम करने का प्रयास करें। ये परेशान करने वाले घटनाक्रम दानों की पवित्रता को संरक्षित रखने के लिए गहन ज्ञान और भरोसेमंद भारतीय डीलरों के महत्व को दर्शाते हैं।

हमारे मन में प्रश्न उठता है की चीनी लोग नेपाल से बड़ी मात्रा में रुद्राक्ष क्यों खरीदते हैं?

एक ऑनलाइन मंच पर इस विषय के बारे में एक आस्तिक द्वारा पूछे जाने पर, विद्वान प्रोफेसर डॉ. मनोज कलंत्री (पीएचडी) डॉक्टरेट ऑफ साइंस, डी.लिट. ने इन बाजारों में अपने चौंकाने वाले अनुभव नीचे साझा किए:

> "आपने वास्तव में एक बहुत ही जानकारीपूर्ण प्रश्न पूछा है और मुझे इसका उत्तर देना अच्छा लगेगा क्योंकि मैं स्वयं इस तथ्य से बहुत हैरान हूं कि मैंने डिंगला

और भोजपुर जैसे दूरदराज के स्थानों में भी बहुत सारे चीनी लोगों को बड़ी खरीदारी करते देखा है। मैं काठमांडू शहर में चीनियों की संख्या का भी जिक्र नहीं कर रहा हूं। वे विक्रेताओं/किसानों से उनकी सारी उपज गुणवत्ता की परवाह किए बगैर खरीद रहे थे। उन्होंने वस्तुतः पूरे बाजार पर कब्ज़ा कर लिया और सभी मुखी रुद्राक्षों की कीमत आसमान छू दी। मैं खरीदारी करने के लिए संघर्ष कर रहा था क्योंकि उन्होंने हर आपूर्तिकर्ता को साफ़ कर दिया था। वे नकदी से भरे हुए थे और किसी के व्यवसाय की तरह पैसा खर्च करते थे।

तब मुझे यह समझने की उत्सुकता हुई कि ये चीनी इन सभी रुद्राक्षों के साथ क्या कर रहे थे। पवित्र रुद्राक्ष मुख्य रूप से एक हिंदू पवित्र माला है और मैं पूरी तरह से भ्रमित था कि चीन जैसा देश, जो मुख्य रूप से एक साम्यवादी देश है जो धर्म को बढ़ावा नहीं देता है, इन लाखों रुद्राक्षों के बारे में क्या कर रहा है। अपने शोध के दौरान, मुझे पता चला कि ये चीनी खरीदार एक्यूप्रेशर रुद्राक्ष मैट, रुद्राक्ष चेस्ट बेल्ट, फैंसी कंगन, रुद्राक्ष से मगरमच्छ आदि जैसी सभी प्रकार की चीजें बना रहे थे।

कहानी यहीं ख़त्म नहीं हुई. उन्होंने विशेष मुखी का उपयोग पाउडर में पीसने और कुछ स्थानीय चीनी जड़ी-बूटियों के साथ मिलाकर यौन क्षमता बढ़ाने के लिए किया। इसके बाद उन्होंने इंडोनेशियाई (मध्य जावा) बाजार में भी बड़े पैमाने पर कदम रखा। मैं मध्य जावा के विभिन्न द्वीपों पर अनेक चीनी लोगों से मिला, जो प्रत्येक मुखी रुद्राक्षों की समान प्रकार की भारी खरीदारी कर रहे थे। वे यहाँ नहीं रूके; फिर वे रुद्राक्ष के आकार में हेरफेर करने के लिए प्लास्टिक क्लैंप लेकर आए। वे किसानों को रुद्राक्ष फल पर उसके प्रारंभिक चरण में ही ये क्लैंप लगाने के लिए मजबूर करते थे ताकि वे रुद्राक्ष के फैंसी आकार प्राप्त कर सकें। नेपाली सरकार ने इस हेराफेरी को अच्छा नहीं माना और उन्होंने अपनी पुलिस को इन सभी शिकंजे से छुटकारा पाने का आदेश दिया।

इंडोनेशिया में मैंने 'चौकोर रुद्राक्ष' देखे हैं। मैं इस घटना को देखकर आश्चर्यचकित रह गया. इन्हें करीब से देखने पर मुझे एहसास हुआ कि यह इनका प्राकृतिक आकार नहीं है बल्कि इन्हें मशीनीकृत करके चौकोर आकार में बदल दिया गया है। चीनियों ने मूल शुद्ध दानों को नष्ट कर दिया है और पवित्र रुद्राक्ष का एक फैंसी बाजार तैयार कर लिया है।

उन्होंने कृत्रिम त्रिजुटी बनाने के लिए इन क्लैंपों और अन्य कुटिल तरीकों का भी उपयोग किया है। गाथा यहीं ख़त्म नहीं होती. वे रुद्राक्ष की माला से कई फैंसी सामान जैसे कि चाबी की चेन, लैंप, हाथी आदि बनाने में बहुत आगे निकल गए हैं। धार्मिक या पवित्र मूल्य वाली किसी भी चीज़ के बजाय यह उनके लिए एक फैंसी खिलौना है। उन्होंने ऐसी मशीनें बनाईं जो इंडोनेशियाई रुद्राक्ष दानों की खुरदरी बाहरी सतह को साफ कर देती थीं और बाहरी सतह को चिकना बना देती थीं और उन्हें अत्यधिक महंगे 'चिकना दाना' के रूप में बेचती थीं।

मैं आगे और भी आगे बढ़ सकता हूं क्योंकि मैंने व्यक्तिगत रूप से इस पूरी त्रासदी को देखा और अनुभव किया है या पवित्र रुद्राक्ष के साथ जो किया गया है। लेकिन मुझे पूरी उम्मीद है कि इस विनम्र उत्तर से आपको यह जानकारी मिल गई होगी कि चीनी पवित्र रुद्राक्ष के साथ क्या कर रहे हैं। संक्षेप में, उन्हें इसकी पवित्रता और पवित्रता के प्रति बहुत कम सम्मान है। यह सिर्फ एक व्यावसायिक उत्पाद है जिसने फिलहाल उनका ध्यान खींचा है। समय ही बताएगा कि वे कब रुद्राक्ष को छोड़कर विपणन के लिए कोई अन्य उत्पाद लेकर आएंगे। तब तक, अच्छे मोती मिलना दुर्लभ है और प्रामाणिक रुद्राक्षों की कीमतें आसमान पर रहेंगी।"

5

औषधीय गुण

रुद्राक्ष का उपयोग आयुर्वेदिक औषधि के रूप में किया जाता रहा है और इसका उल्लेख कई ग्रंथो में मिलता है -एक निवारक और उपचारात्मक दवा के रूप में। जिस क्षेत्र में रुद्राक्ष के पेड़ उगते हैं, वहां के निवासी विभिन्न बीमारियों, विशेष रूप से मन से संबंधित विकारों, सिरदर्द, बुखार और त्वचा रोगों और घावों को ठीक करने के लिए पेड़ की छाल, इसकी पत्तियों और बीजों के बाहरी आवरण का उपयोग करते हैं। इसे इंडियन मटेरिया मेडिका (संदर्भ 41) में एक औषधीय उत्पाद के रूप में सूचीबद्ध किया गया है।

जैसा कि व्यापक रूप से ज्ञात है, किसी व्यक्ति के स्वास्थ्य को एलोपैथिक दवाओं का सहारा लिए बिना, उनके दुष्प्रभावों से बचाकर, वात (वायु), पित्त (पित्त) और कफ (कफ) को संतुलित करके ठीक से बनाए रखा जा सकता है। चूंकि रुद्राक्ष अपने सूक्ष्म विद्युत-चुंबकीय गुणों के माध्यम से मन को प्रभावित करता है, इसलिए यह कई बीमारियों को ठीक करने में मदद कर सकता है। जब किसी व्यक्ति की विचार प्रक्रिया सुव्यवस्थित हो जाती है तो वात, पित्त और कफ नियंत्रित हो जाते हैं। यह तभी संभव है जब व्यक्ति निडर हो जाए, शांत हो जाए और स्थिर मन बनाए रखे। यह एक स्थिर मन बनाता है।

शरीर मजबूत होता है, जिससे बीमारियां दूर रहती हैं।

रुद्राक्ष का प्रभाव निम्न प्रकार से हो सकता है:

1. **बीजों के माध्यम से शरीर पर डाला जाने वाला सूक्ष्म एक्यूप्रेशर:** सबसे उन्नत इलेक्ट्रो एक्यूप्रेशर तकनीक चीन में विकसित की गई थी। पश्चिमी यूरोप और अमेरिका भी इसी तरह की तकनीक अपनाते हैं। एक्यूप्रेशर की आधुनिक तकनीक शायद ही रुद्राक्ष की प्राकृतिक विशेषताओं से मेल खा सकती है क्योंकि दिन में कई घंटों तक लगातार शरीर को छूने से मन और शरीर दोनों ठीक से काम कर सकते हैं।
2. **विश्वास:** दवाएँ बीमारियों को अधिक प्रभावी ढंग से ठीक करती हैं जब रोगी को डॉक्टर या दवा पर भरोसा होता है। विश्वास उपचार तभी हो सकता है जब व्यक्ति आंतरिक आत्मविश्वास विकसित करता है। रुद्राक्ष को प्राकृतिक उपचार के किसी भी अन्य रूप से बेहतर माना जा सकता है क्योंकि इसका कोई दुष्प्रभाव नहीं होता है। रुद्राक्ष पहनने या उपयोग करने के लिए किसी विशेष नियामक या विशेष प्रशिक्षण की आवश्यकता नहीं होती है। सबसे महत्वपूर्ण बात यह है कि यह एकमात्र उपचार तकनीक है जो आध्यात्मिकता का सबसे लचीले रूप में उपयोग करती है।
3. **शोध:** रुद्राक्ष पर कुछ प्रकाशित और अप्रकाशित शोध कार्य हैं, जो औषधि के रूप में इसकी प्रभावशीलता दर्शाते हैं। उदाहरण के लिए, मुंबई विश्वविद्यालय में किए गए परीक्षणों ने बुद्धि, स्मृति और हृदय संबंधी विकारों पर इसका सकारात्मक प्रभाव स्थापित किया है। कई हर्बल दवाओं में एक घटक के रूप में दानों का उपयोग करने की पर्याप्त गुंजाइश है। जिन क्षेत्रों में रुद्राक्ष के पेड़ पाए जाते हैं, वहां के स्थानीय निवासियों के अनुभवों से पता चला है कि इस पेड़ और माला का सबसे बड़ा उपयोग मस्तिष्क संबंधी विकारों और रक्तचाप के नियंत्रण में हुआ है। दुर्भाग्य से, इन लाभकारी पहलुओं पर कभी ध्यान नहीं दिया गया क्योंकि रुद्राक्ष आध्यात्मिकता का प्रतीक बन गया और इसका उपयोग सीमित रह गया।
4. **पौराणिक संदर्भ**: हमारे प्राचीन ग्रंथों में रुद्राक्ष को कई बीमारियों के लिए उपयोगी बताया गया है।

राज निघंटुः रुद्राक्ष अम्लीय और गर्म है, और वात और कफ को नियंत्रित करता है। यह सिरदर्द और मानसिक रोगों को ठीक करने में मदद कर सकता है।

नेपाली निघंटु/चंद्र निघंटु: रुद्राक्ष भगवान नीलकंठ (शिव) का है; यह शुद्ध है और भूतों (सभी बुरी चीजों) को नष्ट कर देता है। इसे शर्वाक्ष, शिवाक्ष, शिवर्प्रिया और हराक्ष के नाम से भी जाना जाता है।

शालिग्राम निघण्टु: इसके गुण राज निघण्टु (संदर्भ 42) के समान हैं।

स्वस्थ वृत्तः रुद्राक्ष बुखार, वात और पित्त के लिए, पेट के विकारों के लिए, मानसिक असंतुलन, रक्तचाप, यकृत और श्वास संबंधी विकारों के लिए एक अच्छा मारक है।

द्रव्य गुण विज्ञानः रुद्राक्ष शरीर की सूजन, संक्रमण, मानसिक विकार, अनिद्रा, सिरदर्द, तनाव और मानसिक शांति के लिए अच्छा है। यह रक्त प्रवाह को नियंत्रित करता है और यकृत विकारों को ठीक करने में मदद कर सकता है। यह रक्तचाप को नियंत्रित करने और सांस लेने की समस्याओं और हृदय की समस्याओं के प्रबंधन के लिए भी बेहद अच्छा है (संदर्भ 43)।

रस योग सागरः माला रक्तचाप, हृदय रोग और मानसिक विकारों के लिए अच्छी है (संदर्भ 44)।

अभिनव निघंटुः रुद्राक्ष में गर्मी पैदा करने वाले गुण होते हैं और यह जहर और बच्चों की बीमारियों के इलाज के लिए अच्छा है।

वन औषधि चंद्रोदय: रुद्राक्ष कैंसर, त्वचा की समस्याओं और तपेदिक के उपचार में प्रभावी है; मिर्गी, वात, पित्त, खून की उल्टी, टाइफाइड (बीज को पानी में उबालना चाहिए और इस पानी का गाढ़ा रूप पीना चाहिए) और खांसी (शहद के साथ पाउडर के रूप में लिया जा सकता है या पेस्ट बनाया जा सकता है) एक सख्त और साफ सतह पर रुद्राक्ष घिसे, जिसे बाद में रोगी खा सकता है)।

भाव प्रकाश: यह मानसिक बीमारी के लिए रुद्राक्ष के खोल (त्वचा) के विभिन्न उपयोगों की व्याख्या करता है।

नियमित पीने के पानी में रुद्राक्ष के दाने डाले जा सकते हैं। अधिमानतः, रुद्राक्ष को रात भर मिट्टी के बर्तन में भिगोया जाना चाहिए और गर्मियों में इसका उपयोग करने की सलाह दी जाती है। जब नियमित रूप से सुबह खाली पेट इस पानी का सेवन किया जाता है, तो यह रक्तचाप और हृदय संबंधी समस्याओं को नियंत्रित करने में मदद कर सकता है।

हृदय रोगों के लिए पाँच मुखी रुद्राक्ष पहनना अच्छा माना जाता है। रुद्राक्ष को लाल धागे में पहनना चाहिए और हृदय के ऊपर की त्वचा को छूना चाहिए। यह अनिद्रा, लीवर रोग, माइग्रेन और मानसिक विकारों के इलाज में बहुत प्रभावी माना जाता है।

कई संदर्भों में, रुद्राक्ष को पाउडर के रूप में दिन में दो बार लेने की सलाह दी जाती है और एक खुराक लगभग 200 से 400 मिलीग्राम है। मुंबई विश्वविद्यालय में किए गए एक अध्ययन में, अनुशंसित खुराक लगभग समान थी।

हाल के अध्ययनों से पता चलता है कि रुद्राक्ष पहनने से व्यक्ति की आभा बदल जाती है और इससे उसकी शारीरिक स्थिति में कुछ बदलाव हो सकते हैं। किर्लियन फोटोग्राफी या आभा इमेजिंग के परिणाम इस अवलोकन की पुष्टि करते हैं। हालांकि रुद्राक्ष पहनने के प्रभाव धीरे-धीरे महसूस हो सकते हैं, लेकिन ये हमेशा स्थायी प्रकृति के होते हैं। ऐसा देखा गया है कि माला पहनने से किसी जीवित जीव के ऊर्जा क्षेत्र को ठीक से बनाए रखने में मदद मिलती है। हालाँकि आभा इमेजिंग में कई खामियाँ और विसंगतियाँ हैं, लेकिन रुद्राक्ष पहनने के बाद लोगों की आभा में उल्लेखनीय परिवर्तन होते हैं।

संक्षेप में कहें तो, रुद्राक्ष पहनना फायदेमंद है, जिससे मानसिक शांति और शांति मिलती है। यह रक्तचाप को नियंत्रित करने में मदद कर सकता है और परिणामस्वरूप मानसिक स्थिरता और तनाव को दूर करने का मार्ग प्रशस्त करता है। यह व्यक्ति को स्वस्थ शरीर बनाए रखने में मदद कर सकता है।

विभिन्न रोगों को ठीक करने में मदद करने वाले रुद्राक्ष के गुणों का सारांश नीचे दिया गया है। (इन उदाहरणों और परिणामों को रुद्राक्ष के उपयोग के दायरे और लाभ और दवा के रूप में उनकी क्षमता को समझने के लिए दिशानिर्देशों के रूप में उपयोग किया जाना चाहिए।)

उपरोक्त वर्गीकरण से यह देखा जा सकता है कि रुद्राक्ष एक सदियों पुरानी पारंपरिक औषधीय जड़ी बूटी है जिसका उपयोग विभिन्न बीमारियों में किया जाता है। अब, इसका उपयोग मौखिक रूप से पाउडर के रूप में करना होगा या अर्क के रूप में या केवल शरीर पर पहनना होगा, यह गंभीरता से जांच का विषय है। मौखिक प्रशासन के लाभ, यदि कोई हों, अध्ययन का एक दिलचस्प विषय है और कई वैज्ञानिक परिणामों को सहसंबंधित करने का प्रयास कर रहे हैं। रुद्राक्ष से निकलने वाली ऊर्जा में महान उपचारात्मक शक्तियाँ होती हैं।

रुद्राक्ष प्रकार	देवता	ग्रह	बीमारियों में प्रयोग
1 मुखी	शिव	सूर्य	घनास्त्रता (थ्रॉम्बॉसिस), मूत्राशय की पथरी, श्वाँस रोग, हृदय रोग, नेत्र व त्वचा रोग, नासूर, अपच, रतौंधी।
2 मुखी	अर्धनारीश्वर	चन्द्र	हृदय व फेफड़े के रोग, बाई आँख के विकार, ल्यूकीमिया, यकृत, स्तन विकार, स्मृति नाश, मूत्राशय के विकार।
3 मुखी	अग्नि	मंगल	रक्त विकार, रक्तचाप, हैजा, छाले, सूजन, कमजोरी, आँख की रक्षा, रक्त वाहिनी की शुद्धि, यौन ग्रन्थि व अधिवृक्क ग्रन्थि के रोग, सर्दी (वस्तुतः सभी रोगों में प्रयुक्त)।

रुद्राक्ष प्रकार	देवता	ग्रह	बीमारियों में प्रयोग
4 मुखी	ब्रह्मा	बुध	कान, गला, नाक के रोग, लकवा, यौन समस्यायें, पित्ताशय के रोग, स्मृति नाश, सब मनोविकार, हाथ, भुजा, फेफड़े व अबदु ग्रन्थि के रोग।
5 मुखी	कालाग्नि रुद्र	गुरु	यकृत रोग, नासूर, अम्लता, रक्तचाप, स्तन रोग, जाँघ व रीढ़ के रोग, स्मृति विकास, जलन, हृदय रोग।
6 मुखी	कार्तिकेय व गणेश	शुक्र	कंठ, ग्रीवा, मूत्र पिंड, यौन अवयव, अवटु ग्रन्थि के रोग, जलोदर, मूत्क अवयव व नेत्र के रोग, गर्भ धारण में कठिनाई, अपच, संधिवात, रक्त वाहिनी व तंत्रिकाओं में रुकाव।
7 मुखी	लक्ष्मी, सप्तर्षि, सप्तमातृका, अनंग, अनंत (सर्पराज), महासेन (कार्तिकेय)	शनि	कमजोरी, पेट का दर्द, लकवा, मिर्गी, बधिरता, षंडत्व, गर्भपात व स्त्री रोग, संधिवात, वीर्य शुद्धि एवं ओजस का प्रवाह।
8 मुखौ	महासेन (कार्तिकय), गणेश, अष्टमातृका, वायु, बटुक, भैरव	राहू	तंत्रिक प्रणाली के रोग, पुरःस्थ (प्रोस्टेट), पित्ताशय, फेफड़े, सर्पभय, मोतियाबिन जलवृद्धि (होइड्रोसील), श्वसन रोग।
9 मुखी	भैरव, नवदुर्गा, यमदेव	केतु	मस्तिष्क, फेफड़े, स्तन, जननेन्द्रिय के रोग, गर्भपात, गर्भधारण में कठिनाई, मिर्गी, आँख के रोग।
10 मुखी	विष्णु, दस दिग्पाल, यमराज, महासेन (कार्तिकेय), दश महाविद्या	लागू नहीं	कोई पीछे खड़ा हो इसका भय, अनिद्रा, गर्भधारण में समस्या, कर्ण रोग।

रुद्राक्ष प्रकार	देवता	ग्रह	बीमारियों में प्रयोग
11 मुखी	एकादश रुद्र (हनुमान), इन्द्र	लागू नहीं	हृदय रोग, रक्तचाप, मधुमेह।
12 मुखी	सूर्य (बारह आदित्य), विष्णु	लागू नहीं	सब त्वचा रोग, हृदय, आँख व कान के रोग, रक्तचाप, मूल विकार, ज्योतिष्मती (सातवाँ चक्र)
13 मुखी	इंद्र, कामदेव (रति के साथ)	लागू नहीं	कंठ, पौवा, मूत्र पिंड, जननेन्द्रिय, अवटु ग्रन्थि (थायरॉयड), काम शक्ति, जलोदर, मूत्र संबंधी व आँख के रोग, गर्भ धारण संबंधी समस्या, अपच, संधिवात, रक्तवाहिनी व तंत्रिका में अवरोध, मनोविकार।
14 मुखी	हनुमान, श्रीकंठस्वरूप	लागू नहीं	कमजोरी, पेट में दर्द, लकवा, मिर्गी, बधिरता, पंडत्व, गर्भपात, स्त्री रोग, संधिवात, वीर्य शुद्धि, ओजस प्रवाह, अपचक्र के स्राव में वृद्धि।
15 मुखी	पशुपति (शिव)	लागू नहीं	हृदय, आँख, सर्वसामान्य रोग, लिम्फ और गले के रोग।
16 मुखी	श्रीराम, महाकालेश्वर	लागू नहीं	मनोरोग, मिर्गी।
17 मुखी	विश्वकर्मा, कात्यायनी देवी	लागू नहीं	पेट में दर्द, त्वचा रोग, छाले।
18 मुखी	भूमि	लागू नहीं	गर्भपात, बालक का स्वस्थ संगोपान।
19 मुखी	नारायण (विष्णु)	लागू नहीं	यौन रोग एवं अनेक असाध्य रोग।
20 मुखी	ब्रह्म (परमात्मा)	लागू नहीं	मधुमेह, बधिरता, ग्रहदोष जनित रोग, नेत्र ज्योति वर्धक।

रुद्राक्ष प्रकार	देवता	ग्रह	बीमारियों में प्रयोग
21 मुखी गौरीशङ्कर	कुबेर, शिवपार्वती	लागू नहीं	पौरुष टिकाना (स्तम्भन), शरीर को 108 आवृत्तियों (frequencles) का संतुलित प्रवाह रखना, जनन क्षमता।

नोट: उपरोक्त कोई भी उपचार शुरू करने से पहले अपने चिकित्सक से परामर्श करें। रुद्राक्ष पाउडर के मौखिक सेवन से कोई दुष्प्रभाव नहीं होता है, फिर भी अपने चिकित्सक से पूर्व परामर्श की सलाह दी जाती है।

यहाँ शरीर के विभिन्न हिस्सों पर विभिन्न मुखी रुद्राक्ष के प्रभावों का विवरण दिया गया है (इसके लिए केवल गले या कंगन के रूप में शरीर पर रुद्राक्ष पहनने की आवश्यकता होती है):

मुखियों की संख्या	शरीर के विभिन्न अंगों पर प्रभाव
1 मुखी :	पिनियल, पीयूष ग्रंथि, दृक् व्यत्यासिका (optlc chlasma), बाहरी त्वचा (hypothalamus)
2 मुखी :	हृदय
3 मुखी :	गला, उदर जातिका (cellac plexus) (मणिपुर चक्र)
4 मुखी :	अधिवृक्क, हृदय
5 मुखी :	प्रमुख चक्रो के बिन्दु
6 मुखी :	प्रॉस्टेट, जननेन्द्रिय, मूलाधार चक्र
7 मुखी :	दृक् व्यत्यासिका, आमाशय (पॅक्रियास) अग्न्याशय
8 मुखी :	मेडुला आँबलॉगेटा
9 मुखी :	पीनियल, पीयूष ग्रंथी
10 मुखी :	हृदय शक्ति
11 मुखी :	अमूर्त तंत्रिका शक्ति
12 मुखी :	मस्तिष्क का गोलार्ध, उदर की रिक्ती, भोजन नलिका, हृदय
13 मुखी :	उदर जालिका (cellac plexus), जननेन्द्रिय
14 मुखी :	हृदय

15 मुखी :	ईलियोसीकल वॉल्व, लसी का कण्ठ क्षेत्र प्रणाली
16 मुखी :	अवटु ग्रंथि, थाइमस, प्लीहा, पीयूष ग्रंथि
17 मुखी :	छोटी आँत, श्वसनी वृक्ष
18 मुखी :	जिगर, गर्भाशय
19 मुखी :	फेपड़े, श्वसनी
20 मुखी :	वडक्क ग्रंथि
21 मुखी :	जननेन्द्रिय

सर्वोत्तम परिणामों के लिए, रुद्राक्ष को उचित संख्या में छाती पर धारण करना चाहिए। दुर्लभ और महंगे रुद्राक्ष को सस्ते और आसानी से उपलब्ध रुद्राक्ष के साथ पहना जा सकता है - 12 मुखी कई पाँच मुखी या छह मुखी रुद्राक्ष के साथ - ताकि कम से कम तीन रुद्राक्ष हों। रुद्राक्ष बड़े होने चाहिए, जैसे आंवला (15 मिमी और उससे अधिक) और यदि केवल छोटे रुद्राक्ष उपलब्ध हैं (उदाहरण के लिए, इंडोनेशियाई किस्म), तो उन्हें 27, 54 या 108 जैसी संख्या में उपयोग करें। रुद्राक्ष की संख्या पहनने का उल्लेख अध्याय 7 में किया गया है। रुद्राक्ष को त्वचा को छूना चाहिए। रुद्राक्ष अपनी ऊर्जा को कितने समय तक बनाए रख सकते हैं, यह कहना अभी मुश्किल है, क्योंकि पृथ्वी पर कोई भी सामग्री हमेशा के लिए नहीं रह सकती है - चाहे वह ऊर्जा देने वाला हो जैसे कि रुद्राक्ष, या एक फूल जो अपनी खुशबू देता है, या एक फल जो अपना रंग और गुण प्रदर्शित करता है। रुद्राक्ष (रुद्राक्ष के भीतर का बीज) के अंदर भरी ऊर्जा आमतौर पर 10 या 100 वर्षों के बाद भी नष्ट नहीं होती है, फिर भी इसके प्रभावी जीवनकाल के लिए हैं यां नही इस के अध्ययन की आवश्यकता है। प्रकृति ने एक सुरक्षात्मक और अछूता बाहरी आवरण प्रदान किया है जो इतनी अच्छी तरह से बनाया गया है कि बीज जल्दी सूखते नहीं हैं और ऊर्जा मुखी (रेखाओं या पहलुओं) के माध्यम से इतनी सूक्ष्मता से फैलती है कि रुद्राक्ष बहुत लंबे समय तक प्रभावी रहता है।

रुद्राक्ष का उपयोग करके प्राप्त अनुभव कुछ हद तक इस प्रश्न का उत्तर दे सकता है। हालाँकि, सुरक्षित रहने के लिए, यदि रुद्राक्ष का उपयोग औषधीय प्रयोजनों के लिए किया जा रहा है, तो रुद्राक्ष को अधिकतम पाँच वर्षों के बाद बदल दिया जाना चाहिए।

यदि मनका का उपयोग जल चिकित्सा के लिए किया जा रहा है (जिसमें पाँच मुखी के तीन रुद्राक्ष को रात में पानी में डुबोया जाता है), तो प्रभावशीलता एक वर्ष तक बनी रहती है और उसके बाद रुद्राक्ष को बदल देना चाहिए। पुराने रुद्राक्ष का उपयोग पूजा के लिए किया जा सकता है क्योंकि वे बरकरार रहेंगे, सिवाय इसके कि पानी के संपर्क में आने से वे लगभग काले हो जाएंगे।

हार या संयोजन में रुद्राक्ष की व्यवस्था

प्राचीन ग्रंथों में उल्लेख है कि रुद्राक्ष को इस तरह से पिरोया जाना चाहिए कि एक रुद्राक्ष का मुंह दूसरे की मुंह की ओर हो और एक की पूंछ दूसरे की पूंछ की ओर हो। इस तरह रुद्राक्ष के बीच की दूरी अपने आप बनी रहती है। इस तरह से बना नेकलेस संतुलित भी दिखता है। हालाँकि, इस तरह के निर्देश का प्राथमिक कारण ऊर्जा के स्तर को संतुलित करना है (इससे रुद्राक्ष की उचित गांठ बनाने में भी मदद मिलती है क्योंकि इस व्यवस्था के कारण रुद्राक्ष के बीच उचित जगह बन जाती है। यदि सभी रुद्राक्ष को एक दिशा में रखा जाता है - उदाहरण के लिए , सभी मुंह केवल एक ही दिशा की ओर स्थित हैं, मान लीजिए दक्षिण की ओर, तो माला में प्रत्येक रुद्राक्ष से बहने वाली ऊर्जा दक्षिण दिशा में प्रवाहित होगी। इसलिए, यदि रुद्राक्ष एक-दूसरे का सामना करते हैं - मुंह से मुंह और पूंछ से पूंछ - सकारात्मक और नकारात्मक ऊर्जाएं संतुलित हो जाएंगी। इसलिए, इस सिद्धांत का पालन करना बहुत महत्वपूर्ण है। यहाँ तक कि छोटे आकार के रुद्राक्ष के मामले में भी, सर्वोत्तम प्रभाव के लिए मुंह और पूंछ की पहचान की जानी चाहिए और तदनुसार उन्हें पिरोया जाना चाहिए।

यह भी याद रखें कि रुद्राक्ष के बीच की गांठ दो शक्तियों के मिलन का प्रतीक है। अत: कारीगर द्वारा प्रत्येक गांठ लगाने के बाद उसे 'ॐ' मंत्र का जाप

करके पवित्र करना चाहिए। यही कारण है कि हार बनाने का काम हमेशा एक विद्वान, धर्मनिष्ठ व्यक्ति को सौंपा जाता है और जो इन अनुष्ठानों का ठीक से पालन करता है। सभी 108 गांठों के लिए कारीगर को धीरे-धीरे और सही ढंग से 'ओम' का उच्चारण करना चाहिए। इस तरह से बनाया गया हार वास्तव में एक धन्य वस्तु बन जाता है। पुराने दिनों में कई आश्रमों में, गुरु अपनी देखरेख में हार बनवाते थे, प्रत्येक रुद्राक्ष को सावधानीपूर्वक चुनते थे, रुद्राक्ष की दिशा की जांच करते थे और रेशम/सूती धागे (ढाई गुना) में गांठें लगाते थे। गांठ को नागपाश ग्रंथि के रूप में जाना जाता है) ठीक से, प्रत्येक गांठ के पूरा होने पर 'ओम' का जप किया जाता है और इस प्रकार पहनने या जप के लिए एक शक्तिशाली हार बनाया जाता है। केवल मेरु मणि (बाकी को एक साथ रखने वाला बड़ा रुद्राक्ष) को अन्य सभी रुद्राक्ष की ऊर्जा का समर्थन करने के लिए अपने मुंह के साथ ऊपर की ओर रखा जाता है।

चिकित्सीय उपयोग के लिए रुद्राक्ष को धातु के तार (तांबा, पंच-धातु, चांदी या सोना) में पिरोकर उपयोग करना चहिये। पंच-धातु तांबा, कांस्य, सोना, सीसा और चांदी का एक मिश्र धातु है।

रुद्राक्ष को कलाई, बांह या शरीर के अन्य हिस्सों पर भी पहना जा सकता है। चक्रों को खोलने और आंतरिक ऊर्जा को नियंत्रित करने के लिए इसे कमर के चारों ओर (17 मुखी, 21 मुखी), पारद (रासमणि) गुटिका या के साथ भी पहना जा सकता है। ऐसे उपयोगों के लिए किसी विशेषज्ञ की सलाह की अनुशंसा की जाती है।

रुद्राक्ष का मौखिक सेवन निम्नलिखित में से किसी भी तरीके से किया जा सकता है:

1. रुद्राक्ष को साफ करके उसका बारीक चूर्ण बना लें। इस पाउडर को प्रतिदिन लगभग 300 मिलीग्राम की मात्रा में मौखिक रूप से लिया जा सकता है। (20 मिमी व्यास वाले रुद्राक्ष मनके का औसत वजन लगभग 3 ग्राम या 3,000 मिलीग्राम है, जिसका अर्थ है कि प्रति सप्ताह एक रुद्राक्ष की आवश्यकता होगी।)

2. तेल अर्क: कुछ वैद्य (आयुर्वेदिक डॉक्टर) कुचले हुए रुद्राक्ष को किसी भी खाद्य तेल (ज्यादातर तिल के तेल) में उबालते हैं, और रुद्राक्ष का तेल इसमें मिला दिया जाता है। इस तेल को औषधि के रूप में प्रयोग किया जाता है। इसे जिलेटिन कैप्सूल में भरा जा सकता है और यह आने वाले समय में रुद्राक्ष को औषधि के रूप में प्रशासित करने के कई तरीकों में से एक बन सकता है।
3. रुद्राक्ष को पेस्ट के रूप में उपयोग करना: रुद्राक्ष को दूध या पानी के साथ एक कठोर, खुरदरी सतह पर रगड़ा जाता है और एक पेस्ट तैयार किया जाता है। इसे रोगी को अतिरिक्त पानी या दूध के साथ मौखिक रूप से दिया जाता है। इस उपचार की प्रभावकारिता की गारंटी नहीं दी जा सकती क्योंकि पेस्ट बनाते समय बाहरी लिग्निन शेल समाप्त होने तक आंतरिक बीजों का उपयोग नहीं किया जाता है।
4. दूध में उबालना: चार या छह मुखी रुद्राक्ष के दानों को दूध में लगभग 10 से 15 मिनट तक उबाला जाता है। यह दूध किसी भी मानसिक विकार, मिर्गी, याददाश्त की हानि और गंभीर अवसाद से पीड़ित लोगों को दिया जाता है। इसका उपयोग स्मरण शक्ति और बुद्धि को बेहतर बनाने के लिए भी किया जाता है। चार और छह मुखी रुद्राक्षों से लाभ प्राप्त करने के लिए यह एक उपयोगी प्रक्रिया है। उबालने के बाद रुद्राक्ष को साफ रखने का ध्यान रखना चाहिए। सर्वोत्तम परिणाम प्राप्त करने के लिए उन्हें हर महीने रुद्राक्ष के एक नए सेट से बदला जाना चाहिए। कभी-कभी गर्मी के कारण रुद्राक्ष टूट सकते हैं, लेकिन टूटे हुए टुकड़ों का उपयोग जारी रह सकता है।
5. सिर पर रुद्राक्ष पहनने से उपचार: चार, पाँच और छह मुखी रुद्राक्ष के 550 रुद्राक्ष वाला एक मुकुट, अगर तीव्र मानसिक समस्याओं से पीड़ित व्यक्ति के सिर पर रखा जाए, तो उपयोगकर्ता को शांत करने में मदद मिल सकती है। कुछ विशेषज्ञ रुद्राक्ष का उपयोग करके पिरामिड या झोपड़ी के

आकार का मुकुट भी बनाते हैं और एक व्यक्ति को ध्यान के लिए उसके नीचे बिठाते हैं।

6. **रुद्राक्ष की राख (भस्म):** ऐसे उदाहरण हैं जहां रुद्राक्ष को धीरे-धीरे जलाकर राख में बदल दिया जाता है, जिसे दूध या शहद के साथ खाया जाता है। इस प्रक्रिया की वैज्ञानिक रूप से जांच करने की आवश्यकता है क्योंकि रुद्राक्ष में सोना, बेरियम और अन्य धातुएं होती हैं, जिनका इस तरह सेवन करने पर चिकित्सकीय रूप से प्रभावी हो सकता है। आयुर्वेद में, भस्म आमतौर पर मिट्टी के बर्तनों में सामग्री डालकर बनाई जाती है, जिसे सील कर दिया जाता है और फिर सूखे गाय के गोबर के उपलों का उपयोग करके जला दिया जाता है। कुछ विशेषज्ञों का मानना है कि इस तरह से जलाने पर बीजों के गुण क्षीण या नष्ट हो सकते हैं। इसके अलावा, उपचार के भस्म मार्ग की उपयोगिता की जांच की जानी चाहिए।
7. रुद्राक्ष फल का बाहरी छिलका भी कई बीमारियों, विशेषकर मानसिक रोगों का इलाज है।

रुद्राक्ष की विविधता और इसके उपयोग के कई गुना लाभों को इंगित करने के लिए इन सभी तौर-तरीकों का वर्णन किया गया है। हालाँकि, पालन की जाने वाली सर्वोत्तम प्रक्रिया को समझने के लिए गहन अध्ययन, अधिमानतः नैदानिक अध्ययन की आवश्यकता होती है।

आयुर्वेद की उत्पत्ति भगवान शिव से हुई है। वह अपने सिर पर अर्धचंद्राकार चंद्रमा धारण करते हैं। चंद्रमा (सोम) सभी औषधीय पौधों का संरक्षक है। इसलिए, रुद्राक्ष एक धन्य औषधीय पौधा है और इसकी माला शिव द्वारा धारण की जाती है, इसमें विशेष गुण हैं।

रुद्राक्ष के उपयोग से जुड़ी कुछ विशिष्ट मान्यताएँ निम्नलिखित हैं। इनमें से कुछ को पारंपरिक डॉक्टर या वैद्य जानते हैं और उनका अभ्यास करते हैं। इन सभी का चिकित्सकीय मूल्यांकन करने की आवश्यकता है लेकिन इनमें से कई दिलचस्प हैं।

धारण करके उपचार:

1. ऐसा माना जाता है कि जो लोग अपनी दायीं या बायीं भुजा पर रुद्राक्ष पहनते हैं उन्हें लकवा का दौरा नहीं पड़ता है।
2. कमर में तीन या पाँच रुद्राक्ष पहनने से कमर दर्द से राहत मिलेगी। रुद्राक्ष को हमेशा पीठ से छूना चाहिए।
3. 12 मुखी रुद्राक्ष के साथ पाँच मुखी या बड़े नेपाली किस्म के रुद्राक्ष से बना हार पहनने से रक्तचाप को नियंत्रित किया जा सकता है और हृदय रोगों से बचा जा सकता है।
4. गले में रुद्राक्ष पहनने से गले की बीमारियों जैसे टॉन्सिलाइटिस और आवाज बैठने की समस्या से राहत मिलती है।
5. 11 मुखी रुद्राक्ष को सिर के गुच्छे पर धारण करने से सिरदर्द, माइग्रेन, चक्कर, कमजोर याददाश्त और लगातार सर्दी से राहत मिलती है।

उपरोक्त के अलावा, मैंने पुस्तक में विभिन्न मुखी रुद्राक्ष के गुणों का वर्णन करते हुए कई अन्य उपचारों का भी उल्लेख किया है।

विभिन्न रूपों में औषधि के रूप में उपचार

(ये रुद्राक्ष के कुछ मौखिक अनुप्रयोग हैं। पाठकों से अनुरोध है कि इन तरीकों का सहारा लेने से पहले किसी वैद्य, विशेषज्ञ या चिकित्सक से परामर्श लें। रुद्राक्ष एक बहुत कठोर बीज है; इसका बारीक पाउडर बनाना कोई आसान काम नहीं है और यह पीसने और छानने की अच्छी सुविधा की आवश्यकता होती है। यदि पाउडर बारीक नहीं है और इसमें रुद्राक्ष के खोल के कठोर कण हैं, तो इससे कुछ नुकसान हो सकता है।)

1. रुद्राक्ष को कुचलकर उबलते पानी में डालें (पानी की मात्रा रुद्राक्ष के वजन से छह गुना होनी चाहिए और बीज ताजा होनी चाहिए)। जब यह एक चौथाई मात्रा में रह जाए तो इसे आग से उतार लें और क्वाथ (जड़ी-बूटियों से प्राप्त जल अर्क, जिसे काढ़ा या कषाय भी कहा जाता है) के

रूप में उपयोग करें। जब नियमित रूप से शहद के साथ लिया जाता है, तो इसका उपयोग रक्त शोधक और ऊर्जा के लिए एक सामान्य टॉनिक के रूप में किया जा सकता है।

2. रुद्राक्ष को हरड़, अडूसा की छाल और मुनक्का के साथ बराबर मात्रा में लेकर जड़ी-बूटियों के वजन से तीन गुना वजन के पानी में उबालकर क्वाथ बना लें। सांस की समस्याओं, खाँसी और सामान्य कमजोरी के इलाज के लिए इस क्वाथ का शहद के साथ सेवन किया जा सकता है।
3. पाउडर बनाने के लिए रुद्राक्ष फल के गूदे या पेड़ की छाल या रुद्राक्ष का ही उपयोग करें। इसका उपयोग मिर्गी को नियंत्रित करने के लिए किया जा सकता है।
4. रुद्राक्ष और अपामार्ग (कांटेदार भूसी के फूल) के बीजों का उपयोग रुद्राक्ष के वजन से चार गुना अधिक करें और पहले बताए अनुसार एक क्वाथ बनाएँ। बवासीर को ठीक करने के लिए प्रतिदिन क्वाथ की 10 से 12 बूंदों का सेवन करना चाहिए। 1:4:4 के अनुपात में रुद्राक्ष, त्रिफला (हरड़) और गुग्गुल (भारतीय हरड़) से बने पाउडर का उपयोग करके भी बवासीर का इलाज किया जा सकता है।
5. रुद्राक्ष, देवदारू, चित्रक, हरड़, दारुहल्दी, गिलोय, सौंठ, पुनर्नवा और भारंगी को समान मात्रा में लेकर एक क्वाथ बना लें। पीलिया, पेट दर्द और लीवर की समस्याओं के इलाज के लिए नियमित रूप से इसका सेवन करें।
6. रुद्राक्ष और ककोड़ा की जड़ का प्रयोग 1:4 के अनुपात में करें और एक लीटर पानी का उपयोग करके क्वाथ बना लें। नब्बे प्रतिशत पानी को वाष्पित होने देना चाहिए। कीड़े के काटने से होने वाले विषैले प्रभाव को ठीक करने के लिए एक चम्मच क्वाथ को दोगुनी मात्रा में गाय के दूध से बने घी के साथ सेवन करें।
7. स्मरण शक्ति बढ़ाने के लिए चार या छह मुखी रुद्राक्ष को दूध में उबालकर एक महीने तक नियमित रूप से सेवन करें।

8. यौन शक्ति बढ़ाने के लिए रुद्राक्ष को किसी कठोर, खुरदरी सतह पर घिसकर उसका पेस्ट बना लें और इसे माथे पर लगाएँ। छह मुखी रुद्राक्ष की माला के साथ गले में 13 मुखी रुद्राक्ष (सर्वोत्तम परिणामों के लिए तीन रुद्राक्ष) पहनना भी इस उद्देश्य के लिए बहुत उपयोगी है। इनमें से किसी का भी गैर-नैदानिक या नैदानिक परीक्षण नहीं हुआ है और लेखक के पास इनमें से किसी के लिए कोई प्रशंसापत्र नहीं है।

सौन्दर्य प्रसाधन के रूप में रुद्राक्ष

1. आंखों के नीचे झुर्रियाँ और काले घेरे के लिए: प्रभावित हिस्सों पर ताजा नीबू और तुलसी की कुछ बूंदों के साथ पानी में रुद्राक्ष का पेस्ट लगाएँ।
2. त्वचा रोगों के लिए: गाय के गोबर को पानी में मिलाकर पाँच मुखी रुद्राक्ष से बना लेप प्रभावित स्थान पर लगाएँ। यह दाद संक्रमण, एक्जिमा आदि के इलाज में सहायक है।
3. चमकदार चेहरे के लिए: गाय के दूध से बने शहद और घी के साथ रुद्राक्ष और मंजिष्ठा पाउडर मिलाएँ और चेहरे पर चमक लाने के लिए इस पेस्ट को चेहरे पर लगाएँ।
4. साफ त्वचा: रुद्राक्ष, लाल चंदन, वट-वृक्ष (बरगद का पेड़) और चमेली (चमेली) के पत्तों का पेस्ट तैयार करें और इसे चेहरे पर लगाएँ। 10 से 15 मिनट बाद इसे गुनगुने पानी से धो लें। यह त्वचा को साफ़ बनाने में मदद करेगा।
5. झुर्रियाँ दूर करना : आठ मुखी रुद्राक्ष और बादाम के पाउडर को गुलाब जल में मिलाकर पेस्ट तैयार करें और इसे चेहरे पर लगाकर करीब एक घंटे के लिए छोड़ दें। बिना साबुन का प्रयोग किये चेहरे को साफ पानी से धोएं। कुछ ही दिनों में इससे चेहरे पर चमक आ जाएगी और झुर्रियाँ दूर हो जाएंगी। झुर्रियों का इलाज निम्नलिखित तरीके से भी किया जा सकता है: बारीक रुद्राक्ष पाउडर और अर्जुन पेड़ की छाल का मिश्रण तैयार करें और शहद का उपयोग करके पेस्ट बनाएँ। पानी से धोने से

पहले इसे चेहरे पर लगाएँ और एक घंटे के लिए छोड़ दें। रुद्र ज्योति फार्म हाउस नागपुर में, हमने प्राथमिक आधार सामग्री के रूप में रुद्राक्ष पाउडर का उपयोग करके फेस पैक, स्क्रब, टूथ पाउडर आदि बनाया है और कई उपयोगकर्ताओं से सराहना प्राप्त की है, कोई व्यावसायिक उत्पादन नहीं किया गया है।

जलने के उपचार के लिए रुद्राक्ष

1. नारियल के तेल में रुद्राक्ष पाउडर मिलाकर प्रभावित हिस्से पर लगाएँ।
2. चूना पत्थर के पानी में सफेद चंदन पाउडर, गिलोय पाउडर और रुद्राक्ष पाउडर मिलाएँ (पानी में चूना पत्थर मिलाकर उसे छान लें) और बराबर मात्रा में नारियल का तेल मिलाएँ। इसे शरीर के जले हुए हिस्से पर लगाएँ।

बवासीर का इलाज करने के लिए रुद्राक्ष

1. बकरी के मूत्र का उपयोग करके रुद्राक्ष, करंज की छाल और कटु तुम्बी (लौकी) के पत्तों का पेस्ट तैयार करें। इसमें अर्का (कैलोट्रोपिस गिगेंटीन, एक प्रकार का फल) का रस मिलाएँ। इस तैयारी को स्थानीय स्तर पर लागू करें।
2. कनेर (ऑलियंडर) और रुद्राक्ष की जड़ का पेस्ट तैयार करें (4:1 के मिश्रण में) और इसे स्थानीय स्तर पर लगाएँ।
3. रुद्राक्ष और त्रिफला को 1:4 के अनुपात में लेकर पेस्ट तैयार कर लें। इसे शहद के साथ मिलाएँ और स्थानीय स्तर पर लगाएँ।

बालों के लिए रुद्राक्ष

समय से पहले सफेद होते बालों के लिए: रुद्राक्ष, लौह चूर्ण, काली मिट्टी और भृंगराज का पेस्ट तैयार करें। गन्ने का रस मिलाकर इस मिश्रण को किसी बर्तन में रखकर लगभग एक महीने तक मिट्टी में दबा दें। फिर इसे निकालकर बालों पर

दिन में तीन से चार बार लगाएँ। तीन से चार महीने में यह बालों का प्राकृतिक रंग वापस लौटा देगा और उनके विकास में मदद करेगा।

रुद्राक्ष जल

रुद्राक्ष के तीन से पाँच दानों को मिट्टी या तांबे के बर्तन में एक लीटर पानी में लगभग 10 घंटे तक डुबोकर रखें। पानी को छान लें, रुद्राक्ष को दो से तीन घंटे तक सूखने दें और उन्हें अगले 10 घंटों के लिए वापस पानी में डाल दें। इसके बाद रुद्राक्ष को हटा दें। इस पानी को रोजाना पीने से रक्तचाप नियंत्रित रहेगा और यह दिल की बीमारियों के लिए भी अच्छा है। एक ही रुद्राक्ष का उपयोग एक वर्ष तक किया जा सकता है।

इस पानी का उपयोग निम्नलिखित रूप से भी किया जा सकता है:

- सिरदर्द या माइग्रेन (कान में कुछ बूँदें डालें),
- कोई बाहरी संक्रमण या घाव (इस पानी को स्थानीय रूप से लगाएँ और नियमित रूप से पियें),
- सर्दी और खांसी (नाक में कुछ बूंदें डालें),
- आंखों के रोग (इस साफ पानी की कुछ बूंदें आंखों में डालें)।

एलेओकार्पस के फाइटोकेमिकल्स उनके चिकित्सीय मूल्य के साथ: एक समीक्षा

https://www.researchgate.net/publlcatlon/252931148_फाइटोकेमिकल्स_ऑफ_एलेओकार्पस_विथ_देयर_थेराप्यूटिक_वैल्यू_ए_रिव्यू। इंटरनेशनल जर्नल ऑफ फार्मा एंड बायो साइंसेज 4(3) (समीक्षा आलेख, जुलाई 2013)

इंटरनेशनल जर्नल ऑफ फार्मा एंड बायो साइंसेज, यूएसए में प्रकाशित लेख का संक्षिप्त सारांश कहता है:

> "एलियोकार्पस सदाबहार चौड़ी पत्ती वाले पेड़ों और झाड़ियों की एक प्रजाति है जो एलियोकार्पसी (रुद्राक्ष) परिवार से संबंधित गर्म क्षेत्रों में व्यापक रूप

से वितरित होती है। इस समीक्षा में एलेओकार्पस जीनस की फार्मास्युटिकल और फार्माकोलॉजिकल गतिविधि से संबंधित सभी प्रकाशन शामिल हैं जिन्हें लेखकों द्वारा पहचाना गया था।

अध्ययनों से संकेत मिलता है कि विभिन्न एलियोकार्पस प्रजातियों में एल्कलॉइड, फ्लेवोनोइड, ग्लाइकोसाइड, टैनिन, ट्राइटरपीन, फैटी एसिड, एलाजिक एसिड डेरिवेटिव और साइटोटोक्सिक यौगिक जैसे रासायनिक घटक होते हैं। एलेओकार्पस पर सभी शोध कार्यों से इस जीनस के विशाल औषधीय महत्व का पता चलता है, लेकिन फिर भी इन परिणामों की पुष्टि करने और अन्य संभावित औषधीय मूल्यों को प्रकट करने के लिए विभिन्न एलेओकार्पस प्रजातियों का अधिक व्यापक अध्ययन किया जाना चाहिए।

एलेओकार्पस ओब्लोंगस गार्टन (रुद्राक्ष) प्रजाति के फल पर फार्माकोग्नॉस्टिकल अध्ययन भी विभिन्न चिकित्सीय गतिविधि का संकेत देते हैं जैसे:

- दमा रोधी
- चिंता निवारक
- अवसादरोधक
- मधुमेहरोधी
- उच्च रक्तचाप विरोधी
- सूजनरोधी
- रोगाणुरोधी
- एंटीअल्सरोजेनिक
- एंटी वाइरल
- साइटोटोक्सिक"

तांबे से बने रुद्राक्ष के उपयोग से कोरोना वायरस के प्रभाव से बचाव।

कोरोना वायरस के प्रभाव को रोकने के लिए तांबे का उपयोग वैज्ञानिक रूप से सिद्ध है। सभी धातुओं या प्लास्टिक में यह एकमात्र ऐसी सतह है जिसके संपर्क में आने से वायरस कुछ ही मिनटों में खत्म हो जाता है। ऐसे कई शोध पत्र हैं जिन्हें पाठक गूगल खोज में पा सकते हैं। लेखक ने तांबे से ढके हुए रुद्राक्ष का उपयोग करके कई सौ अन्य लोगों की रक्षा की। चिकित्सा जगत द्वारा इस प्रयोग का आगे अध्ययन और प्रचार किया जाना चाहिए। इस संबंध में मेरी सलाह पर श्री. गौरव दुबे द्वारा लिखा गया एक लेख नीचे दिया गया है:

"तांबा (Cu) मनुष्य के लिए एक आवश्यक तत्व है। आहार संबंधी तांबा छोटी आंत में अवशोषित होता है और तेजी से परिसंचरण में दिखाई देता है। रक्त में, तांबे को बड़े प्रोटीन से जुड़े प्लाज्मा पूल में वितरित किया जाता है, कम आणविक भार तांबे के परिसरों का एक विनिमेय अंश, और एक लाल कोशिका पूल जो आंशिक रूप से गैर-विनिमय योग्य होता है। तांबा मानव प्रतिरक्षा प्रणाली के कार्य और रखरखाव में एक महत्वपूर्ण भूमिका निभाता है, तांबा टी सहायक कोशिकाओं, बी कोशिकाओं, न्यूट्रोफिल, प्राकृतिक कोशिकाओं और मैक्रोफेज के कार्यों में शामिल है। ये कोशिकाएं संक्रामक रोगाणुओं को मारने, कोशिका-मध्यस्थ प्रतिरक्षा और विशिष्ट एंटीबॉडी के उत्पादन में शामिल होती हैं। मानव में तांबे की कमी के लक्षणों में श्वेत रक्त कोशिकाओं की कमी, हड्डी और संयोजी ऊतक असामान्यताएं और प्रतिरक्षा प्रतिक्रियाएं शामिल हैं। प्रतिरक्षा कार्य पर अपर्याप्त तांबे का प्रतिकूल प्रभाव शिशुओं और वृद्ध लोगों में सबसे अधिक स्पष्ट दिखाई देता है। जिन शिशुओं में आनुवांशिक विकार होते हैं, जिनके परिणामस्वरूप गंभीर तांबे की कमी होती है, वे बार-बार और गंभीर संक्रमण से पीड़ित होते हैं। संक्रमण के दौरान, मैक्रोफेज उच्च तांबे लोड वाले हमलावर रोगाणुओं पर हमला कर सकते हैं। रोगज़नकों की एक विस्तृत श्रृंखला के संक्रमण के दौरान लिंग संक्रमण के स्थानों पर भी तांबा बढ़ जाता है। तांबे की कमी और इसके अतिरिक्त स्तर के परिणामस्वरूप असामान्य सेलुलर फ़ंक्शन या क्षति हो सकती है जो मेजबान-रोगज़नक़ इंटरैक्शन में इसकी केंद्रीय

भूमिका देती है। वायरस और सेलुलर मशीनरी के बीच आणविक परस्पर क्रिया Cu2+ प्रवाह का प्रबंधन करती है। संक्रामक रोगों में तांबा होमियोस्टैसिस में सूक्ष्म परिवर्तन हो सकते हैं और परिणामस्वरूप रोगज़नक़ को खत्म करने के लिए विषाक्त तांबा संचय होता है। आहार संबंधी कमी जन्मजात और अनुकूली प्रतिरक्षा दोनों को प्रभावित करती है। वास्तव में, क्यू-डिफिसिएंट मनुष्य संक्रमण के प्रति असाधारण संवेदनशीलता दिखाते हैं। इसके अलावा, तांबे कई संक्रामक वायरस जैसे ब्रोंकाइटिस वायरस, पोलियोवायरस, मानव इम्युनोडेफिशिएंसी वायरस टाइप 1 (HIV-1), अन्य घिरे या अविकसित, एकल या डबल-स्ट्रैंडेड डीएनए और आरएनए वायरस को मार सकता है। तांबे से - प्रेरित वायरल हत्या को ROS के माध्यम से मध्यस्थ किया जा सकता है, और इस संबंध में, Cu+ और हाइड्रोजन पेरोक्साइड आवश्यक भूमिका निभाते हैं। धात्विक तांबा सतहों पर बैक्टीरिया, यीस्ट और वायरस की समाप्ति का अच्छी तरह से अध्ययन किया गया है। तांबे अनुपूरण को। L-2 के बढ़े हुए संश्लेषण के माध्यम से तांबे की -कमी वाले जानवरों में। L-2 के स्राव और गतिविधि को बहाल करने के लिए दिखाया गया है, जो T हेल्पर सेल प्रसार और NK सेल साइटोटोक्सिसिटी के लिए महत्वपूर्ण है। यह अभी भी स्पष्ट नहीं है कि तांबे की कमी कैसे पोटीन की अभिव्यक्ति को बदलकर देखी गई विकृतियाँ उत्पन्न करती है। डेटा-संचालित और लक्षित दोनों स्वरूपों में ट्रांसक्रिप्ट प्रोफाइलिंग, प्रोटिओमिक विश्लेषण और मेटाबोलाइट प्रोफाइलिंग, पशु मॉडल में अधिक यंत्रवत विवरण प्रदान करने का वादा करते हैं जिनका मानव विकृति विज्ञान में परीक्षण किया जा सकता है। तांबे ने न्यूट्रोफिल गतिविधि, टी हेल्पर सेल मिटोजेन्स के लिए ब्लास्टोजेनिक प्रतिक्रिया, Th2 कोशिकाओं के बीच संतुलन को संशोधित करके बिगड़ा हुआ प्रतिरक्षाविज्ञानी कार्यों को भी सामान्य किया। सन्दर्भ नं. 64 से 83.”

निष्कर्ष

सभी प्रकाशनों का अध्ययन करने के बाद, यह निष्कर्ष निकाला गया कि एलियोकार्पस की विभिन्न प्रजातियाँ अपने उच्च औषधीय मूल्यों के साथ फाइटोकेमिकल्स की उपस्थिति के कारण चिकित्सा विज्ञान के क्षेत्र में बहुत महत्वपूर्ण हैं।

यद्यपि प्राचीन विज्ञान में एलेओकार्पस का उपयोग आयुर्वेदिक दवा के रूप में किया जाता था, लेकिन वैज्ञानिक अध्ययन से इस जीनस के कई अन्य औषधीय उपयोगों का पता चला और इसकी प्रजाति प्रायोगिक जानवरों में सिद्ध बहुउद्देशीय औषधीय एजेंट का स्रोत बन गई, लेकिन इसके चिकित्सीय उपयोग का समर्थन करने के लिए नैदानिक परीक्षण आयोजित किए जाने चाहिए। यह पहचानना भी महत्वपूर्ण है कि एलेओकार्पस प्रजाति न केवल अलगाव में प्रभावी हो सकती है, बल्कि अन्य जड़ी-बूटियों या दवाओं के साथ संयोजन में दिए जाने पर वास्तव में एक शक्तिशाली प्रभाव डाल सकती है।

इन निष्कर्षों के आधार पर, हम युवा पीढ़ी के न्यू कैसल विश्वविद्यालय के स्नातकोत्तर शोध छात्र श्री गौरव दुबे जैसे लोगों को इस उद्देश्य को आगे बढ़ाने और इस चिकित्सीय रुद्राक्ष के अधिक लाभों की खोज के लिए समर्पित शोध करते हुए देखकर खुश हैं। यहाँ उनके द्वारा किए जा रहे शोध कार्य का संक्षिप्त विवरण दिया गया है।

"औषधीय गतिविधियाँ

एंटीऑक्सीडेंट गुण

ई. गैनिट्रस (रुद्राक्ष) में आशाजनक एंटीऑक्सीडेंट क्षमता होने की सूचना है। प्रयोगों से पता चला है कि इथेनॉलिक अर्क (ईई) में 500 μg/एमएल अर्क सांद्रता पर 24.18 मिलीग्राम एस्कॉर्बिक एसिड समकक्ष पाया जाता है, जो अर्क की एंटीऑक्सीडेंट गतिविधि को साबित करता है, एक यौगिक की शक्ति को कम करके इसकी एंटीऑक्सीडेंट क्षमता को भी दर्शाता है। टैनिन की शक्ति कम करने से लिपिड पेरोक्साइड के निर्माण को रोककर लीवर की क्षति को रोका जाता है। ईई की कम करने की शक्ति 1.112 से 1.973 सांद्रता तक थी।

एंटीऑक्सिडेंट गुणों और फ्लेवोनोइड्स और पॉलीफेनोल्स की सांद्रता के साथ एक सकारात्मक संबंध है।

रुद्राक्ष के अन्य महत्वपूर्ण कार्य हैं -

- एंटी-फंगल गतिविधि
- जीवाणुरोधी गतिविधियाँ
- कैंसर रोधी एजेंट
- उच्च रक्तचाप रोधी एजेंट
- सूजनरोधी और दर्दनिवारक गतिविधियाँ

पार्किंसंस रोग और अवसाद के उपचार की दिशा में महत्वपूर्ण निष्कर्ष

क्वेरसेटिन के एंटीऑक्सीडेंट और सूजनरोधी कार्यों के आधार पर, मैंने अनुमान लगाया कि क्वेरसेटिन का उपयोग लेवोडोपा (पार्किंसंस रोग में इस्तेमाल की जाने वाली दवा) के साथ किया जा सकता है और पार्किंसंस रोग में प्रभावी हो सकता है।

जैसा कि यह साबित हो चुका है कि 6-ओएचडीए इंजेक्शन से पहले और बाद में दो सप्ताह तक क्वेरसेटिन के उपचार से चूहों के मॉरिस वॉटर भूलभुलैया परीक्षण में प्रदर्शन में सुधार हो सकता है। इसलिए क्वेरसेटिन का पीडी के लिए संज्ञानात्मक बढ़ाने वाला प्रभाव है।

ई. गैनिट्रस के जलीय अर्क की उच्चरक्तचापरोधी गतिविधि रेनिन-एंजियोटेंसिन प्रणाली पर कार्रवाई के माध्यम से हो सकती है। तो उपरोक्त अर्क की उच्चरक्तचापरोधी गतिविधि के कारण अवसाद का प्रभावी ढंग से इलाज करने के लिए उपयोग किया जा सकता है।

चूँकि एलियोकार्पस गैनिट्रस एल्कलॉइड्स, टैनिन के अंतर्गत आ सकता है (क्योंकि यह गैलिक और एलाजिक एसिड पैदा करता है) इसका उपयोग तंत्रिका टॉनिक के रूप में भी किया जा सकता है।

यदि ई. गैनिट्रस का अर्क अन्य दवाओं जैसे करक्यूमिन और अन्य दवाओं के साथ दिया जाता है जिनका उपयोग सहक्रियात्मक गतिविधि देने के लिए किया जाता है। और विभिन्न प्रयोगों से यह सिद्ध होता है

कि रुद्राक्ष अन्य औषधियों के साथ मिलकर अवसादरोधी क्रिया प्रदर्शित करता है।"

मुंबई विश्वविद्यालय में फार्माकोलॉजी विभाग में प्रोफेसर डॉ. अर्चना जुवेकर के नेतृत्व में विस्तृत प्रयोग और अध्ययन किए गए। वर्ष 2005-07 के दौरान जुवेकर, इस पुस्तक के लेखक द्वारा प्रतिनिधित्व किए गए रुद्रलाइफ मुंबई के प्रायोजन के साथ। यहाँ संक्षेप में निष्कर्ष दिए गए हैं: (संदर्भ संख्या 44 से 63)

1. प्रायोगिक चूहों में रुद्राक्ष की सूजनरोधी गतिविधि का मूल्यांकन

(सभी अध्ययनों में, हाफकिन बायोफार्मास्यूटिकल्स कॉरपोरेशन, मुंबई से प्राप्त स्वस्थ विस्टार चूहों का उपयोग किया गया था। चूहों के रखरखाव, भोजन और परीक्षण के लिए अनुमोदित प्रथाओं के अनुसार प्रोटोकॉल का पालन किया गया था।)

विभिन्न प्रकार की नैदानिक बीमारियों के इलाज के लिए पौधों के अर्क से प्राप्त हर्बल दवाओं का तेजी से उपयोग किया जा रहा है, हालांकि उनकी कार्रवाई के तरीके के बारे में अपेक्षाकृत कम जानकारी उपलब्ध है। भारतीय पारंपरिक चिकित्सा प्रणालियों में प्रयुक्त विभिन्न उपचारों के औषधीय मूल्यांकन में रुचि बढ़ रही है।

एलेओकार्पस गैनिट्रस, जिसे आम तौर पर रुद्राक्ष के नाम से जाना जाता है, हिंदू धर्म में एक बहुत ही विशेष स्थान रखता है, और इसे रहस्यमय और दैवीय गुणों का श्रेय दिया जाता है। रुद्राक्ष की माला को शुभ होने के साथ-साथ शक्तिशाली भी माना जाता है और माना जाता है कि इससे ज्योतिषीय और स्वास्थ्य संबंधी कई फायदे होते हैं। आयुर्वेदिक चिकित्सा प्रणाली के अनुसार, रुद्राक्ष पहनने से हृदय और तंत्रिकाओं पर सकारात्मक प्रभाव पड़ता है और आपको तनाव, चिंता, अवसाद, घबराहट और एकाग्रता की कमी से

राहत मिलती है। यह अपने एंटी-एजिंग प्रभाव और विद्युत चुम्बकीय और आगमनात्मक गुणों के लिए भी जाना जाता है। उच्च रक्तचाप वाले लोगों को रुद्राक्ष के बीज के उपयोग से लाभ हुआ है। आयुर्वेद के अनुसार, फल खट्टे होते हैं, भूख बढ़ाते हैं, शामक होते हैं और खांसी, ब्रोंकाइटिस, तंत्रिका दर्द, मिर्गी, माइग्रेन आदि के उपचार में उपयोगी होते हैं।

ऐसी बहुत कम रिपोर्टें हैं कि रुद्राक्ष सूजन और संबंधित विकारों के उपचार और प्रबंधन में प्रभावी है। इसलिए उक्त दावे का वैज्ञानिक मूल्यांकन और सत्यापन करने के लिए वर्तमान कार्य शुरू किया गया था।

रुद्राक्ष के मेथनॉलिक अर्क का मूल्यांकन एक तीव्र मॉडल का उपयोग करके इसकी सूजन-रोधी गतिविधि के लिए किया गया था। कैरेजेनन-प्रेरित एडिमा मॉडल में रुद्राक्ष के मेथनॉलिक अर्क के लिए महत्वपूर्ण सूजनरोधी गतिविधि देखी गई। अर्क ने 200 मिलीग्राम/किग्रा और 400 मिलीग्राम/किग्रा की खुराक पर सूजन में अवरोध दिखाया। हालाँकि, दवा देने के 3 घंटे बाद 400 मिलीग्राम/किग्रा की खुराक पर अर्क में 36.6 प्रतिशत की अधिकतम रुकावट देखी गई। कैरेजेनन-प्रेरित एडिमा का उपयोग आमतौर पर तीव्र सूजन के लिए एक प्रायोगिक पशु मॉडल के रूप में किया जाता है और इसे द्विध्रुवीय माना जाता है, जिसमें से पहले चरण में हिस्टामाइन और 5HT की रिहाई के बाद किनिन की रिहाई और फिर बाद के चरण में प्रोस्टाग्लैंडीन की मध्यस्थता होती है।

वर्तमान अध्ययन के समग्र परिणामों से संकेत मिलता है कि, दी गई प्रायोगिक स्थितियों के तहत, रुद्राक्ष के मेथेनॉलिक अर्क में सूजन-रोधी गतिविधि होती है।

2. रुद्राक्ष पाउडर की मधुमेह विरोधी गतिविधि का मूल्यांकन

मधुमेह मेलिटस एक गंभीर बीमारी है जिसमें रक्त शर्करा (शर्करा) का स्तर बहुत अधिक होता है। शरीर में कोशिकाएं गति, विकास और मरम्मत के लिए ऊर्जा प्रदान करने के लिए ग्लूकोज को तोड़ती हैं। हार्मोन इंसुलिन रक्त में ग्लूकोज

के स्तर को नियंत्रित करने के लिए जिम्मेदार है। ग्लूकोज का असामान्य रूप से उच्च स्तर छोटी और बड़ी रक्त वाहिकाओं को नुकसान पहुंचा सकता है, जिससे मधुमेह अंधापन, गुर्दे की बीमारी, अंगों का विच्छेदन, स्ट्रोक और हृदय रोग हो सकता है।

मधुमेह के तीन सामान्य प्रकार हैं। टाइप 1 मधुमेह का निदान आमतौर पर (लेकिन हमेशा नहीं) बच्चों और युवा वयस्कों में किया जाता है। टाइप 1 मधुमेह वाले लोगों में इंसुलिन नहीं बनता है और उन्हें रोज इंसुलिन लेना पड़ता है।

टाइप 2 मधुमेह आमतौर पर (लेकिन हमेशा नहीं) 45 वर्ष से अधिक उम्र के वयस्कों में निदान किया जाता है। टाइप 2 मधुमेह में, या तो व्यक्ति पर्याप्त इंसुलिन नहीं बना रहा है, या शरीर इंसुलिन के प्रति प्रतिरोधी है और इसका ठीक से उपयोग नहीं कर सकता है। गर्भकालीन मधुमेह गर्भावस्था के दौरान होता है:

सभी गर्भवती महिलाओं में से 2-4% को गर्भावधि मधुमेह है। यदि किसी महिला को गर्भकालीन मधुमेह है, तो उसे जीवन में बाद में टाइप 2 मधुमेह होने की लगभग 40% संभावना है।

अमेरिका में लगभग 17 मिलियन लोगों को मधुमेह है, लेकिन उनमें से पाँच मिलियन को इसके बारे में पता भी नहीं है। प्रत्येक वर्ष लगभग दस लाख नए मामलों का निदान किया जाता है। यह रोग सभी उम्र और जातीय समूहों के पुरुषों और महिलाओं को प्रभावित करता है - अफ्रीकी-अमेरिकी, लैटिनो, अमेरिकी-भारतीय, अलास्का मूल निवासी, एशियाई-अमेरिकी और प्रशांत द्वीपवासी अन्य समूहों की तुलना में अधिक प्रभावित होते हैं।

मधुमेह मेलिटस एक प्रमुख अंतःस्रावी विकार है जो दुनिया की लगभग 10% आबादी को प्रभावित करता है। हाइपोग्लाइसेमिक एजेंटों की शुरूआत के बावजूद, मधुमेह और संबंधित जटिलताएँ एक प्रमुख चिकित्सा समस्या बनी हुई हैं। प्राचीन काल से, गैर-इंसुलिन-निर्भर मधुमेह मेलेटस वाले रोगियों का इलाज विभिन्न प्रकार के पौधों के अर्क के साथ लोककथाओं द्वारा मौखिक रूप

से किया जाता रहा है। आयुर्वेद में मधुमेह या मधुमेह के इलाज के लिए अच्छी संख्या में पौधों का उल्लेख है। कुछ का प्रयोगात्मक मूल्यांकन किया गया है और सक्रिय सिद्धांतों को अलग कर दिया गया है। हालाँकि, नई मधुमेहरोधी दवाओं की खोज जारी है।

वर्णन

मधुमेह संभवतः दुनिया की सबसे बड़ी बढ़ती चयापचय बीमारी है। जैसे-जैसे इस विकार की विविधता पर ज्ञान उन्नत होता है, अधिक उपयुक्त चिकित्सा की आवश्यकता बढ़ती जाती है। मधुमेह संबंधी अनेक जटिलताओं के लिए दुनिया भर में पारंपरिक पौधों की दवाओं का उपयोग किया जाता है। ऐसी दवाओं का अध्ययन भविष्य के लिए मधुमेह रोग विशेषज्ञ की फार्मेसी को खोलने के लिए एक प्राकृतिक कुंजी प्रदान कर सकता है। सामान्य गैर-मधुमेह चूहों में शरीर के वजन के 250, 500 और 1000 मिलीग्राम/किलोग्राम की खुराक के स्तर पर रुद्राक्ष पाउडर उपचार के 2 घंटे बाद रक्त शर्करा के स्तर में महत्वपूर्ण कमी दिखाता है, लेकिन उसके बाद महत्वपूर्ण कमी नहीं दिखाता है। नियंत्रण समूह की तुलना में स्ट्रेप्टोजोटोसिन से प्रेरित मधुमेह चूहों में, श रीर के वजन के 250, 500 और 1000 मिलीग्राम/किलोग्राम की खुराक के स्तर पर 30 दिनों के लिए रुद्राक्ष पाउडर के साथ उपचार के बाद बेसलाइन मूल्यों (दिन 0) की तुलना में रक्त शर्करा के स्तर में कमी देखी गई है। 250 मिलीग्राम/किग्रा की खुराक पर रुद्राक्ष पाउडर 30 दिनों के उपचार के बाद भी मधुमेह नियंत्रण समूह की तुलना में रक्त शर्करा के स्तर में महत्वपूर्ण कमी नहीं दिखाता है। 500 और 1000 मिलीग्राम/किग्रा की खुराक के स्तर पर रुद्राक्ष पाउडर से 30 दिनों के उपचार के बाद रक्त शर्करा के स्तर में उल्लेखनीय कमी देखी गई। उपचार रोकने के पंद्रह दिन बाद सभी उपचार समूह के जानवरों के रक्त शर्करा के स्तर में वृद्धि देखी गई। रुद्राक्ष पाउडर से उपचारित समूहों में मधुमेह उपचारित समूह की तुलना में रक्त शर्करा के स्तर में कोई महत्वपूर्ण कमी नहीं देखी गई, लेकिन ग्लिबेंक्लामाइड (10 मिलीग्राम/किग्रा) उपचारित

समूह ने मधुमेह नियंत्रण समूह की तुलना में चूहों के रक्त शर्करा के स्तर में महत्वपूर्ण कमी देखी।

रुद्राक्ष पाउडर से उपचारित चूहों को 250 मिलीग्राम/किलोग्राम की खुराक के स्तर पर एचडीएल-कोलेस्ट्रॉल और ट्राइग्लिसराइड्स के स्तर में महत्वपूर्ण परिवर्तन नहीं दिखता है, लेकिन मधुमेह नियंत्रण समूह की तुलना में एलडीएल और कुल कोलेस्ट्रॉल के स्तर में महत्वपूर्ण कमी दिखाई देती है। 500 और 100 मिलीग्राम/किग्रा की खुराक के स्तर पर रुद्राक्ष पाउडर से उपचारित चूहों में एचडीएल-कोलेस्ट्रॉल (अच्छा कोलेस्ट्रॉल) के स्तर में उल्लेखनीय वृद्धि देखी गई और ट्राइग्लिसराइड्स, एलडीएल-कोलेस्ट्रॉल, वीएलडीएल-कोलेस्ट्रॉल और कुल के स्तर में कमी देखी गई। कोलेस्ट्रॉल का स्तर.

निष्कर्ष

वर्तमान अध्ययन में विस्टार चूहों में स्ट्रेप्टोजोटोसिन-प्रेरित मधुमेह में शरीर के वजन के 500 और 1000 मिलीग्राम/किलोग्राम की खुराक के स्तर पर रुद्राक्ष पाउडर के उपचार से रक्त शर्करा के स्तर में महत्वपूर्ण कमी का संकेत मिला है। इसलिए, रुद्राक्ष मधुमेह संबंधी जटिलताओं को रोकने में मदद कर सकता है और मधुमेह विरोधी दवाओं के वर्तमान शस्त्रागार में एक अच्छे सहायक के रूप में काम कर सकता है।

3. रुद्राक्ष की कार्डियोप्रोटेक्टिव गतिविधि का मूल्यांकन

हृदय संबंधी विकारों के कारण दुनिया भर में हर साल 12 मिलियन मौतें होती हैं और इसे जानलेवा बीमारियों का नंबर एक समूह माना जाता है। इस्केमिक हृदय रोग (आईएचडी) एक बड़ी स्वास्थ्य समस्या बनकर उभरा है और अनुमान है कि वर्ष 2030 तक यह बीमारी मानव जीवन के लिए प्रमुख और सबसे आम खतरा बनी रहेगी।

मायोकार्डियल रोधगलन या मायोकार्डियल इस्चियामिया, जिसे आमतौर पर दिल का दौरा कहा जाता है, इस्केमिक हृदय रोगों में सबसे खतरनाक है

और दुनिया भर में मृत्यु दर के प्रमुख कारणों में से एक है। यह उचित शारीरिक कार्यप्रणाली के लिए मायोकार्डियम के एक हिस्से में रक्त की आपूर्ति में कमी के कारण हृदय की मांसपेशियों के इस्केमिक नेक्रोसिस से जुड़ा हुआ है। मायोकार्डियल इस्केमिक क्षति का रोगजनक तंत्र अभी भी पूरी तरह से समझा नहीं गया है, लेकिन मायोकार्डियल इस्केमिया में ऑक्सीजन-व्युत्पन्न मुक्त कणों (ओएफआर) की भूमिका स्थापित की गई है, हालांकि इसे पूरी तरह से चित्रित नहीं किया गया है।

ऑक्सीडेटिव तनाव हृदय रोगों सहित विभिन्न मानव रोगों के एटियोपैथोजेनेसिस (बीमारी का कारण और उसके बाद के विकास) में शामिल है। कोरोनरी धमनी रोगों के विकास पर एंटीऑक्सीडेंट स्थिति का बड़ा प्रभाव पड़ता है। मायोकार्डियल इस्चियामिया के बाद हमेशा कई जैव रासायनिक परिवर्तन होते हैं, जैसे कि लिपिड पेरोक्सीडेशन, मुक्त कण क्षति, हाइपरलिपिडेमिया इत्यादि, जिससे हेमयोकार्डियम में गुणात्मक और मात्रात्मक परिवर्तन होते हैं। इसलिए, उनकी कार्डियोप्रोटेक्टिव गतिविधि के लिए एंटीऑक्सीडेंट क्षमता वाले प्राकृतिक यौगिकों की स्क्रीनिंग एक वैध और व्यवहार्य दृष्टिकोण है।

अध्ययन का औचित्य और उद्देश्य

ऐसी बहुत कम रिपोर्टें हैं कि रुद्राक्ष हृदय संबंधी और संबंधित विकारों के उपचार और प्रबंधन में प्रभावी है। इसलिए, वर्तमान कार्य उक्त दावे का वैज्ञानिक मूल्यांकन और सत्यापन करने के लिए किया गया था।

वर्णन

चूहों में आइसोप्रोटेरेनॉल-प्रेरित मायोकार्डियल रोधगलन को हाइपरलिपिडेमिया, सीरम क्रिएटिन कीनेज, लैक्टेट डिहाइड्रोजनेज और एमिनोट्रांस्फरेज़ की बढ़ी हुई गतिविधि के साथ दिखाया गया है। मायोकार्डियम को नुकसान आइसोप्रोटीनॉल द्वारा फ्री-रेडिकल-मध्यस्थ लिपिड पेरोक्सीडेशन के प्रेरण के कारण हो सकता है। आइसोप्रोटीनॉल प्रशासन द्वारा उत्पन्न मुक्त कण

झिल्ली-बाउंड पॉलीअनसेचुरेटेड फैटी एसिड के लिपिड पेरोक्सीडेशन को शुरू करते हैं, जिससे मायोकार्डियल झिल्ली की संरचनात्मक और कार्यात्मक अखंडता में कमी आती है।

मायोकार्डियल रोधगलन के खिलाफ लाभकारी प्रभाव के लिए दवाओं का मूल्यांकन करते समय प्रयोगात्मक रोधगलन के आकार का आकलन करने की आवश्यकता उत्पन्न होती है। सीरम एंजाइम मायोकार्डियल रोधगलन की गंभीरता का आकलन करने के लिए संवेदनशील सूचकांक के रूप में कार्य करते हैं।

बढ़े हुए ऑक्सीडेटिव तनाव से जुड़ी बीमारियों में अंतर्जात मायोकार्डियल एंटीऑक्सीडेंट के फार्माकोलॉजिकल संवर्द्धन को एक आशाजनक चिकित्सीय दृष्टिकोण के रूप में पहचाना गया है। मायोकार्डियल रोधगलन के दौरान, ये एंजाइम मुक्त कणों द्वारा संरचनात्मक और कार्यात्मक रूप से क्षीण हो जाते हैं, जिसके परिणामस्वरूप मायोकार्डियल क्षति होती है। ग्लूटाथियोन (जीएसएच) में सुपरऑक्साइडरेडिकल्स, पेरोएक्सायरेडिकल्स और सिंगलटूऑक्सीजन के साथ प्रतिक्रिया करके प्रत्यक्ष एंटीऑक्सीडेंट कार्य होता है, इसके बाद ऑक्सीडाइज्ड जीएसएच और अन्य डाइसल्फ़ाइड्स का प्रारूपण होता है। आइसोप्रोटीनॉल-उपचारित चूहों के हृदय के ऊतकों में अंतर्जात एंटीऑक्सीडेंट एंजाइम एसओडी, कैटालेज़ और कम ग्लूटाथियोन का स्तर काफी कम पाया गया। ईजीएम-पूर्व-उपचारित चूहों में, इन अंतर्जात एंटीऑक्सीडेंट एंजाइमों की वृद्धि हुई थी। इन निष्कर्षों से संकेत मिलता है कि एंटीऑक्सीडेंट एंजाइम सिस्टम सीधे तौर पर आइसोप्रोटीनॉल-प्रेरित मायोकार्डियल रोधगलन के रोगजनक तंत्र से संबंधित हो सकते हैं जो मायोकार्डियम पर ईजीएम के सुरक्षात्मक प्रभाव का सुझाव देते हैं।

आइसोप्रोटीनॉल से चुनौती प्राप्त चूहों के हृदय ऊतक के हिस्टोपैथोलॉजिकल अवलोकनों में संगम परिगलन, मांसपेशियों के तंतुओं का पृथक्करण और सूजन संबंधी घुसपैठ दिखाई दी। ईजीएम पूर्व-उपचार ने इन रूपात्मक परिवर्तनों की रक्षा की, इस प्रकार ईजीएम की कार्डियोप्रोटेक्टिव गतिविधि का समर्थन किया।

बेसल मायोकार्डियल एंटीऑक्सीडेंट एंजाइम गतिविधियों में ईजीएम-प्रेरित वृद्धि के माध्यम से सुरक्षा की मध्यस्थता की जा सकती है।

ये परिणाम मानक दवा कैप्टोप्रिल के साथ तुलनीय हैं, जिसका उपयोग अध्ययन में सकारात्मक नियंत्रण के रूप में किया गया था।

निष्कर्ष

वर्तमान अध्ययन से पता चला है कि एलेओकार्पस गैनिट्रस (ईजीएम) के मेथनॉलिक अर्क के साथ चूहों का पूर्व-उपचार मायोकार्डियल ऑक्सीडेटिव तनाव-प्रेरित चोट के खिलाफ महत्वपूर्ण सुरक्षा प्रदान करता है। (बाद के अध्ययनों में जब रुद्राक्ष पाउडर का उपयोग किया गया तो ऐसे ही परिणाम प्राप्त हुए।)

4. रुद्राक्ष अर्क की नूट्रोपिक गतिविधि का मूल्यांकन

परीक्षण सीखने और स्मृति में सुधार करने में दवा की क्षमता (नूट्रोपिक क्षमता) का मूल्यांकन करता है। नियंत्रण कोलीनर्जिक मार्ग सीखने और स्मृति में एक प्रमुख भूमिका निभाते हैं।

निष्कर्ष

रुद्राक्ष अर्क ने स्थानिक स्मृति परीक्षणों में स्मृति के अधिग्रहण और अवधारण में उल्लेखनीय सुधार किया। इसने सभी चार चतुर्थांशों में बेसल और सेओपोलामाइन-क्षीण प्रदर्शन में भी उल्लेखनीय सुधार किया।"

6

रुद्राक्ष और शक्ति बंध कैसे चुनें?

रुद्राक्ष पहनने का सबसे आम और पारंपरिक तरीका है किसी अच्छे स्रोत से पाँच मुखी दानों की माला खरीदना। सुनिश्चित करें कि दाने एक समान आकार और रंग के हों। पहनने के लिए सामान्य पूजा और प्रार्थना करें और फिर माला पहनें। इसके लिए किसी विशेष पूजा पद्धति की आवश्यकता नहीं है और देश भर में हजारों लोग पीढ़ियों से इसी तरह से रुद्राक्ष पहनते आ रहे हैं। ऐसे मामलों में, पहनने वालों को रुद्राक्ष के बारे में बहुत कम ज्ञान होता है, पर उनका विश्वास रहता है कि रुद्राक्ष दिव्य हैं, आध्यात्मिकता में मदद करते हैं, और स्वास्थ्य के लिए अच्छे हैं। यह भी देखा गया है कि 24 वर्ष की कम उम्र से ही रुद्राक्ष पहनने वाले लोग आमतौर पर रक्तचाप संबंधी समस्याओं या मधुमेह से पीड़ित नहीं होते हैं, भले ही उन्हें दानों के औषधीय गुणों के बारे में कोई जानकारी नहीं होती है। हालाँकि, यदि हम दानों की दिव्य प्रकृति को समझने के लिए तर्कसंगत दृष्टिकोण अपनाना चाहते हैं, तो यह जानना आवश्यक है कि ये दाने आपको भीतर से बदलने में सक्षम हैं ताकि आप आत्मविश्वास और निडरता से भरा एक बेहतर जीवन जी सकें। एक ही पाँच मुखी रुद्राक्ष पहनने वाले कई लोगों ने दावा

किया है कि उन्हें इससे काफी फायदा हुआ है। हालाँकि, उनके दावे पर विवाद किए बिना, यह बताया जाना चाहिए कि इस तरह से रुद्राक्ष पहनना शास्त्रों या आम तौर पर स्वीकृत प्रक्रियाओं के अनुसार नहीं है। विभिन्न रुद्राक्षों को एकाधिक संख्या में या विभिन्न मुखी रुद्राक्षों को चुनने और पहनने के विभिन्न तरीके हैं।

कुछ अनुशंसित प्रथाएँ इस प्रकार हैं:

1. किसी की अपेक्षाओं के अनुसार: यहां, विभिन्न मुखी रुद्राक्षों के गुणों को आधार के रूप में लिया जाता है और समस्याओं या अपेक्षाओं के आधार पर उपयुक्त रुद्राक्ष का चयन किया जाता है। उदाहरण के लिए, यदि आपको व्यवसाय में आगे बढ़ना है और धन अर्जित करना है, तो सात मुखी (देवी लक्ष्मी), आठ मुखी (भगवान गणेश) और 12 मुखी (सूर्य) दानों का संयोजन चुना जा सकता है। इस सुझाव का आधार है:

सात मुखी रुद्राक्ष धन की देवी महालक्ष्मी को सौंपा गया है।

भगवान गणेश को सौंपे गए आठमुखी रुद्राक्ष का उद्देश्य बाधाओं को दूर करना है। आमतौर पर महालक्ष्मी की पूजा भगवान गणेश के साथ की जाती है। सूर्य को समर्पित बारह मुखी रुद्राक्ष को प्रशासनिक कौशल और अधिकार विकसित करने के लिए चुना जाता है, जो व्यवसाय चलाने के लिए आवश्यक हैं। साथ ही, यह रुद्राक्ष पहनने वाले को अच्छा स्वास्थ्य बनाए रखने में मदद करता है।

इस संयोजन के अलावा, यदि व्यक्ति उच्च रक्तचाप से पीड़ित है, तो तीन मुखी रुद्राक्ष (अग्नि) और पाँच मुखी रुद्राक्ष (कालाग्नि) को जोड़ा जा सकता है या 54 या 108 छोटे दानों की एक पूरी माला बनाई जा सकती है। शरीर के क्षेत्र से संपर्क करें और बेहतर एक्यूप्रेशर प्रभाव प्राप्त करें।

यदि व्यक्ति बिना किसी अन्य अपेक्षा या समस्या के रक्तचाप और/या मधुमेह से पीड़ित है, तो पाँच बड़े नेपाली दाने (तीन मुखी के दो दाने

और पाँच मुखी के तीन दाने) को छोटे दानों के साथ एक हार में पिरोया जा सकता है।

2. कुंडली के अनुसार: आमतौर पर पुजारियों या ज्योतिषियों द्वारा अपनाई जाने वाली एक विधि, जिसके तहत किसी विशिष्ट ग्रह (या राशि चक्र) का प्रतिनिधित्व करने वाले रुद्राक्ष की सिफारिश की जाती है। ऐसे मामलों में, न्यूनतम तीन दाने या अन्य संयोजन पहनने की कोई शर्त नहीं है। रुद्राक्ष को एक अनमोल रत्न मानना चाहिए। इस पर अधिक जानकारी, जिसमें राशि, लग्न और नक्षत्र के पहलू और रुद्राक्ष को चुनने में उनके सहसंबंध शामिल हैं, अध्याय 8 में दी गई है।
3. अंकज्योतिष: इस पद्धति में दानों का चयन व्यक्ति के मानस और भाग्य से जुड़े अंकों के आधार पर किया जाता है। फिर इन संख्याओं को ग्रहों से संबंधित किया जाता है और सबसे उपयुक्त रुद्राक्ष की सिफारिश की जाती है। रुद्राक्ष चुनने के लिए नाम से जुड़े अंकों का उपयोग बहुत कम किया जाता है। कई लोगों के लिए, इस पद्धति के अच्छे परिणाम हैं क्योंकि कुंडली, ज्योतिष और अंकशास्त्र सभी मिलकर वांछित परिणाम प्राप्त करते हैं।
4. गुरु प्रसाद: जब कोई गुरु या कोई संत व्यक्ति कोई रुद्राक्ष अर्पित करता है तो वह गुरु प्रसाद बन जाता है और उसे अत्यंत श्रद्धापूर्वक धारण करना चाहिए। हालाँकि, कोई भी किसी उद्देश्य को पूरा करने के लिए इसके साथ अन्य दाने भी जोड़ सकता है। यदि किसी भी कारण से किसी गुरु या संत व्यक्ति द्वारा दिया गया रुद्राक्ष असली नहीं है, तो कभी भी देने वाले से इसका जिक्र न करें। इसके बजाय, रुद्राक्ष को पूरे सम्मान के साथ किसी नदी या समुद्र में प्रवाहित कर देना चाहिए, क्योंकि नकली वस्तुएं घर में नहीं रखनी चाहिए।

रुद्राक्ष पहनने की पहली तीन विधियों के बारे में नीचे विस्तार से बताया गया है:

अपेक्षा के अनुरूप पहनना

हमारे प्राचीन ग्रंथों के अनुसार, रुद्राक्ष पहनने वाले पर देवी-देवताओं का आशीर्वाद बरसता है। ये दाने रत्नों से बहुत बेहतर हैं क्योंकि इनका कोई दुष्प्रभाव नहीं होता है और ये आध्यात्मिक प्रभाव और जैव-ऊर्जा की मदद से काम करते हैं। अपनी समस्याओं और उद्देश्यों के अनुसार रुद्राक्ष का चयन करना आसान है, एकमात्र शर्त अलग-अलग संख्या में मुख वाले दानों के गुणों को समझने की क्षमता है। आप एक ही मुखी रुद्राक्ष की कई संख्याएं या अलग-अलग मुखी का संयोजन पहन सकते हैं। उदाहरण के लिए, यदि आप ध्यान केंद्रित करने में सक्षम नहीं हैं और मन अस्थिर है, तो आप चार मुखी रुद्राक्ष (नेपाली मूल के 27 दाने या 108 छोटे आकार के इंडोनेशियाई दाने) की एक पूरी माला पहन सकते हैं। इसी तरह, आप किसी व्यावसायिक गतिविधि के माध्यम से या किसी वरिष्ठ पद पर करियर के माध्यम से धन प्राप्त करने के लिए सात, आठ और 12 मुखी रुद्राक्ष को जोड़ सकते हैं। सात मुखी देवी लक्ष्मी को, आठ मुखी भगवान गणेश को बाधाओं को दूर करने के लिए, और 12 मुखी सूर्य को आपको कार्य करने के लिए अपार ऊर्जा और शक्ति प्रदान करने के लिए माना गया है।

इस संबंध में कुछ विवरण इस प्रकार हैं:

उद्देश्य	कौनसा रुद्राक्ष चुनें
परिवार में या बाहर संबंधों में सुधार	2 मुखी या गौरीशंकर
जीवन की अतिशय बाधाओं का निवारण	8, 11 या 19 मुखी
चंचल मन, कमजोर मन का इलाज	4, 6, 8 या 11 मुखी
व्यवसाय में वक्तृत्व, कलात्मक प्रस्तुति, आकर्षकता (विक्रेताओं, नेताओं, अभिनेताओं, मानवीय संसाधन के व्यवसाइयों के हित में)	13 मुखी (इसका विकल्प 6 मुखी है)
चिन्ता, निद्रा में विकार से मुक्ति	10 मुखी
प्रशासन बल, अधिकार, शारीरिक उर्जस्विता	12 मुखी
ईर्ष्या, नजर लगना, जादू-टोना से रक्षा	10 मुखी (अतिरिक्त शक्ति के लिये 9 ya 11 मुखी जोड़ें)

उद्देश्य	कौनसा रुद्राक्ष चुनें
भौतिक भय, विपत्ति की आशंका, संकट, अकेलेपन से रक्षा	9, 10, 11 मुखी का शक्तिबंध
विवाह जुडने हेतु व दाम्पत्य सुख के लिये	2 मुखी , गौरीशङ् कर
शत्रु पर विजय	16 मुखी
लॉटरी, रेस (घोड़े की दौड़), सट्टा में धन लाभ	14, 17 मुखी
शिक्षी, स्मृति, एकाग्रता	4 और 6 मुखी
सामान्य आरोग्य संरक्षण, विशेषत: रक्तदाब आणि मधुमेहापासून संरक्षण. पोटाच्या आजारांपासून संरक्षण.	12 मुखी, साथ में 3 और 5 मुखी
नये प्रकल्प, शेयर का सार्वजनिक इश्यू (publ|c| ssue), किसी भी बड़े उद्यम का प्रारम्भ	18 मुखी
बाल रोगों से मुक्ति	12 या 18 मुखी
संपत्ति और बेहतर कल्पना शक्ति	15 मुखी
ध्यान सिद्धि, पारिवारिक एक मुश्त रक्षा, किसी भी व्यवसाय में यश	1 से 14 मुखी, गौरीशङ्कर, गणेश (सिद्ध माला)
ध्यान योग	1, 3, 5, 9 या 11 मुखी, गौरीशङ्कर
सर्व सामान्य ध्यान	5 मुखी, 1 मुखी, गौरीशङ्कर
विदेश में निवास, सुरक्षा प्राप्ति, प्रगति	1 से 14 मुखी सिद्ध माला, 11 मुखी या त्रिजुटी
किसी भी क्षेत्र में यश/प्राविण्य	14, 17, 19, 20, 21 मुखी, त्रिजुटी
भौतिक एवं आध्यात्मिक सुख, ऊँचे दर्जे की रक्षा	इंद्र माला (1 से 21 मुखी) साथ में त्रिजुटी

किसी के बजट और समस्याओं के विश्लेषण के आधार पर, और प्राथमिकता के आधार पर, कोई व्यक्ति शुरुआत में कम संख्या में रुद्राक्ष पहन सकता है और धीरे-धीरे दुर्लभ और महंगे दानों का चयन करने से पहले कम मुखी, कम महंगे दानों का उपयोग कर सकता है। विवरण केवल

उदाहरणात्मक हैं और अपेक्षाओं की संपूर्ण श्रृंखला को शामिल करने के लिए संपूर्ण नहीं हैं। हालाँकि, यह समझने की दृढ़ता से सलाह दी जाती है कि दानों की कीमत या दुर्लभता का उनकी शक्तियों से कोई लेना-देना नहीं है। एक सस्ता और आसानी से उपलब्ध छह मुखी रुद्राक्ष आपकी विशिष्ट आवश्यकताओं के संदर्भ में उच्च मुखी रुद्राक्ष की तुलना में आपके लिए अधिक मूल्यवान और उपयोगी हो सकता है। उदाहरण के लिए, रक्तचाप को नियंत्रित करने के लिए, 13 मुखी महंगे रुद्राक्ष की तुलना में पाँच मुखी रुद्राक्ष अधिक प्रभावी हो सकता है।

किसी विशेष संयोजन को चुनने के पीछे के तर्क को समझने में आपकी मदद के लिए, यहाँ कुछ उदाहरण दिए गए हैं:

A. व्यक्तिगत दानों के लिए परामर्श

आप व्यक्तिगत दानों के गुणों के बारे में ध्यान से पढ़ सकते हैं और उन्हें अपने साथ जोड़ने का प्रयास कर सकते हैं, ताकि एक विशेष पहलू की कमी को पूरा किया जा सके, जो एक विशेष रुद्राक्ष आपके लिए कर सकता है। उदाहरण के लिए, यदि आपका जीवन बाधाओं से भरा है और कुछ भी आसानी से नहीं हो पाता है, या अंतिम क्षण में सब कुछ रुक जाता है, जब आपको सफल होना चाहिए था, तो आठ मुखी (गणेश) का सहारा लें और आत्मविश्वास बढ़ाने के लिए कुछ अन्य रुद्राक्ष जोड़ें, - जैसे नौ मुखी या 11 मुखी।

अध्याय 2 में दिए गए बीजों के गुणों के आधार पर अलग-अलग रुद्राक्षों को चुना जा सकता है। विशिष्ट उदाहरण हैं:

1 मुखी रुद्राक्ष

व्यक्तिगत जानकारी और चिंता का विषय

आध्यात्मिक विकास, चेतना की उच्च अवस्था और शांतिपूर्ण जीवन, भौतिकवादी वैराग्य।

संदर्भ सूचना

एक मुखी रुद्राक्ष सर्वोच्च ईश्वर, सर्वोच्च सत्य और अनंत काल की प्राप्ति का प्रतीक है। यह रुद्राक्ष परम चेतना को प्रकाशित करता है। एक मुखी रुद्राक्ष पहनने वाले को अपनी मानसिक संरचना में बदलाव का अनुभव होता है। यह व्यक्ति को सर्वोच्च तत्व या किसी एक वस्तु पर ध्यान केंद्रित करने में भी मदद करता है।

सिफारिश

एक मुखी रुद्राक्ष का कम से कम एक दाना सोने या चांदी से मढ़ा हुआ और लाल धागे या पसंद की किसी धातु में पिरोया हुआ होना चाहिए। इसके अलावा, एक व्यक्ति एक माला पर पहनने के लिए जितनी चाहें उतने एक मुखी पहन सकता है।

अपने बजट और उपलब्धता के आधार पर, चंद्राकार या असली इंडोनेशियाई एक मुखी चुनें।

2 मुखी रुद्राक्ष

व्यक्तिगत जानकारी और चिंता का विषय

बेहतर पारिवारिक जीवन और दोस्तों के साथ रिश्ते। रिश्तेदारों के साथ शांतिपूर्ण संबंध की आवश्यकता है। अधिक मित्र बनाना और मित्रता बनाए रखना चाहते हैं।

संदर्भ सूचना

दो मुखी रुद्राक्ष अर्धनारीश्वर का प्रतीक है, जो शक्ति के रूप में भगवान शिव और देवी पार्वती की संयुक्त छवि है। यह रूप, वाणी और अर्थ में पारिवारिक एकता जैसी एकता लाता है। इसे पहनने वाले का परिवार आपस में श्रद्धा और विश्वास को लगातार बढ़ता हुआ पाता है। दो मुखी रुद्राक्ष मतभेदों को दूर करता है और शिक्षक और शिष्य, पिता और पुत्र, पति और पत्नी और दोस्तों के बीच एकता

स्थापित करता है। इसे पहनने वाला शांतिपूर्ण और पवित्र पारिवारिक जीवन जीने में सक्षम हो जाता है। शुद्धता और प्राथमिकता के आधार पर नेपाल दो मुखी या इंडोनेशियाई दो मुखी चुनें।

3 मुखी रुद्राक्ष

व्यक्तिगत जानकारी और चिंता का विषय

दैनिक अस्पष्टीकृत समस्याएं जो जीवन और खुशी की गुणवत्ता को नष्ट कर देती हैं, जिससे तीव्र क्रोध, अवसाद, चिंता, मानसिक भ्रम, व्यक्तिपरक भय और अपराधबोध और आलस्य पैदा होता है।

संदर्भ सूचना

शासक ग्रह: मंगल

तीन मुखी रुद्राक्ष अग्नि देवता का प्रतीक है और यह हर चीज को उसी तरह से शुद्ध करता है। इसे पहनने वाले को अपने पिछले जीवन में किए गए पापों से छुटकारा मिल जाता है और वह शुद्ध जीवन में लौट आता है।

यह उन लोगों के लिए सबसे अच्छा है जो हीन भावना का शिकार हो गए हैं या भयभीत हैं और आत्म-घृणा और मानसिक तनाव से पीड़ित हैं।

4 मुखी रुद्राक्ष

व्यक्तिगत जानकारी और चिंता का विषय

अध्ययन और अनुसंधान परियोजनाओं में एकाग्रता और सफलता।

संदर्भ सूचना

शासक ग्रह: बुध

चार मुखी रुद्राक्ष चार सिरों वाले भगवान ब्रह्मा के रचनात्मक ज्ञान से प्रभावित है। यह रुद्राक्ष पहनने वाले को रचनात्मक शक्ति देता है और उसे विद्या और ज्ञान

प्रदान करता है। सभी विद्यार्थियों को इसे अवश्य पहनना चाहिए। यह रुद्राक्ष शिक्षकों, वैज्ञानिकों, बुद्धिजीवियों, कलाकारों, लेखकों और पत्रकारों के लिए लाभकारी है। इससे बुद्धि का विकास होता है।

5 मुखी रुद्राक्ष

व्यक्तिगत जानकारी और चिंता का विषय

उच्च रक्तचाप, उच्च भावनात्मक तनाव के कारण स्मृति हानि और याद रखने में कठिनाई, अवसाद, चिंता और मधुमेह।

संदर्भ सूचना

शासक ग्रह: बृहस्पति

पाँच मुखी रुद्राक्ष कालाग्नि नामक भगवान रुद्र का स्वरूप है। पाँच मुखी रुद्राक्ष पहनने के बाद ही हम अपनी याददाश्त वापस पा सकते हैं और खोई हुई विद्या को याद कर सकते हैं। यह रुद्राक्ष जीव के सभी दोषों और दोषों को दूर करता है और पहनने वाले को पवित्र बनाता है। पशु प्रवृत्ति से मुक्त होने के बाद जीव सभी प्राणियों के स्वामी पशुपति का रूप प्राप्त करता है। इसे पहनने वाले का मन शांत रहता है। शिव पुराण के अनुसार, पाँच मुखी रुद्राक्ष पहनने वाले की कभी भी असामयिक शारीरिक मृत्यु नहीं होती है।

6 मुखी रुद्राक्ष

व्यक्तिगत जानकारी और चिंता का विषय

पर्यवेक्षी और प्रबंधन कौशल के लिए मान्यता और अनुसंधान, जांच और खोज कार्य में सफलता की आवश्यकता है। कानूनी समस्याएँ, व्यक्तिगत संबंध।

संदर्भ सूचना

शासक ग्रह: शुक्र

छह मुखी रुद्राक्ष भगवान शिव के दूसरे पुत्र भगवान कार्तिकेय की शक्ति का केंद्र है। यह रुद्राक्ष हमें विद्या, बुद्धि और ज्ञान देता है और सांसारिक दुखों से बचाता है। भगवान कार्तिकेय नेतृत्व गुणों के अधिग्रहण, ऊर्जा और साहस में वृद्धि को प्रभावित करते हैं।

7 मुखी रुद्राक्ष

व्यक्तिगत जानकारी और चिंता का विषय

व्यवसाय और निवेश आय में हानि, वित्तीय कठिनाइयाँ, उपलब्धियों में देरी, शारीरिक स्वास्थ्य को प्रभावित करना और निराशा की भावनाएँ।

संदर्भ सूचना

शासक ग्रह: शनि

सात मुखी रुद्राक्ष पहनने वाले को अच्छे स्वास्थ्य का आशीर्वाद मिलता है। यह रुद्राक्ष उन लोगों को पहनना चाहिए जो शरीर, वित्त और मानसिक स्थिति से संबंधित समस्याओं से पीड़ित हैं। सात मुखी रुद्राक्ष धारण करने से धारणकर्ता व्यवसाय और सेवा में उन्नति करता है और सुखपूर्वक जीवन व्यतीत करता है। इसे तिजोरी, लॉकर या कैश बॉक्स में रखा जा सकता है।

8 मुखी रुद्राक्ष

व्यक्तिगत जानकारी और चिंता का विषय

योजनाबद्ध संगठित परियोजनाओं को पूरा करने में कठिनाई, जीवन में रुकावटें प्रगति को सीमित करती हैं, अनुबंध वार्ता में व्यवसाय खोना, बहस में हार, प्रगति की कमी के कारण निराशा और क्रोध की भावना, और जीवन में बाधाओं के साथ समस्याएं जो कार्य की स्वतंत्रता को सीमित करती हैं।

संदर्भ सूचना

शासक ग्रह: राहु

आठ मुखी रुद्राक्ष भगवान गणेश हैं, जिनकी पूजा किसी भी अन्य भगवान से पहले की जाती है। इसे पहनने वाला शारीरिक, दैविक या मानसिक बाधाओं से अप्रभावित रहता है। यह पहनने वाले को सभी प्रकार की रिद्धियाँ (समृद्धि) और सिद्धियाँ (ज्ञान) देता है, और शिव लोक की ओर ले जाता है। भगवान गणेश रुद्राक्ष स्पष्ट बुद्धि, ज्ञान प्राप्त करने, वित्त में सुधार और कार्य में सफलता का भी समर्थन और प्रभाव डालता है।

9 मुखी रुद्राक्ष

व्यक्तिगत जानकारी और चिंता का विषय

लोग अस्पष्ट भय, शारीरिक कमजोरी, एकाग्रता की कमी और अवसाद का अनुभव कर रहे हैं। साथ ही लोग अपनी आध्यात्मिक शक्ति बढ़ाने और अपनी सुरक्षा, मानसिक शांति और आत्मविश्वास के लिए भी इच्छुक हैं।

संदर्भ सूचना

स्वामी ग्रह: केतु

9 मुखी रुद्राक्ष देवी दुर्गा का स्वरूप है। सर्वोच्च शक्ति, शक्ति के उपासकों को यह रुद्राक्ष अवश्य पहनना चाहिए। यह दुर्गा की ढाल है जो पहनने वाले को नुकसान पहुंचाने वाली हर चीज से रक्षा करती है। यह महिलाओं के लिए सबसे महत्वपूर्ण रुद्राक्ष मालाओं में से एक है क्योंकि कोई भी देवी दुर्गा की ढाल को नष्ट नहीं कर सकता है।

देवी दुर्गा 9 मुखी रुद्राक्ष आत्मशक्ति को बढ़ती है और पहनने वाले को निडर बनाती है। 9 मुखी रुद्राक्ष पहनने से, पहनने वाले को शक्ति, सर्वोच्च मां का आशीर्वाद मिलता है। उसे धैर्य, वीरता, साहस और चारों ओर फैलने वाला

नाम और प्रसिद्धि भी मिलती है। व्यक्ति की ईश्वर के प्रति भक्ति बढ़ती है और इच्छाशक्ति मजबूत होती है।

10 मुखी रुद्राक्ष

व्यक्तिगत जानकारी और चिंता का विषय

सभी नौ ग्रहों के प्रभाव को शांत करने की आवश्यकता है। ईर्ष्या, कानूनी समस्याओं, बुरी नज़र और अनिद्रा के प्रभाव को ख़त्म करने के लिए।

संदर्भ सूचना

सभी ग्रहों को नियंत्रित करने के लिए धारण किया गया

10 मुखी रुद्राक्ष में सभी ग्रहों और दसों दिशाओं का प्रभाव समाहित होता है। इसे धारण करने वाले व्यक्ति पर भगवान विष्णु प्रसन्न होते हैं। यह नौ ग्रहों को शांत करने में उपयोगी है। इसे धारण करने से मनुष्य के अंगों द्वारा किये गये सभी पाप नष्ट हो जाते हैं।

11 मुखी रुद्राक्ष

व्यक्तिगत जानकारी और चिंता का विषय

आत्मविश्वास की कमी, व्यापार में अस्थिरता, अज्ञात भय, कूटनीति की कमी।

संदर्भ सूचना

भगवान हनुमान 11 मुखी रुद्राक्ष योगाभ्यास में बाधाओं को दूर करके लोगों की मदद करते हैं। यह एक प्रभावशाली एवं सफल रुद्राक्ष है। यह पहनने वाले को मजबूत और रोगमुक्त बनाता है। यह ध्यान और धार्मिक अनुष्ठानों का अभ्यास करने में भी मदद करता है। इसे पहनने वाले को अपने व्यवसाय या पेशे में स्थिरता मिलती है।

12 मुखी रुद्राक्ष

व्यक्तिगत जानकारी और चिंता का विषय

जीवन में विशिष्ट समस्याओं के परिणामस्वरूप कार्यस्थल में मान्यता और सम्मान की कमी, व्यक्तिगत संबंधों और दोस्तों की कमी, भविष्य के लिए सीमित संभावनाएं, एक रोमांचक और पूर्ण जीवन की कमी, वित्तीय उन्नति की कमी और निराशा शामिल है।

संदर्भ सूचना

सूर्य द्वारा आशीर्वादित 12 मुखी रुद्राक्ष तेजस्विता, चमक और शक्ति का केंद्र है। इसे धारण करने से कोई चिंता, भय या शंका नहीं रहेगी। यह पहनने वाले को धन, ज्ञान, धन और सभी सांसारिक सुख देता है। इसे पहनने वाले को असीमित प्रशासनिक क्षमता प्राप्त होती है, साथ ही सूर्य की तरह तेज चमक और ताकत के साथ लगातार घूमने का गुण भी होता है।

13 मुखी रुद्राक्ष

व्यक्तिगत जानकारी और चिंता का विषय

नेतृत्व शक्ति, नाम और प्रसिद्धि, आकर्षण। ललित कला, लेखन और वक्तृत्व कला में उत्कृष्टता।

संदर्भ सूचना

13 मुखी रुद्राक्ष भगवान इंद्र और कामदेव का स्वरूप है।

रुद्राक्ष सभी सांसारिक इच्छाओं को पूरा करता है और आठ सिद्धियाँ या सिद्धियाँ प्रदान करता है। भगवान कामदेव पहनने वाले से प्रसन्न होते हैं। यह वक्तृत्व शक्ति, आकर्षण और समझाने की शक्ति में सुधार करता है। यह यौन प्रदर्शन को बेहतर बनाने में भी मदद करता है।

14 मुखी रुद्राक्ष

व्यक्तिगत जानकारी और चिंता का विषय

दृश्यता और ध्यान में सुधार के लिए दूरदर्शिता की आवश्यकता है।

संदर्भ सूचना

14 मुखी रुद्राक्ष भगवान शिव को प्रसन्न करता है और देव मणि के नाम से जाना जाता है। यह छठी इंद्रिय को जागृत करता है जिससे पहनने वाला भविष्य में होने वाली घटनाओं का पूर्वाभास कर सकता है। इसे पहनने वाला कभी भी निर्णय लेने में विफल नहीं होता है और सभी विपत्तियों, दुखों और चिंताओं से छुटकारा पाता है। 14 मुखी रुद्राक्ष पहनने वाले को सुरक्षा और धन प्रदान करता है।

गौरीशंकर

व्यक्तिगत जानकारी और चिंता का विषय

विवाह, पारिवारिक समस्याएँ, ध्यान, और भावनात्मक तनाव।

संदर्भ सूचना

एक गौरीशंकर में प्राकृतिक रूप से जुड़े हुए दो रुद्राक्ष शामिल होते हैं। यह भगवान शिव और देवी उमा का एकीकृत रूप है। यही रूप सृष्टि के विस्तार का कारण बनता है, उर्वरता प्रदान करता है। इससे पति-पत्नी को एक-दूसरे को समझने में मदद मिलती है। इसलिए परिवार में शांति और एकता के लिए यह सबसे अच्छी बात मानी जाती है। यह ध्यान के लिए भी शक्तिशाली है।

गर्भ गौरीशंकर

व्यक्तिगत जानकारी और चिंता का विषय

गर्भधारण में कठिनाइयाँ और संभवतः पूर्ण अवधि में प्रसव।

संदर्भ सूचना

गर्भ गौरी रुद्राक्ष गौरीशंकर का एक रूप है जिसमें एक दाना दूसरे से छोटा होता है। यह उन महिलाओं के लिए अनुशंसित है जिन्हें गर्भधारण करने में कठिनाई होती है और गर्भपात होने का खतरा होता है।

B. शक्ति बंध

कुछ लोगों का मानना है कि एक ही प्रकार का रुद्राक्ष पहनना चाहिए और अलग-अलग मुखी नहीं मिलाना चाहिए। उदाहरण के लिए, आप केवल छह मुखी के 27+1 मोती पहन सकते हैं, विभिन्न मुखी का संयोजन नहीं। एक प्रसिद्ध संस्थान के एक व्यक्ति, जो कई विवादास्पद और व्यावसायिक कार्यों के लिए जाने जाते हैं, ने इस संयोजन को "कॉकटेल" भी कहा है। यह सही नहीं है, क्योंकि हमारे प्राचीन ग्रंथों में कहा गया है कि विभिन्न मुखी प्रयत्नपूर्वक प्राप्त करके धारण करना चाहिए। हजारों लोगों का अनुभव इस बात का प्रमाण है कि व्यक्तिगत आवश्यकताओं के अनुरूप कोई भी संयोजन पहना जा सकता है।

विभिन्न कारकों को ध्यान में रखते हुए 23 प्रकार के रुद्राक्ष (एक से 21 मुखी, गौरीशंकर और गणेश) के साथ कई संयोजन संभव हैं:

- व्यक्तिगत समस्याएं
- पारिवारिक समस्याएं
- व्यावसायिक समस्याएँ
- स्वास्थ्य संबंधी समस्याएं
- राशिफल प्रभाव (विश्वासियों के लिए)
- बाहरी कारक जैसे ईर्ष्या/बुरी नज़र, आदि।
- विरासत में मिली मानसिक व्यवस्था
- कानूनी मुद्दों

यह सब उस व्यक्ति पर निर्भर करता है जो अपना संयोजन चुनने की कोशिश कर रहा है, या उस व्यक्ति पर जो उसके लिए उपयुक्त संयोजन की सिफारिश करता

है, कि किन कारकों को प्राथमिकता मिलनी चाहिए और विभिन्न रुद्राक्षों के बारे में उनके अपने अनुभव क्या हैं। उदाहरण के लिए, किसी ने पाया होगा कि 11 मुखी रुद्राक्ष बहुत उपयोगी है, या छह मुखी रुद्राक्ष लगातार अच्छे परिणाम दे रहा है। इससे कुछ मुखी लोगों में रुद्राक्ष के पक्ष में विश्वास मजबूत हुआ है। इतने सारे परिवर्तनशील कारकों के साथ इस विविधतापूर्ण दुनिया में कभी भी कोई सर्वसम्मत दृष्टिकोण नहीं हो सकता है।

फिर भी, विशाल अनुभवों और जानकारी के आधार पर, कुछ परिभाषित शक्ति संयोजन पिछले कई वर्षों से उपयोग में हैं (चित्र 38)।

कुछ विवरण और संबंधित लाभ इस प्रकार हैं:

1. एकता संयोजन

दो मुखी के दो दाना और गौरीशंकर के एक दाने का संयोजन एकता संयोजन (एकता बंध) कहा जाता है। यह संयोजन लोगों के बीच मतभेदों को दूर करने और उन्हें भावनात्मक और विचारशील रूप से एक-दूसरे के करीब लाने में मदद करता है। यह पारिवारिक जीवन के लिए, और पहनने वाले और अन्य लोगों (विशेष रूप से विवाहित जोड़ों के लिए) के बीच संबंधों को बेहतर बनाने के साथ-साथ दोस्तों और सहकर्मियों के साथ संबंधों को बेहतर बनाने के लिए अच्छा है। यद्यपि यह अनुशंसा की जाती है कि रिश्तों को बेहतर बनाने के लिए दोनों पक्ष इसे पहनें, यहाँ तक कि इस संयोजन को पहनने वाले एक व्यक्ति को भी लाभ होगा क्योंकि वह दूसरों को प्रभावित करने में सक्षम है।

इस संयोजन में पसंदीदा दो मुखी रुद्राक्ष नेपाल की किस्में हैं। चूंकि ये मोती दुर्लभ और महंगे हैं, इसलिए कोई इंडोनसीआई किस्म के रुद्राक्षों से भी समझौता कर सकता है। गौरीशंकर नेपाल या इंडोनेशिया का हो सकता है।

2. चंद्रमा कलाई बंध

दो मुखी रुद्राक्ष के नौ दाने (अधिमानतः मोती और चांदी के स्पेसर के साथ) इस कंगन को बनाते हैं, जिसे दाहिने हाथ पर पहना जाता है। यह चंद्रमा के अशुभ

प्रभावों को शांत करता है और इस तरह क्रोध और भावनात्मक व्यवहार को नियंत्रित करता है। शांति, मन की शांति और परिवार में सद्भाव की इच्छा रखने वालों को इसे पहनना चाहिए।

3. दुर्गा कलाई बंध

इस कंगन में नौ मुखी (दुर्गा) रुद्राक्ष के साथ स्फटिक (क्रिस्टल) मोती और दो या चार, पाँच मुखी छोटे आकार के रुद्राक्ष हैं। इसे बाएं हाथ में पहना जाता है। पहनने वाले को परिवार के सदस्यों की स्वास्थ्य समस्याओं, बच्चों की शिक्षा, पति या पत्नी के कल्याण के बारे में चिंता और परिवार के भीतर असुरक्षा के कारण उत्पन्न तनाव से मुक्ति मिलती है। इसे पहनने वाले को ऊर्जा, गतिशीलता, निर्भयता और मानसिक शक्ति मिलती है।

4. सरस्वती बंध

चार मुखी (ब्रह्मा) के दो दाने और छह मुखी (कार्तिकेय) के एक दाने से सरस्वती बंध का संयोजन बनता है। यह बच्चों को पढ़ाई पर ध्यान केंद्रित करने, याददाश्त बढ़ाने और लेखन या मौखिक प्रस्तुतियों में अच्छी अभिव्यक्ति कौशल हासिल करने में मदद करने में उपयोगी है। इस तीन दानों के संयोजन ने कई छात्रों को उज्ज्वल करियर बनाने में मदद की है। यदि कोई बच्चा सात वर्ष या उससे कम उम्र का है, तो उसे चार मुखी का केवल एक दाना ही दिया जा सकता है। इस उम्र से ऊपर के लोगों के लिए, पूरे तीन- दानों के संयोजन का उपयोग किया जा सकता है।

5. स्वास्थ्य बंध

यह संयोजन उन लोगों के लिए है जो छोटे दानों की पूरी माला नहीं पहनना चाहते हैं, फिर भी अच्छा स्वास्थ्य बनाए रखना चाहते हैं और खुद को सामान्य बीमारियों से बचाना चाहते हैं। आमतौर पर, शुरुआती चरणों में छोटी रक्तचाप की समस्याओं या मधुमेह को इस पाँच दाने वाले स्वास्थ्य संयोजन का उपयोग

करके नियंत्रित किया जा सकता है। इसमें तीन मुखी के दो दाने और पाँच मुखी के तीन दाने होते हैं। इस पाँच- दानों के संयोजन के प्रदर्शन को बेहतर बनाने के लिए, कई लोग इसे शरीर के अच्छे संपर्क को सुनिश्चित करने के लिए छोटे दानों के पाँच मुखी के साथ जोड़ते हैं। आमतौर पर, बेहतर परिणामों के लिए इस अध्याय में बताए अनुसार जल चिकित्सा के साथ स्वास्थ्य संयोजन का उपयोग किया जाता है।

6. दोष निवारण

यह संयोजन आवासीय या व्यावसायिक परिसर में किसी भी वास्तु दोष को ठीक करने, या ईर्ष्या, काला जादू, बुरी नजर या किसी बुरे ग्रह के प्रभाव को खत्म करने के लिए अत्यधिक प्रभावी है। इसमें स्फटिक दानों में पिरोया गया 10 मुखी का एक दाना होता है जिसके नीचे एक पारे की गोली लगा होता है। इसे छत पर किसी भी स्थान पर बिना किसी रुकावट के लटकाया जा सकता है और इसके चारों ओर एक खाली जगह भी होती है। इससे घर में रहने वाले लोगों का स्वभाव शांत रहता है और माहौल काफी शांतिपूर्ण रहता है। कभी-कभी 10 मुखी के स्थान पर 12 मुखी रुद्राक्ष का उपयोग किया जाता है। ग्रहों के प्रभाव को शांत करने के लिए यह एक अच्छा विकल्प हो सकता है।

7. सुरक्षा बंध

किसी भी प्रकार के डर को दूर करने और प्रतिकूल परिस्थितियों का बहादुरी से सामना करने के लिए आत्मविश्वास पैदा करने के लिए 9, 10 और 11 मुखी रुद्राक्ष के संयोजन की सिफारिश की जाती है। यह भूतों का डर या आत्मविश्वास की कमी या शारीरिक हमले की धमकी हो सकती है। दानों को बाएं हाथ या गले में पहना जा सकता है। कभी-कभी, विरोधियों द्वारा पैदा किए जाने वाले बुरे प्रभावों को दूर करने के लिए इस संयोजन में कुछ पारे के दाने मिलाये जा सकते हैं।

8. आज्ञा चक्र

यह एक 14 मुखी रुद्राक्ष है जिसे सिर पर भौहों के बीच के मध्य भाग को छूते हुए या गर्दन के चारों ओर पहना जाता है। 14 मुखी एक शक्तिशाली रुद्राक्ष है, जिसे देव मणि के नाम से भी जाना जाता है। यह साढ़े साती (शनि या शनि के प्रभाव के कारण जीवन में एक नकारात्मक अवधि) के प्रभाव को बेअसर करता है और दृश्य शक्ति में भी सुधार करता है। जो लोग शेयर बाजार या हॉर्स रेसिंग जैसे स्पेक्युलेटिवे कामों में रूचि रखते हैं उनके लिए यह बहुत उपयोगी सिद्ध हो सकता हैं।

9. नवग्रह शांति

यह गले में पहने जाने वाले 3, 5, 10, 11 और 12 मुखी रुद्राक्षों का संयोजन है। नकारात्मक ग्रहों के प्रभाव को दूर करने के लिए 10 और 11 मुखी रुद्राक्ष प्रभावी होते हैं, जबकि 3 और 5 मुखी रुद्राक्ष बुरे कर्मों के नकारात्मक प्रभाव को दूर करते हैं। 12 मुखी रुद्राक्ष सूर्य की अथक शक्ति का उपयोग करके जीवन में आगे बढ़ने का आत्मविश्वास देता है।

10. ध्यान योग

ये संयोजन ध्यान प्रयोजनों के लिए हैं।

A. 108+1 या 54+1 या 27+1 दानों की एक 5 मुखी माला।

B. शीर्ष पर एक गौरीशंकर के साथ एक 5 मुखी माला और मेरु पर 1 मुखी, निचले छोर पर। (गौरीशंकर और एक मुखी सहित दानों की कुल संख्या 108+1 होनी चाहिए)।

C. निम्नलिखित दानों वाली 5 मुखी रुद्राक्ष माला: 3, 5, 9, 11 मुखी, गौरीशंकर और 1 मुखी। इसे ध्यान योग माला के रूप में जाना जाता है क्योंकि इसमें बेहतर एकाग्रता और ध्यान के लिए आवश्यक सभी पहलुओं को शामिल किया गया है, जैसे अच्छा स्वास्थ्य (3 और 5 मुखी), निर्भयता (9 और 11 मुखी), भगवान (गौरीशंकर) के साथ

पहचान और शिव का आशीर्वाद (1 मुखी). ये सभी दाने 5 मुखी छोटे दानों की माला में पिरोए गए हैं, बड़े और छोटे दानों को मिलाकर कुल संख्या 108+1 है।

D. बड़े आकार के गौरीशंकर दानों का 32 या 32+1 रुद्राक्ष की माला संन्यासियों या आध्यात्मिक कार्यों के लिए पूरी तरह से समर्पित लोगों के लिए उपयोगी है। यह संयोजन एक परिवार वाले लोगों के लिए अनुशंसित नहीं है। अधिक से अधिक इसे पूजा स्थान पर रखा जा सकता है।

E. सिर पर 14 मुखी रुद्राक्ष बांधकर, इसे आज्ञा चक्र पर रखकर और पाँच मुखी या दो मुखी रुद्राक्ष की माला का उपयोग करके मंत्र गिनकर उच्च स्तर का ध्यान किया जा सकता है। यह ध्यान को प्राणायाम के साथ जोड़कर और चक्रों के साथ ऊपर की ओर जाकर कुंडलिनी जागरण के लिए उपयोगी है।

11. मोहिनी शक्ति

मोहिनी संयोजन, जिसमें छह मुखी के दो दाने और 13 मुखी रुद्राक्ष का एक दाना शामिल है, का उपयोग मिलनसारिता बढ़ाने और जनता या किसी के निकट और प्रियजनों के लिए स्वीकार्य बनने के लिए किया जाता है। इंद्र और कामदेव 13 मुखी के देवता हैं और कार्तिकेय 6 मुखी के देवता हैं। इसका उपयोग या तो शारीरिक आकर्षण के लिए या भीतर से पसंद बढ़ाने के लिए किया जा सकता है। यह संयोजन युवा जोड़ों, कलाकारों, अभिनेताओं और नेताओं के बीच बहुत लोकप्रिय है। विपणन जिम्मेदारियों वाले या मानव संसाधन क्षेत्र के पेशेवरों को भी यह उपयोगी लग सकता है।

12. विजय योग

जो लोग कानूनी मामले लड़ रहे हैं या संपत्ति विवादों या इसी तरह के मुद्दों में शामिल हैं, या जो अपने उत्पादों का विपणन करते समय गंभीर प्रतिस्पर्धा का

सामना कर रहे हैं, उनके लिए यह संयोजन बहुत उपयोगी है। इसमें एक दाना 10 मुखी, एक दाना 11 मुखी और एक दाना 16 मुखी है। 16 मुखी जय रुद्राक्ष 10 मुखी (विष्णु) और 11 मुखी (हनुमान) के माध्यम से पूर्ण सुरक्षा प्रदान करते हुए विरोधियों को हरा सकता है और जीत दिला सकता है।

13. व्यावसायिक संयोजन

व्यवसाय में सफलता पाने के लिए 7 मुखी (महालक्ष्मी) और 8 मुखी (गणेश) रुद्राक्ष के संयोजन का उपयोग किया जाता है। कुछ लोग केवल गणेश-लक्ष्मी संयोजन पहनते हैं जिसमें 7 मुखी के 2 दाने और 8 मुखी का एक दाना होता है। अन्य मामलों में, व्यवसाय के प्रकार और प्रकृति के आधार पर, एक 7 मुखी और एक 8 मुखी के साथ-साथ नीचे दिए गए अतिरिक्त रुद्राक्ष का भी उपयोग किया जाता है:

- कामकाजी महिलाओं के लिए 9 मुखी।
- 10 मुखी उन लोगों के लिए जिनके पास दिशा की कमी है या जो अपना व्यवसाय बदलना चाहते हैं। 10 मुखी रुद्राक्ष उन लोगों की भी मदद करता है जो कई बाधाओं का सामना कर रहे हैं या जो बुरी नज़र के प्रति संवेदनशील हैं, या उन्हें लगता है कि उन पर काला जादू है।
- व्यापार में स्थिरता और व्यापारियों के लिए 11 मुखी।
- 12 मुखी उन लोगों के लिए जो विनिर्माण या निर्माण या संपत्ति व्यवसाय के साथ काम करते हैं। इसे सूर्य पेंडेंट के रूप में भी अकेले पहना जाता है

और ऐसा माना जाता है कि यह पहनने वाले को विभिन्न बीमारियों से बचाता है। इससे व्यापार में भी सफलता मिलेगी।

- मार्केटिंग/ब्रोकरेज कार्य/कला से संबंधित किसी भी व्यवसाय में लगे लोगों के लिए 13 मुखी। अगर कोई राजनीतिक करियर बना रहा है तो 13 मुखी रुद्राक्ष उपयोगी है।

- शेयर बाजार, संपत्ति बाजार, आयात-निर्यात, भर्ती, या वरिष्ठ और जिम्मेदार पद पर बैठे किसी भी व्यक्ति जैसे सट्टा व्यवसाय में लगे लोगों के लिए 14 या 15 मुखी।
- 17 मुखी उन लोगों के लिए जो संपत्ति या वित्त प्राप्त करने के अवसर की प्रतीक्षा कर रहे हैं, और जो तत्काल सफलता चाहते हैं।
- बड़ी परियोजनाओं में शामिल लोगों के लिए, या बच्चों की सुरक्षा के लिए 18 मुखी।
- उच्चतम स्तर की प्रतिस्पर्धा, काले जादू और ईर्ष्या से सुरक्षा के लिए 19 मुखी।
- उच्चतम स्तर की सफलता और प्रसिद्धि प्राप्त करने के लिए 20 और 21 मुखी।

रुद्राक्ष चयन का सारांश

ध्यान दें: रुद्राक्ष की माला की एक या एकाधिक संख्या चुनें, अधिमानतः विषम संख्या सेट में, जैसे 1, 3, 5।) आपके उद्देश्य पर निर्भर करता है।

जीवन के विभिन्न क्षेत्रों में मुखिस की प्रभावकारिता

1 मुखी : मानसिक शांति, आध्यात्मिकता और शारीरिक कल्याण। धन, समृद्धि और अच्छा पारिवारिक जीवन।

2 मुखी : रिश्ते, एकता, विवाह, एक बच्चे को गर्भ धारण करने के लिए, ध्यान में मदद करता है।

3 मुखी : समग्र स्वास्थ्य, विशेष रूप से रक्तचाप, शुगर या हृदय की समस्याओं में हीन भावना को दूर करने के लिए।

4 मुखी : स्मृति, एकाग्रता, बुद्धि, मन से संबंधित रोग।

5 मुखी : सामान्य स्वास्थ्य, ध्यान, डर पर काबू पाने और मन की शांति का अनुभव करने के लिए।

6 मुखी : रचनात्मकता, वक्तृत्व और किसी के आकर्षण को बढ़ाना।

7 मुखी : धन, सफलता, खुशी, शरीर दर्द से राहत।

8 मुखी : बाधा दूर करने वाली, पेट संबंधी विकार दूर करने वाली।

9 मुखी : डर पर काबू पाने, आत्मविश्वास बढ़ाने, तनाव से निपटने के लिए, खासकर कामकाजी महिलाओं में।

10 मुखी : बुरी नजर, अदालती मामले, प्रतिस्पर्धा, वास्तु दोष, निर्णय लेने की क्षमता में सुधार।

11 मुखी : आत्मविश्वास, स्थिरता, नाम और प्रसिद्धि, धन। 12 मुखी: शक्ति और अधिकार में वृद्धि, वास्तु, स्वास्थ्य। सुनने की समस्याओं, मधुमेह, रक्तचाप आदि के लिए अच्छा है और स्वस्थ आँखों के लिए भी।

13 मुखी : आकर्षण, वक्तृत्व कौशल, आकर्षण बढ़ाता है, जीवन का आनंद लेने में मदद करता है, नेतृत्व कौशल, प्रदर्शन कला।

14 मुखी : निर्णय लेने में सुधार करती है, तीसरी आंख या आज्ञा चक्र को खोलने में मदद करती है, अंतर्ज्ञान शक्ति, मानसिक रोगों और चक्कर पर काबू पाती है।

15 मुखी : धन, सफलता और समृद्धि।

16 मुखी : प्रतिस्पर्धा पर विजय पाने और कानूनी मुद्दों को सुलझाने के लिए।

17 मुखी : अप्रत्याशित स्रोतों से धन, कंठ चक्र के लिए।

18 मुखी : रियल एस्टेट मामलों के लिए, भूमि से संबंधित व्यवसाय, नया परियोजना का शुभारंभ.

19 मुखी : गंभीर कानूनी मामले, व्यापारिक विवाद, वास्तु दोष दूर करने के लिए।

20 मुखी : रिश्ते के मुद्दों, शीर्ष स्तर के निर्णय लेने, राजनीतिक नेतृत्व के लिए।

21 मुखी : धन और उच्च स्तर पर सफलता, सभी प्रकार की शक्ति के लिए।

गौरीशंकर : विवाह, बच्चे, रिश्ते, आध्यात्मिकता। गणेश: निचले स्तर पर लगभग 8 मुखी के समान।

सवार परिभाषित नहीं है लेकिन गुणों में एक मुखी के अगले स्तर का हो सकता है।

विशेष तैयार संयोजन

- सरस्वती बंध (4, 4, 6) : विद्यार्थियों, शैक्षिक क्षेत्र के लोगों के लिए। ध्यान केंद्रित करने, फोकस करने और लेखन कौशल में मदद करता है।
- स्वास्थ्य बंध (3, 3, 5, 5, 5 मुखी): सामान्य स्वास्थ्य, रक्त के लिए दबाव, शुगर, हृदय रोग, आदि।
- rudraksha जल (5 मुखी के 3 दाने): सामान्य स्वास्थ्य के लिए जल चिकित्सा के लिए।
- अवसाद के लिए 3 मुखी, मानसिक शक्ति के लिए 4 मुखी का प्रयोग करें। आत्मविश्वास बढ़ाने के लिए 11 मुखी।
- दुर्गा कंगन (9 मुखी): वास्तु दोष, बुरी नजर (नजर), अदालती मामले। बाईं कलाई पर पहनें.
- दोष निवारण (9, 10, 11 मुखी): सुरक्षा और सुधार के लिए दुर्घटनाओं, भय और शत्रुओं से सुरक्षा।
- व्यवसाय (7, 7, 8 मुखी): सामान्य लाभ।
- (7, 8, 12 मुखी): रियल एस्टेट, निर्माताओं के लिए।
- (7, 8, 14 मुखी): निर्यात, व्यापार वृद्धि, उच्च्च जोखिम वाले व्यवसाय।

एकाधिक रुद्राक्षों का उपयोग करने वाले तीन अन्य संयोजन हैं, जिनका उपयोग सर्वांगीण सफलता प्राप्त करने के लिए किया जाता है। इनका उपयोग व्यवसाय या पेशे से जुड़ा कोई भी व्यक्ति कर सकता है:

मंगल माला

इस संयोजन में एक से लेकर 10 मुखी, गौरीशंकर और गणेश तक के रुद्राक्ष का उपयोग किया जाता है। मुख्य रुद्राक्ष के रूप में 10 मुखी के साथ, यह माला शत्रुता, प्रतिस्पर्धा, काले जादू आदि से सुरक्षा प्रदान करती है। सात और 8 मुखी रुद्राक्ष समृद्धि प्रदान करते हैं और बाधाओं को दूर करते हैं, और नौ मुखी रुद्राक्ष

व्यक्ति को निडर बनाता है। मंगल माला का उपयोग किसी के सामान्य कल्याण के लिए किया जाता है।

सिद्ध माला

इस अत्यंत शक्तिशाली और लोकप्रिय संयोजन को बनाने के लिए हमारे ग्रंथों में वर्णित एक से 14 मुखी, गौरीशंकर और गणेश तक सभी रुद्राक्षों का उपयोग किया जाता है। एक सिद्ध माला को रोजमर्रा की जिंदगी में आने वाली अधिकांश समस्याओं, जैसे बाधाएं, तनाव, भय, कानूनी मुद्दे और पारिवारिक समस्याओं के लिए एक-स्टॉप समाधान माना जाता है। इस हार में 14 मुखी दृश्य शक्ति में सुधार करती है ताकि गलत निर्णय न लिए जा सकें और कोई यह अनुमान लगा सके कि वह किस प्रकार के लोगों के साथ काम कर रहा है। इस शक्तिशाली संयोग से व्यक्ति की और पूरे परिवार की सुरक्षा होती है। शिव पुराण में, भगवान शिव कहते हैं कि जो व्यक्ति सभी माला (एक से 14 मुखी तक) पहनता है वह शैवत्व से परिपूर्ण हो जाता है, अर्थात उसके गुणों का प्रतीक हो जाता है।

इस प्रकार के हार के लिए कई डिज़ाइन संभव हैं। माला आरोही क्रम में हो सकती है, यानी एक मुखी से लेकर 14 मुखी तक और सबसे नीचे गौरीशंकर का प्रयोग किया जा सकता है। वैकल्पिक रूप से, सभी सम संख्या वाले दाने (2, 4, 6, 8 मुखी, आदि) एक तरफ और विषम संख्या (1, 3, 5, सात, 9, आदि) को केंद्र में गौरीशंकर के साथ दूसरी तरफ रखा जा सकता है। (चित्र 39)।

कुछ डिज़ाइनों में प्रत्येक मुखी मनके के बाद एक गणेश रुद्राक्ष का उपयोग किया जाता है। यदि हार में 15 दाने हों, एक से लेकर 14 और एक गौरीशंकर, तो प्रत्येक दाने के बाद एक, 14 गणेश रुद्राक्ष का उपयोग किया जाता है।

सिद्ध माला में, कोई गले के चारों ओर छोटे दानों और निचले सिरे पर बड़े दानों का उपयोग कर सकता है, या इस हार के विभिन्न डिज़ाइनों में दिखाए गए अनुसार सभी बड़े दानों का उपयोग कर सकता है।

सिद्ध माला को अधिमानतः शरीर से छूते हुए पहनना चाहिए या इसे पूजा स्थल पर भगवान शिव की मूर्ति के चरणों में या शिवलिंग के पास रखना चाहिए।

माला को उपासक द्वारा अपने ध्यान के दौरान या जब तक आवश्यक हो पहना जा सकता है, और फिर पूजा स्थल पर वापस रखा जा सकता है। एक सिद्ध माला ऊन या किसी भी धातु, जैसे तांबा, चांदी, सोना या पंच धातु (पाँच धातुओं का एक संयोजन) से बनाई जा सकती है। यह एक बहुत ही अनमोल संपत्ति है जो एक परिवार के पास हो सकती है और इसे नियमित रूप से अभिषेक अनुष्ठान का उपयोग करके या भगवान शिव को समर्पित मंत्रों का जाप करके, या बीज मंत्रों का उपयोग करके और अध्याय 9 में दी गई पूजा प्रक्रिया का पालन करके ऊर्जावान बनाया जाना चाहिए।

इंद्र माला

इंद्र या इंद्राक्षी माला सभी हारों में सबसे दुर्लभ है, जिसे प्रकृति से सभी संभावित रुद्राक्षों को प्राप्त करके बनाया जा सकता है। इसमें 1 से 21 मुखी, गौरीशंकर और गणेश की माला होती है। यदि उपलब्ध हो तो एक त्रिजुटी भी जोड़ी जाती है, लेकिन यह अनिवार्य नहीं है (चित्र 40)। ऐसा कहा जाता है कि इंद्र माला पहनने वाला अपनी सभी इच्छाओं को पूरा कर सकता है - भौतिक और आध्यात्मिक दोनों।

ईर्ष्या, बुरी नज़र, भूत-प्रेत या अज्ञात भय के कारण होने वाली सभी नकारात्मकताओं को इस हार के उपयोग से दूर किया जा सकता है। यह सभी देवताओं का आशीर्वाद देता है चाहे भौतिक रूप (सगुण) में हो या ब्रह्म स्वरूप (निर्गुण) में।

1989 में किए गए एक अनौपचारिक सर्वेक्षण के अनुसार, दुनिया में केवल 5 ऐसी मालाएँ थी, जिनमें से एक भारत के बाहर थी। (2022-23 में, बेहतर दानों की उपलब्धता और व्यक्तिगत आय के स्तर में वृद्धि के कारण इंद्र मालाओं की संख्या सैकड़ों में हो सकती है।) यह अनुमान नेपाल से 20 और 21 मुखी रुद्राक्षों की उपलब्धता पर आधारित है, जिनका हर साल कारोबार होता था। इस प्रकार के पारंपरिक रूप से स्वामित्व वाली मालाओं का कोई सांख्यिकीय डेटा नहीं है, जो निश्चित रूप से कुछ सम्पन्न

परिवारों में मौजूद थे। इंडोनेशियाई दानों से बनी इंद्र माला बड़ी संख्या में मौजूद हैं।

एक आदर्श इंद्र माला कुल 108 दानों से बनाई जाती है, जिनमें से 1 से 21 मुखी, गौरीशंकर और गणेश 23 होते हैं, जबकि बाकी 5 मुखी होने चाहिए। ऐसा माना जाता है कि इस माला में 108 प्रकार की गायत्री विभिन्न रूपों में निवास करती हैं, और इसलिए, यह दैवीय रूप से शक्तिशाली है। 27+1 k। माला भी लोकप्रिय है और यहाँ 21 दानों में (1 से 21 मुखी) के अलावा एक गौरीशंकर और गणेश तथा किसी भी मुख के पाँच दाने जोड़े जाते हैं।

इंद्र माला को पूजा स्थल पर भी रखा जा सकता है और दानों की दुर्लभता को देखते हुए इसके रखरखाव में उचित सावधानी बरतनी चाहिए। उदाहरण के लिए, सभी दानों को तारों या धागे से मजबूती से बांधा जाना चाहिए और सुरक्षा के लिए चांदी या सोने का उपयोग करना चाहिए। यदि माला पहनी जा रही है तो दानों की मासिक सफाई और रखरखाव के लिए बताए अनुसार तेल लगाने का सख्ती से पालन किया जाना चाहिए। यदि इसे पूजा की वेदी पर रखा जाता है, तो इसके के पास कुछ कपूर रखें और सुनिश्चित करें कि वह स्थान कीट-मुक्त हो।

चूँकि जो लोग इस प्रकार की माला खरीद सकते हैं वे या तो अमीर हैं और/या भगवान शिव के प्रति अत्यधिक समर्पित हैं, इसलिए इस बारे में स्पष्ट राय प्राप्त करना कठिन है कि पहनने के बाद यह माला क्या करती है! हमारा अनुभव यह है कि केवल आध्यात्मिक रूप से इच्छुक और पवित्र लोग या वास्तव में अमीर लोग ही ऐसे निवेश के लिए जाते हैं और उन्हें सुरक्षा, नाम और प्रसिद्धि के रूप में इसका पूरा प्रतिफल मिलता है। लोग इस माला के साथ कई रहस्यमय कहानियाँ जोड़ते हैं, लेकिन हो सकता है कि वे पूरी तरह से सही न हों। हालाँकि, यह सच है कि जिनके पास ये रुद्राक्ष होते हैं और वे या तो इन्हें पहनते हैं या श्रद्धापूर्वक पूजा स्थान पर रखते हैं, वे हमेशा अपने व्यवसाय या पेशे में शीर्ष स्थान पर बने रहते हैं।

इस हार को चार्ज करने और पूजा करने के लिए निम्नलिखित बीज मंत्रों का उपयोग किया जा सकता है:

- 1 मुखी : ॐ ह्रीं नमः
- 2 मुखी : ॐ नमः
- 3 मुखी : ॐ क्लीं नमः
- 4 मुखी : ॐ ह्रीं नमः
- 5 मुखी : ॐ ह्रीं नमः
- 6 मुखी : ॐ ह्रीं हुं नमः
- 7 मुखी : ॐ हुं नमः
- 8 मुखी : ॐ हुं नमः
- 9 मुखी : ॐ ह्रीं हुं नमः
- 10 मुखी : ॐ ह्रीं नमः नमः
- 11 मुखी : ॐ ह्रीं हुं नमः
- 12 मुखी : ॐ क्रौं क्षोअं रोम नमः
- 13 मुखी : ॐ ह्रीं नमः
- 14 मुखी : ॐ नमः
- गौरीशंकर और गणेश : ॐ नमः शिवाय

उच्च मुखी और विशेष रुद्राक्ष को पंचाक्षरी मंत्र या महामृत्युंजय मंत्र का उपयोग करके पहना जा सकता है। कुछ पुस्तकों में इनके लिए विशेष मंत्रों का उल्लेख किया गया है:

- 15 मुखी : ॐ ह्रीं सम ह्रीं ऐं ॐ
- 16 मुखी : ॐ वामं क्रं तम ह्लं ऐं श्रीं
- 17 मुखी : ॐ ह्लं क्रां क्षौं स्वाहा
- 18 मुखी : ॐ ह्रीं श्रीं क्लीं सौं ऐं ह्रीं
- 19 मुखी: ओम हुं सम ऐं ह्रीं श्रीं
- 20 मुखी: ओम ग्याम गयिम लुम उम ऐम
- 21 मुखी: ॐ हीं हीं हीं श्रीं श्रीं श्रीं ऐम्

चक्र स्थिति के अनुसार रुद्राक्ष का चयन करें

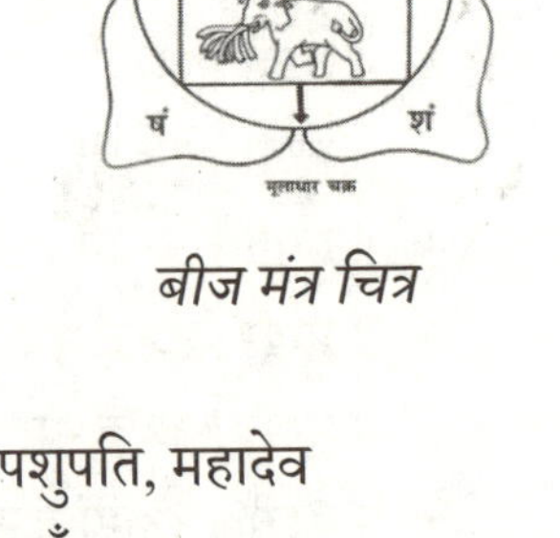

बीज मंत्र चित्र

1. मूलाधार चक्र

रुद्राक्ष: 3, 8, 11, 14 मुखी

तत्व: पृथ्वी

ग्रह: शनि/मंगल

स्थान: रीढ़ की हड्डी के नीचे

रंग: लाल

बीज मंत्र: लं बीज मंत्र चित्र

देवता: ब्रह्मा, गणेश, कुबेर, उमालक्ष्मी, डाकिनी, पशुपति, महादेव

असामान्यताओं के कारण: इच्छाएँ, यौन कल्पनाएँ

संबंधित रोग: वजन असामान्यताएं, कब्ज, कटिस्नायुशूल, बवासीर, अपक्षयी गठिया, घुटने की समस्याएं **योगासन:** योग मुद्रा, शलभासन, पश्चिमोत्तासन, धनुरासन

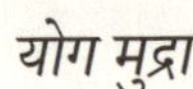

योग मुद्रा

शलभासन

पश्चिमोत्तासन

2. स्वाधिष्ठान चक्र

रुद्राक्ष: 4, 10, 13, मुखी

तत्व: जल

ग्रह: बुध

स्थान: नाभि से 2” नीचे

रंग: नारंगी

बीज मंत्र: वं

देवता: इंद्र, वर्मा, विष्णु, राकिनी, कृष्ण, ब्रह्मा, सरस्वती

असामान्यताओं के कारण: भय, विशेष रूप से मृत्यु

संबंधित रोग: ठंडक, नपुंसकता, मूत्राशय, गुर्दे की परेशानी, पीठ के निचले हिस्से में अकड़न

योगासन: भुजंगासन, शलभासन, मृगासन, धनुरासन, स्कंधरासन, योग मुद्रा, चक्रासन, सेतुआसन

भुजंगासन

मृगासन

3. मणिपुर चक्र

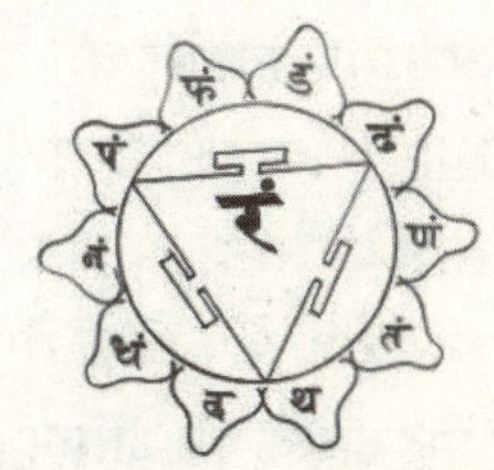

रुद्राक्ष: 3, 7, 12, 19 मुखी

तत्त्व: अग्नि

ग्रह: मंगल (सूर्य भी)/स्वर्गलोक

स्थान: नाभि क्षेत्र

रंग: पीला

बीज मंत्र: राम

देवता: अग्नि, सूर्य, रुद्र, राम, लाकिनी, विष्णु-लक्ष्मी

असामान्यताओं के कारण: चिंता और चिन्ता

संबंधित रोग: अल्सर, मधुमेह, हाइपोग्लाइकेमिया, पाचन विकार

योगासन: पश्चिमोत्तासन, विपरीतकरणी मुद्रा, त्रिकोणासन, अर्ध मत्स्येंद्रासन, शिरांगुष्ठासन, संतुलानासन, वीरासन, वज्रासन (एड़ी पर बैठना), शलभासन, नौकासन, धनुरासन

त्रिकोणासन

वज्रासन

नौकासन

4. अनाहत चक्र

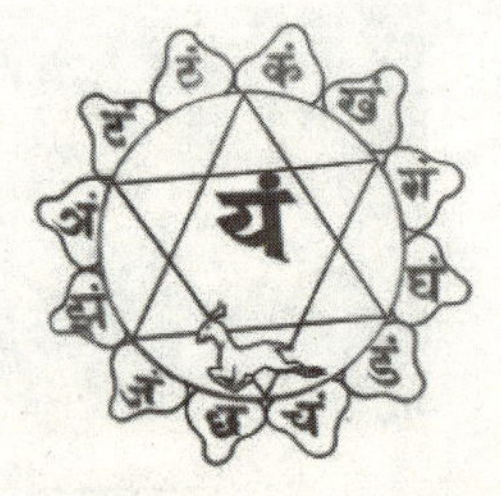

रुद्राक्ष: 2, 6, 13 मुखी

तत्त्व: वायु

ग्रह: शुक्र/चंद्रमा स्थान: हृदय क्षेत्र रंग: हरा

बीज मंत्र: रं

देवता: विष्णु-लक्ष्मी, कृष्ण, ईश्वर, काम, वायु, अदिति, रुद्र, उर्वशी, शिव-शक्ति

असामान्यताओं के कारण: बहुत अधिक ध्यान की अपेक्षा करना

संबंधित रोग: अस्थमा, उच्च रक्तचाप, हृदय रोग, फेफड़ों के रोग योगासन: सूर्य नमस्कार के 12 आसन (3 से 21 बार दोहराव), सर्वांगासन

सर्वांगासन

5. विशुद्ध चक्र

रुद्राक्ष: 4, 5, 14, 12 मुखी तत्व: आकाश/ईथर

ग्रह: बुध/बृहस्पति

स्थान: गले का क्षेत्र

रंग: नीला

बीज मंत्र: हँ

देवता: गंगा, शाकनि, सद्गुरु, ब्रह्मा, सरस्वती

असामान्यताओं के कारण: तुलना, हीन भावना संबंधित रोग: गले में खराश, गर्दन में अकड़न, सर्दी, थायराइड की समस्या, सुनने में समस्या

योगासन: भुजंगासन (कोबरा पोज), मत्स्यासन (मछली पोज), उष्ट्रासन (ऊंट पोज), सेतुआसन (ब्रिज पोज), शीर्षासन (हेड स्टैंड, सहस्त्रार चक्र में छवि देखें), सर्वांगासन (कंधे स्टैंड), विपरीतकरणी मुद्रा (आधे कंधे स्टैंड)), हलासन (हल मुद्रा), योग मुद्रा (एड़ी पर बैठना, आगे की ओर झुकना), शशांकासन (खरगोश मुद्रा)।

मत्स्यासन

हलासन

6. आज्ञा/आज्ञा चक्र

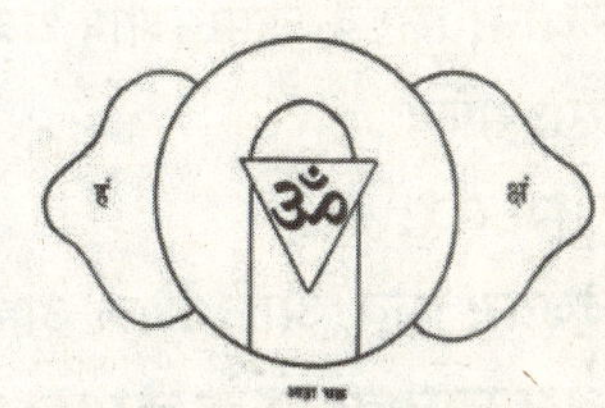

रुद्राक्ष: 1, 7, 11, 14, 16 मुखी

तत्व:

ग्रह: बृहस्पति/नेपच्यून/शनि

स्थान: भौंहों के बीच

रंग: इंडिगो

बीज मंत्र: ॐ

देवता: परमशिव, कृष्ण, हाकिनी, सद्गुरु, शिव-शक्ति असामान्यताओं के **कारण:** अहंकार, क्रोध, अदूरदर्शी दृष्टिकोण संबंधित रोग: अंधापन, सिरदर्द, धुंधली दृष्टि, आंखों पर दबाव, बुरे सपने

योगासन: नाड़ीशोधन प्राणायाम (तंत्रिका तंत्र की शुद्धि), भूमि पाद मस्तकासन (पृथ्वी पर सिर और पैर), योग मुद्रा (एड़ी पर बैठना, आगे झुकना - मूलाधार चक्र में छवि देखें), शशांकासन (हरे मुद्रा), शीर्षासन (सिर खड़ा होना, सहस्त्रार चक्र में छवि देखें), आकाशी मुद्रा (आसमान की ओर देखते हुए)

नाड़ीशोधन प्राणायाम

7. सहस्त्रार चक्र

रुद्राक्ष: 1, 12, 14, 20 मुखी

तत्त्व: विचार

ग्रह: यूरेनस/राहु

स्थान: सिर के ऊपर (शीर्ष क्षेत्र)

रंग: सफ़ेद

बीज मंत्र:

देवता: शिव, आदि-शिव, अमाकला, वरुण, दुर्गा, सदाशिव ब्रह्मा

असामान्यताओं के कारण: कृतघ्नता, स्वार्थ, भ्रम

संबंधित रोग: अवसाद, अलगाव, उदासीनता, भ्रम, ऊब, सीखने में असमर्थता

योगासन: सूर्य नमस्कार के 12 आसन (3 से 21 पुनरावृत्ति)

शीर्षासन

बीज मंत्र चित्र (पुस्तक: कुंडलिनी महाशक्ति के रहस्य) से लिया गया है।

लेखक: चंद्र मोहन, प्रकाशक: मनोज पॉकेट बुक – दिल्ली

7

धारण करने योग्य रुद्राक्ष की संख्या

यह निर्धारित करने के दो दृष्टिकोण हैं कि कितने रुद्राक्ष पहनने चाहिए। पहले दृष्टिकोण में, प्राचीन ग्रंथ जो कहते हैं उसका पालन करें जैसे शरीर के विशिष्ट अंगों, गर्दन, कलाई, बांह आदि पर पहने जाने वाले दानों की संख्या। दूसरा दृष्टिकोण समाज में प्रचलित परंपराओं का पालन करना है जहां कोई रहता है या जिस परिवार से वह संबंधित है, क्योंकि ये दानों की उपलब्धता और अनुभवों के आधार पर विकसित हुए हैं।

हमारे ग्रंथों में सुझाई गई शरीर के विभिन्न भागों पर धारण करने योग्य रुद्राक्षों की संख्या इस प्रकार है:

शरीर के अंग	दानों की संख्या	सन्दर्भ
शिखा	1	श्रीमद् देवीभागवत
कलाई (दाएँ और बाएँ दोनों)	12/12	श्रीमद् देवीभागवत
गर्दन	32	श्रीमद् देवीभागवत
माथा	40	श्रीमद् देवीभागवत

शरीर के अंग	दानों की संख्या	सन्दर्भ
कान (दाएँ और बाएँ दोनों)	6/6	श्रीमद् देवीभागवत
वक्ष	108	श्रीमद् देवीभागवत
कंधे	500	श्रीमद् देवीभागवत
यज्ञोपवीत (पवित्र धागा)	108	श्रीमद् देवीभागवत
गर्दन	2 मालायें	श्रीमद् देवीभागवत
शरीर के अन्य भाग, जैसे कान की बाली, मुकुट, कमर की मेखला, पेट पर आदि।	3 मालायें	श्रीमद् देवीभागवत
मुकुट	550	शिव पुराण
मुकुट	1,100	शिव पुराण
यज्ञोपवीत (पवित्र धागा)	360 (3 मालायें 120 दानों वाली)	शिव पुराण
शिखा	1 या 3	शिव पुराण
कान (दाएँ और बाएँ दोनों)	6/6	शिव पुराण
गर्दन	101, 50, 32	शिव पुराण
कलाई (दाएँ और बाएँ दोनों)	11, 12	शिव पुराण
यज्ञोपवीत	3 strlngs each of 108	शिव पुराण
कटि प्रदेश	5	शिव पुराण
मस्तक	30, 40	शिव पुराण
कंधे	500	शिव पुराण
हृदय (छाती)	108	शिव पुराण
मस्तक	30	शिव पुराण
गर्दन क्षेत्र	36	शिव पुराण
(दाएँ और बाएँ दोनों)	16/16	शिव पुराण
शरीर के अंग	दानों की संख्या	सन्दर्भ

शरीर के अंग	दानों की संख्या	सन्दर्भ
कलाई (दाएं और बाएं दोनों)	12/12	रुद्राक्षजबालोपनिषद
कंधे	15	रुद्राक्षजबालोपनिषद्
यज्ञोपवीत	108	रुद्राक्षजबालोपनिषद्
गर्दन क्षेत्र	2, 3, 5 और 7 मालाएँ	रुद्राक्षजबालोपनिषद्
कमर	300 (औसत) 500 (मध्यम) 1,000 (सर्वोत्तम)	रुद्राक्षजबालोपनिषद्
आँखें (दाएँ और बाएँ दोनों)	4/4	निर्णयसिन्धु
गर्दन क्षेत्र	32	निर्णयसिन्धु
माथा	40	निर्णयसिन्धु
कान (दाएँ और बाएँ दोनों)	6/6	निर्णयसिन्धु
कलाई (दाएँ और बाएँ दोनों)	12/12	निर्णयसिन्धु
अग्र-भुजाओं (दाएँ और बाएँ दोनों)	16/16	निर्णयसिन्धु
शिखा	1	निर्णयसिन्धु
हृदय क्षेत्र	108	निर्णयसिन्धु

शरीर पर धारण किये जाने वाले रुद्राक्षों की कुल संख्या भी विभिन्न ग्रंथों में भिन्न-भिन्न है। उदाहरण के लिए, यह 108, 249, 1,000, 1,008 या 1,111 रुद्राक्ष हो सकते हैं। चित्र 41 में हमारे घर के पुजारी को 1,111 दानों वाली रुद्राक्ष ध्यान पोशाक पहने हुए दिखाया गया है। हमने 2,780 रुद्राक्षों (शरीर के किसी विशेष भाग के लिए उनमें उल्लिखित उच्चतम संख्या का पता लगाने के लिए विभिन्न ग्रंथों से परामर्श करने के बाद) से एक ध्यान आभूषण बनाया है, जिसे

सिर, बांह और कलाई, हृदय, गर्दन, कमर कान और आँखों पर पहना जा सकता है।. ऐसी दिव्य और शक्तिशाली पोशाक पहनने और ध्यान करने से व्यक्ति को शांति महसूस करने में मदद मिल सकती है हालाँकि, हर किसी के लिए इतनी बड़ी संख्या में दानों का नियमित रूप से उपयोग करना व्यावहारिक नहीं है। मेरा सुझाव है कि जितना संभव हो उतने अधिक रुद्राक्षों का उपयोग करें और सुनिश्चित करें कि बेहतर एक्यूप्रेशर प्रभाव के लिए आप अपनी छाती पर पहनने के लिए बड़े दानों का चयन करें। माला को कम से कम हृदय के स्तर तक जाना चाहिए और अधिकतम नाभि से दो इंच ऊपर होना चाहिए।

माला और दानों के संयोजन के बीच अंतर को समझना जरूरी है। मुख्य अंतर हैं:

1. माला, चाहे पहनने के लिए हो या जप के लिए, लगातार दानों से पिरोई जाती है और केवल गांठों के लिए खाली जगह होती है। आम तौर पर, एक माला में केवल एक ही प्रकार का दाना होता है; उदाहरण के लिए, रुद्राक्ष कि माला में केवल रुद्राक्ष होंगे और तुलसी के माला में केवल तुलसी के दाने होंगे।
2. एक संयोजन गले में धागे या चांदी/सोने की चेन और नीचे दानों के रूप में हो सकता है। विभिन्न सामग्रियों का प्रयोग संयोजन में किया जा सकता है, उदाहरण के लिए, रुद्राक्ष के साथ रत्नों का प्रयोग किया जा सकता है। स्फटिक दानों का उपयोग लंबाई को समायोजित करने या इसे अच्छा दिखने के लिए कुछ नियमितता के साथ भी किया जा सकता है।

आध्यात्मिक उद्देश्यों के लिए विभिन्न सामग्रियों (जिन्हें उपयोगी माना जाता है और जिनमें कुछ उपचारात्मक या दैवीय गुण हो सकते हैं) पहनना बिल्कुल सही है। यदि किसी व्यक्ति को किसी विशेष भगवान (शिव, दुर्गा, विष्णु, राम, कृष्ण, आदि) में विश्वास है, तो वह तुलसी, स्फटिक, चंदन, केहरवा (एम्बर), और रुद्राक्ष की माला अलग-अलग पहन सकता है। हालाँकि, यदि इन सामग्रियों का उपयोग स्वास्थ्य उद्देश्यों के लिए किया जा रहा है, तो किसी

विशेषज्ञ से परामर्श करने की सलाह दी जाती है। उदाहरण के लिए, अस्थमा से पीड़ित लोगों को रुद्राक्ष के साथ स्फटिक पहनने की सलाह नहीं दी जाती है।

कुछ लोग ऐसे स्रोत से ताबीज बनवाते हैं जिसे वे बहुत शक्तिशाली मानते हैं, जबकि अन्य लोग बाघ के नख चुनते हैं हालांकि इन पर प्रतिबंध है। कई लोग श्रीयंत्र, गणेश, हनुमान, कृष्ण या किसी भी देवी-देवता के धातु के पेंडेंट चुनते हैं और फिर इन्हें रुद्राक्ष के साथ पहनने को लेकर भ्रमित हो जाते हैं। हमारी राय यह है कि, चूंकि रुद्राक्ष एक प्राकृतिक और पवित्र उत्पाद है जिसकी कोई विशिष्ट ब्रांडिंग नहीं है, इसलिए इसका उपयोग किसी भी देवी या देवता की पूजा के लिए श्रद्धापूर्वक किया जा सकता है।

लोगों को सलाह दी जाती है कि उन्हें किसी विशेषज्ञ या स्वयं द्वारा नकली या जाली होने की पुष्टि होने के बाद ऐसी माला को हटा देना चाहिए, क्योंकि जो भी चीज़ असली नहीं है उसका नकारात्मक प्रभाव पड़ने की संभावना है।

इसके अलावा, पारिवारिक परंपराओं के अनुसार या अपनी मानसिकता के कारण, कई लोग तुलसी और रुद्राक्ष की माला का एक साथ उपयोग नहीं करते हैं। इन पवित्र सामग्रियों को एक साथ धारण करने में कोई बुराई नहीं है। हम पाते हैं कि हिंदू संस्कृति में शैवों और वैष्णवों को एक साथ लाने के लिए अतीत में बहुत प्रयास किए गए हैं। ऐसे मंदिर हैं जिनमें हरि (विष्णु) और हर (शिव) की पूजा एकीकृत रूप में की जाती है। गोस्वामी तुलसीदास ने भगवान शिव और भगवान राम की एकीकृत प्रार्थना करने के लिए हरिशंकरी छंद की रचना की थी। यह विनयपत्रिका में शामिल है, जो हिंदी साहित्य की बेहतरीन काव्य कृतियों में से एक है। रामचरितमानस में, जो इस कवि की सबसे बड़ी कृति है, भगवान राम कहते हैं, "जो कोई भी खुद को मेरा भक्त कहता है और दृढ़ विश्वास के साथ भगवान शिव का विरोधी है, उसकी निंदा की जाएगी और उसे इस जीवन में और अगले जीवन में भी सजा मिलेगी। शालिग्राम शिलाएँ, जो वैष्णवों द्वारा पूजनीय हैं, का उपयोग शिवलिंग बनाने के लिए किया गया है। जैसा कि ऊपर उल्लेख किया गया है, इन दोनों संप्रदायों को एक साथ लाने के लिए कई प्रयास किए गए हैं। भगवान कृष्ण ने भगवान शिव की पूजा की है और

इसके विपरीत भी। भगवान शिव की पूजा करते समय एक कमल का फूल कम पड़ने पर भगवान विष्णु ने अपनी एक आंख अर्पित कर दी और भगवान शिव ने भगवान विष्णु की पूजा की। अत: रुद्राक्ष केवल शैवों तक ही सीमित नहीं है। मुझे लगता है कि हमारे देश में अधिकांश लोग इस विचार को स्वीकार करते हैं।

एक माला बिना किसी रुकावट के दानों की एक सतत व्यवस्था है, जबकि एक संयोजन कुछ दानों को किसी धातु का उपयोग करके पिरोया या ढका हुआ बनाया जा सकता है और गर्दन, कलाई और/या बाहों के चारों ओर एक धागे या चेन से बांधा जा सकता है। संयोजन के मामले में भी कम से कम तीन दानों का उपयोग करना चाहिए। इस पर अलग-अलग राय है क्योंकि एक दाना पहनने की भी सिफारिश की जाती है। हालाँकि, अनुभव कम से कम तीन दानों के उपयोग का सुझाव देता है जैसा कि अधिकांश प्राचीन ग्रंथों में सुझाव दिया गया है, व्यक्ति को रुद्राक्ष का अधिकाधिक उपयोग करना चाहिए। यदि आप एक महंगा या दुर्लभ रुद्राक्ष पहनना चाहते हैं, जिसमें से आपके पास केवल एक ही है, तो इसका उपयोग दो अन्य सस्ते और आसानी से उपलब्ध दानों, जैसे बड़े आकार के चार, पाँच या छह मुखी के साथ किया जा सकता है। या आप इसे छोटे आकार के दानों से बनी माला से जोड़ सकते हैं, जिससे कुल 54+1 या 108+1 की संख्या बनती है।

शिव पुराण में ध्यान की पोशाक को इस प्रकार परिभाषित किया गया है:

120 रुद्राक्ष की तीन माला, प्रत्येक को यज्ञोपवीत के रूप में छाती पर पहना जाना चाहिए, गले के लिए 108 रुद्राक्ष की एक माला, दोनों कलाई और भुजाओं पर 11-11 रुद्राक्ष (कुल 44), प्रत्येक कान पर 6 रुद्राक्ष, नाभि पर 5 रुद्राक्ष, गले पर 32 रुद्राक्ष और सिर पर 550 रुद्राक्ष। इस प्रकार, कुल 1,111 रुद्राक्षों से एक ध्यान पोशाक बनती है और इसे रुद्रत्व प्राप्त करने के लिए शुभ माना जाता है।

श्रीमद् देवीभागवत (संदर्भ 2) अनुशंसा करता है:

शिखा पर 1, सिर पर 30, गर्दन पर 36, प्रत्येक भुजा पर 16 (कुल 32), प्रत्येक कलाई पर 12 (कुल 24), कंधों पर 50, और 108 यज्ञोपवीत के रूप में।

इसके अलावा, कुल संख्या 300 बनाने के लिए कुछ रुद्राक्षों को गले में पहनना चाहिए। इस पाठ के अनुसार, 300 रुद्राक्ष न्यूनतम हैं, 500 अनुशंसित हैं, और 1,000 सर्वोत्तम है।

रुद्राक्ष जाबालोपनिषद (संदर्भ 15) सुझाव देता है:

1 शिखा पर, 30 सिर पर, 36 गर्दन पर, 16 प्रत्येक बांह पर, 12 प्रत्येक कलाई पर, 15 प्रत्येक कंधे पर, 108 यज्ञोपवीत के रूप में, और 2X108 या 3X108 या 5X108 या 7X108 चारों ओर गर्दन पर।

सामान्य तौर पर, यह कहा जा सकता है कि ग्रंथ यथासंभव अधिक से अधिक रुद्राक्षों के उपयोग की सलाह देते हैं।

जप के लिए माला के विषय में, 27+1, 54+1, या 108+1 दानों का उपयोग करें। जो लोग अंकज्योतिष में विश्वास करते हैं उन्हें निम्नलिखित अंकों को विभिन्न उद्देश्यों (केवल जप के लिए) के लिए शुभ मानना चाहिए:

- धन के लिए 32 या 30
- हजारों महापुरश्चरणों के लिए 100 रु
- योग्यता और ज्ञान के लिए 102
- 104 स्वास्थ्य और ताकत के लिए
- 107 अंतिम मुक्ति (निर्वाण या मोक्ष) के लिए
- 108 धार्मिकता (धर्म), धन, इच्छा और अंतिम मुक्ति के लिए।

गायत्री जप के लिए कुछ लोग एक विशेष माला बनवाते हैं जिसमें 24 दाने और 1 मेरु अलग से होता है।

पहनने के लिए संयोजन की स्थिति में किसी भी विषम संख्या जैसे 3, 5, 7 आदि का उपयोग करें। निम्नलिखित अपवादों को छोड़कर 1 ही रुद्राक्ष पहनने से बचें:

14 मुखी का उपयोग अकेले किया जा सकता है, अधिमानतः माथे पर (भौहों के बीच आज्ञा चक्र पर) पहना जाता है। इसे गर्दन में भी पहनते है।

11 मुखी को शिखा पर पहना जा सकता हैं, लेकिन इसे गले में पहनना ही अधिक लोकप्रिय है।

गले में 1 मुखी, बायीं कलाई पर 9 मुखी, दाहिनी बांह पर 13 मुखी, हार के रूप में 5 मुखी पहनना उचित हैं।

श्रीमद् देवीभागवत निम्नलिखित रुद्राक्षों को महत्व देता है:

1 मुखी, 5 मुखी, 11 मुखी और 14 मुखी। इन्हें ऊपर बताए अनुसार पहना जा सकता है।

गौरीशंकर रुद्राक्ष को गले में ही धारण करना चाहिए।

इसे बांहों या कलाइयों पर इस्तेमाल करने से बचें।

गले में 15 या इससे ऊंची मुखी धारण करनी चाहिए।

माला में या हृदय के पास छाती पर पहने जाने वाले रुद्राक्षों की कुल संख्या निम्नलिखित में से कोई भी हो सकती है: 27,32,36,50,54, 108

आम तौर पर, यह अनुशंसा की जाती है कि आप गले में या हृदय के ऊपर जो माला या रुद्राक्ष पहनते हैं वह दूसरों को दिखाई न दे। इसलिए, माला की लंबाई का चयन सावधानीपूर्वक करना आवश्यक है। असाधारण मामलों में केवल बड़े आकार के दाने हो सकते हैं, जिन्हें किसी की शर्ट के अंदर ढंका या छिपाया नहीं जा सकता है, या यदि आप इसे ध्यान के लिए योग प्रथाओं के अनुसार गर्दन के चारों ओर पहनना चाहते हैं। कुछ लोगों का कहना है कि रुद्राक्ष को खुला रखने पर आकाश से आने वाली ब्रह्मांडीय ऊर्जा उसमें समाहित हो जाती है। पर ये प्रामाणिक नहीं है। सबसे महत्वपूर्ण आवश्यकता यह है कि रुद्राक्ष त्वचा को छूना चाहिए। साधुओं और गुरुओं को छोड़कर, जो शर्ट नहीं पहनते हों, यह सुनिश्चित करना बेहतर है कि दाने दूसरों को दिखाई न दें। लेकिन चूंकि यह एक सुंदर आध्यात्मिक प्रतीक है, इसलिए यदि स्थिति की मांग हो तो इसे बाहर पहनने में कोई बुराई नहीं है।

108 अंक का महत्व:

1. कुल 108 उपनिषद हैं।
2. 27 चंद्र नक्षत्रों (नक्षत्रों) में से प्रत्येक के चार खंड (चरण), यानी 27X4 108 बनाते हैं। इसलिए, यह एक ब्रह्मांडीय संख्या है।
3. रुद्राक्ष हमारे शरीर में 108 संवेदी केंद्रों (प्रमुख nadlyonka) का प्रतीक है।
4. संस्कृत में 50 व्यंजन और 7 स्वर हैं। अक्षर, यदि विपरीत दिशा (अनुलोम) में लिखे जाएं, तो अन्य 50 संख्याएँ देते हैं। 'क्ष' अक्षर एक केन्द्रीय अतिरिक्त अक्षर है जिसका विशिष्ट स्थान है। कुल योग 50+7+50+1=108 हो जाता है। माला संस्कार (शुद्धिकरण) अनुष्ठान में, प्रत्येक दाने को इस विवरण में दिए गए एक अक्षर का उपयोग करके पवित्र किया जाता है।
5. महाभारत में दिए गए विष्णु और शिव के नाम भी 108 हैं।
6. आयुर्वेदिक प्रणाली के अनुसार प्रमुख मानसिक बीमारियाँ 108 हैं।
7. शतपथ ब्राह्मण अपने दसवें भाग में कहता है कि एक संवत्सर में 10,800 शुभ क्षण (मुहूर्त) होते हैं। ऋग्वेद, यजुर्वेद और सामवेद में 10,800 दोहे हैं (इन संख्याओं को यदि मनुष्य के सैद्धांतिक जीवन काल के प्रत्येक वर्ष, जो कि 100 वर्ष है, से साझा किया जाए, तो मुहूर्त और दोहे के लिए 108 का आंकड़ा प्राप्त होता है।)

अन्य सम्प्रदायों में जप माला

जैन धर्म में जप माला में 108 दाने होते हैं। आमतौर पर, हार चंदन, धागे, सोना, चांदी, संगमरमर, गोमेद (कीमती पत्थर), या सब्जी के बीज का उपयोग करके बनाया जाता है।

बौद्ध धर्म में, माला को रुद्र कहा जाता है और इसमें 108 दाने होते हैं। यह एक राजा अवलोकितेश्वर का प्रतीक है, जिसने बौद्ध मठ पर हमला करने वाले

108 डाकुओं को मार डाला था। मोती चंदन, शुद्ध लकड़ी, सोना, चांदी, मोती, हीरे, माणिक, कांच, हड्डी आदि से बनाए जाते हैं।

सिख इसे सिमरनी कहते हैं और इसमें 108 दाने होते हैं। यह इस तथ्य पर आधारित है कि गुरु ग्रंथ साहिब में गुरु के 108 उद्धरण हैं। माला रुद्राक्ष, चंदन आदि से बनी होती है।

ईसाई धर्म में, इसे रोजरि कहा जाता है और इसमें 58 दाने एक क्रॉस के साथ पिरोए जाते हैं। संख्याएँ निम्नलिखित विश्वास पर आधारित हैं:

A. क्रॉस ईश्वर में विश्वास और यीशु की याद में विश्वास को दर्शाता है, जिन्होंने क्रूस पर कष्ट सहा था।

B. क्रॉस से सटा पहला दाना भगवान है।

C. अगले 3 दाने ऊर्जा के तीन रूप हैं- इच्छाशक्ति की ऊर्जा, ज्ञान की ऊर्जा और क्रिया की ऊर्जा।

D. पांचवां दाना भगवान के मिशन की याद में है।

E. तीन त्रिकोणीय दाने सुख, दुःख और परमानंदा का प्रतीक हैं।

F. 10X5 = 50 दाने यीशु के पाँच रहस्यों का प्रतिनिधित्व करते हैं: सृजन, पालन, विघटन, महान भ्रम का आवरण, और दीक्षा।

ये मालाएँ गुलाब के पौधे के तने से बनाई जाती हैं। मदर मैरी को गुलाब बहुत पसंद थे इसलिए यह नाम रखा गया।

मुसलमानों में माला को तसबी कहा जाता है। इसमें 33 या 99 दाने होते हैं। अल्लाह के 99 नाम हैं. तसबी संगमरमर, अफ़ीम, हाथी दांत, ऊँट की हड्डियों, सीपियों, खजूर के बीज, भांग के बीज, सींग और दानों से बनाई जाती है। मक्का की मिट्टी से बने दाने सबसे पवित्र होते हैं।

पारसी धर्म में माला को तस्बी कहा जाता है। इसमें 101+1=102 मनके हैं। यह भगवान के 101 नामों का प्रतिनिधित्व करता है।

8

ज्योतिषीय दृष्टिकोण

कई ज्योतिषियों के अनुसार, रुद्राक्ष ग्रहों के प्रतिकूल प्रभावों को दूर करने का महत्वपूर्ण उपाय है, जबकि रत्नों का प्रयोग आमतौर पर किया जाता है। इस उद्देश्य से, यदि पहनने वाला संतुष्ट नहीं है तो वे रुद्राक्ष के उपयोग की सलाह देते हैं। इससे न केवल ग्रह शांत होते हैं, बल्कि पहनने वाले को आराम और खुशी भी मिलती है। किसी को केवल यह जानना चाहिए कि कौन सा रुद्राक्ष इस उद्देश्य के लिए उपयोगी होगा। हालाँकि प्राचीन ग्रंथों में ग्रह, नक्षत्र और रुद्राक्ष के बीच किसी भी संबंध का उल्लेख नहीं है, लेकिन नीचे दी गई जानकारी उन लोगों के लिए है जो अपनी कुंडली और ग्रह स्थिति के अनुसार रुद्राक्ष पहनने में दृढ़ता से विश्वास करते हैं। किसी को ऐसे ज्योतिषियों से सावधान रहना चाहिए जो व्यावसायिक लाभ के लिए एक मुखी, 14 मुखी आदि जैसे दुर्लभ रुद्राक्षों की सिफारिश करते हैं और अपने ग्राहकों का शोषण करते हुए इन दानों की आपूर्ति स्वयं करने का प्रयास करते हैं।

एक मुखी और 12 मुखी रुद्राक्ष

इन दोनों रुद्राक्षों को सौर मंडल के केंद्र सूर्य का आशीर्वाद प्राप्त है, जिसके चारों ओर सभी ग्रह घूमते हैं। वे सूर्य के हानिकारक प्रभावों को प्रभावी ढंग से नियंत्रित करते हैं, जैसे आंख के रोग, सिरदर्द, कान के रोग, आंत की समस्याएं, हड्डियों

की कमजोरी आदि। ये रुद्राक्ष भावनात्मक स्तर पर भी मदद करते हैं, उदाहरण के लिए, आत्मविश्वास की कमी को दूर करना, आकर्षण बढ़ाना और व्यक्तिगत शक्ति, नेतृत्व गुणों को विकसित करना और समृद्धि लाना।

दो मुखी रुद्राक्ष

इस रुद्राक्ष का स्वामी ग्रह चंद्रमा है। यह चंद्रमा के हानिकारक प्रभावों, जैसे आंख, गुर्दे और आंतों के रोगों को प्रभावी ढंग से नियंत्रित करता है। इससे रिश्तों में सामंजस्य की कमी आदि समस्याओं का भी समाधान होता है।

तीन मुखी रुद्राक्ष

इस रुद्राक्ष का स्वामी ग्रह मंगल है, जिसका प्रतिनिधित्व ज्योतिषीय रूप से अग्नि द्वारा किया जाता है। इसके हानिकारक प्रभाव रक्त संबंधी रोग, रक्तचाप, कमजोरी, मासिक चक्र में गड़बड़ी, गुर्दे के रोग आदि हैं। यह माला इन रोगों और विकारों तथा अवसाद, नकारात्मक भावनाओं, अपराध बोध, हीन भावना आदि समस्याओं को ठीक करने में सहायक है।

चार मुखी रुद्राक्ष

इस रुद्राक्ष का स्वामी ग्रह बुध है। पौराणिक कथाओं में यह देवी सरस्वती और ब्रह्मा का प्रतिनिधित्व करता है। बुध के प्रतिकूल प्रभावों में दिमाग की सुस्ती, समझने और समझने की शक्ति की कमी और प्रभावी संचार में कठिनाई शामिल है। चार मुखी रुद्राक्ष इन्हें ख़त्म करता है और देवी सरस्वती को प्रसन्न करता है। यह रुद्राक्ष तार्किक और संरचनात्मक सोच को नियंत्रित करता है।

पाँच मुखी रुद्राक्ष

इस रुद्राक्ष का बृहस्पति शासक ग्रह है। इसे मन की शांति की कमी, घोर दरिद्रता, सौहार्द की कमी, चर्बी से होने वाले रोग, गुर्दे, जांघ और कान के रोग, मधुमेह आदि का कारक माना जाता है। यह रुद्राक्ष उनके प्रभाव को बढ़ाता है।

छह मुखी रुद्राक्ष

इस रुद्राक्ष का शासक ग्रह शुक्र है, जो जननांग, यौन सुख, प्रेम, संगीत प्रतिभा आदि को नियंत्रित करता है। यह उपरोक्त अंगों या पहलुओं से संबंधित बीमारियों और समस्याओं का कारण बन सकता है।

सात मुखी रुद्राक्ष

इस रुद्राक्ष का सत्तारूढ़ ग्रह शनि है। यह रुद्राक्ष शनि के नकारात्मक प्रभावों को शांत करता है, जैसे बिना किसी स्पष्ट कारण के अचानक होने वाले रोग, नपुंसकता, सर्दी, रुकावट, निराशा, उपलब्धियों में देरी, लंबे समय तक चलने वाले रोग, अभाव, चिंता आदि में सहायता करता हैः।

आठ मुखी रुद्राक्ष

सत्तारूढ़ ग्रह राहु होने के कारण, यह रुद्राक्ष इसके हानिकारक प्रभावों को निष्क्रिय करने में सहायक है, जो शनि के समान हैं जैसे पद-प्रतिष्ठा में अचानक गिरावट, फेफड़े, पैर, त्वचा के रोग, मोतियाबिंद, हाइड्रोसील और सर्पदंश आदि।

नौ मुखी रुद्राक्ष

इस रुद्राक्ष का शासक ग्रह केतु है, जो राहु की तरह छाया ग्रह है और मंगल के समान है। यह रुद्राक्ष केतु के दुष्प्रभाव जैसे फेफड़ों के रोग, बुखार, आंखों में दर्द, आंतों में दर्द, त्वचा रोग, शरीर में दर्द आदि को शांत करता है।

दस मुखी रुद्राक्ष

10 मुखी रुद्राक्ष का कोई शासक ग्रह नहीं है और इसका उपयोग सभी ग्रहों के हानिकारक प्रभावों को कम करने के लिए किया जाता है। इसे पहनने वाले को सुरक्षा का एहसास होता है। यह ऋणात्मक ऊर्जाओं और ईर्ष्या तथा कोर्ट कचहरी के मामलो में सहायक है।

ग्यारह मुखी रुद्राक्ष

इसका कोई शासक ग्रह नहीं है। यह पहनने वाले में साहसिक जीवन जीने के लिए साहस और आत्मविश्वास पैदा करता है। यह ध्यान में भी सहायक है और योगाभ्यास को पूरा करने में आने वाली समस्याओं को दूर करता है।

बारह मुखी रुद्राक्ष

इसके अधिपति देवता सूर्य हैं। प्रभाव वही हैं जो एक मुखी रुद्राक्ष के लिए बताए गए हैं। स्वस्थ्य के लिए यह रुद्राक्ष सर्वश्रेस्थ है।

तेरह मुखी रुद्राक्ष

इसका प्रभाव छह मुखी रुद्राक्ष के समान है। यह ध्यान और आध्यात्मिक सिद्धियों में सहायक है।

चौदह मुखी रुद्राक्ष

यह सहज सोच में सुधार करता है। इसे शनि और मंगल के दुष्प्रभाव को शांत करने के लिए धारण किया जाता है। इस रुद्राक्ष को महाशनि के नाम से भी जाना जाता है।

पन्द्रह मुखी रुद्राक्ष

इस रुद्राक्ष का प्रभाव 14 मुखी रुद्राक्ष के समान है, जिसमें सहज, अमूर्त और पार्श्व सोच में सुधार शामिल है। पहनने वाला अपने विचारों को क्रियान्वित करने के लिए उच्च ऊर्जा स्तर का अनुभव करता है।

ज्योतिषीय रूप से, विभिन्न नक्षत्रों, ग्रहों और रुद्राक्ष के बीच निम्नलिखित संबंध मौजूद हैं:

क्रमांक	नक्षत्र	ग्रह	रुद्राक्ष
1.	अश्विनी	केतु	9 मुखी
2.	भरणी	शुक्र	6 मुखी

क्रमांक	नक्षत्र	ग्रह	रुद्राक्ष
3.	कृत्तिका	सूर्य	1, 11 या 12 मुखी
4.	रोहिणी	चंद्र	2 मुखी
5.	मृगशिरा	मंगल	3 मुखी
6.	आर्द्रा	राहु	8 मुखी
7.	पुनर्वसु	गुरु	5 मुखी
8.	हुष्य	शनि	7, 11 या 14 मुखी
9.	श्लेषा	बुध	4 मुखी
10.	मघा	केतु	9 मुखी
11.	पूर्वाफाल्गुनी	शुक्र	6 मुखी
12.	उत्तराफाल्गुनी	सूर्य	1, 12 या 11 मुखी
13.	हस्त	चंद्रमा	2 मुखी
14.	चित्रा	मंगल	3 मुखी
15.	स्वाति	राहु	8 मुखी
16.	विशाखा	बृहस्पति	5 मुखी
17.	अनुराधा	शनि	7 मुखी
18.	ज्येष्ठा	बुध	4 मुखी
19.	मूल	केतु	9 मुखी
20.	पूर्वाषाढ़ा	शुक्र	6 मुखी
21.	उत्तराषाढ़ा	सूर्य	1, 11 या 12 मुखी
22.	श्रावण	चंद्रमा	2 मुखी
23.	धनिष्ठा	मंगल	3 मुखी
24.	शतभिषा	राहु	8 मुखी
25.	पूर्वाभाद्रपद	बृहस्पति	5 मुखी
26.	पूर्वाभाद्रपद	शनि	7 मुखी
27.	रेवती	बुध	4 मुखी

जन्म राशि, धन, शुभ ग्रहों को नियंत्रित करने और रुद्राक्ष से संबंधित कुछ संबंध नीचे दिए गए हैं:

	जन्म राशि लग्न	शुभ ग्रह	रूद्राक्ष
1.	मेष	मंगल, बृहस्पति	3 और 5 मुखी
2.	वृषभ	बुध, शनि	4 और 7 मुखी
3.	मिथन	बुध, शुक्र	4 और 6 मुखी
4.	कर्क	चंद्रमा, मंगल	3 और 2 मुखी
5.	सिंह	सूर्य, मंगल	3 और 12 मुखी
6.	कन्या	बुध	4 और 6 मुखी
7.	तुला	शुक्र, शनि	6 और 7 मुखी
8.	वृश्चिक	बृहस्पति, चंद्रमा	2 मुखी
9.	धनु	बृहस्पति, सूर्य	5 और 12 मुखी
10.	मकर	शनि, शुक्र	6 और 7 मुखी
11.	कुंभ	शनि, शुक्र	6 और 7 मुखी
12.	मीना	बृहस्पति, मंगल	3 और 5 मुखी

9

रुद्राक्ष धारण और पूजन

पहनने की प्रक्रिया शुरू करने से पहले निम्नलिखित निम्नलिखित बातोकि की समीक्षा करना चाहिए:

1. सुनिश्चित करें कि माला या संयोजन में दानों की सही संख्या हो। जांच लें कि दानों का उपयोग पहले किसी ने नहीं किया हो और वे क्षतिग्रस्त न हों।
2. सुनिश्चित करें कि माला सही दिशा में (मुंह से मुंह और पूंछ से पूंछ) विधान से बनी हो।
3. याद रखें कि इसे शराब पीते समय, मांसाहारी भोजन करते समय, शारीरिक अंतरंगता के दौरान और अंतिम संस्कार में जाते समय (महिलाओं के लिए, मासिक धर्म के दौरान) शरीर से उतारना होता है। यदि अनजाने में इसका पालन नहीं किया जाता है तो दोषी महसूस न करें। उस स्थिति में, बस रुद्राक्ष को शुद्ध पानी में धोकर और "ओम नमः शिवाय" का जप करके पुनः शुद्ध करें।
4. सुनिश्चित करें कि आपने दानों या माला के लिए विक्रेता को पूरा भुगतान कर दिया है। यह देखा गया है कि जब तक वाणिज्यिक सौदे पूरी तरह से पूरे नहीं हो जाते (उन मामलों को छोड़कर जहां इसे उपहार के रूप में प्राप्त किया जाता है), रुद्राक्ष अपना पूरा प्रभाव नहीं देता है

और नकारात्मक भावनाएं देता है। इससे इसके मूल्य के बारे में संदेह पैदा होता है। चोरी हुए रुद्राक्ष का प्रयोग बिल्कुल भी नहीं करना चाहिए।

5. रुद्राक्ष किसी धर्म विशेष तक ही सीमित नहीं है। यह समस्त मानवजाति के लिए है। इन्हें स्वेच्छा से और सम्मान के साथ अभिमंत्रित किया जाना चाहिए।
6. रुद्राक्ष का कोई दुष्प्रभाव नहीं होता है, इसलिए इसके प्रभावों के बारे में अनुचित संदेह गलत हो सकता है। त्वरित परिवर्तन या जादुई प्रभाव होने की अपेक्षा न करें। इसे पहनना कोई अल्पकालिक गतिविधि नहीं है; इसे आजीवन पहनना पड़ता है।
7. सदैव नये रूद्राक्ष का प्रयोग करें तथा किसी दूसरे का पहना हुआ रूद्राक्ष कभी भी प्रयोग न करें। यदि आपको ये विरासत में या वैध रूप से प्रियजनों से प्राप्त हुए हैं तो पहले शुद्धिकरण अनुष्ठान या अभिषेक करें और फिर इन्हें धारण करें। पारिवारिक धरोहर के रूप में या अपने माता पिता या निकटतम सम्बन्धियों से उनकी इच्छा नुसार अगर आपको रुद्राक्ष प्राप्त हुए है तो उन्हें स्वीकारा जा सकता है पुराने रुद्राक्ष को विशेष रूप से जांचना चाहिए कि कहीं कोई क्षति, छेद या दरार तो नहीं है और यदि पाए जाएं तो इनका उपयोग नहीं करना चाहिए।

रुद्राक्ष के गुणों पर प्रकाश डालने वाले सभी ग्रंथों में इस बात पर जोर दिया गया है कि रुद्राक्ष धारण करते समय और यहाँ तक कि इसे नियमित रूप से धारण करते समय भी, इसकी निर्धारित प्रक्रियाओं के अनुसार और विशेष रूप से अनुशंसित मंत्रों का जप करके पूजा की जानी चाहिए। श्रीमद् देवीभागवत में कहा गया है कि रुद्राक्ष को बिना किसी अपेक्षा के पूरी श्रद्धा और प्रसन्नता के साथ धारण करना चाहिए। ऐसा करने से व्यक्ति को शिव का ज्ञान प्राप्त होता है। इसमें कहा गया है कि रुद्राक्ष की शक्ति ऐसी है कि इसे बिना मंत्र पढ़े भी धारण करने से लाभ होता है। हालाँकि, ब्राह्मणों के

लिए (जिनमें वे लोग भी शामिल हैं, जिन्होंने दोबारा जन्म लेकर खुद को ब्राह्मण धर्म में परिवर्तित कर लिया है, या द्विज कहलाने वाले दो बार, सख्त, अनुशासित जीवन शैली का पालन करके), मंत्रों का उपयोग करना आवश्यक है। शिव पुराण में बीज मंत्र बताते हुए कहा गया है कि जो लोग इन मंत्रों का जप करते हुए रुद्राक्ष धारण करते हैं वे धन्य हैं। इन मंत्रों को सुनने से भी शुभ फल मिलता है।

रुद्राक्ष को पहनने से पहले उन्हें आशीर्वादित, शुद्ध और ऊर्जावान बनाना आवश्यक है। यह रुद्राभिषेक और प्राण प्रतिष्ठा (अनुष्ठान अभिषेक) और बीज मंत्रों का जप करके किया जाता है।

आसान संदर्भ के लिए सभी मुखी के बीज मंत्र एक बार फिर नीचे दिए गए हैं (शिव पुराण के अनुसार):

1 मुखी	ॐ ह्रीं नमः
2 मुखी	ॐ नमः
3 मुखी	ॐ क्लीं नमः
4 मुखी	ॐ ह्रीं नमः
5 मुखी	ॐ ह्रीं नमः
6 मुखी	ॐ ह्रीं हुं नमः
7 मुखी	ॐ हुं नमः
8 मुखी	ॐ हुं नमः
9 मुखी	ॐ ह्रीं हुं नमः
10 मुखी	ॐ ह्रीं नमः नमः
11 मुखी	ॐ ह्रीं हूम नमः
12 मुखी	ॐ क्रोम क्षोम रौं नमः
13 मुखी	ॐ ह्रीं नमः
14 मुखी	ॐ नमः

अन्य मालाओं के लिए, कृपया अध्याय 2 देखें। यह उल्लेख किया गया है कि सभी रुद्राक्षों के लिए सामान्य मंत्र, चाहे उनका मुखी या प्रकार कुछ भी हो, "ओम नमः शिवाय" या महामृत्युंजय मंत्र है।

रुद्राक्ष की पूजा या आशीर्वाद

आशीर्वाद के लिए कोई शुभ दिन या कोई सोमवार चुनें। रुद्राक्ष पहनने से पहले इस सरल अनुष्ठान का पालन करें:

1. रुद्राक्ष की माला/हार को गंगाजल या शुद्ध जल से धोएं या छिड़कें।
2. चंदन का लेप लगाएँ.
3. धूप अर्पित करें।
4. कोई भी सफेद फूल चढ़ाएं।
5. रुद्राक्ष को शिवलिंग या भगवान शिव की तस्वीर पर स्पर्श करें और "ओम नमः शिवाय" का कम से कम 11 बार जाप करें। इसके बाद, रुद्राक्ष को पहना जा सकता है या पूजा स्थल पर रखा जा सकता है।

रुद्राक्ष अभिषेक

विस्तृत रुद्राक्ष पूजा या आशीर्वाद के लिए, निम्नलिखित प्रक्रिया अपनाई जा सकती है। इसके लिए किसी पुजारी की सहायता ली जा सकती है।

निम्नलिखित वस्तुओं को व्यवस्थित करें:

पंचगव्य, जो गाय के गोबर, मूत्र, दूध, घी और दही का मिश्रण है। इसकी अनुपस्थिति में, पंचामृत का उपयोग करें, जो कि बिना उबाले दूध, शहद, चीनी, घी और दही का मिश्रण है।

छिड़कने के लिए कुशा घास के साथ आचमनी बर्तन में गंगा जल। यदि कुशा घास उपलब्ध न हो तो चम्मच का प्रयोग करें और गंगा जल के अभाव में स्वच्छ, शुद्ध जल का प्रयोग करें।

- एक प्लेट में नौ पीपल के पत्ते रखें। यदि उपलब्ध हो तो।

- धूप, अगरबत्ती, कपूर, चंदन का पेस्ट, सुगंधित तेल, चावल के दाने, अधिमानतः अष्टगंध (पवित्र सुगंधित पाउडर) के साथ मिश्रित, एक बाती के साथ घी का दीपक, कपड़ा, फूल, फल, सुपारी, नारियल जैसे प्रसाद।

स्नान करने के बाद शांत मन और साफ शरीर के साथ एक आसन (चटाई या साफ कालीन) पर पूर्व दिशा की ओर मुंह करके बैठें।

रुद्राक्ष को पंचगव्य या पंचामृत से धो लें। फिर इसे पानी/गंगाजल से धो लें.

रुद्राक्ष को नौ पीपल के पत्तों के साथ रखें। प्रसाद चढ़ाने के लिए सामने एक खाली थाली रखें.

"ओम नमः शिवाय" मंत्र का तीन बार जाप करें।

अपने ऊपर और पूजा की सभी वस्तुओं पर जल छिड़कें। तीन बार जप करें:

ॐ अपवित्रः पवित्रो वा सर्व वस्तां गतोपि वा यः स्मरेत् पुण्डरी कक्षं स बाह्य भयान्तः शुचिः।

ओम गुरुभ्यो नमः, ओम गणेशाय नमः, ओम कुल देवताभ्य नमः, ओम इष्ट देवताभ्य नमः, ओम माता पितृभ्य नमः

अपने दाहिने हाथ में चम्मच या आचमनी से पानी लें और तीनों मंत्रों के बाद इसे घूंट-घूंट करके पीएं।

ओम केशवाय नमः, ओम नारायण नमः, ओम माधवाय नमः

अपने दाहिने हाथ में पानी लें और उसे जमीन पर डालें। जप करें:

ॐ गोविंदाय नमः

प्राणायाम के तीन छोटे चक्र करें। जप करें:

ॐ प्रणवस्य परब्रह्म ऋषिः परमात्मा देवता दैवी गायत्री छन्दहा

प्राणायामे विनियोगागा

रुद्राक्ष पर कुशा घास या चम्मच या आचमनी से जल छिड़कें।

जप करें:

ॐ सद्योजातं प्रपद्यामि सद्यजाताजव नमो नमः भवे भवेनाति भवे भावस्वमां भवोद्भवाय नमः

एक फूल लें, उसे चंदन के लेप और सुगंधित तेल में डुबाकर मोतियों पर स्पर्श कराएं।

जप करें:

ॐ वामदेवाय नमः, ज्येष्ठाय नमः श्रेष्ठाय नमः, रूद्राय नमः, कालाय नमः, काल व्याकरणाय नमः, बाल व्याकरणाय नमः, बलाय नमः, बल प्रमाणाय नमः, सर्व भूत दमनाय नमः, मनोमनाय नमः.

रुद्राक्ष की माला पर धूप चढ़ाएं। जप करें:

ॐ अघोरेभ्यो घोरेभ्यो घोर तारेभ्यः

सर्वेभ्य सर्व शर्ववेभ्यो नमस्ते अस्तु रूद्र रूपेभ्यः

फिर से एक फूल लें, उसे चंदन के लेप में डुबोएं और मोतियों पर स्पर्श कराएं।

जप करें:

ॐ तत्पुरुषाय विद्महे महादेवाय धीमहि तन्नो रुद्रः प्रचोदयात्

ईशान मंत्र का जाप करें

ॐ ईशां सर्वविद्यानां ईश्वर सर्वभूतानां ब्रह्माधिपति ब्राह्मणाधिपति ब्रह्मा शिवोमे अस्तु सदा शिवओम

प्राण प्रतिष्ठा मंत्र (जीवनदायी मंत्र) का जाप करें। इस मंत्र का जप करते हुए रुद्राक्ष के सामने रखी थाली में चावल डालें।

जप करें:

ॐ आस ह्रीं क्रों यं रम लं वं शुं सम सम हौं हुं सः अस्य मलय प्राण एह प्राण।

ॐ आस ह्लीं क्रोम यम रम लुम वुम शुम शुम सम हौम हम सः अस्य मलाया जीव एहा स्थितः

ॐ ऐं ह्रीं क्रोम यम रम लम वम शम ksham हौम हुं सः अस्य मलय सर्वेइन्द्रायणि वाग्मांस्याचक्षु षोड्रग्रनपदानि इहेवगत्य सुखं चिरं थितंतु स्वाहा।

निम्नलिखित मंत्रों का जाप करें और प्रसाद दें या रुद्राक्ष के सामने थाली में चावल रखें:

(शिव महा देवाय के चरण कमलों में प्रणाम करते हुए, मैं प्रणाम करता हूं)

(आह्वानम्) आवाहनं समर्पयामि श्री शिव महा देवाय

चरण कमलेभ्यो नमः प्रस्ताव:

(आसन) आसनं समर्पयामि श्री शिव महा देवाय खरना कमलेभ्यो नमः

(कपड़ा) वस्त्रं समारोयामि श्री शिव महा चरण कमलेभ्यो नमः

(चंदन या सुगंध) चंदनम समर्पयामि श्री शिव महा देवाय चरण कमलेभ्यो नमः

(चावल) अक्षतं समर्पयामि श्री शिव महा देवाय चरण कमलेभ्यो नमः

(पुष्प) पुष्पम समर्पयामि श्री शिव महा देवाय

चरण कमलेभ्यो नमः

(घी का दीपक) दीपं समर्प्यामि श्री शिव महा देवाय चरण कमलेभ्यो नमः

(जल) आचमनीयम समर्पयामि श्री शिव महा देवाय चरण कमलेभ्यो नमः

(फल) नैवेद्यं समर्पयामि श्री शिव महा देवाय चरण कमलेभ्यो नमः

(जल पियो) आचमनीयम समर्पयामि श्री शिव महा देवाय चरण कमलेभ्यो नमः

(सुपारी-पान) ताम्बुलम समर्पयामि श्री शिव महा देवाय चरण कमलेभ्यो नमः

(नारियल) श्रीफलं समर्पयामि श्री शिव महा देवाय चरण कमलेभ्यो नमः

कपूर जलाएं और उसे थाली के सामने तीन बार दक्षिणावर्त घुमाएं और मंत्र बोलें:

कर्पूर शिवम् करुणा वतराम संसार सारं भुजगेन्द्र हरम्

सदा वसंतं हृदयं रविंदे भवं भवानी सहितं नमामि

तीन बार गायत्री मंत्र का जाप करें. ॐ भूर् भुवेश स्वाहा

ॐ तत् सवितुर्वा रेण्युम भर्गो देवस्य धीमहि धियो योनहा प्रचोदयात्

सूर्य मंत्र का तीन बार जाप करें.

ॐ भूः भुवः, ॐ स्वाहा, ॐ महं, ॐ जनः, ॐ तपः, ॐ सत्यम्

दोहराएं और प्रत्येक मंत्र के बाद अपनी दाहिनी आंख, बाईं आंख और माथे को स्पर्श करें।

ॐ आपो ज्योति रसो अमृतं ब्रह्म भू भुवः स्वरोम्

महामृत्युंजय मंत्र का पाँच बार जाप करें और प्रत्येक माला के बाद रुद्राक्ष के सामने थाली में चावल रखें:

ॐ हौं जूं सः, ॐ भूर् भुवः स्वाहा, ॐ त्र्यम्बकं यजामहे सुंगन्धिम पुष्टि वरदानम्, उर्वारुकमिव बंधनान, मृत्योर् मुक्षेय मामृतात्, ॐ स्वाहा भुवः भूः ॐ सः जूं हौं ॐ

बीज मंत्र का नौ बार जाप करें।

ॐ नमः शिवाय, ॐ ह्रीं नमः, ॐ नमः, ॐ क्लीं नमः

ॐ ह्रीं नमः, ॐ ह्रीं हुं नमः, ॐ हुं नमः, ॐ क्रौं क्षोम रोम नमः

फिर यह अंतिम प्रार्थना करें:

ॐ पूर्णमदः पूर्णमिदं पूर्णात् पूर्णमुदच्यते, पूर्णस्य पूर्णमादाय पूर्ण मेवाव्य शिष्यते।

ॐ शांतिः शांतिः शांतिः!

यद्यपि विभिन्न ग्रंथों के माध्यम से कई अलग-अलग प्रक्रियाओं और पूजा विवरणों का पालन किया जाता है, ऊपर उल्लिखित सामान्य पूजा विधि (पूजा और शुद्धिकरण अनुष्ठान की प्रक्रिया) पूरी हो गई है। हालाँकि, कई लोग प्रत्येक मुखी की विस्तृत पूजा करके रुद्राक्ष पहनना पसंद करेंगे। शिव रहस्य में दी गई अनुष्ठानिक वैदिक प्रक्रिया नीचे दी गई है। (संदर्भ 6)

वैदिक अनुष्ठानों का उपयोग करके रुद्राक्ष को मुख के अनुसार धारण करना

स्कंद कहते हैं:

"हे देव महादेव! कृपया मेरा संदेह दूर करें और बताएं कि रुद्राक्ष की उत्पत्ति कैसे हुई और इसे कैसे धारण किया जाता है। मैंने सुना है कि इस ग्रह और अन्य लोकों में रुद्राक्ष पहनना बहुत शुभ माना जाता है।"

महादेवजी कहते हैं:

"एक बार की बात है, एक राक्षस राजा, त्रिपुरासुर, इतना शक्तिशाली हो गया कि उसने ब्रह्मा, विष्णु, इंद्र, तक्षक और अन्य देवताओं को हरा दिया, और उसके बाद सभी देवता उनकी रक्षा के लिए प्रार्थना करने के लिए मेरे पास आए। उन्हें इस राक्षस के अत्याचार से मुक्त कराने के लिए, मैंने स्वयं को कालाग्नि नामक अस्त्र से सुसज्जित किया, जो आश्चर्यजनक रूप से उज्ज्वल, भयंकर और दिव्य अघोरास्त्र था। मैंने एक हजार दिव्य वर्षों तक अपनी तीनों आंखें बंद कीं और ध्यान किया। इसके बाद थकान और दुःख के कारण (राक्षस द्वारा किये गये विनाश के कारण) मेरी आँखों से कुछ आँसू गिर पड़े। इस पृथ्वी पर जहां-जहां ये आंसू गिरे, जहां-जहां जन्म-मृत्यु का चक्र (मृत्युलोक) है, वहां-वहां रुद्राक्ष के पेड़ उग आए। तभी से रुद्राक्ष तीनों लोकों (पृथ्वी, आकाश और पाताल) में प्रसिद्ध हो गया। रुद्राक्ष को छूने से लाख गुना लाभ मिलता है; एक लाख बार पहनने से; और एक हार का उपयोग करके और दसियों लाख बार जप करके। जो व्यक्ति अपने हाथों, कानों, माथे और गले पर रुद्राक्ष धारण करता है वह इस धरती पर बिना किसी डर के जीवन यपन करेगा।

"रुद्राक्ष पहनने वाला व्यक्ति शिव के समान है और देवता और राक्षस समान रूप से उसकी पूजा करते हैं। पाप, अपवित्रता और घृणित आदतों से भरा व्यक्ति भी रुद्राक्ष के स्पर्श मात्र से पाप मुक्त हो जाता है।

"गधा जैसा जानवर भी यदि रुद्राक्ष धारण करके मर जाए तो रुद्रस्वरूप हो जाता है, फिर मनुष्य की तो बात ही क्या है।"

कार्तिक पूछते हैं:

"भगवान शिव! कृपया मुझे एक से 14 मुखी रुद्राक्ष के गुण बताएं।"

भगवान शिव उत्तर देते हैं:

"एक मुखी शिव स्वरूप (शिव की तरह) है और ब्राह्मणहत्या जैसे पापों से शुद्ध करता है। दो मुखी देवों के देव (महादेव) हैं और व्यक्ति को गोहत्या के पापों से शुद्ध करते हैं। तीन मुखी को अग्नि का आशीर्वाद प्राप्त होता है और यह व्यक्ति को स्त्री की हत्या के पाप से शुद्ध कर देता है। चार मुखी ब्रह्मा है और यह पहनने वाले को मानव वध के पाप से शुद्ध करती है। पाँच मुखी स्वयं रुद्र के समान है और व्यक्ति को व्यभिचार और शराब, मांस आदि जैसी निषिद्ध वस्तुओं के सेवन के पापों से शुद्ध करती है। छह मुखी स्वयं कार्तिका है और जो इसे दाहिने हाथ पर पहनता है वह गर्भपात जैसे पापों से खुद को शुद्ध करता है। सात मुखी अनंत (कामदेव) है और इसे पहनने वाले को सोने की चोरी और गोहत्या के पाप से मुक्ति मिलती है। आठ मुखी स्वयं गणेश हैं और इसे पहनने वाले को व्यभिचार के पाप से मुक्ति मिलती है। नौ मुखी भैरव है और इसे बाएं हाथ में पहनना चाहिए। यह व्यक्ति को लाखों प्रकार के पापों से मुक्त कर देता है। दस मुखी भगवान विष्णु (जनार्दन) हैं और ग्रहों, भूतों, बुरी आत्माओं और सांपों के भय को दूर करते हैं। ग्यारह मुखी एकादश रुद्र (हनुमान) हैं। जो इसे चोटी (चोटी/शिखा) पर धारण करता है उसे हजारों अश्वमेघ यज्ञ और 100 वाजपेय यज्ञ करने तथा चंद्र ग्रहण के समय दान करने का फल मिलता है। बारह मुखी सूर्य के समान है। जो इसे गले में धारण करता है वह गोहत्या, हत्या और सोने की चोरी के पापों से मुक्त हो जाता है। वह चोर, अग्नि, हाथी, घोड़ा, हिरण, बैल, सुअर, शेर, सियार आदि से नहीं डरेगा। तेरह मुखी इंद्र है। इसे पहनने वाले की सभी इच्छाएं पूरी होती हैं और उसे सौभाग्य और धन का आशीर्वाद मिलता है। उन्हें सोना, हीरा, चाँदी और पारा मिलता है और वे सभी प्रकार के पापों से मुक्त हो जाते हैं। चौदह मुखी को हनुमान का आशीर्वाद प्राप्त है और जो लोग इसे माथे पर लगातार पहनते हैं उन्हें शाश्वत आनंद और निर्वाण मिलता है।

स्कंद ने विभिन्न मुखी मंत्रों को सीखने की इच्छा व्यक्त की, जिस पर भगवान शिव ने उत्तर दिया:

"रुद्राक्ष पहनना बहुत शुभ है और पहनने वाला अपनी मृत्यु के बाद रुद्रलोक (कैलाश) पहुंचता है।

"बिना मंत्र के रुद्राक्ष पहनने वाले किसी भी व्यक्ति को नरक में जीवन की सजा दी जाएगी।

"पूजा का विवरण इस प्रकार है। (नोट: विस्तृत मंत्र अध्याय 2 में मनके विवरण के साथ दिए गए मंत्रों से भिन्न हैं। यहाँ तक कि कुछ मामलों में, जिन देवताओं को रुद्राक्ष सौंपा गया है वे भिन्न हैं। यह विविधता हमारी संस्कृति की विशिष्ट है, लेकिन यहाँ दिए गए सभी मंत्र सिद्ध मंत्र हैं। विधि पूरी तरह से वैदिक है और इसलिए, इसका पालन किया जा सकता है। यदि कोई पहले बताए गए मंत्रों का उपयोग करना चाहता है, तो इसे बिना किसी भ्रम के किया जा सकता है।)

एक मुखी रुद्राक्ष

मंत्र

ॐ ऐं हुं ॐ ऐं ॐ विनियोग:

हाथ में जल लें और निम्न मंत्र का जाप करें; इसके बाद पानी को फर्श पर फेंक दें।

अस्य श्रीशिव मंत्रस्य प्रसाद ऋषि:, पंक्ति: छन्द:, शिवो देवता, हंकारो बीजम्, औम् शक्ति:, मम चतुर्वर्ग सिद्ध्यर्थे रुद्राक्ष धारणार्थे जपे विनियोग:।

अंगन्यास:

ये मंत्र आपके पूरे शरीर के लिए हैं।

वामदेव ऋषिये नम:, शिरसि, पंक्तीश्चन्दसे नमो मुखे, रिम ऐं नम: हृदि, हाम बीजये नमो गुह्ये, ऊं शक्तये नम: पदयो:।

करन्यासः

ये मंत्र पांचों अंगुलियों और हथेली के लिए हैं।

ॐ हं अंगुष्ठभ्यां नमः, ॐ ऐं ह्रीं तर्जनीभ्यं स्वाहा, ॐ ह्रीं हूम मध्यमाभ्यं वषत्, ॐ ऐं ह्रीं अनामिकाभ्यां हुम्, ॐ ऐं ह्रौं कनिष्ठिकाभ्यां वौषत्, ॐ ॐ ह्रां करतलकरप्रस्थभ्यां फट्।

हृदयदिन्यसः

अपने हृदय, सिर, शिखा स्थान, भुजाओं, आँखों को स्पर्श करें और जप करें:

ॐ ह्रौं हृदयाय नमः, ॐ ऐं ह्रीं शिरासे स्वाहा, ॐ ह्रां ह्रीं शिखाये वषत्, ॐ ॐ ह्रीं कवचाय हुं, ॐ ऐं ह्रीं नेत्र त्रयै वौषत्, ॐ ॐ हः अस्त्रये फट्।

ध्यानम

यह प्रार्थना उस विशेष देवता के ध्यान के दौरान की जाती है जिसने रुद्राक्ष को आशीर्वाद दिया है। भगवान पर ध्यान केंद्रित करें और ये प्रार्थना करें:

मुक्तापीनपयोदमौक्तिक जपा वर्णैर्मुखैः पंचभिः त्र्यक्षैराजितमीशमिन्दुमुकुटं पूर्णेन्दु कोटि प्रभम्, शूलं टंककृपाणवज्रदहनान्नागेन्द्र घण्टा शुकं हस्ताब्जेष्वभयंवरांश्चदधतं तेजोज्ज्वलंचिन्तये।

इसके बाद जल से भरे लोटे के ऊपर तांबे का लोटा रखें। रुद्राक्ष को खाली बर्तन पर रखें, फिर बर्तन को अपने बाएं हाथ में लें और रुद्राक्ष के ऊपर पानी डालें। "ओम नमः शिवाय" का जप करते रहें।

रुद्राक्ष निकालकर धारण करें।

दो मुखी रुद्राक्ष

(कृपया एक मुखी में बताए गए विभिन्न कर्मों का पालन करें।)

मंत्र

ॐ क्षीं ह्रीं क्षौं व्रीं ॐ

विनियोगः

अस्य श्री दवदेवेश मन्त्रस्य अत्रिऋषिः गायत्री छन्दः, देव देवेशो देवताः। क्षीं बीजम्, क्षौं शक्तिः, मम चतुर्वर्ग सिद्धयेर्थे रुद्राक्ष धारणार्थे जपे विनियोगः

अंगन्यासः

अत्रि ऋषिये नमः, शिरसि, गायत्री छंदसे नमो मुखे, देवदेवेशशाये नमो हृदि। क्षीं बीजाय नमो गुह्ये, क्षीं शक्तयै नमः, पदयोः।

करन्यासः

ॐ अंगुष्ठभ्यं नमः, ॐ क्षौं तर्जनीभ्यं स्वाहा, ॐ ह्रीं मध्यमाभ्यं वषत्, ॐ क्षं अनामिकाभ्यं हुम्, ॐ कनिष्ठिकाभ्यं वौषत्, ॐ करतलकर प्रशस्तभ्यं फट्।

हृदयदिन्यसः

ॐ ॐ हृदयाय नमः, ॐ क्षीं शिरसे स्वाहा, ॐ ह्रीं सिखाये फट्, ॐ खौं कवचये हुम्, ॐ व्रीं नेत्रे त्रय व्रौषत्, ॐ अस्त्राय फट्।

ध्यानम

तपनसोमहुताशनलोचनं घनसमानगलं शशिसुप्रभम् । अभय
चक्रपिनाकवरांकैर्दधतमिन्दुधरं गिरिशं भजेत् ।

तीन मुखी रुद्राक्ष

मंत्र

ओम रम आईम ह्रीम हूम ओम

विनियोगः

अस्य श्री अग्नि मंत्रस्य वशिष्ठज ऋषिः, गायत्री छंदः, अग्नि देवता, ह्रीं बीजम्, हुं शक्तिः, चतुर्वर्गसिद्धयर्थे जपे रुद्राक्ष धारणार्हते विनियोगः

अंगन्यासः

वशिष्ठज ऋषिये नमः शिरसि, गायत्रीछंदसे नमो मुखे, अग्नि देवताये नमो ह्रादि, ह्रीं बीजये नमो गुह्य, हूम शक्तये नमः पादयोः

करन्यासः

ॐ अंगुष्ठाभ्यां नमः, ॐ रं तर्जनीभ्यं स्वाहा, ॐ आईं मध्यमाध्यं वषत्, ॐ ह्रीं अनामिकाभ्यं हुं। ॐ हूं कनिष्ठिकभ्यं वौषत्, ॐ ॐ करतलकरप्रष्ठभ्यं फट्

हृदयदिन्यसः

ॐ ॐ हृदयाय नमः, ॐ रं शिरासे स्वाहा, ॐ आईं शिखाय वषट्, ॐ ह्रीं कवचाय हुम्, ॐ हूम नेत्र नेत्राय वौषत्, ॐ ॐ अस्त्रये फट्

ध्यानम

अष्टशक्तिम् स्वस्तिकामाति मुच्छेर्दिर्घेरे भिधार्यन्तं जपमम्
हेमकल्पं पद्मस्थं त्रिनेत्रं ध्यायेद वाही बद्धमौलिं जातभिः

चार मुखी रुद्राक्ष

मंत्र

ॐ वं क्रं तं हं ऐं

विनियोगः

अस्य श्री ब्रह्मा मंत्रस्य भ ह र ग व र इ स ह इ ह अनुष्टुपच्छंदः, ब्रह्म देवता, वामं बीजसं क्रम शक्तिः, अभेषत्सिद्धयर्थे रुद्राक्ष धारणार्थे जपे विनियोगः

अंगन्यासः

भार्गवऋषिये नमः शिरसि, अनुषपच्छंदसे नमो मुखे, ब्रह्म देवताये नमो हृदी वाम बीजये नमो गुह्ये, क्रम शक्तये नमः पादयोः

करन्यासः

ॐ ॐ अंगुष्ठाभ्यं नमः, ॐ वाम तर्जनीभ्यं स्वाहा, ॐ क्रां मध्यमाध्यं फट्, ॐ तम अनामिकाभ्यं हुम्। ॐ हँ कनिष्ठिकाभ्यं वौषत्, ॐ ऐं करतलकर प्रशस्त्यं फट्

हृदयदिन्यसः

ॐ ॐ हृदयै नमः, ॐ वं शिरासे स्वाहा, ॐ क्रां शिखाये वषत्, ॐ तम कवचये हूम, ॐ हाम नेत्र नेत्राय वौषत्, ॐ ऐं अस्त्रये फट्

ध्यानम

प्रम्या शीर्ष शश्व दष्टा वक्त्रं चतुर्मुखं गायत्री सहितं देवं नमामि विधिमीश्वरम्

पाँच मुखी रुद्राक्ष

मंत्र

ॐ ह्रां ऐं क्षम्यौं स्वाहा

विनियोगः

अस्य श्री मंत्रस्य ब्रह्म ऋषिः, गायत्री छन्दः, सदाशिव कालाग्नि रूद्रो देवताः, ॐ बीजम्, स्वाहा शक्तिः, अभेषत् सिद्धयर्थे जपे विनियोगः

अंगन्यासः

ब्रह्षये नमः शिरसि, गायत्री छंदसे नमो मुखे, हेरे सदाशिव कालाग्निरुद्र देवताये नमो ह्रादि, ॐ बीजये नमो गुहये, स्वाहा शक्तये नमः पादयोः

करन्यासः

ॐ ॐ अंगुष्ठाभ्यं नमः, ॐ ह्रां तर्जनीभ्यं स्वाहा, ॐ ऐं मध्यमाभ्यं वषत्, ॐ क्षमायों अनामिकाभ्यं

हुं, ऊं स्वाहा कहिशिकाभ्यं वौषत्, ऊं हं आं क्षम्यौं स्वाहा, करतलकर प्रशस्तभ्यं फट्

हृदयादीसः

ॐ ॐ हृदयै नमः, ॐ ह्रां शिरासे स्वाहा, ॐ ऐं शिखाय वषट्, ॐ क्षमायोम कवचाय हूम, ॐ स्वः नेत्र नेत्राय वौषत्, ॐ ह्रां ऐं क्षम्यौं स्वाहा, करतलकर प्रशस्तभ्यं फट्

ध्यानम

हव भाव विलासार्दनारिकं भीषणार्धमथवा महेश्वरम्
दश सोत्पाल कपाल शूलिनं चिंताये जपविधौ विभूतये

छह मुखी रुद्राक्ष

मंत्र

ॐ ह्रीं श्रीं क्लीं सौं ऐं

अंगन्यासः

दक्षिणामूर्ति ऋषये नमः शिरसि। पंक्तीच छंदसे नमो मुखे। कार्तिकेयदेवताये नमो हृदि। ऐं बीजाय नमो गुहये। सौं शक्तये नमः पादयोः

करन्यासः

ॐ ॐ अंगुष्ठभ्यां नमः, ॐ ह्रीं तर्जनीभ्यं

स्वाहा, ॐ श्री मध्यमाभ्यं वषत्, ॐ क्लीं अनामिकाभ्यं फट्, ॐ सौं कणिशिकाभ्य वौषत्, ॐ ऐं करतलकर प्रशस्तभ्यं फट्

हृदयदिन्यसः

ॐ हृदयायै नमः ॐ ह्रीं शिरासे स्वाहा। ॐ श्रीं शिखाये वषत्। ॐ क्लीं कवचये हुम्। ॐ सौं नेत्रनेत्राय वौषत्। ॐ ऐं अस्त्रये फट्

ध्यानम

क्रौंचपर्वतविदारणलोलो दानवेन्द्रवनिताकृतलङ्का।
चूतपल्लवशिरोमणिचोदी भोष्षडानन जगत्परिपाहि।

सात मुखी रुद्राक्ष

मंत्र

ॐ ह्रीं क्रीं ग्लीं ह्रीं श्रोण्

विनियोगः

अस्य श्री अनन्त मन्त्रस्य भगवान ऋषिः, गायत्री छन्दः, अनन्तो देवताः। क्रीम बीजम. ह्रीं शक्तिः, अब्भेष्ठ सिद्ध्यर्थे रुद्राक्ष धारणार्थे जपे विनियोगः

अंगन्यासः

भगवान ऋषये नमः शिरसि, गायत्री छंदसे नमो मुखे। अनंत देवताये नमो ह्रादि। क्रीं बीजाय नमो गुहये। ह्रीं शक्तयै नमः पदयो

करन्यासः

ॐ ॐ अंगिष्ठाभ्यां नमः, ॐ ह्रीं तर्जनीभ्यं स्वाहा, ॐ क्रीं मध्यभ्यमवषत्, ॐ ग्लौम
अनामिकाभ्यं हुं, ॐ ह्रीं कनिष्ठिकाभ्यं वौषत्, ॐ सौं करतलकत प्रशस्तभ्यं फट्

हृदयदिन्यसः

ॐ ॐ हृदयै नमः, ॐ ह्रीं शिरासे स्वाहा, ॐ क्रीं शिखाये फट्, ॐ ग्लौं कवचये हूम, ॐ ह्रीं नेत्र नेत्राय वौषत्, ॐ श्रौं अस्त्रये फट्

ध्यानम

अनन्तं पुण्डरीकक्षं फाणशत् विभूषितं विश्व भण्डूक आकारम्, कूर्मरूढं प्रापूजयेत।

आठ मुखी रुद्राक्ष

मंत्र

ॐ ह्रां ग्रीं लं आं श्रीं

विनियोगः

अस्य श्रीगणेश मंत्रस्य भार्गव ऋषिः, अनुष्टपछंदः, विनायको देवता, ग्रीम बीजम्, आमं शक्तिः, चतुर्वर्ग सिद्धार्थे रुद्राक्ष धारणार्थे जपे विनियोगः

अंगन्यासः

भार्गव ऋषये नमः शिरसि, अनुष्टपछंदसे नमो मुखे, विनायक देवताये नमो ह्रादि, ग्रीम बीजये नमो गुह्ये, आम शक्तये नमः पदयो

करन्यासः

ॐ ॐ अंगुष्ठाभ्यं नमः, ॐ ह्रां तर्जनीभ्यं स्वाहा, ॐ ग्रीं मध्यमाभ्यं वषट्, ॐ अनामिकाभ्यं हुं, ॐ ऐं कनिष्ठिकाभ्यं वौषत्, ॐ श्रीं करतलकरप्रष्ठभ्यं फट्

हृदयदिन्यसः

ॐ ॐ हृदयाय नमः, ॐ ह्रां शिरसे स्वाहा, ॐ ग्रीं शिखाये वषट्, ॐ लं kavyaye हूम, ॐ ऐं नेत्रत्राय वौषत्, ॐ श्रीं अस्त्राय फट्

ध्यानम

हरतु कुलगणेशो वाघ्न संघं शेषं नयतु कुलस्पर्यं पूर्णता साधकनम्
पिबतु बटुकनाथः शोणितं निन्दाकाणां दिशातु सकल कामां कौलिकानाम्
गणेशः

नौ मुखी रुद्राक्ष

मंत्र

ॐ ह्रीं वँ वँ रँ लँ

विनियोगः

अस्य श्री भैरव मंत्रस्य नारद ऋषिः, गायत्री छन्दः, भैरवो देवता, वामं बीजम्, ह्रीं शक्तिः, अभह्वष्टसिद्धयर्थे रुद्राक्ष धारणार्थे जपे विनियोगः

अंगन्यासः

नारद ऋषये नमः शिरसि, गायत्री छंदसे नमो मुखे, भैरव देवताये नमो ह्रादि, वाम बीजये नमो गुह्य, ह्रीं शक्तये नमः पादयोः।

करन्यासः

ॐ ॐ अंगुष्ठाभ्यं नमः, ॐ ह्रीं तर्जनीभ्यं स्वाहा, ॐ वं मध्यमाभ्यं वषत्, ॐ यमअनामिकाभ्यं हुम्, ॐ रं कनिष्ठिकाभ्यं वौषत्, ॐ लं करतलकर प्रशस्तभ्यं फट्

हृदयदिन्यसः

ॐ ॐ हृदयाय नमः, ॐ ह्रीं शिरसे स्वाहा, ॐ वं सिखाये वषत्, ॐ यं कवयाय हुम्, ॐ रँ नेत्रे त्रय वौषत्, ॐ लं अस्त्राय फट्

ध्यानम

कपालहस्तं भुजगोपवीतं कुशनाचविं दण्डधरं त्रिनेत्रं अचिन्त्य माद्यं मधुपानमत्तं हृदि स्मरेदं भैरव मिष्टदं नृणाम्

10 मुखी रुद्राक्ष

मंत्र

ॐ श्रीं ह्रीं क्लीं व्रीं ॐ

विनियोगः

अस्य श्री जनार्दन मंत्रस्य नारद ऋषिः, अनुष्टुपछन्दः, जनार्दन देवता, शृं बीजम्, ह्रीं शक्तिः, अभेषत् सिद्ध्यर्थे रुद्राक्ष धारणार्थे जपे विनियोगः

अंगन्यासः

नारद ऋषिये नमः शिरसि, अनुष्टुपछंदसे नमो मुखे, जनार्दन देवताये नमो ह्रादि, श्रीं बीजये नमो गुह्य, ह्रीं शक्तये नमः पादयोः

करन्यासः

ॐ ॐ अंगुष्ठाभ्यं नमः, ॐ श्रीं तर्जनीभ्यं स्वाहा, ॐ ह्रीं मध्यमाभ्यं वषत्, ॐ क्लीं अनामिकाभ्यं हुम्, ॐ व्रीं कनिष्ठिकाभ्यं वौषत्, ॐ करतलकर प्रशस्तभ्यं फट्

हृदयदिन्यसः

ॐ ॐ हृदयाय नमः, ॐ श्रीं शिरसे स्वाहा, ॐ ह्रीं सिखाये वषट्, ॐ ह्रीं कवयाय हुम्, ॐ व्रीं नेत्र त्रयय वौषत्, ॐ अस्त्राय फट्

ध्यानम

विष्णुम शरदचंद्र-कोटि सद्रशम शंखम रथांगदा ममभोजम दधातम सिताब्जा निलयम कान्त्यम जगनमोहनम आबधामद-हार कुंडल महा-मौलि स्फुर्तकंकं श्रीवत्संक मुदार कौस्तुभ धर्म वन्दे मुनिन्द्रेह स्तुतम

11 मुखी रुद्राक्ष

मंत्र

ॐ रूम क्षूम मूम यौम ॐ

विनियोगः

अस्य श्री रुद्रमंत्रस्य कश्यप ऋषिः, अनुष्टुपछंदः, रुद्रो देवता, कक्ष बीजम्, क्षौं शक्तिः, अभेषसिद्धयर्थे रुद्राक्ष धारणार्थे जपे विनियोगः

अंगन्यासः

कश्यप ऋषिये नमः शिरसि, अनुष्टुपछंदसे नमो मुखे, रुद्र देवताये नमो ह्रादि, कक्ष बीजये नमो गुह्य, क्षौं शक्तये नमः पादयोः

करन्यासः

ॐ ॐ अंगुष्ठनाभ्यं नमः, ॐ रूम तर्जनीभ्यं सवहा, ॐ खसूं मध्यमाभ्यं वषत्, ॐ मूँ अनामिकाभ्यं हूम्, ॐ यौं कनिष्ठिकाभ्यं वौषत्, ॐ करतलकरप्रष्ठाभ्यां फट्

हृदयदिन्यसः

ॐ ॐ हृदयाय नमः, ॐ रुं शिरासे स्वाहा, ॐ क्षुम शिखाये वषट्, ॐ मूँ कवयाय हूम, ॐ यौं नेत्र त्रय वौषत्, ॐ ॐ अस्त्रये फट्

ध्यानम

बलकार्युत तेजसं धृत जटा जूतेंदु खंडो जज्वालं नागेंत्रैह हुतशेरं जपवतीम शूलम कपालम करिह खटवंगम दधतम त्रिनेत्र विलास्तपंचानं सुंदरम व्याघ्रत्वक्ता परिधानमब्जिनलयम श्री नीलकंठम भजेत

12 मुखी रुद्राक्ष

मंत्र

ॐ ह्रीं क्षौं घृणिः श्रीं

विनियोगः

अस्य श्री सूर्य-मंत्रस्य भार्गवे ऋषिः, गायत्री छन्दः, विश्वेश्वरो देवताः। ह्रीं बीजं, श्रीं शक्तिः, घ्राणिः कीलकं, रुद्राक्षधारणयर्थे जपे विनियोगः

अंगन्यासः

भार्गव-ऋषये नमःशिरसि, गायत्री छन्दसे नमो मुखे। विश्वेश्वरो देवताये नमो ह्रादि, ह्रीं बीजये नमो गुह्ये, श्रीं शक्तये नमः पदयो

करन्यासः

ॐ ॐ श्रीं अंगुष्ठाभ्यां नमः, ॐ ह्रीं श्रीं तर्जनीभ्यं स्वाहा, ॐ क्षौं श्रीं मध्यमाभ्यं वषत्, ॐ घं श्रीं अनामिकाभ्यं हुम्, ॐ निः श्रीं कनिष्ठिकाभ्यं वौषत्, ॐ ह्रीं क्षौं घृणिः श्री कर्तसक्कर प्रशस्तभ्यां फट्

हृदयादिन्यासः

ॐ ॐ श्रीं हृदयाय नमः, ॐ ह्रीं श्रीं शिरासे स्वाहा, ॐ क्षौं श्रीं सिखाये वषट्, ॐ ह्रीं श्रीं कवयाय हूम, ॐ निं श्रीं नेत्र त्रय्या वौषत् ॐ ह्रीं क्षौं घृणिः अस्त्राय फट्

ध्यानम

शोणम्भोरुः संस्थितं त्रिनयनं वेदत्रयी विघ्रं दानंभोज युगाभयानि दधातम हस्तेइः प्रवाल प्रभाम् केयूरांगद कंकण द्वयधरं कर्णे सत्कुंडलं लोकोत्पत्ति विनाश पालनं करं सूर्यं गुणघृम भजैत

13 मुखी रुद्राक्ष

मंत्र

ॐ ऐं यम आप ॐ इति

विनियोगः

अस्य श्री इंद्र मंत्रस्य ब्रह्मा ऋषिः पंक्तिः छंदः, इंद्रो देवता ईम बीजम आप इति शक्तिः, रुद्राक्ष धारणयर्थे जपे विनियोगः

अंगन्यासः

ब्रह्म ऋषये नमः शिरसि। पंक्तिः छन्दसे नमो मुखे, इन्द्रो देवताये हृदि। ईं बीजये नमो गुह्ये, आप इति शक्तये नमः पादयोः

करन्यासः

ॐ ॐ अंगिष्ठाभ्यं नमः, ॐ ऐं तर्जनीभ्यं स्वाहा, ॐ यं मध्यमाभ्यं वषत्, ॐ आप अनामिकाभ्यं हुं, ॐ ॐ कनिष्ठिकाभ्यं वौषत्, ॐ ऐं यम आप ॐ करतलकर प्रशस्तभ्यं फट्

हृदयादिन्यासः

ॐ ॐ हृदयाय नमः, ॐ ऐं शिरासे स्वाहा, यम सिखाये वषट्, ॐ आप कवयाय हुं, ॐ ॐ नेत्र त्रय्या वौषत्, ॐ ऐं यम आप ॐ अस्त्राय फट्

ध्यानम

पीत वर्णं सहस्त्राक्षं वज्र पद्माधरं विभुं सर्व लंकार संयुक्तं नौमीन्द्रादिक मीश्वरम्

14 मुखी रुद्राक्ष मंत्र

मंत्र

ॐ ॐ हस्फ्रें ख़बफ्रें हस्त्रौं हसब्फ़ें

विनियोगः

अस्य श्री हनुमान मंत्रस्य रामचन्द्र ऋषिः, जगते छन्दः, श्रीं हनुमद्देवता, ॐ बीजम्, हस्फ्रें शक्तये नमः पादयोः

अंगन्यासः

रामचन्द्र ऋषये नमः शिरसि, जगते छंदसे नमः मुखे, हनुमददेवताये नमः ह्रादि, औ बीजये नमो गुह्ये, हस्फ्रें शक्तये नमः पादयोः

करन्यासः

ॐ ॐ अंगिष्ठाभ्यं नमः, ॐ ॐ तर्जनीभ्यं स्वाहा, ॐ हस्फ्रें मध्यमाभ्यं वषट्, ॐ खब्फ्रें अनामिकाभ्यं हूम्, ॐ हस्त्रौं कनिष्ठाभ्यं वौषत्, ॐ हसब्फेन करतलकर प्रशस्तभ्यं फट्

हृदयादिन्यासः

ॐ ॐ हृदयाय नमः, ॐ ॐ शिरासे स्वाहा, ॐ हस्फ्रें सिखाये वषट्, ॐ खबफ्रेइ कवयाय हूम, ॐ हसब्फेन अस्त्राय फट्

ध्यानम

उदयन मार्तंड-कोटि प्रशस्त रुच्युतम चारु वीरासनस्थं मौज्यज्ञज्ञोपवीत भरण रुचि शिखा शौभितम कुंडलाभ्यम्

भक्तनभिष दान प्रवान् मनु दीनं वेदानाद प्रमोदं ध्यायेद्देवं विधेयं प्लवग् कुलपतिं गोशपादे भूत वर्धिम्

10

रुद्राक्ष और ध्यान

रुद्राक्ष की माला आमतौर पर पाँच मुखी रुद्राक्ष दानों का उपयोग करके बनाई जाती है, जो विभिन्न आकारों में आसानी से उपलब्ध होते हैं। आमतौर पर, 8 से 10 मिमी आकार को आपकी उंगलियों से संभाला जा सकता है। मंत्र जाप के लिए माला, जिसे जप माला के नाम से जाना जाता है, में 108+1=109 मनके होते हैं, हालाँकि 54+1 और 27+1 मनके का भी उपयोग किया जा सकता है। निरंतर माला में अतिरिक्त daana मेरु मणि (या मेरु मनका) के रूप में जाना जाता है।

और यह मंत्रों की गिनती करते समय एक रोक (स्टॉपर) की तरह कार्य करता है।

जप आमतौर पर निम्नलिखित तरीके से किया जाता है:

जैसे ही मंत्र का जाप किया जाता है, माला के प्रत्येक दाने को मध्यमा उंगली और अंगूठे से घुमाया जाता है। जैसे ही मेरु पहुँचता है, माला को मेरु को पार किए बिना वापस कर दिया जाता है। गिनती अलग-अलग तरीकों से नोट की जाती है - इसे लिखने के लिए पेन का उपयोग करना या जमीन पर कुछ खुले दानों को रखकर।

माला के प्रत्येक दानों पर एक विशिष्ट अक्षर अंकित होता है और इस प्रक्रिया को मत्रिका प्रतिष्ठा के नाम से जाना जाता है। अक्षमालिका उपनिषद (संदर्भ 12) में माला को शुद्ध करने और चार्ज करने के तरीकों के साथ इसके

बारे में विवरण दिया गया है। सामान्य उपयोगकर्ता के लिए, रुद्राक्ष माला का उपयोग केवल अध्याय 10 में दी गई रुद्राक्ष पूजा प्रक्रिया का पालन करके किया जा सकता है।

माला पर मंत्रों का जाप जप योग कहलाता है और जैसा कि भगवान कृष्ण ने भगवद गीता में इसका वर्णन किया है, यह योग अभ्यास का सबसे अच्छा रूप है (संदर्भ 5)। रुद्राक्ष माला पर किसी भी मंत्र का प्रयोग करके जप किया जा सकता है।

सामान्य जानकारी के लिए, दश महाविद्याओं (शक्ति के दस रूपों) को प्रसन्न करने के लिए विभिन्न प्रकार की मालाओं का उपयोग किया जाता है:

देवी/देवता माला प्रकार

काली	:	दंतमाला (दांतों की)
तारा	:	अस्थिमाला (हड्डियों की)
छिन्नमस्तिका	:	नर-अस्थि माला (मानव हड्डी की)
त्रिपुरा	:	रक्तचंदन (लाल चंदन की)
भैरवी	:	स्वयंभू माला
मातंगी	:	गुंज माला (फूल की)
धूमावती	:	खरदंत माला (गधे के दांत की)
बगलामुखी	:	हरिद्र माला (इमली के बीज की)
कमला	:	कमल माला (कमल के फूल की)
भुवनेश्वरी	:	स्फटिक माला

जो लोग अनुष्ठानों का सख्ती से पालन करते हैं, वे विभिन्न देवताओं के लिए नीचे बताए अनुसार विशिष्ट मालाओं का उपयोग करते हैं:

विष्णु	:	शंख माला (शंख की)
शरभशालव	:	भद्राक्ष माला
गणेश	:	गजदंत (हाथी दांत से बना हाथी दांत)

गोविंदा (कृष्ण) : तुलसी माला
सूर्य : प्रवाल माला
शिव : रुद्राक्ष

प्राचीन ग्रंथों में विभिन्न उद्देश्यों के लिए विभिन्न प्रकार की मालाओं की सलाह दी गई है, जैसा कि नीचे बताया गया है:

संपूर्ण यश और कामना पूर्ति	रुद्राक्ष माला
निर्वाण	मुक्ताफल माला
कांति	चंदन माला
वशीकरण	प्रवाल माला
राज्य प्राप्ति	रुद्राक्ष माला
मारण	बेर माला
विद्वेषण (शत्रु का सामना)	रीठे के बीज की माला
भय मुक्ति	काली मिर्च की माला
सर्वशत्रुनाश	अस्थि माला
वक्तृत्व शक्ति	स्फटिक माला
भूतों का नाश	औदुम्बर माला
सात्विक एवं राजसिक हेतु	चाँदी के दानों का माला
भैरवी साधना	सोना, चाँदी या मुक्ता (मोती) की माला

कुछ विशेष मालाओं का भी उल्लेख मिलता है, उदाहरण के लिए, शिव और विष्णु के लिए सोने के साथ रुद्राक्ष (हरिहरात्मिका) माला के रूप में जाना जाता है और शिव और ब्रह्मा के लिए रुद्राक्ष और चांदी।

जप के दौरान रुद्राक्ष की माला के अनुष्ठानिक उपयोग के लिए कुछ परंपराओं और प्रक्रियाओं का पालन किया जाना चाहिए। ये हैं:

1. नाखूनों से दानों को नहीं छूना चाहिए. अपनी उंगलियों के केवल अगले भाग का उपयोग करें। आमतौर पर घुमाने के लिए अंगूठे और मध्यमा उंगलियों का उपयोग किया जाता है।

2. जप के लिए बाएं हाथ का प्रयोग न करें और बाएं हाथ से mala को न छुएं।
3. दानों की सही संख्या का प्रयोग करें.
4. मेरु मणि को पार न करें और इस तक पहुंचने के बाद mala को उलट दें।
5. जप करते समय माला के दाने आपकी ओर आने चाहिए (भक्ति, प्रभु की कृपा आपकी ओर आ रही है)।
6. तर्जनी आपके विपरीत होनी चाहिए (अहंकार बाहर जा रहा है)।
7. उपयोग के दौरान या बाद में माला को एक थैले (जिसे गोमुखी कहा जाता है) में रखें।
8. जप के समय माला की लंबाई हृदय स्तर तक होनी चाहिए।
9. आराध्य/ईष्ट देवता की प्रतिमा अथवा छबि जिन पर जप के समय ध्यान एकाग्र किया जाता है, माला के स्तर से ऊँची होनी चाहिये।
10. जप करते समय पूर्व दिशा की ओर मुख करें और अपनी रीढ़ की हड्डी सीधी रखें। सामान्य सुखासन (पैरों को मोड़कर सामान्य रूप से बैठना) या पद्मासन (चित्र 43) में बैठें जिसके लिए अभ्यास की आवश्यकता है।
11. सदैव एक निश्चित स्थान पर ही बैठें।
12. जप सदैव एक निश्चित समय पर करें।
13. जप सदैव मनपूर्वक करना चाहिए।
14. जप करते समय अपना सिर ढक लें।
15. अपनी भौंहों के बीच स्थित आज्ञा चक्र पर ध्यान केंद्रित करें।

चित्र 43: पद्मासन

16. जप मौन हो सकता है, उपांशु या उच्चारण ध्वनि भी हो सकती है आपके द्वारा सुना गया या सामान्य उच्चारण द्वारा। मौन जप के लिए बेहतर एकाग्रता की आवश्यकता होती है, और यह सर्वोत्तम है।

17. मंत्र आपके द्वारा चुने गए गुरु द्वारा दिया जा सकता है, या "ओम" अथवा किसी भी अन्य ईश्वरीय नाम या मंत्र का प्रयोग कर सकते है।

18. अपनी जप माला किसी के साथ साझा न करें।

19. अपनी जप माला को न पहनें।

20. माला पर एक फेरा पूरा करने के बाद, माला के फेरों की संख्या गिनने के लिए रक्तचंदन (लाल चंदन), सिन्दूर, लाख या गाय के गोबर से बनी गेंदों का उपयोग करें।

जप करते समय किस दिशा में मुख करना चाहिए यह आपके उद्देश्य पर निर्भर करता है, हालाँकि सबसे आम अभ्यास के रूप में पूर्व की ओर मुख करने की सलाह दी जाती है। अन्य विकल्प हैं:

- यदि उद्देश्य केवल धन के लिए है तो पश्चिम की ओर मुख करें।
- मानसिक शांति, सुरक्षा, स्वास्थ्य और ज्ञान के लिए उत्तर दिशा की ओर मुख करें।
- किसी व्यक्ति को अपने भीतर साधना और आध्यात्मिकता की ओर आकर्षित करने के लिए पूर्व दिशा की ओर मुख करें।
- तांत्रिक क्रियाओं के लिए दक्षिण दिशा की ओर मुख करें।

mala कपास, रेशम, चांदी, तांबा या सोने का उपयोग करके banal जा saktl है। यदि इसे धागे में पिरोया जाए तो यह लाल या काला हो सकता है। रुद्राक्ष की माला को मुंह से मुंह और पूंछ से पूंछ में पिरोना चाहिए। रुद्राक्ष का प्राकृतिक आकार ऐसा होता है कि मुंह से मुंह और पूंछ से पूंछ में बांधने पर दाने प्राकृतिक दूरी बनाए रखेंगे और संतुलित दिखेंगे।

प्रत्येक दाने को पिरोने के बाद, निर्माता को प्रयास समाप्त करने और फिर से शुरू करने के लिए सर्वोच्च भगवान को याद करने के लिए "ओम" का

उच्चारण करना चाहिए। यह सुनिश्चित करने के लिए कि दो दाने एक-दूसरे को स्पर्श न करें, यदि धागे का उपयोग किया जा रहा है तो एक बड़ी गाँठ का उपयोग करें (गाँठ का व्यास छेद के व्यास से दोगुना होना चाहिए)। वैकल्पिक रूप से, दाने को कठोर बनाने के लिए धातु के तार के लूप और कैप का उपयोग करें ताकि वह घूमे नहीं। यदि धातु के तार का उपयोग करते समय रुद्राक्ष का दाना घूमता है, तो रुद्राक्ष और धातु के तार के बीच घर्षण के कारण रुद्राक्ष क्षतिग्रस्त हो जाएगा।

बीज मंत्र

1. **श्रीं**: यह महातक्ष्मी का मंत्र है। इसमें "श" महालक्ष्मी का प्रतीक है, "र" संपत्ति का प्रतीक है एवं "ई" संतोष का प्रतीक है। "ईकार" जगन्माता और "म्" (विन्दु) दुःख निवारक है।
2. **ऐं**: यह सरस्वती का मंत्र है। इसमें "इ" सरस्वती का प्रतीक है और "म्" दुःख निवारक है।
3. **क्लीं** : यह इन्द्र का मंत्र है। इसमें "क" कामदेव का प्रतीक है जो कामनाओं के देवता हैं, "क" का अर्थ कृष्ण भी होता है। "ल" इन्द्र का प्रतीक है, जो आकाश/स्वर्ग के अधिपति एवं इन्द्रियों के स्वामी है। "ई" संतोष का प्रतीक है और "म्" दुःख निवारक है।
4. **ह्रीं**: यह महामाया या भुवनेश्वरी का मंत्र है। इसमें "ह" शिव का, "र" प्रकृति का एव "ई" महामाया का प्रतीक है। "हकार" जगन्माता और "म्" दुःख निवारक है।
5. **क्रीं** : यह कालिका का मंत्र है। इसमे "क" काली का, "र" बा का, एवं "ई" महामाया का प्रतीक है। "इकार" जगन्माता और "म्" दुःख निवारक है।
6. **दुः**: यह देवी दुर्गा का मंत्र है। इसमें "द" देवी दुर्गा का, "र" ब्रह्म का एवं "ई" महामाया का प्रतीक है। "इकार" जगन्माता और "म्" दुःख निवारक है।

7. हौं : यह भगवान शिव का मंत्र है। इसमें "ह" भगवान शिव का प्रतीक है। "औ" सदाशिव का प्रतीक एवं "म्" दुःख निवारक है।

8. गं: यह भगवान गणेश का मंत्र है। इसमें "ग" गणेश का प्रतीक है और "म्" दुःख निवारक है।

9. ग्लौं : यह भी भगवान गणेश का मंत्र है। इसमें "ग" गणेश का एवं "ल" व्यापकता का प्रतीक है। "औ" तेज का प्रतीक एवं "म्" दुःख निवारक है।

10. हूं: यह भगवान शिव का मंत्र है। इसमें "ह" शिव का प्रतीक है। "उ" भैरव का प्रतीक एवं "म्" दुःख निवारक है।

11. **क्षौं** : यह भगवान नृसिंह का मंत्र है (विष्णु भगवान का नृसिंहावतार जिसमें उनका आधा शरीर पुरुष का और आधा सिंह का है)। इसमें "क्ष" नृसिंह का एवं "र" ब्रह्म का प्रतीक है। "औ" ऊपर की ओर नूकीले दांत का प्रतीक है एवं "म्" दुःख निवारक है।

प्रत्येक मंत्र के प्रारंभ व अंत में ॐ का प्रयोग होता है। इससे चक्र पूर्ण होता है।

सब प्रकार के कार्यों के लिये (पट् कर्म के लिये) हजारों मंत्र दिये हैं। ये षट् कर्म निम्नानुसार हैं।

1. शांति कर्म (शांति के लिये)
2. वशीकरण : (किसी पर नियंत्रण पाने के लिये)
3. स्तम्भन : (किसी का आना-जाना रोकने के लिये)
4. बिद्वेषन : (किसी के बीच शत्रुता पैदा करने के लिये)
5. उच्चाटन : (असंतोष नैराश्य उत्पन्न करने के लिये)
6. मारण : (किसी के प्राण हरने के लिये)

जप करने के लिये मंत्र के निर्धारण में गुरु मंत्र का जप किया जा सकता है। गुरु मंत्र को आध्यात्म क्षेत्र में श्रेष्ठ और पवित्र माना जाता है। व्यक्ति स्वयं के निर्धारण से भी जप मंत्र को चुन सकता है, जिसे बाद में बदलने की आवश्यकता नहीं रहती। अथवा एकाक्षर ब्रह्म का प्रतीक ॐ का जप किया जा सकता है। कुछ सर्वाधिक प्रचलित मंत्र इस प्रकार हैं:

1. गायत्री मंत्र :

ॐ भूर्भुवः स्वः तत्सवितुर्वरेण्यं भगदेविस्य धीमहि। थियो यो नः प्रचोदयात्।

2. शिव मंत्र :

ॐ नमः शिवाय।

3. प्रणव मंत्र :

ॐ

4. महामृत्युञ्जय मंत्र :

ॐ हौं ॐ जूं ॐ सः ॐ भूर्भुवः ॐ स्वः ॐ त्र्यंबकं यजामहे सुगंधिंपुष्टिवर्धनं उर्वारुकमिवबंधनान्मृत्योर्मुक्षीय माऽमृतात्

ॐ स्वः ॐ भुवः ॐ भूः ॐ सः ॐ जूं उॐ हौं ॐ।

इसका यह रूप भी जप करते हैं

ॐ त्र्यंबकं यजामहे सुगंधिंपुष्टिवर्धनं उर्वारुकमिवबंधना- न्मृत्योर्मुक्षीय माऽमृतात्।

5. देवी नवार्ण मंत्र :

ॐ ह्रीं क्लीं चामुण्डायै विच्चे।

6. राम-कृष्ण मंत्र :

हरे राम हरे राम राम राम हरे हरे। हरे कृष्ण हरे कृष्ण कृष्ण कृष्ण हरे हरे।

7. गणपति मंत्र :

ॐ गं गणपतये नमः।

8. विष्णु मंत्र :

ॐ नमो नारायणाय।

9. कृष्ण मंत्र :

ॐ नमो भगवते वासुदेवाय।

10. राम मंत्र :

राम अथवा ॐ राँ रामाय नमः।

11. लक्ष्मी मंत्र :

ॐ ह्रीं श्रीं क्लीं महालक्ष्म्यै नमः।

सभी मंत्रों में देवी-देवताओं के मंत्र, जिनके साथ उनका विशिष्ट लक्षण युक्त रूप साधक के ध्यान का केंद्र होता है, सर्वाधिक प्रचलित है। ये मंत्र दोहराये जाते हैं। शिव मंत्र का प्रयोग नकारात्मक वृत्तियों को मिटाने के लिये किया जाता है। आदर्श परिवार और ऐसे व्यक्ति जो अपनी जिम्मेदारियों का वहन करना चाहते हैं, उनको राम मंत्र से जप ध्यान करना चाहिये। परमेश्वर को अनंत, प्रेम और लीलायुक्त देखने वाले व्यक्तियों को कृष्ण मंत्र का प्रयोग करना चाहिये। इस बात पर ध्यान देना चाहिये कि देवता के रूप का चिंतन करने से मन एकाग्र होता है। मंत्र का पुनः पुनः उच्चारण करने के फलस्वरूप उत्पन्न स्पंदन के कारण व्यक्ति में शक्ति संचारित होती है, क्योंकि देवता के नाम में शक्ति का पुञ्ज है।

वैज्ञानिकों के मतानुसार जब शक्तिपात होता है तब शक्तियाँ विभित्र रूपों में नृत्य करती है। यह भाव भगवान शिव का प्रतीक होताभिय फिट्ज कॅप्रा (Frltj Capra) जो "द ताओ ऑफ फिजिक्स" के लेखका है, अपने एक भाषण में कहते हैं। "आधुनिक भौतिक पदार्थ वक अक्रिय या जड़ न बताकर सदैव नृत्य और स्पंद में रत मानना चाहिये। वैज्ञानिक जिन शब्दों का प्रयोग करते हैं वह है 'उत्पत्ति व विनाश का नृत्य' अथवा 'ऊर्जा नृत्य'। इसको सहज अनुभूति बबल चेबर (बुलबुले का कक्ष) में वैज्ञानिकों द्वारा लिये गये पदार्थ कणों के चित्रों का अवलोकन करने पर हो जाती है। वैदिक एवं पौराणिक विभिन्न ग्रंथों में शिव के ब्रह्माण्ड नृत्य संबंधी वर्णन के आधार पर ही वर्तमान के भौतिकीविद् ब्रह्माण्डीय नृत्य की चर्चा कर रहे है। अतएव वैज्ञानिकों के उक्त कथन में कोई नई बात नहीं है।

देवता का भौतिक स्वरूप एक वैश्विक सत्य है, जिसे उपरोक्त उदाहरण से अथवा मन-शरीर के सबंधों से और क्वांटम सिद्धान्त से समझ सकते हैं। शब्द, ध्वनि और मंत्र ये हिंदू मिथक शास्त्र एवं ब्रह्माण्ड शास्त्र के अभिन्न अंग हैं। जप यह व्यष्टि का समष्टि में विलय का साधन है। यह जीव को उसके मूल परमात्मा में ले जाने का साधन है। वेद कहता है, "सोऽहम" (मैं वह हूँ, अर्थात् मैं ब्रह्म हूँ)। जप आपको परमात्मा में विलीन करता है, जैसे पानी में नमक।

मंत्र, साधना और ध्यान इस पुस्तक की विषय वस्तु नहीं है, इसके लिये वाचक उन संदर्भों को देखें जो अंत मे दिये हैं। (उदा. संदर्भ 14)।

लक्ष्मी मंत्र

निम्न मंत्र देवी महालक्ष्मी को समर्पित है, इनमे से कोई भी एक चुने

ॐ श्रीं नमः

ॐ श्रीं श्रियै नम

ॐ कमलायै नमः

ॐ ह्रीं पद्मायै नमः

ॐ ह्रीं श्रीं क्लीं श्रियै नमः

ॐ ऐं ह्रीं श्रीं क्लीं नमः

ॐ श्रीं महालक्ष्म्यै नमः

ॐ कमलासनायै नमः

ॐ ह्रीं श्री नमः

ॐ ह्रीं श्रीं क्लीं श्रीसिद्धलक्ष्म्यै नमः

ॐ महादेव्यै च विद्महे विष्णुपत्यै च धामहि। तन्नो लक्ष्मी प्रचोदयात्।

ॐ ह्रीं श्रीं क्लीं महालक्ष्म्यै नमः

ॐ ह्रीं श्रीं क्लीं जगत्प्रसूत्यायै नमः

ॐ कमलवासिन्यै नमः

ॐ ह्रीं श्रीं नमः

कुछ मंत्र मूलतः धन धान्य को प्राप्त करने के लिये हैं, जिन्हे चेतक मत्र कहते है। इन मंत्रो का प्रयोग उपरोक्त मंत्रों से कुछ समय तक देवता का पूजन करने के बाद और लक्ष्मी पूजन से अभ्यस्त होने के बाद करते हैं। इनसे इष्ट फल प्राप्ति के लिये आवश्यक आवृत्तियों की सख्या नीचे दो गई है:

1. एकाक्षर मंत्र "श्री"
   अधिकांश लक्ष्मी मंत्र "श्रीं" से प्रारंभ होता है, क्योकि यह महालक्ष्मीजी का प्रमुख नाम है। इसकी सिद्धि और सफलता को प्राप्ति के लिये इसे 12 लाख बार जपना चाहिये। सामान्यतः साधक इसे "ॐ श्रीं नमः" इस रूप में जपते है, क्योकि इस मंत्र में देवता के प्रति आदर अभिव्यक्त है। साधना सामान्य विधि विधान से करते हैं।
2. नमः कमलवासिन्यै स्वाहा
   महालक्ष्मी के "कमल पर आसीन" रूप की पूजा के साथ यह मंत्र 10 लाख बार जपा जाता है।
3. ॐ ऐं ह्रीं श्रीं ज्येष्ठ लक्ष्मी स्वयंभुवै ह्रीं ज्येष्ठायै नमः यह मंत्र अभीष्ट प्राप्ति, मुख्यतः धन लाभ के लिये प्रयुक्त किया जाता है। इसे एक लाख बार जपना होता है।
4. ॐ ग्लौं श्रीं अनन्तं महायन्त्रं मा देह्यान्निधिपते ममन्त्रं प्रदपया स्वाहा श्रीं ग्लौं
   यह मंत्र धन, कीर्ति व आदर प्राप्ति के लिये प्रयुक्त किया जाता है। इसे एक लाख बार जपना होता है।

महालक्ष्मी जी की कृपा प्राप्त करने के लिये श्रीसूक्त का नियमित पाठ भी किया जाता है।

भारत के कई विश्व मंच पर सफलता प्राप्त धनाढ्य और यशस्वी लोग रुद्राक्ष के प्रति समर्पित हैं और श्रीलक्ष्मीजी के नित्य उपासक हैं। अपने परिश्रम, प्रतिभा एवं संधि के साथ साथ उन्होंने एक समग्र उपाय का रास्ता अपनाया है।

11

भगवान शिव

रुद्राक्ष भगवान शिव का मनुष्य जाति के लिये उपहार है। यह शिव भक्ति का सूचक है, यहाँ तक कि रुद्राक्ष और शिव भगवान एक दूसरे के प्रतिरूप माने जाते हैं। अक्षमालिकोपनिषद् में कहा गया है कि रुद्र को भी रुद्रत्व रुद्राक्ष पहनने से मिलता है।

रुद्राक्षधारणदेव रुद्रौ रुद्रत्वमाप्नुयात्। मुनयः सत्यसंकल्प ब्रह्मा ब्रह्मत्वमागताः।।

श्रीमद्देवीभागवत पुराण (संदर्भ 2) में वर्णित, रुद्राक्ष का बीज धरतो पर पड़ने की कथा जो शिवजी ने अपने पुत्र कार्तिकेय को बताई, इस प्रकार है:

"प्राचीन काल में त्रिपुर नामक दैत्य देवताओं को परास्त कर के कइयों को मार डाला। उससे मुक्ति दिलाने के उद्देश्य से, ब्रह्माजी और विष्णुजी अन्य देवताओं के साथ मेरे पास आये। इसके लिये उचित अस्त्र का विचार करके मैंने अघोर अस्त्र को चुना, क्योंकि इसमें त्रिपुर को समाप्त करने की शक्ति एवं अग्नि थी। कार्य सिद्धि के लिये 1,००० दिव्य वर्ष तक मैने मेरी आँखें खुली रखी। मेरी थकी आँखों से अनु निकल कर धरती पर गिर पड़े। जहाँ-जहाँ मेरे अश्रु की बूँदे गिरी वहाँ पर रुद्राक्ष के पेड़ उग गये।

"वर्गीकरण के अनुसार 38 प्रकार के रुद्राक्ष है। सूर्य की आँखो से उत्पन्न 2, चन्द्र की आँखो से उत्पन्न 16 (जो कि सब तेजस्वी है) और अग्नि से उत्पन्न 10

है (जो रंग में काला है)। परंपरा के अनुसार सफेद रुद्राक्ष ब्राह्मणो के लिये, लाल क्षत्रियों के लिये, मिश्र वैश्यों के लिये और काले शूद्रों के लिये हैं।"

शिवपुराण (संदर्भ 1) में भी भगवान शिवजी की इस प्रकार की कथाओं का वर्णन प्राप्त है:

"भगवान शिवजी वर्णन करते हैं कि, बहुत समय पहले, एक बार जब मैं अपनी इंद्रियों को वशीभूत करते हुये समाधिस्थ होकर तप किया था, तब मुझे मानव जाति की यातनाएँ देख कर दुःख हुआ। मैं अपना नेत्र बंद करके उस दुःख के निवारणार्थ विचार करने लगा। उस समय मेरे नेत्रों से अश्रु धारा निकल पड़ी। पृथ्वी पर जहाँ जहाँ इन अश्रुओं की बूंदे गिरी, वहाँ सर्वत्र भारी पेड़ उग आयें। इन पेड़ों का नाम रुद्राक्ष पड़ा, जो मानव मात्र के लिये कल्याणकारी सिद्ध हुये। विष्णु भगवान के शिष्यों एवं पार्षदों के कल्याणार्थ ये पेड़ गौड प्रदेश में उगे।

ये पेड़ मुझसे संबंध रखने वाले अन्य स्थानों पर भी उगे, जैसे कि मथुरा, अयोध्या, लंका, मलयाचल (मैसूर), शर्य पर्वत (महाराष्ट्र), काशी तथा दस अन्य देशों में। ये पेड़ मनुष्यों को पापों से मुक्त करने में सहायक हुये। ये चार प्रकार के रंगों में पाये जाते हैं- सफेद, रक्तिम लाल, पीले और काले।"

रुद्राक्ष के पेड़ों के उगने वाले स्थानों में नेपाल और हिमालय का जिक्र क्यों नहीं हुआ, यह स्पष्ट नहीं है।

यह निश्चित है कि, इन दानों को भगवान शिवजी मानव मात्र को उसके पापों की निवृत्ति के लिये प्रदान किये तथा सांत्वना देते हुये इन दिव्य बीजों के सही प्रयोग की जिम्मेदारी अपने ऊपर लेते हुये उसे आश्वस्त भी किये।

यद्यपि रुद्राक्ष को लोग विभिन्न उद्देश्यों से धारण करते हैं। अधिकांश उपयोग कर्ताओं के मत-संग्रहानुसार, लोगों की धारणा एवं विश्वास है कि रुद्राक्ष की गूढ़ रहस्यमय शक्ति का सार है शिवजी (महादेव, याने देवों में श्रेष्ठ) के आशीर्वाद का प्राप्त होना। रुद्राक्ष धारण करने से पहले ही शिवजी का आशीर्वाद प्राप्त होने की अनुभूति उनको हो जाती है। रुद्राक्ष को अधिक प्रभावशाली बनाने के लिये समय समय पर रुद्राभिषेक

"गौड प्रदेशः यह अफगानिस्तान व कुरुक्षेत्र समेत पंजाब का भाग है। यह गोंडा, वस्ती जनपद, पश्चिम बंगाल भी है।

की तरह इसका अभिषेक करके इसमें शक्ति संचार करना चाहिये। औषधीय उपयोग करते समय बिना प्रार्थना के धारित रुद्राक्ष भी फल देते हैं क्या, इसकी जाँच होनी बाकी है। पर ख्यातनाम प्रयोगशालाओं में किये गये अनुसंधानों से सत्यापित हो चुका है कि इनका वर्ताव विचित्र होता है। अतः इन दानों के रचइता भगवान शिवजी की आराधना अत्यंत कल्याणकारी एवं शुभ है।

शिव शब्द से मांगल्य अर्थात् शुभता और समृद्धिवर्धकता अभिप्रेत है। शिव का उल्टा "वश" है, याने कि ज्ञानदान। अतः जो ज्ञान प्रदान करता है वह शिव है। शिव जी के निम्न रूप अपनी अपनी गुणश्रेणी के लिये विख्यात है:

रुद्र

वैदिक काल में रुद्र एक संहारक एवं भयावह देवता के रूप में जाने जाते थे। "रु" याने रोने वाला और "द्र" याने भागने वाला (यहाँ रोने वाला अर्थ गृहीत है)। "रु" का अर्थ और भी है- भौतिकतावादी जीवन के दुःखों को मिटाने वाला भी रुद्र होता है।

ऋत् का दूसरा अर्थ है सत्य। सत्य उपनिषदों का मूल सिद्धांत है। जिसको इस सत्य की अमुभूति हो गई है अथवा जिसने इस सत्य का साक्षात्कार अथवा निरूपण कर लिया है वह भी रुद्र हुआ।

रुत्/ऋत् शब्द संबंधी संवाद आत्मानुभूतिक विषय है। जो अपने अनुयायियों के प्रति इस आत्मज्ञान का प्रतिपादन शब्दों में करता है वह रुद्र है।

रुद्र के अनेकों अनुयायी/अनुगामी हैं जो पौराणिक ग्रंथों में विभिन्न नामों से विख्यात हैं। इनका वास स्वर्ग में रहता है। ये दुष्टों का संहार करते हैं, सज्जनों की रक्षा करते हैं, योगियों की बाधाये दूर करते हैं और निरंतर भगवान शिव की सेवा में रत रहते हैं। श्रीमद्देवीभागवत पुराण के अनुसार ग्यारह रुद्र बताये गये हैं।

इनके नाम हैं: पर, बहुरूप, त्र्यंबक, अपराजित, शंभु, वृष्कापी, कापर्दी, रैवत, मृगव्याध, शर्व और कपाली।

इस नश्वर संसार में उत्पत्ति और जीवन चक्र पुरुष-रूप व स्त्री-रूप के सयोग के बिना संभव नहीं है। भगवान शिवजी इस विधान को स्पष्ट करने के लिये अर्धनारीश्वर का रूप धारण किये। प्रत्येक मनुष्य शरीर मे उभयलिगी (b|sexual) गुण विद्यमान रहते हैं और वह स्वतः के भीतर से प्रजनन करता है। वेद कहता है, "अग्निसोमात्मक जगत"। अर्थात् अग्नि पुरुष तत्व है और स्त्री के रजस्स्राव में विद्यमान रहता है। चंद्रमा (सोम) स्त्री तत्व है और पुरुष के वीर्य मे विद्यमान रहता है। काम वह शक्ति है जो इन दोनों का परस्पर संयोग कराती है। उपरोक्त दोनो तत्त्व काम के कारण एक-दूसरे के प्रति आकर्षित होते हैं। अद्वैत शैवगम में कहा गया है कि, दिव्य उर्जा का त्याग नही करना चाहिये वरन् परब्रह्म परमात्मा की शक्ति के रूप में उसे स्वीकार करना चाहिये। शिव और शक्ति का निरंतर संयोग अद्वैत माना जाता है। चतुर्वर्गचिंतामणि नामक ग्रंथ के लेखक हेमाद्रि कहते हैं कि, शिवजी के शरीर का दाहिना भाग स्त्री-रूप है। शिवजी के अर्धनारीश्वर रूप में शिव और शक्ति (अर्थात् पुरुष और स्त्री) की समान शक्ति निहित है (चित्र 15)।

कालभैरव

कालभैरव आठ भैरवों में से एक हैं। इनकी उत्पत्ति शिवजी के क्रोध से हुई हैं। शिवजी ने ब्रह्माजी का पाँचवा सिर काल भैरव के माध्यम से काट दिया था और कालभैरव को काशी में निवास करने की आज्ञा प्रदान किये थे। इस प्रकार काल भैरव काशी के रक्षक है। काशी में प्रवेष करते समय प्रथम उन्हें प्रणाम करना चाहिये।

वीरभद्र

इन्होने बेताल को अपना वाहन बनाया है। मान्यता है कि, शिवजी के लिंग रूप की पूजा सर्वप्रथम बीरभद्र ने की थो।

भैरव

भैरव का शब्दशः अर्थ है धरती और भैरवनाथ उसके स्वामी है। चौसठ प्रकार के भैरवो का वर्णन प्राप्त है, जिनमें से काल भैरव एवं बटुक भैरव ज्यादा प्रसिद्ध है। कहते है कि भैरव शक्तिपीठों की रक्षा करते है। कुछ संप्रदायों के मतानुसार भैरव को सम्मिलित किये बिना शक्ति पूजा पूरी नहीं होती।

बेताल

बेताल का शब्दशः अर्थ है, वह जो अपनी धुन पर नृत्य कर सके। आहत और अनाहत नाद एक-दूसरे में विलीन होने पर स्पद उत्पन्न होते हैं। ये अनियमितताओं को दूर करते हैं। बेताल को आज्ञाबेताल, ज्वालाबेताल या प्रलयबेताल के नाम से भी जाना जाता हैं। ये बेताल शिवजी के सेवकों में सम्मिलित हैं। बेताल की मूर्ति लकड़ी की बनी होती है और कई देहातो में ग्राम देवता के रूप में इनकी उपासना की जाती है।

भूतनाथ

यह देवता बेताल के सदृश ही है। भूत-प्रेत संबंधी बाधायें भूतनाथ को सहायता से मिटाते हैं।

नटराज

शरीर की भंगिमाये जो विशिष्ट भावों को प्रकट करती हैं, नटना या नृत्य कहलाती है। नटन करता हो सो नट। भगवान शिव अपने नटराज रूप में नृत्य के पुरस्कर्ता हैं और नटों की श्रेणी में इनका प्रथम स्थान है। ब्रह्माण्ड इनकी नृत्यशाला है। नर्तक होने के साथ साथ ये दर्शक भी हैं। नटराज का नृत्य पाँच ईश्वरी लीलाओं को प्रतिबिंबित करता है- उत्पत्ति, रक्षा, विलय, माया और अनुग्रह। नटराज का नृत्य व्यक्ति को माया से मुक्ति दिलाने के लिये है (चित्र 44)।

जिस नृत्य में शरीर के प्रत्येक कोष में नाद हो वह शिवजी का ताण्डव नृत्य कहलाता है। यह नृत्य पुरुषों के द्वारा किया जाता है और इसमे मुद्राएँ है। उदाहरण के लिये ध्यान मुद्रा है जिसमे अँगूठा व तर्जनी का स्पर्श होता है। ताण्डव नृत्य सात प्रकार के हैं: आनंद ताण्डव, संध्या ताण्डव, कलिका ताण्डव, त्रिपुर ताण्डव, गौरी ताण्डव, संहार ताण्डव और उमा ताण्डव।

चित्र 44: नटराज

तमिलनाडु के चिदंबरम् में शिवजी संध्या ताण्डव कर रहे हैं। इस नृत्य प्रकार में शिवजी नृत्य करते हैं और गौरी (पार्वती) रत्नजडति सिहासन पर विराजमान हुई होती हैं। सरस्वती (विद्या की देवी) वीणा बजाती है, इंद्र देव बाँसुरी तथा विष्णु भगवान मृदंग बजाते है, जबकि लक्ष्मीजी गान करती हैं। अन्य कई देवता रसिक हैं। इस नृत्य में शिवजी के दो हाथ हैं।

उपरोक्त सात ताण्डवों में गौरी ताण्डव सबसे भीषण है, जिसमे शिवजी श्मशान में भैरव या वीरभद्र रूप में नृत्य करते हैं, साथ में गौरी है। आनंद ताण्डव में विभिन्न मुद्राएँ विभिन्न अर्थों की द्योतक है।

दो कानों में अलग-अलग कुंडल	अर्धनारीश्वर
दाहिने हाथ में डमरू	ब्रह्माण्ड की उत्पत्ति, ध्वनि और शब्द से (इन ध्वनियों से संस्कृत भाषा उत्पन्न हुई)
बायें हाथ में अग्नि	ब्रह्मा की ध्वनि और शब्द द्वारा शुद्धि
दाहिना हाथ आगे	भक्तों की रक्षा
बाँया हाथ आगे	पैर की ओर मुड़ा हुआ, जीवधारियों की मुक्ति के लिये

दो कानों में अलग-अलग कुंडल	अर्धनारीश्वर
दैत्य अपस्मार या मुयालक दाहिने पैर के नीचे कुचले हुये	अज्ञान का नाश
चारों ओर घेरा	माया का चक्र
चक्र को हाथ और पैर का स्पर्श	माया का अनावरण
चक्र की ज्वालाओं में से पाँच लिंगों की अचानक उत्पत्ति	पाँच महाभूत

किरात/किराट

यह शिवजी का कपालिक रूप है। इस रूप में भगवान शिवजी भगवती उमा के साथ विभिन्न आनदलीलाओ मे मग्न है।

शिवजी का परिवार

पत्नी पार्वती (उमा)

पार्वती का नाम शक्ति और सती (दक्ष की बेटी) भी हैं और जहाँ भी शिवजी की मनुष्याकृति की उपासना होती है वहाँ पार्वती की भी पूजा होती है। लिंग रूप की पूजा में इन्हें लिग के पीछे रखा जाता है और पूजा की जाती है।

पुत्र (दो)

कार्तिकेय: कार्तिकेय को स्कंद भी कहते हैं। दक्षिण भारत में इन्हें सुब्रमण्य या मुरुगन नाम से जाना जाता है। इन्होंने महापराक्रमी दैत्य तारकासुर का बध किया था।

गणेश: गणेशजी की विशाल बुद्धि और माता-पिता के प्रति अप्रतिम भक्ति के कारण इनकी पूजा देवों में सर्व प्रथम होती है। ये महर्षि व्यास के उच्चारणानुसार महाकाव्यों का लेखन कर चुके हैं और सर्वप्रिय विघ्नहर्ता हैं।

नन्दी

बैल के रूप में ये शिवजी के वाहन हैं। शिवजी के पहले इनको प्रणाम करते हैं। शिव मंदिरों में नन्दी एक पैर पर खड़े होते हैं, बाकी तीन पैर घुटनों से मोड़ लिये जाते हैं। यह इस बात का सूचक है कि कलियुग में केवल एक चौथाई सच है।

शिवजी के बहुसंख्य गुणों और महिमाओ के कारण उनके बहुत से नाम हैं। शिव सहस्रनाम में उनके एक हजार नाम हैं। कुछ बहु प्रचलित नाम हैं: महादेव, शङ्कर, महाकालेश्वर, भालचन्द्र, कर्पूरगौर, नीलकण्ठ, आशुतोष, शर्व, पशुपति, कामारि, महेश, उग्र, ईशान, गौरीपति, महेश्वर, चन्द्रमौलि, उमापति और उमेश।

भगवान शिव के सामान्यतः ज्ञात शरीर के संबंध में जानकारी पाप्त करना एक रोवक विषय है, क्योंकि इससे रुद्राक्ष के महत्व पर प्रकाश पड़ता है। उनके लीलामय शरीर का संबंध निम्नलिखित से है।

गङ्गा

गङ्गा का चैतन्य प्रवाह ब्रह्मा-विष्णु-महेश की एकत्रित ऊर्जा से उद्रम पाता है। यह ऊर्जा विष्णु भगवान की पैर की अंगुली से निकलते ही ब्रह्माजी द्वारा कमण्डल में एकत्रित कर ली जाती है और हृदयग्राही दिव्य स्वरूप को प्राप्त करती है। धृष्टता के वशीभूत होने के फलस्वरूप दुर्वासा ऋषि का श्राप प्राप्त होने पर उच्च लोकों से गिरकर धरती पर नदी के रूप में उनका पदार्पण होता है। धरती पर अवतरित होने से पहले भगवान शिवजी को जटा में समाहित होकर वह शिवजी की उर्जा से भारित हो जाती है। इस प्रकार इन्हें विष्णु-ब्रह्मा-शिव को सम्मिलित शक्ति प्राप्त होती है। ऋषि कपिल के आश्रम (जहाँ वह समुद्र से मिलती है) से प्रवाहित होते समय वह ऋषि जानु द्वारा शोसित होकर अधिकाधिक शुद्ध बनती हैं।

यह एक वैज्ञानिक सत्य है कि गङ्गाजल बहुत दिन तक संग्रह करने पर भी दूषित नहीं होता है। गङ्गाजल सभी हिन्दू घरों में हमेशा संग्रहीत रहता है क्योकि मृत्यु के समय इसका प्राशन करने का विधान है। मुगल सम्राट औरंगजेब जो सोलहवीं शताब्दी के अधिकांश भाग में दिल्ली का सम्राट रहा था, और

जिसकी हिन्दुओं के प्रति द्वेष एवं बर्बरता सर्वविदित है, केवल गङ्गाजल (उसकी रोग निवारक शक्ति से प्रभावित होकर) को ही पीता था। अधिकाश हिन्दू धर्मग्रथ गङ्गा के किनारे लिखे गये है। गङ्गा की महानता का वर्णन शब्दों से नहीं किया जा सकता है।

चन्द्रमा

भगवान शिवजी के भाल पर चन्द्रमा सुशोभित रहते है। चन्द्रमा में प्रजापति, ब्रह्मा, विष्णु. मोनाक्षी और शिव की तरंगे समाहित है जिन्हे वह निरंतर इन्द्र की उर्जा समेत औरों को देता रहता है। चन्द्रमा का अर्थ है वह जो दूसरों को आनंद प्रदान करे। चन्द्रमा प्रेम, दया और वात्सल्य प्रदान करता है। यह भी विदित है कि चन्द्रमा (साम) सब वात्स्यात्तयों की वृद्धि एवं अंतर्भूत शक्ति का कारक है। अतः यह मनुष्ण कुन अस्तित्व में महत्वपूर्ण भूमिका रखता है। यह शिवजी द्वारा चारित शक्तिशाली आभूषण है।

तृतीय नेत्र

भगवान शिवजी का तृतीय नेत्र दोनों भौहों के ऊपर उनके मध्य में स्थित है। इंद्रियातीत शक्ति की यह सर्वोच्च स्थली है- इसके नाम व्यासपीठ, ज्योतिर्मठ आदि जैसे हैं। शिवजी के तीन नेत्र है, चन्द्र, अर्क और वैश्वानर। अर्क याने अजनज लोक का सूर्य, जबकि वैश्वानर यह कर्मदेव लोक का सूर्य है। अतः शिवजी सारे ब्रह्माण्ड को देख सकते है। वे भूत, वर्तमान व भविष्य को देख सकते हैं। योग विज्ञान में इसे कुश्मन नाडी के नाम से जाना जाता है। तीसरी आँख से आज्ञा चक्र प्रभावित होता है।

सर्प

योगशास्त्र में सर्प सीढी का द्योतक हैं- साधक सर्प की पूंछ पकड़ कर ऊपर चढ़ता है। शिवजी की काया नौ जगहों पर सर्पों से भूषित है-सिर, कठ, दोनों भूजाएँ, दोनों कलाइयाँ, कमर और दोनो जघाएँ। इन नौ को नव नारायण संज्ञा प्रदान की

गई है। इन्हें नव नाथ के नाम से भी जाना जाता है (नाथ संप्रदाय इन नौ सर्पों से उत्पन्न हुआ बताया जाता है)। कुंडलिनी योग के सिद्धांतानुसार पाँच सर्प शरीर मे पाँच प्राणों के रूप में विचरण करते है।

पवित्र भस्म

जो भी जन्म लेता है, अंततः भस्म मे परिणित होता है। शिव आराधना में स्नान के पश्चात् भस्म लगाना एक वांछनीय विधान है। भस्म में निम्न स्मृतियाँ जन्मजात होती है

(अ) यज्ञस्मृतिः यज्ञ की अग्नि की स्मृति

(ब) पार्थिवस्मृतिः मृत्यु की स्मृति, जिसमें धरती के दुःख एव यातनाएँ भरी पड़ी हैं।

(क) तन्मयस्मृतिः पृथ्वी से उत्तर (शिवलोक) व दक्षिण में यज्ञ की स्मृति।

शिवजी के कपाल पर सुशोभित त्रिपुंडू (भस्म की तीन रेखाएँ) तीन स्मृतियों का द्योतक है।

नर शरीर का भस्म ज्योतिर्लिंगों को लगाते हैं। इसमें निहित भाव यह है कि भौतिक शरीर सत्य नहीं, मायिक है और इसका नाश अवश्यभावी है। अग्निहोत्र के यज्ञकुंड से प्राप्त भस्म सबसे पवित्र मानी जाती है। अग्निहोत्र व्रत का पालन करने वाले जीवनभर इस आग्नि को चेताये रखते हैं। मंत्रोच्चार के साथ दाह किये गये शव की भस्म चिता भस्म के नाम से जानी जाती है। वाराणसी के विश्वेश्वर ज्योतिर्लिंग को सदैव चिता भस्म से लेप करते हैं।

विभूति पवित्र भस्म का दूसरा नाम है। इसे तंत्र, मंत्र, जादू-टोना, इत्यादि में स्वतः की दिशाओं में दुआ करने के लिये प्रयोग करते हैं। स्वर्ण, मोती, इत्यादि की भस्म आयुर्वेद में रोगोपचार के लिये प्रयुक्त की जाती है।

व्याघ्रचर्म वस्त्र के रूप में

वाघ का चमड़ा राजसिक और तामसिक गुणों का द्योतक है। शिवजी व्याघ्रचर्म धारण करते हैं। इसका उद्देश्य यह बताना है कि मन को सात्विक गुण मे स्थापित

करने से ही ह्दय में शांति होगी। शिवजी को हाथी की खाल या गजचर्म पहने हुये भी बताया जाता है।

धतूरे का फूल

धतूरा एक जंगली, मादक फूल है जो दिखने में सुंदर है। धतूरे का पुष्प राजसिक और तामसिक गुणों का द्योतक है। इस पुष्प का प्रयोग राजसिक और तामसिक गुणों (जो सामान्य मनुष्यों के लिये घातक है)

पर शिवजी के प्रभुत्व का द्योतक है। शिवजी ने देव-असुर द्वारा किये गये समुद्रमंथन से प्राप्त हलाहल विष को भी पी लिया था, यह जानकर कि उसके बाहर रहने से सामान्य इन्सानों का जीना असंभव हो जायेगा। शिवजी ने हलाहल विष को अपने कण्ठ में ही धारण कर रखा था जिसके कारण उनका कण्ठ नीला पड़ गया। इस कारण से उनका एक नाम नीलकण्ठ पड़ा।

डमरू

डमरू एक प्रकार का हाथ में पकडकर बजाया जाने वाला वाद्य है। नाद प्रकट करने के लिये इसके दोनों तरफ एक-एक धागे लगे रहते हैं जिनके अग्र भाग पर गेंदनुमा वस्तु लगी रहती है। इस वाद्य की ताल से महेश्वर सूत्र का जन्म हुआ, जिन्हें संस्कृत भाषा के 14 प्रत्याहार भी कहा जाता है। संस्कृत यह ध्वनि के अनुसार लिखी जानेवाली और संसार की एकमेव मूल भाषा है। मरुत (वायु) 49 प्रकार के कहे गये हैं और प्रत्येक से संस्कृत भाषा के एक-एक अक्षर बनते है। सोलह स्वर, तैतीस व्यञ्जन और एक विशेष स्वर मिलाकर इस प्रभावी भाषा की वर्णमाला के 5० अक्षर बनते हैं।

संस्कृत भाषा में ईश्वरीय नियम अधिक तर्कशुद्ध रूप में व्यक्त करने की क्षमता है। इस धनप्रधान जगत में भी सारे संवाद एक धरातल पर लाने की और विश्व एकात्मता स्थापित करने की क्षमता संस्कृत भाषा में है। यह बहुत विज्ञानशुद्ध और परिपूर्ण भाषा है, तथापि इसको सही स्थान प्राप्त नहीं हो सका। यद्यपि भविष्य में भी इस भाषा को इसका न्यायोचित स्थान मिलना मुश्किल

लगता है, इसे अधिक दुर्लक्षित न किया जाये। धरती का मूल और लक्ष्य जानना हो तो संस्कृत भाषा को विस्मृत न होने दिया जाये।

अपने पशुपति रूप में शिवजी पिनाक (अजगना), परशु, पाश, योग दण्ड, त्रिशूल, अग्नि, खट्वाङ्ग (नरमुंड) से शोभायमान हैं। अपने सभी रूपो में वे रुद्राक्ष मालाएँ धारण करते हैं। यह उनका अभिन्न आभूषण है। रुद्राक्ष मालाएँ उनकी कलाई, कण्ठ, भुजाओं और मस्तक को सुशोभित करती रहती है।

भगवान शिवजी नरमुड माला भी पहनते हैं और इस रूप में कपालीश्वर कहलाते हैं।

उपरोक्त वर्णन से यह तथ्य स्पष्ट है कि, भगवान शिवजी द्वारा अपनाये गये समस्त आभूषणों में रुद्राक्ष को सर्वाधिक महत्त्वपूर्ण स्थान प्राप्त है और उसकी गणना शक्तिशाली पदार्थों में की जाती है।

भगवान शिव की विशेषताएं निहारने का प्रयास करें

1. **योगी**: योगी जन कठोर तप करते हैं और महायोगी होते हैं। पृथ्वी पर भगवान शिव एक ऐसे देवता है जो निरंतर परमेश्वर का नाम जपते रहते हैं। ये सदैव बंध या मुद्रा में बैठे होते हैं। तप के कारण इनके शरीर में दाह उत्पन्न होता है, जिसके शीतलीकरण की आवश्यकता होती है। यह शीतलता उन्हें गङ्गा के प्रवाह से, चन्द्रमा से और हिमालय में वास्तव्य से प्राप्त होती है।
2. **क्रोधी स्वभाव**: यदि कोई उनका तप भंग करने का प्रयास करता है तो ये उसे नष्ट कर देते हैं।
3. **जन सहायक**: वे लोगों को सहायता देने में किसी भी हद तक जा सकते है। उन्होंने समुद्रमंथन में निकला हलाहल विष पी लिया, यह जानकर कि अगर यह ब्रह्माण्ड में कही गिर जाता है तो ब्रह्माण्ड का ही नाश हो जायेगा। इस प्रवृत्ति से उन्हे कष्ट भी हुये हैं, क्योंकि वे भक्तों का पूर्व चरित्र जाने बिना उन्हे महान वरदान दे देते हैं। फिर जब ये वरदान प्राप्त लोग बलशाली बन कर औरों का छल करते हैं, तो शिवजी को परिस्थिति संभालने के लिये फिर से हस्तक्षेप करना पडता है। उन्होंने रावण, तारकासुर, त्रिपुरासुर,

बाणासुर आदि को बड़े बड़े वरदान दिये और ये दैत्य बाद में देवों को हरा कर सर्वशक्तिमान बनने का प्रयत्न करने लगे। सामान्यतः भगवान विष्णु तब उनकी सहायता के लिये आते हैं।

4. **आशुतोष**: वे थोड़े में से ही प्रसत्र हो जाते है।
5. **भूतनाथ**: शिव भक्त भूत-प्रेत से बाधित नहीं होता।
6. **सुरम्य एवं दुर्गम स्थानों में निवास**: प्रसिद्ध शिव मंदिर एवं ज्योतिर्लिंग दुर्गम से दुर्गम स्थानों पर है। कौलाश पर्वत (नेपाल), अमरनाथ गुफा (भारत), मानसरोवर (चीन) और बारह ज्योतिलिंग इसके विशेष उदाहरण है, हालाँकि शिव मंदिर भारत के सभी देहाते, कस्बों और शहरों में विद्यमान है। पूर्व काल के राजा- महाराजा शिवजी या हनुमानजी के भक्त थे। आज भी सनातन धर्म की विरासत सब से शुद्ध रूप में शिव भक्तों में पाई जाती है। विशेषतः दक्षिण भारत में। आदि शंकराचार्य ने ही हिदू धर्म को पुनर्जीवन दिया था।
7. **उध्वरेतस**: उध्वरता पुरुष वे हैं जो वीर्यपात होने नहीं देते। वीर्य ओज में रूपांतरित हो जाता है। शिवजी उर्वरता होने के कारण संकल्प मात्र से

***ज्योतिर्लिंग**: हमारी मान्यता है कि १२ ज्योतिर्लिंग (भगवान शिव के लिंग * का ज्योतिस्वरूप) स्थापित करने के लिये आकाश से पतित ज्वलंत उजां (उल्का) जहाँ पड़ी उन स्थानों का चयन किया गया। ये स्थान तेजस्वी केंद्र बन गये। १२ ज्योतिर्लिंग है :

सोमनाथ : वेरावल, गुजरात के पास
मल्लिकार्जुन : श्रीशैलम्, आध्रप्रदेश
महाकाल : उज्जैन, मध्यप्रदेश
ओंकारेश्वर : औकारेश्वर ग्राम, खण्डवा के पास, मध्यप्रदेश
केदारनाथ : उत्तरी उत्तराञ्चल, हिमालय
भीमाशङ्गर : पुणे जिला, महाराष्ट्र
विश्वेश्वर : वाराणसी, उत्तरप्रदेश
त्र्यंबकेश्वर : नाशिक, महाराष्ट्र
वैद्यनाथ : परली, महाराष्ट्र या वैद्यनाथ धाम, बंगाल
नागेश : दारुकावन, महाराष्ट्र या अल्मोड़ा, उत्तरप्रदेश
रामेश्वर : कन्याकुमारी के पास, तमिलनाडु
घुघनेश्वर : वेरुल, महाराष्ट्र

प्रजनन कर सकते थे। कोई कहते है कि सहन होने जितना पारा भक्षण करने पर वीर्य धीरे धीरे उर्ध्वगामी होता है। अतः पारे को शिवजी का वीर्य कहते है (स्फुर को पार्वती का रजःस्राव और अभ्रक को उनका डिंब कहते है)।

8. **शैव संप्रदाय मानता है कि विश्वोत्पत्ति शिवजी ने की:** पृथ्वी पर के विभिन्न युग मानवी वर्षों में इस प्रकार से विभाजित है। सतयुग 17,28,०००, त्रेता युग 12,96,०००, द्वापर युग 8,64,०००, कलि युग 4,32,००० (आंकडे मानवी वर्षा में दिये गये है)।

चूंकि यमराज (चित्र 24) के शासक शिवजी है और यमराज दक्षिण दिशा के स्वामी है, सारे ज्योतिर्लिंग दक्षिणाभिमुख है। अपवाद छोड कर दक्षिण की ओर मुख किये हये लिग अधिक उर्जावान है।

भगवान शिव की विधिपूर्वक पूजा की कुछ विशेषताएँ है।

1. शिवजी की अधिकतर उपासनाओ में शङ्ख का प्रयोग नहीं होता, न ही शिवलिङ्ग पर शङ्खजल डालते है। यदि शिव पंचायतन (शिवजी का पाँच सदस्यीय परिवार) का एक सदस्य बाणलिङ्ग है, तो बाणलिङ्ग पर शङ्खजल डाल सकते हैं। फिर भी, बाणलिङ्ग जिसमे महादेव की पिंडी हो, उसपर ये जल नहीं छिडकना चाहिये। आरती से पूर्व शङ्खनाद करने की मनाई नही है। वस्तुतः आरती में शङ्खनाद शुभ माना जाता है। बाणलिङ्ग वह लिङ्ग है जो मानवी प्रेत नदी में फेकने पर हड्डियों से बनते हैं।
2. शिवजी को तुलसीपत्र नहीं चढ़ाये जाते हैं। हाँ यदि तुलसी पहले विष्णुजी को शालिग्राम की शिला पर चढ़ाई गई हो, तो फिर शिवजी को चढ़ा सकते हैं।
3. ज्येष्ठ कृष्ण अष्टमी को शिवजी की विधिवत पूजा होती है और चतुर्दशी को रेवती की। रेवती की पूजा नीले फूलो से होती है। उपरोक्त दिवस पर नीले रंग में शिवजी की उर्जा सोखने की वही क्षमता होती है जो बिल्वपत्रों में होती है। महाशिवरात्रि को केवड़ा का प्रयोग करते है।

4. बेल के पत्ते, सफेद पुष्प और अन्न जो शिवजी की पिण्डी पर चढ़ाया जाता है उसे प्रसाद रूप में ग्रहण नहीं करना चाहिये, क्योंकि इससे तोब विरक्ति उत्पन्न होती है, जो सर्वसामान्य व्यक्ति को अवांछित होती है।
5. विभिन्न सप्रदायों के लोग-शैव, कपालिक, गोसावी, वीरशैव, इत्यादि विभिन्न प्रकार के लिङ्ग का प्रयोग करते हैं। मिट्टी के (पार्थिव लिङ्ग), चाँदी की डिब्बी में लिङ्ग (कण्ठस्थ लिङ्ग), स्फटिक लिङ्ग, बाण लिङ्ग, पंचसूची लिङ्ग, पत्थर के लिङ्ग, इत्यादि।
6. भगवान शिव की परिक्रमा - लिङ्ग परिक्रमा करते हैं। इसका मार्ग अर्धचंद्राकृति होता है। लिङ्ग मूल से चंद्राकृति की ओर जानेवाले मार्ग, जो मंदिर की सीमा तक बना होता है, सोम सूक्त कहलाता है। प्रदक्षिणा के समय बाईं तरफ से शुरू करके योनि मार्ग तक जाते है, जहाँ अभिषेक का जल पहुँचता है। इसको पार किये बिना परिक्रमा करने वाला पलट कर उल्टी दिशा में पुनश्च जल मार्ग तक जाता है। परिक्रमा का यह नियम वहीं लागू होता है जहाँ शिवलिङ्ग मानव द्वारा स्थापित है। यह नियम ज्योतिर्लिङ्गों की तरह स्वयभू लिङ्गों को लागू नहीं होता और न ही घर में स्थापित चल लिङ्गो को। शालुका (योनि) का जल लांघते नहीं, क्योकि यह उर्जा का प्रवाह है।
7. भगवान शिव को द्रव पदार्थों से पूजा प्रिय है। शिवजी का अभिषेक करते समय यजुर्वेद के रुद्र मंत्र का उच्चारण करना चाहिये। यह दो प्रकार का होता है: नमकार और चमकार। नमकार में नमः शब्द बारंबार आता है, चमकार में चमक। यह अभिषेक अष्टारुद्राध्यायी को 11 बार पढ़कर होता है। अष्टारुद्राध्यायी के 11 आवर्तन को एक एकादश्नी कहते हैं। 11 एकादश्नी को एक लघुरुद्र, 11 लघुरुद्र को एक महारुद्र और 11 महारुद्र को एक अतिरुद्र कहते हैं। मान्यता है कि भक्ती पूर्वक अतिरुद्र करने वाला निर्वाण पाकर शिव लोक में जाता है, जन्म-मृत्यु के चक्र से छूट जाता है।
8. शिव नाम से युक्त मंत्र "नमः शिवाय" पञ्चाक्षरी कहलाता है, जिसका अष्टारुद्राध्यायी में उल्लेख है (संदर्भ 3), जो कि यजुर्वेद का अङ्ग है। इस

मंत्र में पवित्र अक्षर "ॐ" जोड़ने से "ॐ नमः शिवाय" बनता है, जो कि षडाक्षरी शिव मंत्र है। इस मंत्र का आध्यात्मिक विश्लेषण है:

न : सब लोको में श्रेष्ठ देवता

म : आध्यात्म के परम ज्ञानदाता, पापों के परम हर्ता

शि: उदार, शांत, शिवजी द्वारा दीक्षा का कारक

वा : वृषभ (बैल) वाहन होने का और वासुकी एवं वामाङ्गी शक्तियों का प्रतीक।

य : परमानंद और शिव भगवान का शुभ धाम

पञ्चाक्षरी में ॐ का प्रयोग सगुण एवं निर्गुण परमात्मा का मेल करने की शक्ति प्रदान करता है। ॐ का उच्चारण बहुत भक्तिभाव एवं धैर्य के साथ करना चाहिये। कई स्थानों पर स्त्रियो को ॐ कहने की अनुमति नहीं है। उन्हें केवल "नमः शिवाय" कहने की सीख दी जाती है, या फिर "श्री नमः शिवाय"। परंतु हमारी राय में स्त्रियाँ ॐ लगाकर और पूर्ण तन्मयता के साथ मंत्र पाठ कर सकती हैं।

9. शिव गायत्रीः

तत्पुरुषाय विद्महे महादेवाय धीमहि। तन्नो रुद्रः प्रचोदयात्। इसका अर्थ है, हम परमात्मा महादेव को भलीभांति जानते है। हम महादेव पर ध्यान करते हैं। महादेव हमारी बुद्धि को शुभ कर्मों में प्रेरित करें।

मानव जाति की कुछ सर्वोत्तम काव्य रचनाये, श्लोक और मंत्र, संस्कृत व अन्य भारतीय भाषाओ में, इन्हीं महादेव पर रची गई हैं। ये एक ऐसे देवता है, जो बहुआयामी, सुदर एवं रहस्यमय हैं और इनका रूप, कर्तृत्व और आकर्षण परिस्थितिनुसार बदलता रहता है और अत्यंत चित्तवेधी है। बुद्धिजीवी लोगों को अनुभव हो जायेगा कि शिवजी पर मन एकाग्र करने से कैसे उनकी बुद्धि और कौशल विकसित होते हैं।

12

रुद्राक्ष, प्राणायाम और योग

रुद्राक्ष मन की शांति प्राप्त करने में सहायक है जो हमें विचारों की एक अति-जागरूक और दिव्य स्थिति तक ले जा सकता है। इतिहास में सभी महान आत्माएँ अपने शुद्ध उद्देश्यों को केवल इसलिए प्राप्त कर सकीं क्योंकि वे शांत, निडर और आत्मविश्वासी थीं।

इस अध्याय का उद्देश्य मुख्य रूप से अष्टांग योग पर चर्चा करना है, जो किसी भी इंसान के लिए सच्चा मार्ग है। इस मार्ग को पार करने में रुद्राक्ष एक उपयोगी उपकरण है क्योंकि यह मन को सक्रिय करता है और शांति की स्थिति तक पहुंचने के लिए प्रेरित करता है, जो इस कार्य को करने के लिए आवश्यक है।

इस दुनिया में हमारे जन्म के उद्देश्य और निर्धारित कार्यों को कैसे पूरा किया जाए, इस शाश्वत प्रश्न का उत्तर चार बुनियादी सिद्धांतों - धर्म (निर्दिष्ट कर्तव्य), अर्थ (धन और सामग्री), काम (खुशी और आत्म-संतुष्टि) और मोक्ष (जन्म और मृत्यु के चक्र से मुक्ति) को समझने में निहित है।),। अतीत के महान संतों ने इन सिद्धांतों को मानव जीवन के उद्देश्यों के रूप में रेखांकित किया। इन्हें दो बुनियादी कारकों से पूरा किया जा सकता है: स्वस्थ शरीर और मन की एकाग्रता। प्राचीन काल से, महान उपलब्धि हासिल करने वालों द्वारा दो प्रकार के आध्यात्मिक मार्ग का पालन किया गया है - कपिला मुनि द्वारा प्रचारित

सांख्य (ज्ञान का मार्ग), और पतंजलि द्वारा स्थापित योग (मन और शरीर को एकजुट करने का मार्ग)।

ज्ञान का मार्ग कठिन और सामान्य धारणाओं से परे है। इस मार्ग पर चलने के लिए एक जीवन अपर्याप्त लगता है। फिर भी, इसने कई लोगों को आकर्षित किया है और जीवन के अर्थ और जन्म के उद्देश्यों को प्राप्त करने के तरीकों को समझने के लिए महान दार्शनिक दृष्टिकोण निर्धारित किए गए हैं।

दूसरे मार्ग में, व्यक्ति को अष्टांग योग (आठ प्रकार के नियंत्रण का अभ्यास) करना होगा, जैसा कि महान ऋषि पतंजलि ने हजारों साल पहले असाधारण सटीकता के साथ प्रचारित किया था और सबसे कठिन परिस्थितियों में सिद्ध किया था। इन प्रथाओं का प्रगतिशील तरीके से उल्लेख किया गया है: यम (संयम), नियम (पालन), आसन, प्राणायाम (सांस के आयामों पर नियंत्रण), प्रत्याहार (इंद्रियों की वापसी), धारणा (एकाग्रता), ध्यान, और समाधि (चेतना का उच्चतम स्तर या अतिचेतन अवस्था)। हम इन चरणों को और अधिक विस्तार से समझेंगे।

1. यम

शरीर को शुद्ध करने और विचारों (मनुष्य) को शुद्ध करने के लिए ये आवश्यक कर्म हैं। भगवत गीता के अनुसार, 12 यम हैं:

मैं अहिंसा किसी के प्रति, चाहे वह इंसान हो या जानवर, शारीरिक, मौखिक या मानसिक रूप से कोई क्रूरता नहीं दिखानी चाहिए।

सत्य

शब्दों, कर्मों और इरादों में सच्चाई ही इसका मूलमंत्र है। हमें न केवल सच बोलना चाहिए बल्कि यह भी सुनिश्चित करना चाहिए कि इससे किसी को ठेस न पहुंचे।

अस्तेय

चोरी करने से बचना चाहिए। सामग्री (धन, भूमि, संपत्ति, भोजन, या कोई भी भौतिक वस्तु) जो किसी की नहीं है, उसे किसी भी तरह से नहीं हड़पना चाहिए।

ब्रह्मचर्य

ब्रह्मचर्य का पालन करना (विवाहित लोगों का प्रजनन के उद्देश्य से यौन संबंध बनाना ब्रह्मचर्य माना जाता है) एक महत्वपूर्ण कारक है। कामुक इच्छाओं को नियंत्रित करने के लिए व्यक्ति को उन खाद्य पदार्थों से दूर रहना चाहिए जो ऐसी इच्छाओं को बढ़ाते हैं (जैसे शराब, नशीली दवाएं और तामसिक (मांसाहारी) भोजन)। किसी को किसी भी रूप में अश्लीलता के बारे में नहीं देखना, पढ़ना या सोचना नहीं चाहिए।

अपरिग्रह

आत्म-उपभोग के लिए वस्तुओं का लालच नहीं करना चाहिए। आवश्यकता और स्टॉक के बीच संतुलन होना चाहिए और केवल आवश्यकता के अनुसार ही भंडारण करना चाहिए।

आस्तिकता

ईश्वर के अस्तित्व में आध्यात्मिकता और विश्वास पैदा करें। केवल यही आपको जीवन में अच्छे कार्य करने के लिए प्रेरित कर सकता है।

लज्जा

बुरे या अवांछनीय कार्यों को करते समय शर्म की भावना रखें। बेशर्मी की हालत में कोई अशोभनीय हरकत करना तो बस स्वाभाविक हो जाएगा।

असंग

आसक्ति छोड़ें और बुरी संगति से बचें।

मौन

मौन सबसे महान गुणों में से एक है। बोलने में अव्यवस्थित तरीके से ऊर्जा की खपत होती है, क्योंकि विचार और अभिव्यक्ति कभी भी पूरी तरह से समकालिक नहीं हो पाते हैं। मौन रहकर व्यक्ति एकाग्रता बढ़ा सकता है और बेहतर ज्ञान प्राप्त कर सकता है।

स्थिरता

यह विचार और कार्य में स्थिरता पैदा कर रहा है। इससे आत्मविश्वास बढ़ता है और मानसिक शांति मिलती है।

क्षमा

किसी भी गलती के लिए आसपास के सभी लोगों और भगवान से क्षमा मांगनी चाहिए। इससे स्पष्ट विवेक और विनम्रता पैदा होगी।

अभय

स्थिर दिमाग के लिए निडर दृष्टिकोण की आवश्यकता होती है, जो बदले में सही निर्णय लेने के लिए आवश्यक है। इससे ईश्वर पर विश्वास बढ़ेगा।

2. नियम

नियम का अर्थ है एक दृढ़ संकल्प, जिसका हर समय पालन करना होता है। यह एक तप की तरह है। निम्नलिखित पाँच नियम महत्वपूर्ण हैं: शौच, संतोष, तप, स्वाध्याय और ईश्वर प्रणिधान।

शौच

शरीर की पवित्रता, आस-पास के वातावरण को साफ-सुथरा रखने और वातावरण को अनुकूल और सुखद बनाने से, और मन की पवित्रता, अच्छे विचारों, प्रक्रियाओं को अपनाने और दूसरों की भलाई में विश्वास करने से होती है।

संतोष

सभी स्थितियों में आंतरिक संतुष्टि। किसी को लालची नहीं बनना चाहिए और जानबूझकर कुछ चीजों की लालसा नहीं करनी चाहिए, इस प्रक्रिया में अपने मन की शांति नहीं खोनी चाहिए। ब्रह्मादिलोक पर्यन्ता द्विरक्त्य यल्ल्भेतप्रियां अर्थात भगवान ब्रह्मा और अन्य देवताओं के निवास से आनंद प्राप्त करने के बाद भी, जो भीतर से अनासक्त और खुश रहता है, उसे संतोष या संतुष्टि के रूप में जाना जाता है।

तप

तप का अर्थ है शरीर और मन को शुद्ध करने के लिए तपना। तप शरीर, वाणी और मन के लिए हो सकता है। शारीरिक तप, जैसा कि महर्षि व्यास ने परिभाषित किया है, में व्यक्ति की आंतरिक चेतना को भूख, प्यास, गर्मी, सर्दी, स्थान, आसन, गति या वाणी का मौन और विभिन्न उपवासों को सहन करने में सक्षम बनाना शामिल है। गहन तप के बाद शरीर को इतना दर्द और अन्य नकारात्मक पहलुओं को सहन करने की आदत डालनी चाहिए, ताकि आगे किसी भी दर्द का असर न हो। ऐसा तप मृत्यु के भय से भी मुक्ति दिलाता है। हालाँकि, व्यास यह भी बताते हैं कि इसका अभ्यास इस तरह से किया जाना चाहिए कि शरीर की तीन प्रणालियों वात, पित्त और कफ का संतुलन न बिगड़े।

वाणी का तप क्रोध के शब्दों पर नियंत्रण, दयालु शब्दों का प्रयोग, सत्य बोलना और ज्ञान प्राप्ति के लिए होना चाहिए।

मन का तप आंतरिक चेतना को स्वच्छ रखने, सकारात्मक सोचने, दूसरों का भला करने और ईश्वर से प्रार्थना करने के लिए प्रशिक्षित होने के लिए है।

स्वाध्याय

जन्म के चक्र से मुक्ति पाने के लिए वेद, दर्शन, उपनिषद आदि के माध्यम से पहले से अर्जित और हमें बताए गए ज्ञान का अध्ययन करना आवश्यक है। मंत्रों के साथ जप करने के साथ-साथ ओंकार- और गायत्री से संबंधित ग्रंथों

का अध्ययन करना चाहिए। यह स्वाध्याय आत्म-साक्षात्कार के लिये प्रचारित किया जा रहा है, किसी सांसारिक उपलब्धि के लिये नहीं।

ईश्वर प्रणिधान

ईश्वर वह शक्ति है जो आदिकाल से है, अब भी है और सदैव रहेगी। ब्रह्मांड की संपूर्ण गति, प्राण और परमाणुओं को अस्तित्व में ईश्वर से ऊर्जा मिलती है, लेकिन बिना किसी आकार के। यह ईश्वर के प्रति पूर्ण समर्पण है जिसे ईश्वर प्राणिधान कहा गया है।

महर्षि व्यास भी भगवान को परम गुरु कहते हैं और कहते हैं कि हमारे सभी कार्य भगवान को समर्पित होने चाहिए जो हमारे परम गुरु हैं।

3. आसन

"स्थिरसुखमासनम्", जैसा कि महर्षि पतंजलि कहते हैं, स्थिरता के साथ आराम से बैठना है। इसे आसन कहते हैं. योगासन आसन के प्रकारों में से एक है, लेकिन यह अत्यधिक विशिष्ट और स्वास्थ्य के लिए बहुत उपयोगी है। किसी भी आसन को करने के लिए फर्श समतल होना चाहिए, चटाई गद्देदार होनी चाहिए और यह ऊन, कुशा घास या कपास की हो सकती है - एक ऐसी सामग्री जो बिजली का संचालन नहीं करती है। क्षेत्र में हवा का मुक्त प्रवाह होना चाहिए लेकिन शोरगुल वाला या मक्खियों, मच्छरों आदि से संक्रमित नहीं होना चाहिए।

योग बहुत उपयोगी है और जो लोग रुद्राक्ष पहनते हैं वे पाएंगे कि वे बेहतर ध्यान केंद्रित कर सकते हैं, और इस प्रकार शरीर पर रुद्राक्ष की माला के साथ योग करने पर बेहतर परिणाम मिलते हैं। केवल सुविधा के उद्देश्य से सर्वांगासन जैसे कुछ विशिष्ट योगासन करना अपवाद है। विभिन्न प्रकार के योगासनों को चुनते समय, शरीर के विभिन्न हिस्सों, जैसे कमर, पेट, पैर और कंधों के लिए लाभों को देखना चाहिए। योग शिक्षक के मार्गदर्शन में उचित मिश्रण बनाया जाना चाहिए।

किसी भी आसन का चुनाव कई कारकों पर निर्भर करता है, लेकिन मुख्य रूप से, इसका निर्णय आपकी आवश्यकताओं, आपकी गतिविधियों की अनुसूची, आपके द्वारा किए जाने वाले कार्य के प्रकार और सीखने के अवसरों के आधार पर किया जाना चाहिए। विभिन्न व्यायाम, जैसे ट्रेडमिल पर दौड़ना या जॉगिंग करना), जिम वर्कआउट जैसे पुश-अप्स, स्ट्रेचिंग, वेट-लिफ्टिंग आदि को कमर और पीठ, कंधों और पेट के लिए आसन जैसे उष्ट्रासन और सर्वांगासन के साथ जोड़ा जा सकता है। (यदि करने की अनुमति हो) उसके बाद प्राणायाम (भस्त्रिका-तीन मिनट, कपालभाति-दस मिनट, बाह्य प्राणायाम-तीन बार, अनुलोम विलोम-दस मिनट, भ्रामरी-पाँच से दस बार, प्रणव ध्वनि-पाँच बार, और उज्जायी-पाँच बार)। इससे आप स्वस्थ और ऊर्जा से भरपूर रहेंगे। रुद्राक्ष पहनने से उन सभी चीज़ों का पालन करने के लिए प्रेरित होने में मदद मिलती है जो आपके शरीर और दिमाग के लिए अच्छी है। दरअसल, अगर रुद्राक्ष पहनकर योगासन किया जाए तो इसका प्रभाव कई गुना बढ़ जाता है।

4. प्राणायाम

यदि हम किसी तरह शरीर की सक्रिय कोशिकाओं की कमी को नियंत्रित कर सकें तो शरीर में हमेशा ऊर्जा बरकरार रह सकती है। प्राणायाम श्वास के आयामों (जिन्हें प्राण कहा जाता है) को नियंत्रित करना है। प्राणायाम करने से व्यक्ति शरीर की कोशिकाओं के क्षय को नियंत्रित करने में सक्षम हो सकता है और इस प्रकार जीवन भर स्वस्थ रह सकता है।

हमारी ज्ञान इंद्रियाँ वायु के अंदर जाने को नियंत्रित करती हैं और हमारी भौतिक इंद्रियाँ वायु को बाहर छोड़ने को नियंत्रित करती हैं। प्राण का यह दो-तरफ़ा प्रवाह जीवन रूप को नियंत्रित करता है। श्वास के इन प्रवाहों को नियंत्रित करना ही प्राणायाम है। दरअसल, प्राणायाम सिर्फ अच्छे स्वास्थ्य के लिए नहीं है। यह एकाग्रता विकसित करने और ध्यान, जप और योग के लिए एक शर्त है।

प्राणायाम को सही तरीके से करने के लिए शरीर की शुद्धि और तैयारी जरूरी है। कर्म के निम्नलिखित छह रूपों में से कोई एक या सभी उपयोगी हैं:

- **धौति:** मुंह में कपड़ा डालकर अंदर डालना और फिर उसे बाहर निकालना।
- **वस्ति:** आंतों को साफ करने के लिए एनीमा।
- **नेति:** धागा नेति में एक धागा नाक के माध्यम से डाला जाता है और मुंह से निकाला जाता है। जलनेति में, पानी को नाक के माध्यम से खींचा जाता है और मुंह से बाहर निकाला जाता है।
- **त्राटक:** इसमें बिना पलकें झपकाए किसी वस्तु को देखना शामिल है आंखों में आंसू आ जाते हैं. कोई जलती हुई मोमबत्ती की लौ को देख सकता है।
- **नौली:** इसमें आंतों को बाएँ से दाएँ और दाएँ से बाएँ और बीच में भी घुमाना शामिल है। 40 वर्ष से कम उम्र के लोगों के लिए इसकी अनुशंसा की जाती है। यह पाचन शक्तियों को मजबूत करने और यकृत, गुर्दे या पेट की कई बीमारियों को ठीक करने के लिए एक उत्कृष्ट व्यायाम है।
- **कपाल भाति:** यह पेट से वायु को अंदर बाहर निकालकर की जाती है एक लयबद्ध ढंग से स्ट्रोक अंदर से दिया जाता है और हवा बाहर छोड़ी जाती है। इसके अन्य रूप भी हैं, जैसे बाईं नासिका से सांस लेना और दाईं ओर से सांस छोड़ना, और इसके विपरीत। कपाल भाति मुंह से पानी चूसकर और नाक से बाहर निकालकर भी की जाती है।

प्राणायाम आठ प्रकार के होते हैं:

1. सूर्य भेदन
2. उज्जयी
3. शीतकारी
4. शीतली
5. भस्त्रिका

6. भ्रामरी
7. मुर्च्छ
8. प्लाविनी

इन सभी तरीकों को किसी विशेषज्ञ से सीखना चाहिए और पूरी सावधानी के साथ निर्दिष्ट समय तक करना चाहिए। अच्छे प्राणायाम अभ्यास से कुंडलिनी जागृत होती है। यह एक तंत्रिका है जो सामान्यतः रीढ़ की हड्डी के नीचे (मूलाधार चक्र पर) सुप्त अवस्था में रहती है और इसका मुँह नीचे की ओर होता है। कुंडलिनी जागरण के बाद, व्यक्ति को शरीर के भीतर ही ब्रह्मांड का प्रकाश मिलता है और वह उच्चतम स्तर के आंतरिक आनंद का आनंद लेता है। हालाँकि, यह एक जटिल विषय है और इसे किसी सफल योगी के अधीन ही करने का प्रयास किया जाना चाहिए।

5. प्रत्याहार

इसमें मन को अंदर की ओर केंद्रित करके इंद्रियों को नियंत्रित करना शामिल है। मन की अस्थिर स्थिति के लिए ये छह आदतें जिम्मेदार हैं: इच्छा, क्रोध, लालच, मोह, अहंकार और आलस्य। यदि इन छह भावनाओं को नियंत्रित किया जाता है, तो व्यक्ति प्रत्याहार प्राप्त कर सकता है, क्योंकि तब व्यक्ति अपने भीतर ध्यान केंद्रित करना शुरू कर देगा। अंततः, यह वैराग्य की स्थिति है जो अंदर देखने और बारहमासी सवालों के जवाब खोजने से प्राप्त होती है कि हम इस दुनिया में क्यों आए और हमारी जिम्मेदारियाँ क्या हैं। इंद्रियों को तभी नियंत्रित किया जा सकता है जब जीवन के लिए हमारे उद्देश्य अच्छी तरह से परिभाषित हों और सामान्य मानवीय धारणा से ऊपर हों।

6. धारणा

धारणा का अर्थ है आत्म-साक्षात्कार को आत्मसात करने और उसका सामना करने की क्षमता। यह किसी को उन महान उद्देश्यों के लिए योग्य बनाने के

समान है जिसके लिए उसने उपरोक्त पाँच प्रकार के योग- यम, नियम, आसन, प्राणायाम और प्रत्याहार के माध्यम से कठोर अभ्यास किया है। सर्वशक्तिमान में विश्वास जताना और उसके प्रति पूर्ण समर्पण ही आपको धारणा के योग्य बनाता है।

7. ध्यान

यह ध्यान है और हम पहले ही अध्याय 11 में इस पर चर्चा कर चुके हैं। ध्यान निरंतर अस्थिर मन का नियंत्रण है। चित्त की दो अवस्थाएँ हैं- एक गति और दूसरी स्थिरता। गति की अवस्था में मन अस्थिर होता है। स्थिर अवस्था ही ध्यान है। यह एक बिंदु पर ध्यान केंद्रित करना और आप जिसके लिए ध्यान करते हैं उसके साथ एक हो जाना है।

8. समाधि

यह योग का अंतिम लक्ष्य और उसका उच्चतम स्तर है। महर्षि पतंजलि कहते हैं तस्य वाचकः जज्जपस्तादर्थ भवनम्, अर्थात् भगवान का वाणी रूप ॐ (प्रणव) है। इसका जप करना, इसकी गहराई में जाना और इसका अर्थ समझना ही समाधि है। जब उद्देश्य ही कम महत्वपूर्ण हो जाता है और हृदय की इच्छाएँ लगभग शून्य हो जाती हैं, तब समाधि की अवस्था प्राप्त होती है। समाधि छह प्रकार की हो सकती है:

1. ध्यानयोग समाधि
2. नादयोग समाधि
3. रसानन्दयोग समाधि
4. लेयसिद्धियोग समाधि
5. भक्तियोग समाधि
6. राजयोग समाधि

यह चरण उन लोगों के लिए हैं जिनका लक्ष्य बाहरी सीमाओं का पता लगाना है और उनके जीवन के अलग-अलग उद्देश्य हैं, जिन्हें इन दिनों व्यक्त करना मुश्किल है। समाधि आपको ब्रह्म के स्तर तक ले जाती है और तब परमेश्वर के साथ एकता विद्यमान रहती है। उपरोक्त अष्टांग योग के प्रत्येक चरण में सफलता प्राप्त करने के लिए रुद्राक्ष आपके साथ रहेगा।

13

प्रश्नोत्तर

रुद्राक्ष पहनने वाले लोगों की संख्या बढ़ रही है। उनमें से कुछ उत्सुक पर्यवेक्षक और पूरी तरह से विश्लेषणात्मक हैं वे शिक्षित हैं और उन्होंने स्वेच्छा से अपना अनुभव हमारे साथ साझा किया है। उनके विचार और हमारे अध्ययन के आधार पर कुछ नये तथ्य सामने आये हैं. इनमें से कुछ मन, शरीर या चेतना के लिए लाभपद सिद्ध हो सकते हैं। इसलिए, इन्हें इस पुस्तक के पाठकों के साथ साझा करना उचित समझा गया। जहां तक हमारे अपने अध्ययन का संबंध है, हमने पहनने वालों के एक बड़े वर्ग से सामान्य प्रतिक्रिया लेने के अलावा, निम्नलिखित तथ्यों का उपयोग किया है:

1. लेखक ने आभा मण्डल नापने वाले उपकरणों का उपयोग किया है, जैसे आरएफआई (रेजोनेंट फ्रीक्वेंसी इमेजिंग) सिस्टम, पीआईपी (पॉलीकॉन्ट्रास्ट इंटरफेरेंस फोटोग्राफी), दोनों सेंटर फॉर बायोफील्ड साइंसेज, पुणे (भारत) द्वारा मान्य किये गए थे। रुद्राक्ष का प्रयोग विभिन्न संख्या में किया गया और शरीर पर उनका स्थान और उनकी दिशाएं बदलती रहीं।
2. उपयोग का समय दिन में केवल कुछ मिनटों से लेकर 24 घंटे तक किया गया।

3. जो लोग दानों को अच्छी तरह से साफ करते हैं और नियमित रूप से रुद्राक्ष पहनकर रुद्राक्ष का अभिषेक या शिव पूजन करते हैं, उन पर प्रभाव देखा गया।

4. विभिन्न मुखी, मौसम के ताज़ा या पुराने स्टॉक, और नेपाल या इंडोनेशिया जैसे विभिन्न क्षेत्रों से रुद्राक्ष का उपयोग करने के परिणामों की तुलना की गई।

रुद्राक्ष प्रकृति के अद्भुत बीज हैं और मनुष्यों पर उनका प्रभाव हम सभी को आश्चर्यचकित करता है। हमारे नवीनतम शोध/अनुभवों के आधार पर, हम कह सकते हैं कि रुद्राक्ष को किसी अन्य वैकल्पिक चिकित्सा, या दृष्टिकोण जैसे पिरामिड, रत्न, उल्कापिंड, ज्वालामुखी राख इत्यादि के समान स्तर पर नहीं माना जाना चाहिए। रुद्राक्ष के लाभों को अभी तक समझा जाना बाकी है, हम अब तक जो जानते हैं वह मनुष्यों की बीमारियों, पीड़ाओं और चिंताओं को ठीक करने के लिए एक बहुत ही जटिल लेकिन लाभप्रद अध्याय की शुरुआत है।

तर्क पर हमारे रुख के कारण, साथ ही आधुनिक शिक्षा जो केवल वैज्ञानिक प्रमाणों और पश्चिमी दिमाग के समर्थन पर विश्वास करती है, इसके बाद इस प्रकार की रहस्यमय वस्तुओं पर विश्वास करने के लिए हमारे अपने डर और शर्म के कारण, हम कभी-कभी सच्चाई को नजरअंदाज कर देते हैं और प्रकृति के सरल लेकिन अत्यधिक लाभकारी उत्पादों का लाभ उठाने से अवसर चूक जाते हैं।

लगभग दो साल पहले, मैं रुद्राक्ष पर उन्नत अध्ययन करने के उद्देश्य से मुंबई के एक प्रसिद्ध अस्पताल में न्यूक्लियर मेडिसिन के एक डॉक्टर - पद्म पुरस्कार प्राप्तकर्ता - से मिला। मैं अपने आस-पास के सभी लोगों के साथ उनके अहंकारी व्यवहार और शोध के प्रति उनके दृष्टिकोण से दुखी था। (उन्होंने सुझाव दिया कि कुत्तों, गायों और बंदरों को सबसे पहले रुद्राक्ष पहनना चाहिए और अगर यह उनके लिए फायदेमंद साबित होता है, तभी वह मानेंगे कि ये मनुष्यों के

लिए उपयुक्त हैं!) मैंने बस उनकी टिप्पणियों को नजरअंदाज कर दिया और सदियों पुराने नियम के साथ समझौता कर लिया। यह विश्वास कि हमारे पिछले (संचित) कर्म भी एक भूमिका निभाते हैं। सच है, हमें रुद्राक्ष पर रचनात्मक और परिणामोन्मुख शोध की आवश्यकता है, लेकिन यह कार्य भारतीय मूल्यों और परंपराओं में कुछ आस्था रखने वाले और दूसरों के प्रति सम्मान रखने वाले लोगों द्वारा किया जाना चाहिए।

अक्सर पूछे जाने वाले प्रश्न व उत्तर:

प्रश्न 1. रुद्राक्ष उपयोग के संबंध में आपके नवीनतम निष्कर्ष क्या हैं?

उत्तर:

1. रुद्राक्ष की माला को पानी से नित्य धोना चाहिए या जल से सिंचित करना चाहिए। इस क्रिया से ऋणात्मकता दूर होती रहेगी।
   बेहतर चमक के लिए दानों पर महीने में एक बार कोई खाद्य तेल लगाएँ और रुद्राक्ष के अधिक प्रभाव के लिए माला की भौतिक सफाई और देखभाल महत्वपूर्ण है। यदि दाने समय के साथ सूख जाते हैं, तो वे बेजान दिखते हैं और वांछित परिणाम भी नहीं देंगे।
2. रुद्राक्ष को अधिक से अधिक समय पहनना चाहिए, यहाँ तक कि रात में भी पहन सकते हैं।
   बशर्ते आपकी नींद में दखल न पड़े। गौरीशंकर या सवार को रात में उतारना चाहिए, अन्यथा दोनों क्षतिग्रस्त हो सकता है।
3. ऐसा देखा गया है कि यदि रुद्राक्ष को नियमित रूप से अभिषेक या पूजा द्वारा अभिमंत्रित किया जाए, तो बेहतर परिणाम मिलते हैं। जब कभी भी आप किसी मंदिर या किसी धार्मिक संप्रदाय के प्रसिद्ध मंदिर में जाते हैं, (जैसे गुरुद्वारा, संत समाधि मंदिर, जैन मंदिर, दरगाह, कोई तीर्थस्थल, कोई पवित्र नदी या पर्वत, या कोई ध्यान केंद्र) तो अपना ध्यान अपने रुद्राक्ष

पर केंद्रित करें और "ओम नमः शिवाय" या बीज मंत्र का जाप करें, और सकारात्मक ऊर्जाओं के लिए प्रार्थना करें।

सूर्य ग्रहण के दौरान रुद्राक्ष को अपने सामने रख कर मंत्र जाप करना लाभकारी है।

ग्रहण के दौरान रुद्राक्ष का अभिषेक नहीं किया जाता, इसलिए मंत्र जाप ही बेहतर विकल्प है।

4. शक्ति की पूजा और प्रार्थना (दुर्गा के रूप में, भगवान शिव सहित महाकाली, पार्वती आदि) आपके उद्देश्य में कई गुना लाभकारी सिद्ध हो सकती हैं।
5. चूँकि संगीत पौधों की वृद्धि को बढ़ाने में महत्वपूर्ण भूमिका निभाता है अतः रुद्राक्ष की माला पर भी प्रयोग किया जा सकता है मधुर संगीत, जैसे वायलिन, सितार, बांसुरी आदि की सांगत में ईश्वरीय भजन या गीत प्रस्तुत किये जा सकते हैं।

प्रश्न 2. यदि रुद्राक्ष पहनने पर मैं असामान्य हो जाऊं या तनावपूर्ण हो जाऊ तो मुझे क्या करना चाहिए?

उत्तर: रुद्राक्ष से कोई असुविधा या नकारात्मक ऊर्जा उत्पन्न नहीं होती है और अगर ऐसी स्थिति उत्पन्न होती है, तो रुद्राक्ष निकालकर सुरक्षित, स्वच्छ स्थान पर रख दिया जाए। एक-दो दिन बाद इसे फिर से मंत्र जाप के साथ पहन लें। ज्यादातर मामलों में, ऐसी भावनाएँ गायब हो जाती हैं।

प्रश्न 3. शरीर में परिवर्तन को महसूस करने में कितना समय लगता है?

उत्तर: रुद्राक्ष धारण करने से आभा मंडल (Aura) प्रभावशाली हो जाता है। सही चयन और उचित रुद्राक्ष पहनने से चक्रों (Energy centers) को संतुलित करने में मदद मिलती है। विभिन्न परीक्षण और चक्रों को संतुलित करने के लिए जप सहित प्रयासों की आवश्यकता होती है।

शारीरिक विकारों के लिए कम से कम 20 दिन का समय लग सकता है परिवर्तन को महसूस करें और अनुभव करें। चिंता के स्तर को कम करने के लिए या तनाव के लिए,लगभग 40 दिन लग सकते हैं। भाग्य परिवर्तन एवं बाधाओं से मुक्ति के लिए व्यक्ति को लगातार 60 दिनों तक रुद्राक्ष धारण करना चाहिए ये समय सीमायें हर व्यक्ति के लिए या अलग अलग समस्याओं के लिए घट - बढ़ सकती हैं।

प्रश्न 4. क्या मुझे पहचान के बाद भी नकली रुद्राक्ष रखना चाहिए?

उत्तर: सिर्फ रुद्राक्ष ही नहीं अगर आप नकली आभूषण रखते हैं या नकली पेंटिंग्स, निष्क्रिय घड़ियाँ, और सालों साल अनुपयोगी वस्तुएं रखते हैं तो आप निश्चित रूप से उदास, और क्षीण महसूस करेंगे। नकली रुद्राक्ष को जलस्रोतों (नदी/तालाब या समुद्र) में प्रवाहित कर देना चाहिए। एकमात्र अपवाद, जैसा कि पहले बताया गया है, नकली मनका है आपके गुरु ने दिया था, तो उसे प्रसाद (आशीर्वाद) स्वीकार कर सकते हो। इसे नष्ट करने की आवश्यकता नहीं है।

प्रश्न 5. क्या मैं रुद्राक्ष का उपयोग अपने शत्रुओं को नष्ट करने या उन्हें नुकसान पहुँचाने के लिए कर सकता हूँ?

उत्तर: 9, 10, 16 और 19 मुखी और त्रिजुटी रुद्राक्ष वैर संवर्धन, मारण और विनाश के लिए तथा स्वयं की रक्षा के लिए जाने जाते है। इनका तांत्रिक विधि से प्रयोग किया जा सकता हैं। लोग इन विद्याओं का अभ्यास करने के लिए अनेक प्रकार के अनुष्ठान करते हैं।

हम ऐसी प्रथाओं के खिलाफ हैं।

दूसरों को नुकसान पहुंचाने के बजाय, हम लोगों को आत्म-सुरक्षा के लिए प्रार्थना करने की सलाह देते हैं जैसे 9, 10, 11 और 19 मुखी किसी भी प्रकार की शत्रुता या अन्य सुरक्षा के लिए उत्कृष्ट हैं.

प्रश्न 6. साधना और आत्मसंयम के लिए किस प्रकार का रुद्राक्ष चुनना चाहिए?

उत्तर: बड़े आकार के पाँच मुखी रुद्राक्ष (23 -24 mm से ऊपर) से बनी हुई माला या कंठा ध्यान के लिए श्रेष्ठ है। इसे 28, 32, 36 या 55 ऊन में मनकों के साथ पिरोया जाना चाहिए। अक्षमालिका उपनिषद के अनुसार, तीन प्रकार के तार (तांबा, चाँदी और सोना) को मिलकर उसका प्रयोग माला बनाने के लिए श्रेष्ठ बताया गया है। इस तार का उपयोग करने से व्यक्ति को उच्च स्तर का ध्यान प्राप्त करने में मदद मिल सकती है। धातु टोपियों की कोई आवश्यकता नहीं है। ध्यान के उच्च स्तर के लिए और लगभग-शून्य विचार तक पहुँचने के लिए ध्यान योग माला का प्रओग किया जा सकता हैं, इसे बनाने के लिए निम्नलिखित रुद्राक्षों का उपयोग करे।

2 दाने 3 मुखी

2 दाने 5 मुखी

1 दाना 9 मुखी

1 दाना 11 मुखी

1 दाना 14 मुखी

1 दाना गौरीशंकर

1 दाना 1 मुखी

ऊपर लिखे सभी रुद्राक्षों को 5 मुखी के छोटे या बड़े दानों के साथ मिलाकर ध्यान योग बनाई जा सकती हैं।

शिव पुराण और श्रीमद् देवीभागवत में अनेक प्रकार की ध्यानयोग मालाओंका वर्णन किया गया हैं और आप उनका प्रयोग अपनी इच्छा नुसार कर सकते हैं।

प्रश्न 7. रुद्राक्ष धारण के समय पूजा करने की श्रेष्ठ पद्धति क्या है?

उत्तर: पंचामृत तैयार करने के लिए निम्नलिखित वस्तुओं की व्यवस्था करें (पंचतीर्थ):

शुद्ध जल (अधिमानतः गंगा या थोड़ी मात्रा में मिश्रित)।

अन्य पवित्र नदी जल) 50 मिली, दूध 50 मिली, घी 20

मिली, दही 20

मिली, शहद 20 मिली

उपरोक्त सभी चीजों को मिलाकर पंचामृत बना लें।

निम्नलिखित की थोड़ी मात्रा में व्यवस्था करें:

कपूर, चंदन पाउडर या पेस्ट, चावल के दाने, फूल,

और पानी।

अनुसरण किए जाने वाले चरण:

आरामदायक मुद्रा में पूर्व या उत्तर दिशा की ओर मुख करके बैठें।

घी का दीपक जलाएं.

रुद्राक्ष को धो लें और फिर कपड़े से पोंछकर साफ कर लें। रुद्राक्ष के ऊपर पंचामृत डालें और जाप करें

प्रत्येक उच्चारण के साथ "ओम नमः शिवाय"। इसमें सभी पंचामृत का प्रयोग करें।

रुद्राक्ष को पानी से धोकर कपड़े से साफ कर लें।

एक साफ़ ट्रे पर फूलों की पंखुड़ियाँ रखें। रुद्राक्ष को ट्रे पर रखें और

निम्नलिखित मंत्र का जाप करें:

"सद्योजात तंत्र"

ॐ सद्योजातं प्रपद्यमि

सद्योजाताय नमो नमः

भवे भवेनाति भवे,

भवस्माम भवोदभवाय नमः

रुद्राक्ष पर चंदन का लेप चढ़ाएं, फिर धूप जलाएं फूल चढ़ाएं। अब, जप करे

"अघोरा मंत्र "

ॐ अघोरेभ्यो अघ घोरेभ्यो
घोर घोर तारेभ्यो,
सर्वेभ्यः सर्वे सर्वेभ्यो नमस्ते
अस्तु रूद्र रूपेभ्यः

रुद्राक्ष पर चावल चढ़ाएं और निम्नलिखित मंत्र का जाप करें:

"तत्पुरुष मन्त्र"

ॐ तत् पुरुषाय विध्महे,
महादेवाय धीमहि
तन्नो रूद्रः प्रचोदयात्

अब 11 बार "ओम नमः शिवाय" का जाप करें या रुद्राक्ष के प्रत्येक मुखी के बीज मंत्र का जप करे और फिर रुद्राक्ष धारण करें. भगवान शिव से प्रार्थना करें।

प्रश्न 8. इन्डोनेशियाई व नेपाल किस्म के रुद्राक्ष में क्या बेहतर हैं?

उत्तर: इन्डोनेशियाई रुद्राक्ष में केवल 1.2 और 3 मुखी में धारियां दाने के बाहर तो होती हैं परन्तु स्पष्ट होती हैं। असली 1 मुखी इन्डोनेशियाई रुद्राक्ष का कोई पर्याय नहीं है। 2 व 3 मुखी को नेपाल के दानों के विकल्प में पहना जा सकता हैं लेकिन 2 गुनी या 3 गुनी संख्या मे। उदाहरण के लिए जहाँ नेपाल के 2 दाने पहनने का परामर्श हो वहाँ इन्डोनेशियाई के 4 दाने या अधिक पहनने से लगभग वैसा ही लाभ प्राप्त हो सकता है। अन्य सभी मुखी रुद्राक्ष के लिए नेपाल किस्म के दानों को ही अधिक प्रभावशाली माना जाता है।

इस विषय में गहन अध्ययन नहीं हुआ है और उपरोक्त मत रुद्राक्ष बीज की बनावट, शास्त्र की सम्मति एवं सीमित रुप से पहनने वालों के अनुभवों पर आधारित है।

इन्डोनेशियाई पाँच मुखी मालाएँ सर्वाधिक प्रचलित हैं और इस श्रेणी में उनकी कोई तुलना नहीं हो सकती। 2 से 8 मुखी तक की छोटे दानों की मालाएँ जिनमें 54 1 या ज्यादातर 108 + 1 संख्या में दाने होते है अलग अलग प्रयोजनों के लिए उपलब्ध होती हैं। कभी-कभी इन्डोनेशियाई, त्रिजुटी अच्छे आकार में मिल जाती हैं और इन्हें भी उच्च श्रेणी में माना जाता हैं। इस प्रजाति के गौरीशंकर अधिक प्रचलित नहीं हो पाए हैं।

प्रश्न 9. रुद्राक्ष धारण के बाद मांसाहारी या शराब पीने वालो के लिए कई भ्रन्तिपूर्ण सुझाव आते हैं। इनके लिए तथा रात्रि मे सोते समय माला उतारने के लिए क्या सुझाव हैं?

उत्तर: शिवपुराण के अनुसार "रुद्राक्षधारी को मांसाहार, मद्य (शराब), लहसुन, प्याज, सहिजन व लिसोड़ का सेवन वर्जित है" तथापि, यह माना जाता है की रुद्राक्ष धारण करनेवाले को दोष-युक्त कर्म का पाप नहीं लगता। पदम्पुराण के अनुसार "समाज अस्वीकृत और सदोष कर्म में स्थित रहनेवाला अथवा सभी पापों के युक्त रहने वाला भी रुद्राक्ष धारण के कारण सभी पापों से मुक्त हो जाता हैं।" इस विसंगति और दुविधा को ध्यान में रखते हुए जो मध्य का रास्ता निकाला गया है वह इस प्रकार है:

रुद्राक्षधारक, मासाहार के समय या मद्य सेवन के समय अपनी माला को शरीर से उतारकर अपनी जेब में या पर्स में रख लें। इन प्रक्रियाओं के बाद शरीर पर जल छिड़ककर पहन सकते हैं। उतारते समय या दोबारा पहनते समय निर्देशित मंत्रोच्चार "ॐ नमः शिवाय" करें। मन से इस भावना को निकाल दें की मांसाहार या मद्य सेवन से उन्हें कोई हानी रुद्राक्ष के कारण होगी। यह एक अलग बात है कि रुद्राक्ष धारण से कई लोग शाकाहारी बन गए और अनेकानेक लोगों ने मद्यपान भी त्याग दिया जो कि एक स्वस्थ जीवन के लिए जरुरी है। रात्रि में रुद्राक्ष उतारने की कोई शास्त्रीय निर्देश नहीं है, लेकिन माला टूटने का डर तथा नींद में हो सकने वाली असुविधा को देखते हुए यह सुझाव ज्यादातर लोग मानते है और फिर अगले दिन स्नान के बाद ही पुनः धारण करते हैं।

प्रश्न 10. क्या अंत्येष्टि स्थल पर जाते समय रुद्राक्ष पहना जा सकता है?

उत्तर: हमारे किसी भी पवित्र ग्रंथ द्वारा कोई प्रतिबंध नहीं लगाया गया है। हालाँकि, प्रचलित परंपरा के अनुसार किसी अंतिम संस्कार में जाते समय, सभी शक्ति या ऊर्जा के स्रोत को शरीर से हटा देना चाहिए (जैसे रत्न, रुद्राक्ष, यंत्र, आदि)

प्रश्न 11. रुद्राक्ष की माला को पिरोने का सबसे अच्छा तरीका क्या है?

उत्तर: माला बनाना के लिए कपास, रेशम या ऊन का उपयोग करें। माला गूथने की विधि अध्याय 7 में दी गई हैं। एक आप अपने शरीर के प्रकार के अनुसार सोना, चांदी या तांबे का भी उपयोग कर सकते हैं यह व्यापक रूप से माना जाता है कि धातु का उपयोग मानव शरीर में रुद्राक्ष की शक्ति के संचालन के लिए बेहतर है।

प्रश्न 12. क्या रुद्राक्ष को शरीर से छूना चाहिए?

उत्तर: हाँ।

प्रश्न 13. कुछ लोग कहते हैं कि रूद्राक्ष धारण करने से विशेषकर एक मुखी से व्यक्ति को सांसारिक रिश्तों को त्यागने का मन हो जाता है। क्या यह सच है?

उत्तर. कदापि नहीं। एक मुखी शिव भक्ति और शिव संयोज्य में बढ़ोतरी करता हैं और ऐसा कोई उदहारण नहीं है की 1 मुखी धारण करता ने कभी अपने परिवार या भौतिक संसार को छोड़ा हो।

प्रश्न 14. रुद्राक्ष की माला का जीवन कितना होता है?

उत्तर: रुद्राक्ष एक बहुत मजबूत और उच्च घनत्व वाले दाने है, जो कई दशकों तक चलते है। जो विशिष्ट रुद्राक्ष स्वस्थ्य के लिए पहने गए हो उन्हें

लगभग 3 वर्ष के अंतर से बदल कर नए धारण करना चाहिए। हालाँकि, रुद्राक्ष के अन्य लाभ तब तक जारी रहेंगे जब तक इसका अच्छी तरह से रखरखाव किया जाता है।

प्रश्न 15. क्या रुद्राक्ष की माला पानी के ऊपर रखने पर किसी विद्युतय अथवा अन्य कारन से घूम सकती है जैसा के कई लोग दावा करते है विशेष रूप से पानी की शुद्धता का आंकलन करने के लिये?

उत्तर: उपरोक्त अवलोकन की पुष्टि करने वाला एक वीडियो है। हमने अनेक परीक्षण करने बाद निष्कर्ष निकाला है की उपरोक्त कथन सही नहीं है। इसके बारे में और अधिक ठोस स्पष्टीकरण की आवश्यकता है।

प्रश्न 16 क्या रुद्राक्ष एक तंत्र उत्पाद है?

उत्तर: यंत्र, मंत्र और तंत्र सफलता पाने के उपयोगी उपाय हैं और हमारी संस्कृति में इनका विशेष स्थान हैं। भौतिक और आध्यात्मिक दुनिया में. इन पहलुओं का अर्थ

भक्ति या उपासना का सही ढंग से अध्ययन और स्वीकार करना चाहिए। रुद्राक्ष को भगवान शिव का आशीर्वाद प्राप्त है जो तंत्र के प्रमुख देवता हैं।

प्रश्न 17. कुछ शास्त्रों में गौरीशंकर का प्रयोग वर्जित है। कोई टिप्पणी?

उत्तर: रुद्राक्ष को विशेषकर सभी लोगों द्वारा उच्च सम्मान में रखा जाता है। गौरीशंकर या किसी भी "युगल" या संयुक्त रुद्राक्ष को शाश्त्र नुसार उपयोग करना वर्जित माना गया है परन्तु अनुभव और लम्बे समय से जाने वाली श्रद्धा और विश्वास के चलते गौरीशंकर या अन्य युगल रुद्राक्षोंको सभो लोग पवित्र और लाभकारी मानते हैं।

14

पुराणों व शास्त्रों के मूल उद्धरण

श्रीमद्देवीभागवत पुराण
एकादशस्कन्ध, तृतीय अध्याय
मूल श्लोक का अनुवाद

नारायण ने कहा, -
स्नानादि कर देव, ऋषि और पितृ को संतुष्ट करनेवाला तर्पण करके जल से बाहर आकर शुद्ध वस्त्र को धारण करना चाहिए।

फिर विभूति (भस्म) धारण और पुनः रुद्राक्ष धारण करना चाहिए। इन सभी कर्मों को क्रमपूर्वक जप साधकों को सदैव करना चाहिए।

कण्ठप्रदेश में दशन परिमित अर्थात बत्तीस रुद्राक्षों को धारण करना चाहिए। मस्तक पर चालीस, कानों में छह-छह और कलाई में बारह-बारह धारण करना चाहिए, भुजाओं में सोलह-सोलह, नयनों पर दो-दो और शिखा में एक। एक सौ आठ रुद्राक्षों को वक्षःस्थल पर धारण करने वाला व्यक्ति स्वयं नीलकण्ठ हो जाता है।

रुद्राक्ष को सोने अथवा चाँदी में ग्रंथित कर शिखा और कानों में नित्य धारण करना चाहिए।

यज्ञोपवीत में, हाथ में, कण्ठ में और उदर पर मनुष्य को पंचाक्षर मंत्र (ॐ नमः शिवाय) अथवा प्रणव मंत्र (ओंकार) से अभिमंत्रित कर रुद्राक्ष को धारण करना चाहिए।

निर्द्वद्व-भक्ति अथवा निष्काम भक्ति के साथ मेधावी व्यक्ति को प्रसन्नतापूर्वक रुद्राक्ष धारण करना चाहिए। रुद्राक्ष धारण साक्षात शिव ज्ञान का साधन है (अर्थात रुद्राक्ष धारण से शिव का साक्षात प्रत्यभिज्ञान होता है)।

जो रुद्राक्ष शिखा में धारण किया जाता है, वह तार-तत्त्वत्र (श्रेष्ठ तत्त्व, शिव तत्त्व) सदृश है, ऐसा समझना चाहिए। हे ब्रह्मन्, जो रुद्राक्ष कानों में धारण किए जाते हैं, वे देव और देवी के रूप में भावित होते है।

यज्ञोपवीत में धारण किये गए रुद्राक्ष चतुर्वेदस्वरूप तथा हाथों के रुद्राक्ष दिक्-स्वरूप होते हैं। कण्ठ-प्रदेश के रुद्राक्ष पवित्र सरस्वती देवो और अग्नि-स्वरूप हैं, ऐसा समझना चाहिए।

सभी आश्रमवासियों के सभी वर्णों के लिए रुद्राक्ष धारण का विधान है। ब्राह्मणों के लिए मंत्रो का कथन है, अन्य वर्णों के लिए नहीं।

रुद्राक्ष-धारण से (धारणकर्ता) रुद्र बन जाता है, इसमें कोई संशय नहीं हैं। जो निषिद्ध है, उसको देखते हुए भी, सुनते हुए भी, स्मरण करते हुए और सूंघते हुए भी, खाते हुए और बोलते हुए भी सदैव कोई भी कार्य करते हुए भी या जाते हुए भी, नाश और निर्माण करते हुए भी जो मानव रुद्राक्ष धारण किए हुए होता है, उसमें इनमें से कोई भी पाप लिप्त नहीं होता। इसके धारण के साथ धारणकर्ता जो कुछ भी खाता है, वह देवताओं के द्वारा भुक्तवत् हो जाता है।

रुद्र के द्वारा जो पिया जाता है, वही रुद्राक्षधारी के द्वारा पीया हो जाता है। शिव के द्वारा घांत (सूंघा हुआ) रुद्राक्षधारी का घ्रांत बन जाता है। हे महामुनि। रुद्राक्ष धारण करने पर जिसे लज्जा का अनुभव होता है, उसे कभी विनिर्मोक्ष (मुक्ति) नहीं मिलती। संसार में उसका कोटि-कोटि जन्म होता रहता है। (अथवा संसार से कोटि जन्मों से भी उसका मोक्ष नहीं होता है)। रुद्राक्ष धारण करने वाले को देखकर जो उसकी निंदा करता है, उसका जन्म निश्चय वर्णसंकर रूप में होता है। रुद्राक्ष धारण के कारण ही रुद्र भी रुद्रत्त्व को प्राप्त करते हैं।

रुद्राक्ष-धारण के कारण मुनिगण सत्य-संकल्प वाले बनते हैं और ब्रह्मा ब्रह्मत्त्व को प्राप्त करते हैं। रुद्राक्ष धारण से श्रेष्ठ कुछ भी नहीं है।

रुद्राक्ष धारण करने वालों के लिये जो भक्तिपूर्वक वस्त्र और धान्य-दान करता है वह सभी पापों से मुक्त होकर शिवलोक जाता है।

श्राद्ध कर्म से रुद्राक्षधारी को भोजन कराने और उन्हें प्रसन्न करने से पितृ-लोक की प्राप्ति होती है, इसमें अन्यथा-चिंतन नहीं करना चाहिये। (अथवा किसी रुद्राक्षधारी व्यक्ति के श्राद्ध में प्रसन्नतापूर्वक भोजन करने-कराने से पितृ-लोक की प्राप्ति होती है, इसमें कोई संशय नहीं है)।

रुद्राक्षधारियों के चरण धोकर जो मनुष्य पीता है, वह सभी पापों से मुक्त होकर शिवलोक में महनीयता को प्राप्त करता है। हार (कण्ठहार) या कटक (मेखला) यदि सोने के हों और उसे रुद्राक्ष के साथ भक्तिपूर्वक धारण किया जाए तो रुद्रता की प्राप्ति होती है।

हे महामते। जो व्यक्ति जहाँ कहीं भी मन्त्रपूर्वक या बिना मन्त्र के भाव-वर्जित रूप में भी केवल रुद्राक्ष का धारण मात्र कर लेता है, वह जो कोई भी मनुष्य भक्ति या लज्जा से भी इसे धारण कर लेता है, वह सभी पापों से मुक्त होकर सम्यक् ज्ञान को प्राप्त कर जाता है।

मैं रुद्राक्ष माहात्म्य के संबंध में कुछ भी अधिक बोलने की स्थिति में नहीं हूं (और मैं क्या बोलूं)। इसलिए सभी प्रयत्नों के साथ रुद्राक्ष धारण करना चाहिए।

(यह श्रीमद्देवीभागवत महापुराणांतर्गत सदाचार-वर्णन नामक ग्यारहवे स्कंध का तीसरा अध्याय पूर्ण हुआ)

एकादशस्कन्ध, चतुर्थ अध्याय

मूल श्लोक का अनुवाद

नारद ने कहा, -

हे निष्पाप (अनघ)! प्राणियो के कल्याणार्थ और महान व्यक्तियों के द्वारा पूज्य आपके द्वारा वर्णित यह (रुद्राक्ष) सब जो है, इसका कारण क्या है, यह आप मुझे बताइये।

नारायण ने कहा,

इसी प्रकार प्राचीन काल में षण्मुख के द्वारा जब भगवान रुद्र पूछे गये तो उनको रुद्र ने जो कहा, सो सुनो।

ईश्वर ने कहा,

हे षण्मुख (कार्तिकेय) सुनो, मैं तुम्हे तत्त्वतः तथा समासतः कहता हूँ। प्राचीन काल मे त्रिपुर नामक एक दैत्य था, जो सबो को दुष्टतापूर्वक जीत लेता था।

उसने सभी देवताओं की हत्या कर दी। फिर ब्रह्मा-विष्णु आरि देवताओं के द्वारा उसके संबंध में कहे जाने पर मैंने त्रिपुर के संबंध में सोचा।

जब मैंने अघोर नामक मनोहर और महाशस्त्र का चिंतन किया, जो सर्वदेवमय, दिव्य, ज्वलत् और घोररूपी था।

इस अस्त्र का चिंतन मैंने त्रिपुर के वध, देवों के कल्याण तथा सभी

प्रकार की वाधाओं के उपशमन के लिए किया था।

(इस प्रसंग में) एक हजार दिव्य वर्ष तक मेरी आँखें उन्मीलित (खुली) थीं। फिर मेरी इन आकुल आँखों से जल की कुछ बूंदे टपक पड़ी।

फिर वहाँ उन अश्रुबिन्दुओं से महारुद्राक्ष नामक वृक्ष उत्पन्न हुए। हे

महासेन! मेरी आज्ञा से सब की हितकामना के लिये उनमें रुद्राक्ष उत्पन्न हुआ, जो भेद की दृष्टि से अड़तीस प्रकार के थे। सूर्य के नेत्र से बारह रुद्राक्ष लाल रंग के उत्पन्न हुए।

चन्द्रमा के नेत्रों से उजले रंग के रुद्राक्ष क्रम से सोलह प्रकार के बसे। फिर अग्नि के नेत्रों से काले रंग के रुद्राक्ष के दस भेद हुए।

श्वेत वर्ण का रुद्राक्ष बाह्य जाति (ब्राह्मण) माने गये। क्षत्रियों के लिये लाल, वैश्यों के लिये मिश्रित और शूद्रों के लिये काले रुद्राक्ष का विधान है।

एकमुखी रुद्राक्ष साक्षात शिव ही है जो ब्रह्म हत्या का पाप मिटाता है। द्विमुखी रुद्राक्ष देव और देवी स्वरूप हैं, जो पाप को मिटाता है।

त्रिमुखी रुद्राक्ष साक्षात् अग्नि है, जो क्षण मात्र में स्त्री हत्या के पाप को दूर करता है। चतुर्मुखी रुद्राक्ष स्वयं ब्रह्मा है, जो नर हत्या के पाप को दूर करता है।

पंचमुखी रुद्राक्ष स्वयं रुद्र हैं, जो कालाग्नि नाम से जाना जाता है। अभक्ष्य भक्षण से उद्भूत तथा अगम्या-गमन से उत्पन्न और ऐसे सभी प्रकार के पापों से मुक्ति मिल जाती है, यदि पंचमुखी रुद्राक्ष धारण किया जाए। षण्मुखी रुद्राक्ष कार्तिकेय है। इसे दाहिने हाथ में धारण करना चाहिए।

इसके धारण से ब्रह्म हत्या इत्यादि पाप से मुक्ति मिलती है, इसमें कोई संदेह नहीं है। सप्तमुखी रुद्राक्ष परम भाग्यशाली (महाभाग) है। इसे अनंग (कामदेव) के नाम से जाना जाता है।

इसके (सप्तमुखी के) धारण करने से किसी प्रकार के अपहरण और सोने की चोरी से उत्पन्न पाप का नाश होता है। हे महासेन ! अष्टमुखी रुद्राक्ष साक्षात् विनायक (गणेश) देव हैं।

अन्न में मिलावट करनेवाला (अन्नकूट), डण्डी मारनेवाला (तूलकट), सोने में मिलावट करनेवाला (स्वर्णकूट) जिस पाप का भागी होता है, उस पाप को यह रुद्राक्ष नष्ट करता है। दुष्ट और युवती स्त्रियों के तथा गुरु-त्री के स्पर्श से जो पाप उत्पन्न होता है, उन सभी प्रकार के पापों का और ऐसे सभी पापों का अष्टमुखी रुद्राक्ष के धारण से नाश होता है। अष्टमुखी रुद्राक्ष के धारणकर्ता के सभी विघ्न नष्ट हो जाते हैं और वह व्यक्ति परम पद को प्राप्त होता है।

ये सभी गुण अष्टमुखी रुद्राक्ष के धारण से उत्पन्न होते हैं। नवमुखी रुद्राक्ष भैरव हैं। इसे बायीं भूजा में धारण करना चाहिए।

इस रुद्राक्ष के धारण से भोग और मोक्ष दोनों की प्राप्ति होती है। वह मेरे तुल्य बलशाली भी हो जाता है। सहस्र भ्रूण हत्या और शत ब्रह्म हत्या के पाप से नवमुखी रुद्राक्ष धारणकर्ता तत्काल मुक्त हो जाता है। दसमुखी रुद्राक्ष साक्षात् जनार्दन देव (विष्णु) हैं। हे देवेश, तुम ऐसा समझो।

ग्रह, पिसाच, बेताल, ब्रह्म-राक्षस, सर्प आदि का उपशमन दसमुखी रुद्राक्ष के धारण से होता है।

एकादशमुखी रुद्राक्ष एकादश रुद्र ही है। इसे शिखा में धारण करना चाहिये। जो ऐसा करता है, उसके पुण्य फल को सुनो।

एक सहस्र अश्वमेध यज्ञ, एक सौ वाजपेय यज्ञ (सर्वोच्च स्थान पाप्त करने के निमित्त किए जाने वाले सीम यज्ञ के सांत रूपों में से एक) का पुण्य फल तथा एक सौ सहल गायों के सम्यक् दान से जो फल प्राप्त होता है, वह फल एकादशमुखी रुद्राक्ष के धारण से तत्काल प्राप्त हो जाता है। द्वादशमुखी रुद्राक्ष को दोनों कानों में धारण करना चाहिए।

इसके धारण से सूर्य प्रसन्न होते हैं और गोमेध एवं अश्वमेध यज्ञों से जो फल मिलता है, वह द्वादशमुखी रुद्राक्ष के धारण से हो जाता है।

शृंगधारी, शस्त्रधारी और व्याघ्र आदि से उसे कोई भय नहीं रहता। उसे शारीरिक और मानसिक कष्ट भी नहीं होता।

उसे इस प्रकार का तनिक भी कष्ट नहीं होता और न ही उसे कोई बीमारी ही पकड़ती है। उसे कहीं भी कोई भय नहीं होता है। सदैव सुखपूर्वक ईश्वर की तरह रहता है।

हाथी, घोड़ा, मृग, मार्जर (बिलाड़), सर्प, चूहा, मेढ़क, गधा, बगाल (श्रृगाल) या ऐसे अनेक प्रकार के पशुओं की हत्या करके द्वादशमुखी रुद्राक्ष धारण करने वाला व्यक्ति पाप मुक्त हो जाता है, इसमें कोई संदेह नहीं है। त्रयोदशमुखी रुद्राक्ष यदि किसी को है, हे वत्स। प्राप्त हो जाए तो वह कार्तिकेय के समान समझा जाना चाहिए। यह सभी प्रकार की कामनाओं और अर्थ तथा सिद्धि को देनेवाला है। रस और रसायन की भी सिद्धियाँ इससे मिल जाती है।

उसके लिये सभी प्रकार के भोग्य उपलब्ध हैं। इसमें विबार करने की आवश्यकता नहीं है। हे षण्मुख। जो अपनी माता, अपने पिता, अपने भ्राता की भी हत्या कर देता है, वह इससे उत्पन्न पापों से इस रुद्राक्ष के धारण के कारण मुक्त हो जाता है। हे मेरे पुत्र की तरह प्रिय पुरुष। यदि चतुर्दशमुखी रुद्राक्ष मिल जाए और कोई उसे मस्तक में धारण करे तो उसका शरीर शिव का शरीर हो जाता है। हे मुनि। पुनः पुनः वर्णन और गहुकथन से भी क्या! "अर्थात् इसकी महिमा नहीं कही जा सकती"।

जो व्यक्ति एक रुद्राक्ष भी भक्तिपूर्वक मस्तक पर धारण करता है, वह सदैव ब्राह्मणों और देवताओं के द्वारा पूजनीय बन जाता है और फिर परा गति को भी प्राप्त करता है।

छब्बीस रुद्राक्षों की माला मस्तक पर, पचास की माला हृदय पर, सोलह की माला भुजाओं में, बारह की माला कलाई में धारण करनी चाहिए।

हे षडानन! एक सौ आठ की माला, पचास की माला अथवा सत्ताईस की माला (रुद्राक्षमाला) पर जप करने से अथवा उन्हें धारण करने से अनंत फल की प्राप्ति होती है। हे षण्मुख ! यदि एक सौ आठ रुद्राक्षों की माला को धारण किया जाए तो उसे प्रत्येक क्षण अश्वमेध यज्ञ के पुण्य का फल प्राप्त होता है। वह अपने इक्कीस कुलों का उद्धार कर शिवलोक में उद्वर्गित कर देता है।

(यह श्रीमद्देवीभागवत महापुराण के ग्यारहवें स्कंद का चतुर्थ अध्याय पूर्ण हुआ)

एकादशस्कन्ध, पंचम अध्याय

मूल श्लोक का अनुवाद

ईश्वर ने कहा,-

हे षण्मुख! अब मैं जप माला के लक्षण बताता हूँ, उसे सुनों। रुद्राक्ष का मुख-भाग ब्रह्मा है, मध्य-भाग रुद्र और पुच्छ-भाग विष्णु है। यह भोग और मोक्ष के फलों को देनेवाला है। गोपुच्छ की तरह वलय की आकृति (वर्तुल गोलाकार) में अक्ष-सूत्र (माला) को गूँथना चाहिए। लाल और श्वेत तथा मिश्रित वर्ण के रुद्राक्ष-बीजों में छिद्र कर माला बनानी चाहिए। यह माला सकंटक पंचमुखी रुद्राक्ष-बीजों से पच्चीस दानों की बनानी चाहिए।

मुख से मूल और पूँछ से पूँछ-भाग को मिलाना चाहिए। मेह रुद्राक्ष-बीज को उर्ध्वमुखी रखना चाहिये और उसके ऊपर नागपाश (नाग-ग्रंथि) की व्यवस्था करनी चाहिये।

इस प्रकार सग्रंथित माला मंत्रसिद्धि को देनेवाली बन जाती है। इस माला को सुगंधित जल से प्रक्षालित कर पंचगव्य से स्नान कराना चाहिये।

फिर शिव-जल से (शिवलिङ्ग से स्पर्श कराये हुए जल अथवा शिव के अभिषेक से संचित जल) स्पर्श कराकर रुद्राक्ष-बीजों पर मंत्रो का न्यास

करना चाहिये। शिव के अस्त्र-मंत्र से स्पर्श कर कवच-मंत्र से अवगुंठन करना चाहिये।

फिर मूल-मंत्र का माला पर न्यास करना चाहिए। उसके पश्चात् पुनः पूर्व कार्यों को करना चाहिए। फिर "सद्यो जातः" आदि मंत्रों से जल-सिंचन-पूर्वक मंत्राभिषेक करते हुए एक सौ आठ बार मूल-मंत्र का उच्चारण करना चाहिए। फिर शुद्ध भूमि पर उसे रखकर उसके ऊपर अम्बा-सहित शिव का न्यास करना चाहिए, जो परम कारण (आकाश की विद्यमानता के जो साम्बशिव-कारणस्वरूप हैं। परमः आकाश) हैं।

इस प्रकार माला की प्रतिष्ठा (प्राण-प्रतिष्ठा) होती है और जो माला कभी कामना और फलों को प्रदान करनेवाली बन जाती है। जिस देवता का जो मंत्र हो, उसी मंत्र से अभिपूजित करना चाहिए।

माथे पर, कण्ठ में अथवा कान में माला का न्यास करना चाहिए। रुद्राक्ष-माला से नियतात्मना (नियत समय पर, निश्चित संख्या में, निश्चित नियमपूर्वक, नित्य-जप के दृढ़ विधानवाले जपकर्ता के आत्मनिश्चय के लिये "नियतात्मना" शब्द का प्रयोग हुआ है) जप करना चाहिये।

कण्ठ में, माथे पर, हृदय में, स्कन्ध पर, कान में, दोनों बाहुओं मे नित्य रुद्राक्ष धारण कर भक्ति-भाव से अपने को परम तत्त्व के साथ युक्त करना चाहिये।

अधिक कथन और पुनः पुनः वर्णन क्या किया जाए। रुद्राक्ष धारण नित्य-तत्त्व है। यह सबसे से बढ़कर भी है।

स्नान, दान, जप, हवन, वैश्वदेव कर्म (भोजन करने से पूर्व विश्व देव यज्ञ में देवताओं को भोजन-दान कर्म), देवताओं के पूजन, प्रायश्चित कर्म, श्राद्ध कर्म, दीक्षा-काल इन सभी विशेष अवसरों पर जो कोई भी बिना रुद्राक्ष धारण किए यदि कोई विप्र मोहवश ये सभी वैदिक कर्म करते हैं तो वे निश्चय हो नरक चले जाते हैं।

रुद्राक्ष को मस्तक, कण्ठ, हाथ और यज्ञोपवीत में धारण करना चाहिए। इसे स्वर्ण-सूत्र से भी ग्रंथित कर शुद्धतापूर्वक धारण करना चाहिए। इसे अन्यथा-प्रकार से कभी नहीं धारण करना चाहिए।

रुद्राक्ष को अशुचि (अपवित्रता) के साथ कभी धारण नहीं करना बाहिए। इसे सदैव भक्ति के साथ धारण करना चाहिए। रुद्राक्ष के वृक्ष के स्पर्श से सम्भूत पवन से स्पर्श किया हुआ तृण भी पुण्य-लोक को चला जाता है। उसका पुनरागमन (पुनर्जन्म) नहीं होता। रुद्राक्ष धारण कर यदि कोई मनुष्य कोई पाप कर्म भी करता है, तो जाबाल-श्रुति के अनुसार वह सभी पाप-राशि को पार कर जाता है। रुद्राक्ष धारण करनेवाले पशु भी रुद्रत्व को प्राप्त कर जाते हैं।

जो कोई मानव रुद्राक्ष माला धारण किया करते हैं, मस्तक पर एक भी रुद्राक्ष धारण करते हैं, ऐसे रुद्र-भक्त के सभी दुःखो का नाश और पापों का विमोचन हो जाता है। जो परमात्मा शम्भु के नामों का उच्चारण करते है तथा जो रुद्राक्ष से अलकृत हैं, वे नरोत्तम हो जाते हैं। सभी प्रकार के श्रेय और अर्थ की प्राप्ति के लिए मनुष्य को रुद्राक्ष धारण करना चाहिये।

कर्ण-पाश में, शिखा में तथा कण्ठ, हाथ एवं उदर में रुद्राक्ष धारण करनेवालों को महादेव, विष्णु तथा ब्रह्मा की विभूतियाँ प्राप्त होती हैं।

भक्तिपूर्वक रुद्राक्ष धारण करनेवालों के लिये अन्य देवगण, गोत्र-ऋषिगण रुद्राक्ष में निवास करने लगते हैं।

उनके वश में उत्पन्न मुनिगण, श्रौत धर्मपरायण और सभी शुद्ध आत्माएँ प्रसन्न और शुद्ध होती हैं।

साक्षात् वेद-सिद्धि और मुक्ति-प्रदायक रुद्राक्ष में ऐसे ही श्रद्धा उत्पन्न नहीं होती। बहुत जन्मों के पश्चात् और वह भी महादेव की कृपा पर रुद्राक्ष-धारण करने की इच्छा होती है। यह इच्छा स्वाभाविक होती है। रुद्राक्ष का माहात्म्य जाबाल के द्वारा आदरपूर्वक कहा गया है।

हे पुत्र। यह माहात्म्य सभी मुनियों के द्वारा और मेरे द्वारा भी पढ़ा जाता है। रुद्राक्ष का फल-बीज तीनों लोकों में विश्रुत है।

रुद्राक्ष-बीज (फल) के दर्शन से जो पुण्य प्राप्त होता है, उससे कोटि-गुणित फल उसके स्पर्श से प्राप्त होता है। रुद्राक्ष के धारण से शत कोटि-गुणित फल मिलता है। फिर यदि कोई मनुष्य रुद्राक्ष पर जप करे तो उसे लक्ष-कोटि-सहस्र

और लक्ष-कोटि-शत-गुणित पुण्य प्राप्त होता है। यह नित्य-सत्य है। इसके संबंध में विचार करने की आवश्यकता नहीं है।

हाथ में, हृदय पर, कण्ठ में, कानों में तथा मस्तक पर जो रुद्राक्ष धारण करता है, वह स्वयं रुद्र हो जाता है, यहाँ संशय का स्थान नहीं है।

यह अवध्य होता है। सभी प्रणियों के बीच वह रुद्रवत पृथ्वी पर भ्रमण करता है। वह सुरों और असुरों के द्वारा शिव की भाँति वंदनीय हो जाता है।

रुद्राक्षधारी मनुष्यों के द्वारा भी सर्व-वंदनीय बन जाता है। समाज से परित्यक्त, दुष्कर्मों में स्थित और पापों से युक्त व्यक्ति भी रुद्राक्ष धारण कर इन सभी पापों से मुक्त हो जाता है। यदि कोई कुत्ता भी कण्ठ में रुद्राक्ष-धारण कर मरता है तो उसे भी मोक्ष मिल जाता है, फिर मनुष्य का तो कहना ही क्या! यदि जप-ध्यान के बिना भी रुद्राक्ष धारण किया जाए तो वह व्यक्ति सभी पापों से मुक्त होकर परम गति को प्राप्त कर लेता है। इसलिए एक रुद्राक्ष को भी यत्नपूर्वक मन्त्राभिषेकादि क्रिया के साथ धारण करना चाहिए।

इस प्रकार रुद्राक्षधारी इक्कीस पीढियों का उद्धार कर उन्हें रुद्र-लोक में उद्वर्गित कर देता है। अतः रुद्राक्ष की विधि और उसके माहात्म्य के संबंध में फिर और कुछ कहता हूँ।

(यह श्रीमद्देवीभागवत महापुराण के ग्यारहवें स्कंद का पंचम अध्याय पूर्ण हुआ)

एकादशस्कन्ध, षष्टं अध्याय

मूल श्लोक का अनुवाद

ईश्वर ने कहा, -

हे महासेन। कुशग्रंथि-पुत्र जीवादि जितने भी अन्य पदार्थ हैं, उनमें कोई भी रुद्राक्ष की एक सोलहवीं कला को भी प्राप्त नहीं कर सकता. सोलहों कलाओं की तो बात ही क्या।

जिस प्रकार पुरुषों में विष्णु, ग्रहों में सूर्य, नदियों में गङ्गा, मुनियों में कश्यप, अश्व-समूहों में उच्चैःश्रवा, देवों में ईश्वर (शिव), देवियों में गौरी (पार्वती) श्रेष्ठ हैं, वैसे ही, यह (रुद्राक्ष) सबों में श्रेष्ठ है। अतः इससे बढकर न तो कोई स्तोत्र है, न व्रत। अक्षय्यों और दानों के बीच रुद्राक्ष अपनी विशेषता रखता है।

शान्तचित्त शिव-भक्त के लिये इस उत्तम रुद्राक्ष का दान उत्तम है। इससे उत्पन्न पुण्य फल की कोई सीमा नहीं है और न ही मैं उसका वर्णन करने में समर्थ हूँ।

जिसने अपने कण्ठ में रुद्राक्ष धारण कर लिया है, उसके लिये तो अन्न प्रदान करता है, वह अपने इक्कीस कुलों (पीढ़ियों) का उद्धार कर रुद्र-लोक में चला जाता है।

जिसके मस्तक पर भस्म नहीं और न शरीर में रुद्राक्ष-धारण हो और न ही शिव-मंदिर में (अपने ही घर को शिव-पूजा-स्थल बनाकर उसमें) पूजा करता हो, वह ब्राह्मण श्वपच और अधम (चाण्डाल और नीच) है।

यदि मस्तक पर रुद्राक्ष धारण करके कोई मांस भी खाता हो, शराब भी पीता हो अथवा अंत्यजों (नीचो) के पास जाता हो, या उनसे संपर्कित होता हो, तब भी वह इन सभी पापों से मुक्त हो जाता है।

सभी यज्ञ, तप, दान और वेदाभ्यास से जो फल मिलता है, वह संपूर्ण फल रुद्राक्ष-धारण से तत्काल प्राप्त हो जाता है।

चारों वेदों के अथवा पुराणों के पाठ से जो पुण्य मिलता है, तीर्थ-सेवन से अथवा सभी विद्याओं के ज्ञान से जो पुण्य प्राप्त होता है, वह पुण्य रुद्राक्ष-धारण से तत्काल प्राप्त हो जाता है। मृत्यु के समय यदि कोई रुद्राक्ष धारण करके मरे तो वह रुद्र-लोक में चला जाता है और उसका पुनर्जन्म नहीं होता। यदि कण्ठ में रुद्राक्ष धारण करके अथवा बाहुओं में रुद्राक्ष धारण कर कोई मरे तो वह अपने इक्कीस कुलों का उत्तारण कर देता है, यानी तार देता है और रुद्र-लोक में निवास करने लगता है। वह ब्राह्मण या चाण्डाल कोई भी हो सकता है, अथवा सगुणोपासक या निर्गुणोपासक (गुणी या गुणहीन) भी हो सकता है।

भस्म और रुद्राक्ष धारण करनेवाला देवत्व और शिवत्व को धारण कर भ्रमण करता है। पवित्र अथवा अपवित्र, किसी भी अवस्था को प्राप्त, अभक्ष्य का भक्षण करनेवाला, म्लेच्छ या चाण्डाल, अथवा सभी प्रकार के पापों से युक्त व्यक्ति रुद्राक्ष धारण मात्र से रुद्र हो जाता है, इसमें कोई संशय नहीं है।

मस्तक पर रुद्राक्ष धारण कोटि-गुणा फल देनेवाला होता है। कानों में रुद्राक्ष-धारण दश-कोटि-गुणित पुण्य फलदायक है। गले में शत-कोटि- गुणित, मस्तक-मध्य में कोटि-सहस्त्र-गुणित फलदायक है।

यज्ञोपवीत में दश-सहस्र-गुणित, भुजाओं में लक्ष-कोटि-गुणित पुण्य फलदायक है। कलाई में रुद्राक्ष धारण तो मोक्ष को साधित करनेवाला पर-तत्त्वमय है।

रुद्राक्ष-धारण करके जो भी वैदिक कर्म हो, उसे भक्तिपूर्वक करनेवाला ब्राह्मण महान फलों को प्राप्त करता है (अथवा महर्लोक से उस फल को तत्काल प्राप्त करता है)।

रुद्राक्ष माला को कण्ठ में यदि बिना भक्ति का भी धारण किया हो और वह नित्य पाप-कर्मा हो तो भी वह सभी प्रकार के बंधनों से मुक्त हो जाता है।

जो व्यक्ति रुद्राक्ष के प्रति अर्पित चित्त और रुद्राक्ष धारण नहीं भी किए हुए हैं, वह इस लोक में माहेश्वर की तरह नमस्य और लिङ्गवत् प्रतिष्ठित है।

विद्या-रहित अथवा विद्या-सहित होकर भी रुद्राक्ष धारण करनेवाला व्यक्ति शिवलोक को प्राप्त करता है, जैसे कीटक प्रदेश (मगध) में गधे ने शिवलोक को प्राप्त किया था।

स्कंद ने कहा, -

हे देव! कीटक प्रदेश में गधे ने किस प्रकार रुद्राक्ष धारण किया और किसने दिया, उसे हे परमेश्वर। मुझे बताइये।

भगवान ने कहा, -

हे पुत्र, सुनो। प्राचीन काल में विन्ध्य पर्वत श्रृंखला में एक गधा रुद्राक्ष का भार वहन करते हुए एक पथिक द्वारा हाँककर ले जाया जा रहा था। रुद्राक्ष-भार को ढोनें में असमर्थ होने के कारण श्रान्त हो जाने के कारण वह भूमि पर गिर गया और मर गया। हे महासेन! मेरे आशिर्वाद से वह मेरे समीप चला आया और जितने मुखों का दुर्लभ रुद्राक्ष उसके साथ था, उतने युग-सहस्र तक वह शिवलोक में स्थित रहा। अपने शिष्य (अन्तेवासी) को ही यह बात बतानी चाहिये, अशिष्य को नहीं बतानी चाहिये।

अभक्त और मूर्ख को यह सब कभी नहीं बताना चाहिये, किन्तु अभक्त या भक्त, नीच या नीचतर जो कोई भी रुद्राक्ष धारण करता है, वह सभी प्रकार के पापों से मुक्त हो जाता है। रुद्राक्ष-धारण पुण्य है। यह किसके द्वारा और किसके समान है, यह बताइये।

तत्त्वदर्शी मनुष्यों ने इस महाव्रत को कहा है- जो सहस्र रुद्राक्षों को धारण कर रुद्राक्ष-व्रतधारी बनता है, उसे सभी देवगण नमस्कार करते हैं। जैसे रुद्र हैं, वह वैसा ही बन जाता है। सहस्र रुद्राक्षों के अभाव में दोनों बाहुओं में सोलह-सोलह रुद्राक्षों को धारण करना चाहिये।

जो शिखा के मध्य एक, हाथों में बारह-बारह, कण्ठ में बत्तीस, मस्तक पर चालीस, कानों में छह-छह और वक्षःस्थल पर एक सौ आठ रुद्राक्षों को धारण करता है, वह रुद्र के सदृश पूज्य हो जाता है।

जो रुद्राक्षों को मोती, मूँगा, स्फटिक, चाँदी, नीलम और सोना (मुक्ता-प्रवाल, स्फटिक-रौप्य-वैडूर्य-कांचन) के साथ धारण करता है, वह शिव हो जाता है। जो केवल रुद्राक्षों को ही धारण करता है और वह भी आलस्यपूर्वक करता है, तो उसे पाप स्पर्श भी नहीं करते, जैसे प्रकाश को अंधकार स्पर्श नहीं कर पाता।

रुद्राक्ष की माला पर किया गया जप अनंत फलों को प्रदान करनेवाला सिद्ध होता है। जिसके शरीर पर बहुपुण्यदायक एक भी रुद्राक्ष नहीं है, उसका जन्म निरर्थक है, जैसे त्रिपुण्ड्र-रहित (भस्मालेप-रहित) का जीवन व्यर्थ है। जो मस्तक

पर रुद्राक्ष धारण कर स्नान करता है, उसे गङ्गा-स्नान का फल मिलता है, इसमें कोई संदेह नहीं। एकमुखी, पंचमुखी, एकादशमुखी और फिर चतुर्दशमुखी रुद्राक्ष लोक पूजित है। भक्तिपूर्वक प्रतिदिन रुद्राक्ष का पूजन भी होना चाहिए, क्योंकि यह शंकरात्मक अर्थात् शिवस्वरूप माना गया है।

ये रुद्राक्ष दरिद्र व्यक्ति को पृथ्वी पर राजा तक बना देते हैं। यहाँ मैं तुम्हे पुराणोक्त एक उत्तम मत कहूँगा।

कोसल देश में गिरिनाथ नाम का एक ब्राह्मण था, ऐसा सुना गया है। वह महा धनी, महा धर्मात्मा और वेद-वेदाङ्ग का पारंगत विद्वान था।

उसका एक पुत्र यज्ञ इत्यादि करनेवाला, दीक्षा-प्राप्त, सुंदर शरीरवाला, गुणनिधि के नाम से विख्यात तरुण काम के सदृश सुंदर था।

उसने सुधिषण नामक अपने गुरू की पत्नी मुक्तावली को अपने रूप, यौवन और मद से मोहित कर लिया।

फिर उसके साथ उसने कुछ समय व्यतीत किया और फिर गुरू को विष देकर निर्भय हो गया।

जब उसके माता-पिता को जिस क्षण इस कर्म (कुकर्म) की जानकारी हुई, उसी समय उसने अपने माता-पिता की हत्या भी उसी विष से कर दी।

नाना प्रकार के विलास और भोग करने और द्रव्य व्यय हो जाने के पश्चात् उस खल ने ब्राह्मणों के घर में चोरी की।

सुरापान करने और मदोन्मत्त रहने के कारण वह अपने गोत्र-बन्धुओं से बहिष्कृत हो गया।

वह मुक्तावली के साथ गहन वन में चला गया। उसने मार्ग में द्रव्य लोभ के वशीभूत होकर अनेक ब्राह्मणों की हत्या कर दी।

इस प्रकार बहुत दिन व्यतीत होने पर वह अधम मर गया। उसे ले जाने के लिये यम के सहस्रों दूत उपस्थित हो गये।

उसी समय शिवलोक से शिवगण भी समागत हुये। यमदूतों और शिवदूतों में, हे गिरिजासुत ! बहुत विवाद हुआ।

यमदूतो ने कहा- इसका पुण्य हो क्या है कि, तुम सभी शम्भु-सेवक इसे ले जाने के लिये आये हो, बोलो तो।

शिवदूतों ने कहा- यह जिस भुमि खण्ड पर मरा है, उसके दस हाथ नीचे रुद्राक्ष है।

हे दूतों! उसी (रुद्राक्ष) के प्रभाव से हम इसे शिव के समीप लिये जा रहे हैं। फिर वह ब्राह्मण दिव्य रूप धारण कर विमान पर चढ़ गया और फिर गुणनिधि नामक वह ब्राह्मण दूतों के साथ शिवलोक में चला गया। हे सुंदर। व्रत को धारण करनेवाले, मैंने तुम्हारे सामने रुद्राक्ष के माहात्म्य का कथन किया है।

इस प्रकार रुद्राक्ष का माहात्म्य मेरे द्वारा कहा गया है, जो सभी पापो को क्षय करनेवाला और महान पुण्य को देनेवाला है।

(यह श्रीमद्देवीभागवत महापुराण के ग्यारहवें स्कंद का षष्ट अध्याय पूर्ण हुआ)

एकादशस्कन्ध, सप्तम अध्याय

मूल श्लोक का अनुवाद

नारायण ने कहा,-

हे नारद। इस प्रकार षड्वक्त्र (कार्तिकेय) शंकर के द्वारा समझाये गये। वे रुद्राक्ष की महिमा को समझकर कृतार्थ हो गये।

इस प्रकार महिमान्वित रुद्राक्ष, जो मेरे अनुभव और आचरण में आया है तथा मैं जिसका उल्लेख करता हूँ, उसके संबंध में तुम सदाचारपूर्वक और कुछ सुनो।

जिस प्रकार रुद्राक्ष की महिमा अनन्त पुण्यों को प्रदान करने वाली है तथा जिसका मैने उल्लेख किया है, उसके मंत्र विन्यास के लक्षण का उसी प्रकार मैं तुमसे वर्णन करता हूँ।

रुद्राक्ष के दर्शन से लाख गुना पुण्य होता है। इसके स्पर्श से कोटि-गुणित फल होता है। उससे भी (स्पर्शवत् पुण्य से) कोटि-गुणित पुण्य-फल मनुष्य को रुद्राक्ष धारण से प्राप्त होता है।

उससे लक्ष-कोटि-सहस्र एवं लक्ष-कोटि-शत-गुणित फल मनुष्य को रुद्राक्ष-धारणपूर्वक रुद्राक्ष माला पर जप करने से मिलता है।

रुद्राक्षों के भद्राक्ष-धारण से महाफल मिलता है। आमले के फल के प्रमाण मात्र का रुद्राक्ष बीज श्रेष्ठ कहा गया है।

बेर के फल के प्रमाण मात्र के रुद्राक्ष को ज्ञानियों ने मध्यम कोटि का कहा है। चने के प्रमाण मात्र के रुद्राक्ष को अधम कहा गया है। ऐसा मेरे द्वारा कथन है।

ब्राह्मण, क्षत्रिय, वैश्य और शूद्र- ये जो पृथ्वी पर चार वर्ण है, उनके लिये शुभ और अनुकूल रुद्राक्ष के वृक्ष के भी ब्राह्मण, क्षत्रिय, वैश्य और शूद्र- ये चार प्रकार के बीज-फल हैं।

श्वेत रुद्राक्ष ब्राह्मण, लाल रुद्राक्ष क्षत्रिय, पीला रुद्राक्ष वैश्य और काला रुद्राक्ष शूद्र माना गया है।

ब्राह्मणों को श्वेत रुद्राक्ष, राजा को लाल रुद्राक्ष, वैश्य को पोला रुद्राक्ष और शूद्र को काला रुद्राक्ष धारण करना चाहिये।

समान आकृति के, स्निग्ध (चमकदार lustrous), दृढ़ (ठोस) और काँटों (कंटक) से युक्त रुद्राक्षों को शुभ कहा गया है। कीड़ों के द्वारा खाया हुआ, टूटा-फूटा (जगह-जगह छिद्रयुक्त) कंटक रहित अथवा ऐसे किसी दोष के साथ व्रणयुक्त (ऊबड़-खाबड़) गोलाई से हीन-ये छह प्रकार के रुद्राक्ष वर्जनीय हैं। जो रुद्राक्ष स्वतः कृत-द्वार हो (जिसके सूत्र-ग्रंथन के लिये स्वाभाविक और यथास्थान छिद्र हो), वह उत्तम रुद्राक्ष कहा जाता है।

जिसमे मानव-प्रयत्न से छेद किया जाए, वह मध्यम श्रेणी का रुद्राक्ष समझा जाएगा। समान, स्निग्ध, दृढ़, और वृत्तवत् रुद्राक्ष को रेशम या ऊन के सूत्रों से ग्रंथित कर धारण करना चाहिये।

जो रुद्राक्ष अपने संपूर्ण बीज-शरीर में समान और अति विलक्षणता युक्त हो, जिसके घर्षण से (किसी आधार फलक पर) सोने की रेखा की आभा दीख

पड़े, उस रुद्राक्ष को उत्तम समझना चाहिए और शिव के उपासकों को उसे ही धारण करना चाहिए। शिखा में एक और मस्तक पर बत्तीस रुद्राक्षों का वहन करना चाहिए।

गले में छत्तीस और भुजाओं में सोलह-सोलह, कलाइयों में बारह-बारह और कन्धों पर पाँच सौ रुद्राक्षों को धारण करना चाहिए।

एक सौ आठ रुद्राक्षों की माला को यज्ञोपवीत की तरह धारण करना चाहिए। कण्ठ प्रदेश में द्विसर, त्रिसर (दो लड़ी, तीन लड़ी) रुद्राक्ष को धारण करना चाहिए। कुण्डल में, मुकुट में, कर्णनिकाहात में, केयूर (कंगन), कटक (मेखला-करधनी) में, पेट पर शरीर और आभूषण के इन स्थलों पर भी रुद्राक्ष धारण करना चाहिए।

सोते समय, पीते समय, अर्थात् सभी कालों में मनुष्य को रुद्राक्ष धारण करना चाहिए। तीन सौ रुद्राक्ष का धारण अधम, पाँच सौ रुद्राक्षों का धारण मध्यम कहलाता है।

एक सहस्र रुद्राक्षों का धारण उत्तम कहा गया है। मस्तक पर रुद्राक्ष-धारण ईशान मंत्र से, कानों में तत्पुरुष मंत्र से, ललाट पर अघोर मंत्र से, और हृदय पर भी अघोर मंत्र से ही रुद्राक्ष धारण करना चाहिए। हाथों में अघोर-बीज-मंत्र से रुद्राक्ष धारण करना चाहिये।

पचास रुद्राक्षों को वामदेव से ग्रंथित कर पेट पर धारण करना चाहिए। पंच ब्रह्मों के अगों से भी इस प्रकार रुद्राक्ष धारण करना चाहिये।

मूल-मंत्रों से ग्रंथित कर ही सभी रुद्राक्षों को धारण करना चाहिये। एकमुखी रुद्राक्ष पर तत्त्व प्रकाशक होता है।

पर-तत्त्व धारण से ही पर-तत्त्व का प्रकाशन होता है। (अर्थात् एकमुखी रुद्राक्ष धारण से ही पर-तत्त्व का साक्षात्कार होता है।) द्विमुखो रुद्राक्ष, हे मुनिश्रेष्ठ! अर्धनारीश्वर होता है।

इसके धारण से अर्धनारीश्वर नित्यशः प्रशन्न रहते हैं। त्रिमुखी रुद्राक्ष साक्षात् अग्नि हैं। इसके धारण से स्त्री हत्या का पाप तत्क्षण समाप्त हो जाता है।

यह त्रिमुखी रुद्राक्ष तीनों अग्नियों का भी रूप है, जिसके धारण से अग्निदेव नित्यशः प्रसन्न रहते हैं।

चतुर्मुखी रुद्राक्ष पितामह स्वरूप है, जिसके धारण से मनुष्य विपुल धन और उत्तम आरोग्य को प्राप्त करता है।

इसके धारण से विपुल ज्ञान और सम्पत्ति प्राप्त होती है। यदि मनुष्य इसे शुद्धतापूर्वक धारण करे। पंचमुखी रुद्राक्ष, पंचब्रह्मस्वरूप है।

इसके धारण मात्र से महेश्वर प्रसन्न होते हैं। षण्मुखी रुद्राक्ष के देवता कार्तिकेय हैं।

षण्मुखी रुद्राक्ष के देवता विनायक (गणेश) भी हैं, ऐसा मनीषीगण कहते हैं। सप्तमुखी रुद्राक्ष के देवता सप्त मात्राएँ हैं। इसके सप्ताश्वक और सप्तमुनि भी देव हैं। इसके धारण से विपुल धन और उत्तम एवं महान आरोग्य की प्राप्त होती है।

शुचितापूर्वक सप्तमुखी रुद्राक्ष के धारण से महान ज्ञान और संपत्ति की प्राप्ति मनुष्य को होती है। अष्टमुखी रुद्राक्ष पर अष्टमात्रा के देवता विराजमान होते हैं। इससे अष्ट-वसुओं एवं गङ्गा की भी प्रीति प्राप्त होती है और शुभ होता है। इसके धारण से ये सभी देव-देवीगण प्रीतिकर हो जाते है, ऐसा सत्यवादियों ने कहा है।

नवमुखी रुद्राक्ष यम देव के स्वरूप हैं। इसके धारण से कभी भी यम का भय नहीं रहता।

दशमुखी रुद्राक्ष दश आशा-देव के रूप में स्मरण किया जाता है। इसके धारण से दशाशा-प्रीति-जनन होता है, इसमें कोई सन्देह नहीं है।

एकादशमुखी रुद्राक्ष एकादश रुद्र का प्रतीक है। इसके देव इंद्र भी माने गये हैं। यह रुद्राक्ष सदैव सुख की वृद्धि करनेवाला है।

द्वादशमुखी रुद्राक्ष महा-विष्णु-स्वरूप है। यह द्वादश आदित्य देव का भी अर्थिवास स्थान है।

त्रयोदशमुखी रुद्राक्ष कामना, सिद्धि और शुभ को प्रदान करनेवाला है। इसके धारण मात्र से कामदेव प्रसन्न होता हैं।

चतुर्दशमुखी रुद्राक्ष रुद्र के नेत्र से समुद्भूत है। यह सभी प्रकार की व्याधियों को हरण करनेवाला और सभी प्रकार के आरोग्य को प्रदान करनेवाला है।

मांस, मद्य, लहसुन, प्याज, सहजन, लहसोड़ा तथा विद्‌वराह इत्यादि का भक्षण रुद्राक्ष धारियों के लिये वर्जित है।

ग्रहण, विषुव (मेषतुला), संक्रांति, अयन (समय), दर्श (अमावस), पूर्णिमा और ऐसे पुण्य दिवसों में रुद्राक्ष धारण से तत्काल ही सभी पापों से मुक्ति मिलती है।

(यह श्रीमद्देवीभागवत महापुराण के ग्यारहवें स्कंद का सप्तम अध्याय पूर्ण हुआ)

शिव पुराण

प्रथम विद्येश्वरसंहिता, पञ्चविंश अध्याय

मूल श्लोक का अनुवाद

सूतजी ने कहा. -

हे शौनक, आप महान प्रज्ञावान और महान मतिवाले हैं। में शिवरूपः रुद्राक्ष के माहात्म्य का समासकर (संपूर्ण उपलब्ध शास्त्र का समाहरण करके) कहता हूँ। तुम सुनो।

यह रुद्राक्ष शिव को प्रियतम (सर्वाधिक प्रिय) है। यह परम पवित्र है। इसके दर्शन, स्पर्श और जप से संपूर्ण पापों का नाश होता है, ऐसा कहा गया है।

सबसे पहले लोकोपकार की भावना से वशीभूत होकर परमात्मा शिव ने देवी (पार्वती) से रुद्राक्ष की महिमा का वर्णन किया।

हे महेशानि! तुम रुद्राक्ष की महिमा सुनो। तुम्हारी प्रीति के कारण भक्तों की हित कामना की इच्छा से कहता हूँ।

हे महेशानि। बहुत दिनों पहले, दिव्य सहस्त्र वर्ष तक तप करते हुए और मन का स्तम्भन एवं संयम करते हुए मेरा मन छुब्ध हुआ था।

इस लिए हे महेशानि! स्वतंत्र परमेश्वर लोक के उपकार के निमित्त मैंने लीलापूर्वक नेत्र मीच लिये थे।

तत्परिणामतः मेरे नेत्रपुटों से जल के कुछ बिन्दु गिरे। उन्हीं अश्रु बिंदुओं से (पृथ्वी पर) वृक्ष उत्पन्न हुए, जिन्हें रुद्राक्ष वृक्ष की आख्या दी गई।

वे रुद्राक्ष वृक्ष भक्तों को अनुग्रह प्रदान करने की कामना से स्थावरत्व को प्राप्त हो गये। विष्णु के भक्तों और चारों वर्णों के निमित्त ये रुद्राक्ष वृक्ष गौड़ देश में उत्पन्न हुए। यह शिव के प्रिय स्थल मथुरा, अयोध्या, लंका, मलय (मलयाचल), सह्यपर्वत, काशी तथा अन्य दस देशों में पाप-समूह के नाश के लिये इन रुद्राक्ष वृक्षों को बलात् उत्पन्न किया गया है।

मेरी आज्ञा से ही ब्राह्मण, क्षत्रिय, वैश्य और शूद्र वर्णों की उत्पत्ति हुई है। पृथ्वी पर उत्पन्न रुद्राक्षों के भी ये चतुर्वर्ण-भेद हैं। शुभाक्ष (भद्राक्ष) इन्हों की जाति के हैं।

विद्वानों ने इसके क्रम से श्वेत, रक्त, पीत एवं कृष्ण भेद किये है। अपनी जाति के वर्ण के अनुसार ही मनुष्यों को रुद्राक्ष धारण करना चाहिये।

भुक्ति और मुक्ति (भोग और मोक्ष) फल की कामना वाले पुरुषों को इसे वर्णानुक्रम में अवश्य धारण करना चाहिए। विशेष रूप से शिव भक्तों को शिव और शिवा की प्राप्ति के लिये इसका धारण अनिवार्य है।

आँवले के फल के समान रुद्राक्ष श्रेष्ठ होता है। बेर के समान मध्यम माना जाता है।

चने के समान का रुद्राक्ष अधम होता है। हे पार्वती। इसकी परा प्रक्रिया (पारलौकिक विधान) को ध्यान से सुनो। भक्तों के हितार्थ मै प्रीतिपूर्वक कहता हूँ।

हे महेश्वरि! बेर के बराबर का रुद्राक्ष भी लोक में सुख और सौभाग्य को वृद्धि करनेवाला है।

धात्रीफल (आँवला) के बराबर का रुद्राक्ष सभी प्रकार के अरिष्ट (अनिष्ट और अशुभ) का शमन करता है। गुंजा के प्रमाण का रुद्राक्ष सर्वार्थसाधक होता है।

रुद्राक्ष जितना ही छोटा होगा, उतना ही फलदायक होगा। परस्पर (एक) दूसरे से एक-एक दशांश (लघुतर) अधिक फल प्रदान करता है। ऐसा विद्वानों ने कहा है।

रुद्राक्ष को पाप-नाश के निमित्त धारण किया जाता है। इसलिए सपूर्ण अर्थों की सिद्धि (सर्वार्थ साधन) के लिये रुद्राक्ष धारण अवश्य करना चाहिये।

विश्व में रुद्राक्ष की माला के सदृश हे परमेश्वरि। अन्य कोई भी दूसरी माला फलदायक और शुभ नहीं है।

सम, स्निग्ध, दृढ़, स्थूल, कंटक-युक्त रुद्राक्ष शुभ होते हैं। ये कामनाओं को सिद्ध करनेवाले तथा सदैव भुक्ति-मुक्ति प्रदायक है। 21।।

कीटाणुओं से खाया हुआ, छिन्न-भिन्न, काँटों से रहित, व्रणयुक्त, वर्तुलता रहित, ये छह प्रकार के रुद्राक्ष त्याज्य हैं।

जिस रुद्राक्ष में स्वतः छेद हो, वह उत्तम है। जिसे मानवीय प्रयत्न से छिद्रित किया जाए, वह मध्यम है।

रुद्राक्ष धारण से महापाप का भी नाश होता है। रुद्र-संख्याशत (ग्यारह सौ) रुद्राक्षों को धारण कर मनुष्य रुद्र-रूप हो जाता है।

इन ग्यारह सौ रुद्राक्षों के धारण का जो फल है, वह सौ वर्षों में भी वर्णित नहीं हो सकता।

साढ़े पाँच सौ रुद्राक्षों को मुकुट रूप में जो भक्तिवान पुरुष सम्यक् रूप से धारण करता है, वह भी फलदायक है।

तीन सौ साठ रुद्राक्षों की तीन लड़ी बनाकर यज्ञोपवीत की तरह भक्तिपूर्वक पहिनने का भी फल महान है।

शिखा में तीन रुद्राक्षों को, हे महेश्वरि! कानों में छह-छह, वाम और दक्षिण की ओर पहनना चाहिये।

कण्ठ में एक सौ एक, बाँहों में ग्यारह, कर्पूर-द्वार में और मणिबंध में ग्यारह ग्यारह रुद्राक्ष धारण करने चाहिये।

यज्ञोपवीत में तीन और कटि-प्रदेश में पाँच रुद्राक्षों का शिव भक्ति में निरत व्यक्तियों के लिये धारण-विधान है।

हे परमेश्वरि। इन संख्याओं के साथ जो रुद्राक्ष धारण करता है वह इस रूप में प्रणम्य और स्तुत्य हो जाता है तथा उसे महेश की समता प्राप्त होती है।

इस प्रकार (रुद्राक्षों को धारण कर) आसन पर स्थित व्यक्ति को देखने से तथा शिव शब्द का उच्चारण करनेवाला पापों से मुक्त हो जाता है।

यह विधि ग्यारह सौ रुद्राक्षों के धारण के लिये है। इसके अभाव में जो अन्य प्रकार शुभ हो सकता है, अब वह मेरे द्वारा कहा जा रहा है।

शिखा में एक, मस्तक पर तीस, कण्ठ में पचास और भुजाओं में सोलह-सोलह रुद्राक्षों को धारण करना चाहिये।

मणिबंध में बारह-बारह और स्कंद में पाँच और यज्ञोपवीत में एक सौ आठ रुद्राक्ष के दानों को प्रकल्पित करना चाहिये।

इस प्रकार जो दृढ़वती होकर एक हजार रुद्राक्षों को धारण करता है, वह रुद्र के समान हो जाता है और सभी देवगण उसे नमस्कार करते हैं।

शिखा में एक, मस्तक में चालीस, कण्ठ में बत्तीस और हृदय में एक सौ आठ, फिर दोनों कानों में छह-छह, भुजाओं में सोलह-सोलह, और हाथों में बारह या चौबीस रुद्राक्षों को जिसने प्रीति सहित धारण किये हैं, वे सभी शैव-जन (शिव भक्त) तथा सभी के द्वारा शिव की तरह पूजनाय एवं वंदनीय हैं, जब-जब इन्हें कोई देखता है (तब-तब वह रुद्राक्षधारी वंदनीय हो जाता है)।

ईशान-मंत्र से मस्तक में, तत्पुरुष मंत्र से कानों में, अघोर मंत्र से कण्ठ तथा हृदय में रुद्राक्ष धारण करना चाहिये।

हाथों में अघोर और बीज-मंत्र से तथा पन्द्रह रुद्राक्ष उदर में वाम देव मंत्र सेसुधी व्यक्तियों को धारण करना चाहिये।

सद्योजातादि पंच-ब्रह्म-मंत्रो द्वारा अन्य अङ्गों में तीन, पाँच या सात माला धारण करना चाहिए अथवा मूल मंत्र से सभी रुद्राक्षों को धारण करना चाहिये।

मद्य, मांस, लहसुन, प्याज, सहिजन, श्लेष्मातक (लिसोड़) का सेवन (रुद्राक्ष धारियों के लिये) वर्जित है।

ब्राह्मणों के लिये श्वेत, क्षत्रियों के लिये लाल, वैश्यों के लिये पीत और शूद्रों के लिये काले रंग का रुद्राक्ष धारण करना चाहिये, हे उमे! ऐसी व्यवस्था है।

सभी वर्ण के व्यक्त रुद्राक्ष धारण कर सकते हैं। इसके धारण से महत्पुण्य की प्राप्ति होती है और त्याग से नरक की प्राप्ति होती है। ऑवले से छोटे आकारवाला, खंडित, छिद्र-रहित, कीड़ों से खाये हुए रुद्राक्ष का धारण मंगल कामी व्यक्तियों को नहीं करना चाहिए। चने के समान छोटे रुद्राक्ष की प्रशंसा की गई है। रुद्राक्ष मेरा लिङ्ग-मङ्गल (शिवलिङ्ग स्वरूप) है, जो सूक्ष्म और प्रशस्त-दोनों है, ऐसा शिवजी ने कहा।

सभी आश्रमों, वर्णों, स्त्री-पुरुषों और शूद्रों को भी रुद्राक्ष धारण करना उचित है, ऐसा शिवजी का आदेश है। यातियों के लिये प्रणव-पूर्वक (ओंकार के साथ) रुद्राक्ष धारण का उपदेश है।

दिन में धारण करने से रात्रिकृत पाप का नाश होता है, रात्रि मे रुद्राक्ष धारण करने से दिन के तथा प्रातः, मध्याह्न एवं सायं के सभी पाप नष्ट होते हैं।

त्रिपुण्ड्रधारी, जटाधारी एवं रुद्राक्षधारी प्राणी यमलोक को कभी नहीं जाते।

जो साधु मस्तक में एक तथा ललाट पर त्रिपुण्ड्र धारण करता है तथा पंचाक्षर मंत्र का जप करता है, वह पूजनीय है।

जिसके अगों में रुद्राक्ष नहीं है, भाल पर त्रिपुण्ड्र नहीं है तथा मुख मे पंचाक्षर मंत्र नहीं है, उसे यमलोक में खींच लाओ।

भस्म और रुद्राक्ष धारण करनेवाले के कर्म प्रभाव को पुनः पुनः जानकर, उन्हें पूजनीय समझते हुए वहाँ (यमलोक में) कभी नहीं ले जाना चाहिये।

काल नें (यमराज ने) अपने सेवकों को ऐसा आदेश दिया, जिसे सुनकर वे सभी विस्मित तूष्णीभूत (चुप) हो गये।

अतएव हे महादेवि ! रुद्राक्ष पाप नाशक है। यदि उसको (रुद्राक्ष को) धारण करने वाला हे पार्वती! यदि पापी भी हो तो भी वह शुद्ध हो जाता है, हरस्वरूप हो जाता है और मेरा प्रिय हो जाता है।

जो हाथ, बाहु तथा मस्तक पर रुद्राक्ष धारण करता है, वह अवघ्य हो जाता है और पृथ्वी पर सभी प्राणियों के मध्य रुद्ररूप में विचरण करता है।

वह सुर और असुर सभों के द्वारा सदैव वन्दनीय बन जाता है। उसके लिये वह (धारण-कर्ता) पाप नाशक और शिवस्वरूप बन जाता है।

जो रुद्राक्ष धारण कर्ता ध्यान और ज्ञान से अवमुक्त (रहित) है, वह भी सभी पापों से मुक्त होकर परम गति को प्राप्त करता है।

रुद्राक्ष (की माला) पर जप करने से कोटिगुणित पुण्य होता है। रुद्राक्ष के) धारण से दश-कोटि-गुना पुण्य मनुष्यों को मिलता है।

जब तक यह रुद्राक्ष जीवधारियों के शरीर पर स्थित होता है, तब तक हे देवि! उसकी अकाल मृत्यु नहीं होती।

त्रिपुण्ड्र से युक्त होकर, रुद्राक्ष से विलसित होकर (रुद्राक्ष न केवल आध्यात्मिकता और सिद्धियाँ देता है, वरन् वह दैहिक सौंदर्य का विवर्धन भी करता है। रुद्राक्ष एक अलङ्करण भी है।) जो मृत्युञ्जय मंत्र का जप करता है, उसके दर्शन से ही रुद्र के दर्शन का फल प्राप्त होता है।

रुद्राक्ष पंचदेव (शिव, शिवा, गणेश, सूर्य तथा विष्णु) को प्रिय है। यह अन्य सभी देवों को भी प्रिय है। हे प्रिये! रुद्राक्ष-माला पर सभी मंत्रों का जप संभव है। ऐसा भक्तों के लिये निर्देशित है।

विष्णु आदि देव भक्तों को भी रुद्राक्ष धारण करना चाहिये, इसमें कहीं संशय नहीं है। रुद्र-भक्तों के लिये तो रुद्राक्ष सदैव धारणीय है।

रुद्राक्ष अनेक प्रकार के होते हैं। मैं उनके भेदों का वर्णन करता है। है पागास अनेक मुक्ति प्रदान करनेवाले उन (रुद्राक्षों) का चरित्र ध्यान के सुनो।

एकमुखी रुद्राक्ष भुक्ति, मुक्ति प्रदान करने वाला शिव-स्वरूप है। उसके दर्शन मात्र से ब्रह्म हत्या नष्ट होती है।

जहाँ यह रुद्राक्ष पूजित होता है, वहाँ से लक्ष्मी कभी दूर नहीं जाती। सभी प्रकार के उपद्रव शांत हो जाते हैं, सभी कामनाओं की सिद्धि भी हो जाती है।

द्विमुखी रुद्राक्ष देव-देवेश है। यह सभी कामनाओं और फलों की प्रदान करता है। यह रुद्राक्ष विशेष रूप से गोवध से उत्पन्न पाप को दूर करता है।

त्रिमुखी रुद्राक्ष सदैव सभी साधनों को देनेवाला है। उसके प्रभाव से सभी प्रकार की विद्याएँ प्रतिष्ठित होती हैं।

चतुर्मुखी रुद्राक्ष स्वयं ब्रह्म-स्वरूप है। यह नर-हत्या के पाप को दूर करनेवाला है। इसके दर्शन और स्पर्श से तत्काल चतुर्वर्ग फल को प्राप्ति होती है।

पंचमुखी रुद्राक्ष स्वयं इंद्र है। इसे कालाग्नि कहते हैं। यह सभी प्रकार की मुक्ति और सभी प्रकार की कामना सिद्धि देनेवाला है।

पंचमुखी रुद्राक्ष से अगम्य में गमन से उत्पन्न पाप और अभक्ष्य के भक्षण से उत्पन्न पाप और ऐसे अनेक पापों का नाश होता है।

षण्मुखी रुद्राक्ष कार्तिकेय स्वरूप है। दाहिनी भुजा में इसके धारण से ब्रह्म-हत्यादि पापों से मुक्ति मिलती है, इसमें कोई संदेह नहीं।

हे महेशानि! सप्तमुखी रुद्राक्ष, अनङ्ग रूप है। इसके धारण से दरिद्र भी ईश्वर हो जाता है।

अष्टमुखी रुद्राक्ष वसुमूर्ति भैरव-रूप है। इसके धारण से पूर्णायु होती है और शरीरांत में शिवत्व प्राप्त होता है।

नवमुखी रुद्राक्ष भैरव और कपिलमुनि है। उसकी अधिष्ठात्री देवी दुर्गा महेश्वरी है, जिनके अंतर्गत नव देवियों है।

उस रुद्राक्ष को भक्ति-तत्पर व्यक्ति बाये हाथ में धारण करे, वह सर्वेश्वर तथा मेरे तुल्य हो जाता है, इसमे संदेह नहीं।

हे महेशानि! दशमुखी रुद्राक्ष स्वयं जनार्दन देव है। हे देवेशि। उसके धारण से धारण-कर्ता सभी कामनाओं को प्राप्त कर लेता है।

एकादशमुखी रुद्राक्ष धारण करने से धारण कर्ता रुद्र-रूप और सर्वत्र विजयी होता है।

जो व्यक्ति द्वादशमुखी रुद्राक्ष केश-देश में धारण करता है, वह द्वादश आदित्य के समान हो जाता है।

त्रयोदशमुखी रुद्राक्ष विश्वेदेव तुल्य है। इसके धारण से सभी कामनाओं की सिद्धि होती है और सौभाग्य एवं मंगल की प्राप्ति होती है।

चतुर्मुखी रुद्राक्ष परम शिव स्वरूप है। इसको भक्तिपूर्वक सर पर धारण करने से सभी पाप नष्ट हो जाते हैं।

हे पर्वतराजपुत्रि! मैंने मुख-भेद से इतने रुद्राक्षों के प्रकार-वर्णन किए है। अब प्रीतिपूर्वक क्रम से उनके मंत्रों को सुनो।

ॐ ह्रीं नमः (एकमुखी)
ॐ नमः (द्विमुखी)
ॐ क्लीं नमः (त्रिमुखी)
ॐ ह्रीं नमः (चतुर्मुखी)
ॐ ह्रीं नमः (पंचमुखी)
ॐ ह्रीं हुं नमः (षण्मुखी)
ॐ हुं नमः (सप्तमुखी)
ॐ हुं नमः (अष्टमुखी)
ॐ ह्रीं हूं नमः (नवमुखी)

ॐ ह्रीं नमः नमः (दशमुखी)
ॐ ह्रीं हुं नमः (एकादशमुखी)
ॐ कौं क्षौं रौं नमः (द्वादशमुखी)
ॐ ह्रीं नमः (त्रयोदशमुखी)
ॐ नमः (चतुर्दशमुखी)

भक्ति और श्रद्धा-सहित इन रुद्राक्षों को उक्त मंत्रों से अभिषिक्त कर धारण करने से सभी कामना और अर्थ की सिद्धि होती है। बिना आलस्य किये चतुर्दशमुखी तक के रुद्राक्षों को चौदह-मंत्रों से अभिषिक्त कर धारण करना चाहिये।

जो मनुष्य रुद्राक्ष को बिना मंत्राभिषेक के धारण करता है, वह चौदह इंद्र की आयु पर्यंत अर्थात् एक कल्प तक घोर नरक में पड़ता है।

रुद्राक्षमालिन् (रुद्राक्ष मालाधारी) को देखकर भूत, प्रेत, पिशाच। डाकिनी, शाकिनी तथा अन्य द्रोह-कारक (द्रोही जीव) तथा अभिचारादि प्रयोग दूर हो जाते हैं।

हे पार्वति ! रुद्राक्ष माला को धारण करने वाले को देख कर शिव, विष्णु, देवी, गणपति और सूर्य (ये पचदेवता) तथा अन्य सभी देवगण प्रसन्न होते हैं।

हे महेश्वरि! इस प्रकार रुद्राक्ष का माहात्म्य जानकर मंत्र और भक्तिपूर्वक धर्मवृद्धि के निमित्त सम्यक् विधि से रुद्राक्ष धारण करना चाहिये।

इस प्रकार पार्वती के समक्ष परमात्मा शिव ने भस्म और रुद्राक्ष के माहात्म्य का वर्णन किया, जो भुक्ति और मुक्ति के फलों को देने वाला है।

भस्म और रुद्राक्ष इन दोनों को धारण करने वाले शिव के अति प्रिय हो जाते हैं. ऐसा समझना चाहिए। इसके धारण मात्र के प्रभाव से भुक्ति और मुक्ति (भोग और मोक्ष) दोनों की प्राप्ति होती है, यह भी संशय रहित है।

भस्म और रुद्राक्ष धारण करने वाले शिव भक्त कहे जाते हैं और जो पंवाक्षर-मंत्र की उपासना (इस रुद्राक्ष पर) शिव सामीप्य में करते हैं, वे परिपूर्ण बन जाते हैं।

भस्म, त्रिपुण्ड्र और रुद्राक्ष की माला के बिना पूजन करने से महादेव अभीष्ट फल की प्राप्ति नहीं कराते।

हे मुनिवर। अब तुम्हारे प्रश्न का समाधान कर दिया गया। भस्म और रुद्राक्ष का माहात्म्य सभी कामनाओं और सिद्धियों को देनेवाला है।

इस अत्यन्त शुभ माहात्म्य को जो नित्य सुनते हैं तथा रुद्राक्ष और भस्म में प्रीति और भक्ति रखते हैं, वे सभी कामनाओं को प्राप्त कर लेते हैं।

इस लोक में वे सभी सुखों को भोगकर पुत्र-पौत्रादि से संयुक्त होकर शिव के सायुज्य का मोक्ष प्राप्त करते हैं और शिव के अत्यन्त प्रिय हो जाते हैं।

हे मुनियो। यह "विद्येश्वर संहिता" तुम्हारे प्रति मेरे द्वारा कही गयी है। शिव की आज्ञा से नित्यशः संपूर्ण सिद्धि और मुक्ति को देनेवाली है।

(यह श्रीशिवमहापुराणांतर्गत प्रथमा विद्येश्वर संहिता का रुद्राक्ष-माहात्म्य-वर्णन नामक पंचवीसवाँ अध्याय पूर्ण हुआ)

रुद्राक्षजाबालोपनिषद

मूल श्लोक का अनुवाद

मेरे सभी अंग वृद्धि को प्राप्त हों। वाणी, घ्राण (प्राण-वायु), चक्षु, श्रोत्र, बल और शेष सभी इंद्रियाँ वृद्धि को प्राप्त हैं। सभी उपनिषदे ब्रह्मरूप हैं। मुझसे न तो ब्रह्म का त्याग हो और न ही बह्म मेरा त्याग करें। इस प्रकार आत्मा में निरत हुए मुझे उपनिषदों में निरूपित धर्म प्राप्त हो। वे सभी औपनिषदिक धर्म मुझमें आयें। ॐ शान्तिः शान्तिः शान्तिः।

एक समय इन कालाग्नि रुद्र से भुसुंड ने पूछा, रुद्राक्ष की उत्पत्ति कैसे हुई? उसके धारण के फल क्या है?

कालाग्नि रुद्र ने उनसे कहा, - त्रिपुर नामक राक्षस को मारने के लिये मैंने आँखें बंद कर ली (अर्थात् समाधि लगा ली)। तत्परिणामतः उन आँखों से जो जलबिंदु भूमि पर गिरे, वे ही रुद्राक्ष बन गये अथवा उन्हीं से रुद्राक्ष उत्पन्न हो गया। सबों के प्रति अनुग्रहशील होने के कारण मेरा यह वक्तव्य है कि (रुद्राक्ष का) नाम लेने भर से दस गोदान का फल तथा दर्शन और स्पर्श मात्र से इसका भी दोगुना फल मिलता है। इससे आगे कहने की शक्ति मुझमें नहीं है।

इस संबंध में ये श्लोकार्थ हैं:

प्रश्नः यह (रुद्राक्ष) कहाँ स्थित है? क्या नाम है? मनुष्य इसे क्यों धारण करते हैं? इसके कितने भेद हैं? ये कितने मुखवाले होते हैं? तथा इन्हें किन मंत्रों से किस प्रकार और क्यों धारण किया जाता है?

उत्तरः एक सहस्र दिव्य वर्ष (देवताओं के वर्ष) तक आँखें खुली रहने (नेत्रोन्मीलित समाधिस्थ अवस्था) के कारण पृथ्वी पर नेत्रस्थ कुछ जलबिंदु गिर गए।

वे ही अश्रुबिंदु महारुद्राक्ष के वृक्ष बन गये और भक्तों पर अनुग्रह के कारण स्थावर (अचल) हो गये।

धारण करने से वह रुद्राक्ष दिन और रात के किये गये पापों का हरण करता है। उसे (रुद्राक्ष को) देखने से लाख-गुना पुण्य तथा धारण करने से करोड़-गुना पुण्य होता है।

उसको धारण करने वाला मनुष्य करोड़-गुना ही नहीं, अरब-गुना पुण्य प्राप्त करता है। रुद्राक्ष धारण करने और रुद्राक्ष माला पर जप करने से मनुष्य लक्ष-कोचि-सहस्र और लक्ष-कोटि-शत-गुणित फल प्राप्त करता है। जो रुद्राक्ष धात्रीफल (ऑवला) के समान हो, वह श्रेष्ठ कहा गया है।

विद्वान मनुष्य बदरीफल (बेर) के समान रुद्राक्ष को मध्यम कहते हैं। चणक (चना) के बराबर रुद्राक्ष को अधम कहा है। अब मैं उसकी प्रक्रिया कहता हूँ।

शिवाज्ञा से उस शुभाक्षक (मंगलमय) रुद्राक्ष के ब्राह्मण, क्षत्रिय, वैश्य और शूद्र वर्ण के वृक्ष पृथ्वी पर उत्पन्न हुए।

श्वेत रुद्राक्ष बाह्मण हैं, लाल क्षत्रिय, पीत वैश्य और काले रुद्राक्ष शूद्र हैं।

ब्राह्मण को श्वेत, क्षत्रिय को लाल, वैश्य को पीले और शूद्र को काले रुद्राक्ष धारण करने चाहिये।

सम (बराबर) और गोल, स्निग्ध (चिकने), दृढ़ (मजबूत). स्थूल (बड़े) तथा कंटक-संयुक्त (काँटेवाले) रुद्राक्ष शुभ माने जाते हैं।

कीड़ों के द्वारा खाये हुए, टूटे हुए या खण्डित, कंटकों से रहित, रोग-ग्रस्त (वण-युक्त) तथा ठीक नहीं लगने वाले (अयुक्त), ये छह प्रकार के रुद्राक्ष त्याज्य हैं (इनका धारण निषिद्ध है)। यदि रुद्राक्ष में स्वतः छिद्र अनुकूल स्थान पर हो गया हो तो वह उत्तम माना जाता है।

जिसमें प्रयत्नपूर्वक छेद किया जाता है, वह मध्यम श्रेणी का रुद्राक्ष होता है। समान, चिकने, मजबूत और सुपुष्ट रुद्राक्षों को रेशम के धागे में पिरोकर धारण करना चाहिए।

रुद्राक्ष को अपने संपूर्ण शरीर से सौम्य, सुंदर और एकसमान होना चाहिए। निकष (सोना जाँचने का पत्थर) पर सोने की रेखा की चमक की तरह जिस रुद्राक्ष की रेखा प्रतीत होती हो, उसे उत्तम रुद्राक्ष समझना चाहिये और उसे ही

शिवोपासकों को पहनना चाहिये। शिखा में एक रुद्राक्ष तथा मस्तक पर तीस रुद्राक्ष की माला को धारण करना चाहिये।

व्यक्ति को गले में छत्तीस, दोनों भुजाओं में सोलह-सोलह, मणिबंध (कलाई) में बारह-बारह तथा कंधे में पन्द्रह रुद्राक्ष धारण करने चाहिये।

एक सौ आठ रुद्राक्ष की माला यज्ञोपवीत की तरह गले में धारण करनी चाहिए।

दो लड़ी, तीन लड़ी, पाँच लड़ी अथवा सात लड़ियों को (रुद्राक्ष माला को) कंठ में धारण करना चाहिये। रुद्राक्ष को मस्तक पर मुकुट के रूप में, कानों में कुंडल के रूप में और गले में हार के रूप में भी धारण करना चाहिए।

भुजबंध एवं कुक्षिबंध में विशेष रूप से सूत्र को (सूत्रित माला को) सोते जागते सदैव धारण किये रहना चाहिए।

तीन सौ रुद्राक्षों का धारण अधम, पाँच सौ रुद्राक्षों का धारण मध्यम तथा एक हजार रुद्राक्षों का धारण उत्तम कहा गया है।

मस्तक पर ईशान-मंत्र से, कंठ में तत्पुरुष मंत्र से, गले तथा हृदय में
अघोर मंत्र से रुद्राक्ष धारण करना चाहिए।

दोनों हाथों में विद्वान अघोर बीजमंत्र से रुद्राक्ष धारण करें। रुद्राक्ष बीजों को असे क्ष पर्यंत पचास अक्षरों से अभिमंत्रणपूर्वक गूंधना चाहिये, फिर पंचाक्षर मंत्र (नमः शिवाय) से अभिमंत्रित कर प्राण-प्रतिष्ठादिपूर्वक मूलमंत्र से ग्रंथित करते हुए तीन, पाँच या सात मालाओं के रूप में रुद्राक्ष धारण करना चाहिए।

फिर भगवान कालाग्नि रुद्र से भुसुंड ने पूछा, रुद्राक्षों के भेद से जिन रुद्राक्षों का जो स्वरूप तथा जो फल होता है, उनके स्वरूप को मुख-भेद पूर्वक अरिष्टनाश (अमंगलनाश) तथा इच्छित-अभीप्सित वस्तुओं के फल को कहें (अर्थात् किनसे क्या अभीप्सित वस्तुएँ मिलती है)।

इस संबंध में इस प्रकार श्लोकार्थ है:

एकमुखी रुद्राक्ष परतत्त्व का स्वरूप है, जिसे धारण करने से जितेन्द्रिय पुरुष पर-तत्त्व (शिव तत्त्व) में लीन हो जाता है।

हे मुनिश्रेष्ठ। द्विमुखी रुद्राक्ष अर्धनारीश्वर-रूप है, जिसे धारण करने से सदैव अर्धनारीश्वर भगवान (शिव) प्रसन्न होते हैं।

त्रिमुखी रुद्राक्ष तीनों अग्नियों का स्वरूप समझा जाता है, जिसे धारण करने से अग्निदेव नित्यशः प्रसन्न होते हैं।

चतुर्मुखी रुद्राक्ष चतुर्मुख भगवान (ब्रह्मा) का स्वरूप समझा जाता है, जिसे धारण करने से चतुर्मुख भगवान की प्रसन्नता प्राप्त होती है।

पंचमुखी रुद्राक्ष पंचमुखी परमात्मा (शिव) का स्वरूप है। यह ब्रह्म-स्वरूप भी है, जिसे धारण करने से पुरुष-हत्या का पाप दूर होता है, इसमें कोई संशय नहीं।

छह मुख वाला रुद्राक्ष कार्तिकेय (शिव के ज्येष्ठ पुत्र) का स्वरूप है, जिसे धारण करने से महालक्ष्मी प्रसन्न होती हैं तथा उत्तम आरोग्य की प्राप्ति होती है।

इसे (षण्मुखी रुद्राक्ष को) विद्वान गणेश का स्वरूप मानते हुए इस रुद्राक्ष को बुद्धि, विद्या और लक्ष्मी की वृद्धि और शुद्धि के लिए अनुकूल मानते हैं।

सात मुख वाला रुद्राक्ष सप्त माला (ब्राह्मी आदि) का स्वरूप समझा जाता है। इसे धारण करने से विपुल वैभव तथा उत्तम आरोग्य प्राप्त होता है।

पवित्रतापूर्वक इसे धारण करने से महत् ज्ञान और संपत्ति उत्पन्न होती है। अष्टमुखी रुद्राक्ष अष्टमाताओं का स्वरूप है। यह अष्टवसुओं को भी प्रिय है। इससे गङ्गा भी प्रसन्न होती हैं। इसके धारण करने से ये तीनों प्रसन्न होते हैं।

नौ मुख वाला रुद्राक्ष नव शक्तियों का प्रतीक है। इसे धारण करने से ये सभी नौ शक्तियाँ प्रसन्न होती हैं।

दशमुखी रुद्राक्ष यमदेव-स्वरूप है, जिसके देखने और धारण करने से परम शांति मिलती है, इसमें कोई संदेह नहीं।

एकादशमुखी रुद्राक्ष एकादश रुद्र-देव ही हैं। यह एकादश-रुद्राधिदैवत रुद्राक्ष सदैव सौभाग्यवर्धक होता है।

द्वादशमुखी रुद्राक्ष विष्णु स्वरूप है। यह बारह सूर्यों का भी स्वरूप समझा जाता है, जिसे इनका उपासक धारण करता है।

त्रयोदशमुखी रुद्राक्ष कामनाओं और सिद्धियों को देनेवाला है। यह शुभ है। इसके धारण करने से कामदेव प्रसन्न होते हैं।

चतुर्दशमुखी रुद्राक्ष रुद्र-देव की आँखों से विशेष रूप से उत्पन्न हुआ है। यह सभी रोगों का हरण करनेवाला और सदैव आरोग्य प्रदान करनेवाला है।

रुद्राक्ष-धारणकर्ता को मद्य, मांस, लहसुन, प्याज, सहिजन (शिंगू), लिसोड़ा (श्लेष्मातक), विड्वराह (शाक-विशेष) इत्यादि अभक्ष्य वस्तुओं को त्याग देना चाहिए।

ग्रहण के समय, दिन और रात के समकाल में, संक्रांति में, अयन-परिवर्तन के समय (उत्तरायण-दक्षिणायन), अमावस्या और पूर्णिमा में (मास-समाप्ति पर) जब दिन पूर्ण हो जाए, तब रुद्राक्ष धारण करने से धारक शीघ्र ही सभी पापों से मुक्त हो जाता है।

रुद्राक्ष का मूल-भाग ब्रह्मा, नाल भाग (मध्य भाग) विष्णु तथा मुख भाग रुद्र माना गया है। रुद्राक्ष के बिंदुओं पर सभी देवताओं का अधिवास है।

फिर कालाग्नि रुद्र भगवान से सनत्कुमार ने पूछा-हे भगवान, आप रुद्राक्ष धारण विधि बतायें। उसी समय निदाघ, जड़ भरत, दत्तात्रेय, कात्यायन, भरद्वाज, कपिल, वशिष्ठ, पिप्पलाद इत्यादि सभी कालाग्नि रुद्र के चारों तरफ बैठ गये तथा भगवान कालाग्नि रुद्र के यह पूछे जाने पर कि आप लोग क्यों आए हैं, वे बोले, हम सभी रुद्राक्ष धारण विधि को सुनना चाहते हैं।

तब कालाग्नि रुद्र बोले, रुद्र के नेत्रों से उत्पन्न होने के कारण यह रुद्राक्ष नाम से लोक में प्रसिद्ध है। भगवान सदाशिव संहार के समय प्रलयकाल में संहार करने के पश्चात् संसार का संहार करने वाले नेत्रों को मुकुलित (आँखों का थोड़ा खुलना और अधिकतर बंद होना) कर लेते थे। उनके ऐसे ही नेत्र से रुद्राक्ष की उत्पत्ति हुई है। इसी कारण रुद्राक्ष का रुद्राक्षत्व सिद्ध है। ऐसा कालाग्नि रुद्र भगवान ने सनत्कुमार को उत्तर दिया।

सौ बार रुद्राक्ष के शब्दोच्चारण से दस गोदान का फल प्राप्त होता है, वही रुद्राक्ष भस्म-ज्योति रुद्राक्ष भी कहा जाता है। उस रुद्राक्ष को हाथ से

स्पर्शकर धारण मात्र से दो हजार गोदान का फल प्राप्त होता है। उस रुद्राक्ष को कानों में धारण करने भर से ग्यारह हजार गोदान का फल प्राप्त होता है तथा धारक एकादश रुद्र के स्वरूप को भी प्राप्त करता है। ऐसे रुद्राक्ष को मस्तक (शिर) पर धारण करने पर एक करोड़ गोदान का फल प्राप्त होता है। इन सभी स्थानों में कानों में रुद्राक्ष धारण का फल अवर्णनीय है, ऐसा उन्होंने कहा।

इस रुद्राक्षजाबालोपनिषद का जो नित्य अध्ययन करता है, वह बालक या युवा जो भी हो, महान और ज्ञानी हो जाता है। वह गुरु तथा सभी मंत्रों का उपदेष्टा बन जाता है। इन्हीं के हवन कार्य भी करना चाहिए। इन्हीं से पूर्वार्चन भी करना चाहिए। राक्षसों को नष्ट करनेवाला और मृत्यु से उत्तीर्ण करनेवाला यह रुद्राक्ष गुरू से प्राप्त कर कण्ठ, भुजा, अथवा शिखा में बाँधना चाहिये। इसकी दक्षिणा के लिये (गुरु दक्षिणा रूप में) सातों द्वीपों से युक्त पृथ्वी भी कम है। अतः श्रद्धापूर्वक जो कुछ भी दक्षिणा है, यहाँ तक कि वाणी (निवेदनपूर्ण सविनय मधुर वाणी) भी दक्षिणाभूत है। जो ब्राह्मण इस उपनिषद को प्रातः काल पढ़ता है, उसका रात्रिकृत पाप नष्ट हो जाता है। जो सायंकाल पढ़ता है, उसका दिवसकृत पाप नष्ट हो जाता है। जो मध्याह्नकाल में पढ़ता है, उसके छह जन्मों के पाप नष्ट हो जाते हैं। प्रति दिन सायं प्रातः पाठ से अनेक जन्मों के पाप नष्ट होते हैं तथा छह हजार लाख गायत्री जप का फल प्राप्त होता है। इसके साथ ही ब्रह्म-हत्या, सुरापान, सोने की चोरी, गुरु-पत्नी-संभोग इत्यादि से उत्पन्न पापों से भी वह मुक्त और पवित्र हो जाता है। वह सभी तीर्थों के फल को प्राप्त करता है। पतित व्यक्तियों के साथ बातचीत करने पर जो पाप लगता है, अथवा पुण्यक्षय होता है, उससे भी वह छूट जाता है और वह सैकड़ों, हजारों पक्तियों (प्राणियों) को पवित्र करनेवाला हो जाता है। वह शिव-सायुज्य (शिव-सामीप्य) को प्राप्त करता है। उसका फिर कभी पुनर्जन्म नहीं होता, वह जन्म-मृत्यु के बन्धन से मुक्त हो जाता है। यह ॐ हैं, यह सत्य है। यही यह उपनिषद है।

पद्मपुराण

सृष्टिखण्ड, रुद्राक्ष-माहात्म्य-वर्णन नामक सत्तावनवाँ अध्याय

मूल श्लोक का अनुवाद

सभी प्राणियों में रुद्राक्ष से युक्त प्राणी वरेण्य या श्रेष्ठ है, जिसके दर्शनमात्र से लोकों की संपूर्ण पाप-राशि नष्ट हो जाती है।

जो रुद्राक्ष स्पर्श के साथ दिन व्यतीत करता है (भोजनादि करते हुए), रुद्राक्ष धारणकर मोक्ष प्राप्त कर भ्रमण करता है (जीवन्मुक्त भाव से), जो मस्तक, हृदय और बाहुओं में रुद्राक्ष धारण करता है, वह ईशान सदृश (शिव सदृश) लोक में और सभी यज्ञ स्थलों पर सर्वत्र विद्यमान-दृश्यमान होता है। ऐसा विप्र जिस देश में रहता है, वह देश पुण्यवान हो जाता है।

ऐसे रुद्राक्ष-युक्त व्यक्ति को देखने अथवा स्पर्श करने से मनुष्य अपने समस्त दोषों से मुक्त हो जाता है, जिस रुद्राक्ष को लक्ष्यभूतकर जो भी जप, तर्पण, दान, स्नान, अर्चा, प्रदक्षिणा इत्यादि जो पुण्य कर्म किए जाते हैं, वे सभी पुण्य कर्म अक्षय या अनतक बन जाते हैं। रुद्राक्ष का फल तीर्थों में महत् तीर्थ के समान है।

इसके (रुद्राक्ष के) शरीर में धारण से व्यक्ति पाप से पवित्र हो जाता है और स्वर्ग का अधिकारी (अपवर्गभाक्) बन जाता है। अक्ष-माला को ग्रहण कर और ब्रह्म-ग्रंथि से युक्त शिवा को (अक्ष-माला को) धारण कर जो भी जप किया जाता है, दान, स्तोत्र, मत्र, सुरार्चनादि किया जाता है, वह सब अक्षयता का आनयन करता हुआ पाप को नष्ट करता है।

हे द्विज-श्रेष्ठ ! अब माला का लक्षण बताता हूँ, जिसे आप सुनें। जिसके लक्षण को जानकर मोक्ष मार्ग प्राप्त कर सकते हैं।

निर्योनि (रेखा-रहित), कीटविद्ध (कीड़े के द्वारा खाया हुआ), भग्नलिङ्ग (जिसके काँटे टूट गये हों) तथा जो बीजाक्ष दूसरे से चिपक गये हैं, उन्हें माला में स्थान नहीं देना चाहिये (अर्थात् गूँथना नहीं चाहिए)।

माला को स्वयं गूँथना चाहिये और बीजाक्षों को एक-दूसरे पुर प्रसज्जित करना चाहिए। शूद्रादि के द्वारा गूँथी गई माला अशुद्ध होती है। उसे दूर से ही देखकर छोड़ देना चाहिए।

सत्ताईस बीजाक्षों (नक्षत्रों) की सर्पाकार माला के अंत में मेरू का संयोग होना चाहिए। दो दानों के बीच में गाँठें होनी चाहिए और संपूर्ण माला को प्रशस्त (एकाकार, सुदर्शन और संतुलित) होना चाहिए। बुद्धजनों को ऐसी माला पर जप करना चाहिए।

ऐसी शुद्ध माला को लेकर अंगूठे से कर्षण करता हुआ (अपनी ओर खींचता हुआ) मध्यमा अँगुली पर बीजाक्षों को संयुक्त कर यथा क्रम से जप करना चाहिए।

हस्त-संचालन से (जप करते हुए) मेरू का स्पर्श कर पुनः (लौट आना चाहिए) संख्यापूर्वक मंत्र का जप करना चाहिए, असंख्यात (अगणित) जप निष्फल होता है।

अपनी माला से सभी देवताओं का जप करना चाहिए (कर सकते है)। किसी भी तीर्थ में यदि प्रथत (धर्मनिष्ठ जापक) इस माला पर जप करता है, तो उसे कोटि-कोटि गुणित फल प्राप्त होता है।

शुद्ध भूमि पर, यज्ञ के लिये निश्चित वृक्ष के मूल में (अथवा खैर वृक्ष के मूल मे), गोशाला में, चतुष्पथ पर अथवा घर के भीतर (इस रुद्राक्ष माला पर), विष्णु-मंत्र, शिव-मंत्र, गणपति मंत्र, सूर्य-मंत्र का जप करने से अनंत फल की प्राप्ति होती है। शून्यागार में, शिव-समक्ष (शिव मंदिर मे), श्मशान में और चतुष्पथ पर जो देवी-मंत्र का जप करता है, वह साधक सद्यःसिद्धि को प्राप्त कर लेता है। जितने भी वैदिक, पौराणिक और तांत्रिक मंत्र हैं, वे सभी रुद्राक्ष माला पर जपनीय हैं तथा इन जपों से दयित (अभीष्ट) फल की प्राप्ति होती है और साथ ही ऐसा जप मोक्षदायक भी है। रुद्राक्ष के स्पर्श से शुद्ध जल को सर पर धारण करना चाहिये।

रुद्राक्ष के सभी प्रकार के कल्मष (दोष) से व्यक्ति पवित्र हो जाता है और उसे अक्षय पुण्य की प्राप्ति होती है। रुद्राक्ष के प्रत्येक बीज पर

प्रत्येक देवता का निवास है। जो व्यक्ति इस रुद्राक्ष को अपने शरीर पर धारण करता है, वह मर्त्यलोकवासी होकर भी देवलोकवासी देवों में भी उत्तम हो जाता है।

द्विजों ने कहा,

रुद्राक्ष कहाँ उत्पन्न होता है, अथवा किस यज्ञीय वृक्ष पर चला जाता है। भूमि पर स्थावर के रूप में किस लिये स्थित होता है और यह रुद्राक्ष किसके द्वारा प्रचारित किया गया है?

व्यास ने कहा, -

हे विप्रगण! प्राचीन काल में कृतयुग के समय त्रिपुर नाम का दानव था। उसने देवताओं की हत्या कर दी और अंतरिक्षपुर में चला गया।

सभी लोकों के नष्ट होने पर वह (दानव) ब्रह्म की तरह बैठ गया, तब भगवान शंकर ने देवों के द्वारा दारुण निवेदन को सुना।

फिर शंकर ने अपने दिव्य (अग्नियुक्त) चक्षु से देखा और फिर उन्होंने अजगवम् (पिनाक, शिवजी का धनुष) पर बाण चढ़ाकर काल के सदृश उस दानव की हत्या कर दी।

वह दानव पृथ्वी के पृष्ठ पर भीषण उल्का की तरह गिर पड़ा। फिर श्रम-शिथिल रुद्र (के शरीर) से पसीने की बूँदें टपक पड़ीं।

वही तत्क्षण उन बिंदुओं से महारुद्राक्षक वृक्ष पृथ्वी पर उत्पन्न हो गया। इसके फल को अतिगुह्यता के साथ जीवगण नहीं जानते।

फिर कैलाश के शिखर पर देवाधिदेव महेश्वर को पृथ्वी पर माथा टेककर स्कंद ने प्रणाम किया और कहा।

स्कंद ने कहा, -

हे तात (शिव)! मैं रुद्राक्ष के फल को तत्त्वपूर्वक जानने की इच्छा रखता हूँ। इसके जप, धारण, दर्शन और स्पर्श का भी फल जानना चाहता हूँ।

ईश्वर (शिवजी) ने कहा, -

इसके (रुद्राक्ष के) दर्शन से लक्ष पुण्य (लक्ष-प्रमाण-पुण्य) मिलता है। स्पर्श से कोटि प्रमाण पुण्य मिलता है। जो नर इसे धारण करता है, उसे दश-कोटि-प्रमाण पुण्य फल की प्राप्ति होती है।

लक्ष कोटि सहस्र तथा लक्ष कोटि शत प्रमाण पुण्य की प्राप्ति रुद्राक्ष पर जप से होती है, उस पर कुछ भी विचार करने की (विकल्प करने की) आवश्यकता नहीं है।

समाज-अस्वीकृत और सदोष कर्म में स्थित रहनेवाला अथवा सभी पापों से युक्त रहनेवाला भी रुद्राक्ष धारण के कारण सभी पापों से मुक्त हो जाता है।

कण्ठ में रुद्राक्ष धारण कर यदि कुत्ता भी मरे तो वह रुद्रत्व को प्राप्त कर लेता है। फिर मनुष्य आदि की तो बात ही क्या।

यदि ध्यान-धारणादि रहित भी रुद्राक्ष का धारण किया जाए तो वह सभी पापों से मुक्त होकर परम गति को प्राप्त करता है।

कार्तिकेय ने कहा, -

एकमुखी, द्विमुखी, त्रिमुखी, चतुर्मुखी, पंचमुखी, षण्मुखी, सप्तमुखी, अष्टमुखी, नवमुखी, दशमुखी, एकादशमुखी, द्वादशमुखी, त्रयोदशमुखी, चतुर्दशमुखी, रुद्राक्ष स्वयं शंकर के द्वारा कहा हुआ तथा शंकर-स्वरूप है।

उनमें तत् तत् मुखों के रुद्राक्ष के कौन कौन देवता है, उसे कहिये। उनके गुण और दोष कैसे है, उन्हें भी हे जगदीश्वर बताइये यदि मेरे ऊपर अनुग्रह है तो मुझे यथार्थतः (सत्य सत्य) यह (रहस्य) बताइये।

ईश्वर ने कहा, -

एकमुखी रुद्राक्ष साक्षात् शिव है। यह ब्रह्म हत्या के पाप को दूर करता है। इस लिये इसे शरीर पर धारण करना चाहिए, जिससे सभी पापों का नाश हो जाता है।

फिर (एकमुखी रुद्राक्ष धारण-कर्ता) शिवलोक में चला जाता है और शिव के साथ आनंदपूर्वक रहने लगता है। शंकर के अनुग्रह के कारण महान पुण्य के योग से यह स्थिति होती है।

हे षड़ानन ! एकमुखी रुद्राक्ष धारण करनेवाला मरणशील व्यक्ति मोक्ष मार्ग को प्राप्त कर लेता है। हे देवदेव, जो द्विमुखी रुद्राक्ष को धारण करता है, उसके सभी पापों का क्षय हो जाता है, उसके गोवधादि के पाप भी नष्ट हो जाते हैं। द्विमुखी रुद्राक्ष के धारण से अक्षय रूप से स्वर्ग की प्राप्ति होती है।

द्विमुखी रुद्राक्ष साक्षात् अग्निस्वरूप है। जिसके शरीर पर यह प्रतिष्ठित होता है, उसके जन्मार्जित पाप वैसे ही नष्ट हो जाते हैं, जैसे आग ईंधन को जला देती है।

स्त्री हत्या, ब्रह्म हत्या, और ऐसी अनेक हत्याओं का पाप मनुष्य को लगा रहता है, जो इस रुद्राक्ष के धारण से तत्क्षण नष्ट हो जाते हैं।

अग्नि पूजा से जो फल मिलता है, और घृत की आहुति से सम्पन्न अग्निकार्य से जो फल मिलता है, उसे वीर पुरुष प्राप्त कर लेता है और अंत में स्वर्ग का सुख भोगता है।

जो पृथ्वी पर त्रिमुखी रुद्राक्ष धारण करता है, वह ब्रह्म के सदृश हो जाता है। जन्मानों में देह से किये गये प्रच्छन्न सभी पाप नष्ट हो जाते हैं।

वह (त्रिमुखी रुद्राक्षधारी) उदर में नहीं आता (जन्म नहीं लेता), उसे कोई रोग भी नहीं होता और वह अकुशल जीवन भी व्यतीत नहीं करता। उसकी कभी पराजय नहीं होती। आग से उसका घर भी नहीं जलता।

ये सभी और इन सबों से अतिरिक्त भी सभी प्रकार के वज्र या विपत्ति का निवारण इससे (त्रिमुखी रुद्राक्ष के धारण से) होता है। त्रिमुखी रुद्राक्ष धारण करनेवालों का कुछ भी अशुभ नहीं होता।

चतुर्मुखी रुद्राक्ष स्वयं ब्रह्मा है। यह जिसकी देह में प्रतिष्ठित होता है, वह द्विज सभी शास्त्रों का ज्ञाता, वेदों का जानकार और वरेण्य बन जाता है। वह द्विजत्व को भी प्राप्त कर लेता है।

वह सभी धर्मों के अर्थत्व का ज्ञाता, स्मृति और पुराण का जानकार हो जाता है। मनुष्य और मनुष्येतर प्राणियों की गृहगत हत्या से उत्पन्न पाप शीघ्र ही नष्ट हो जाते हैं, जो चतुर्मुखी रुद्राक्ष को धारण करते हैं। पंचमुखी रुद्राक्ष स्वयं इन्द्र है। इसे कालाग्नि के नाम से भी जानते हैं।

पंचमुखी रुद्राक्ष के धारण करने से अगम्य-गमन और अभक्ष्य-भक्षण का पाप नष्ट होता है। इसमें कोई संदेह नहीं।

इससे महेश (शंकर) नित्य संतुष्ट होते हैं। यह व्यक्ति प्राणियों का अधिपात बन जाता है। सद्योजात, ईशान, तत्पुरुष, अघोर और वामदेव- ये सभी देव (ये सभी शिव के विभिन्न देवरूप है) पंचमुखी रुद्राक्ष में निवास करते हैं। अतः पंचमुखी रुद्राक्ष धरातल पर सर्वत्र भूयिष्ट (प्रचुर) हैं।

यह रुद्र का आत्मज स्वरूप है। अतः विद्वानों को इसे धारण करना चाहिए। वह शिव के समक्ष सुर और असुरों के द्वारा कोटि-सहस्र-कल्प तथा कोटिशत-कल्प तक पूजनीय बना रहता है। पृथ्वी पर वह सार्वभौम और शिवालय में वह सर्वतेजसम्पन्न हो जाता है।

इसलिये सभी प्रयत्नों के साथ पंचमुखी रुद्राक्ष को धारण करना चाहिए। षण्मुखी रुद्राक्ष तो कार्तिकेय ही है। इसे दाहिनी भुजा में धारण करना चाहिए।

इसके धारण से ब्रह्म हत्यादि पाप से मुक्ति मिलती है। इसमें कोई संदेह नहीं। कल्पान्त तक भी वह स्कंद के सदृश शूरवीर बना रहता है।

वह पराजय को प्राप्त नहीं करता और पृथ्वी पर गुणों का आकर (खजाना) बना रहता है। वह कुमारत्व (शिव-पुत्र पद) को प्राप्त करता है 1

(षण्मुखी रुद्राक्ष धारण करनेवाला) ब्राह्मण राजाओं के द्वारा पूज्य, क्षत्रिय विजय प्राप्त करता है तथा वैश्य एवं शूद्र वर्ण के व्यक्ति सदैव धन-धान्यादि ऐश्वर्य से भरे-पूरे रहते हैं।

उनके लिये गौरी (पार्वती) वरदायिनी और माता की भाँति सदैव सुलभ होती है। तत्परिणामतः ऐसा नर अपने भुजबल से ही विश्वजयी बन जाता है।

वह वाग्मी (वाक्पटू), धीर होता है। सभा में, नृपों के घर में और गोष्ठियों में वह वाक् पटू और धीर बना रहता है। वह कभी कातरता को प्राप्त नहीं होता। निश्चय ही वह कभी भंग (टूटा हुआ) नहीं होता।

ये सभी गुण और ऐसे अन्य सभी गुण षण्मुखी रुद्राक्ष के धारण करने से प्राप्त होते हैं। सप्तमुखी रुद्राक्ष महासेन, अनंत और नागराट् (कार्तिकेय, वासुकि और नागराज) हैं।

इसके प्रत्येक मुख में एक-एक नाग व्यवस्थित है। अनंत, कर्कट, पुण्डरीक, तक्षक, विषील्वण, कारोष और शङ्खचूड, ये सातों महाबलशाली नाग सप्तमुखी रुद्राक्ष के सातों मुखों में व्यवस्थित हैं।

इसके धारण मात्र से शरीर के अंतर्गत विष का असर नहीं होता। उसके प्रति शंकर परम प्रसन्न रहते हैं। जैसी प्रसन्नता वे नागेश्वर के प्रति दिखाते हैं।

इसके (सप्तमुखी रुद्राक्ष के) प्रसन्न होने पर दिनानुदिन रुद्राक्षधारी सभी पापों से मुक्त होता चलता है। ब्रह्म हत्या, सुरापान, चोरी तथा गुरु-पत्नी गमन इत्यादि से जो पाप होते हैं, उन सभी पापों से वह मनुष्य तत्क्षण मुक्त हो जाता है। तीनों लोकों में देवों के भोग्य के सदृश भोग्य को वह निश्चय ही प्राप्त करता है।

अष्टमुखी रुद्राक्ष महासेन (कार्तिकेय) और गणेश के सदृश हैं। इसके धारण करने से जो पुण्य होता है, उसे सुनो।

वह किसी जन्म में मूर्ख नहीं होता, कभी व्याकुलता को प्राप्त नहीं होता। वह बुद्धि-भ्रष्ट भी नहीं होता। उसके सभी कार्यों में सदैव अविघ्नता रहती है।

लेखन-कार्य में उसे निपुणता प्राप्त होती है और महत्कार्यों में कौशल प्राप्त होता है। उसके सभी आरंभ किये हुए कार्यों में क्षेम (मंगल) की स्थिति सदैव बनी रहती है।

जो अर्ध सत्य का प्रयोग करता है (वणिक् वृत्ति में), डंडी मारता है अथवा अन्य सभी प्रकार के झूठ और बेइमानी का आश्रय लेता है, जो गुरु-पत्नी का शिशनोदरकर-स्पर्श करता है (शिश्न गमन के लिये, उदर-आलिंगन के लिये, कर अन्य सभी प्रकार के स्पर्श के लिए) अथवा इस प्रकार के अन्य सभी पापों को यह रुद्राक्ष धारण (अष्टमुखी) नष्ट करता है। फिर वह व्यक्ति तीनों देवताओं (ब्रह्मा-विष्णु-महेश) के आशीर्वादस्वरूप प्राप्त अक्षय भोग को भोगकर अंततोगत्वा मुक्ति प्राप्तकर परागति में लीन हो जाता है।

ये सभी गुण अष्टमुखी रुद्राक्ष के धारण से प्राप्त होते हैं। नौमुखी रुद्राक्ष भैरव कहा गया है। इसे बाहु में धारण करना चाहिये।

कपिल रंग के इस मुक्ति-प्रदायक रुद्राक्ष को धारण कर कोई भी व्यक्ति मेरे सदृश बलशाली हो जाता है। यदि कोई लक्ष-कोटि-सहस्र-संख्या-पर्यंत

ब्रह्म-हत्या करता है, उसके सभी पाप शीघ्र ही नौमुखी रुद्राक्ष के कारण से जल जाते हैं। देवलोक में वह सदैव देवों द्वारा और इंद्र द्वारा पूजित होता है।

भगवान शंकर के घर में, स्वयं शंकर की तरह पवित्र, घर में गणेश की तरह यह रुद्राक्ष है, इसमें कोई संशय नहीं (अथवा शंकर और गणेश दोनों के सदृश) दशमुखी रुद्राक्ष के धारण से सर्प का भय नष्ट हो जाता है।

एकादशमुखी रुद्राक्ष के धारण से हे वत्स! ग्यारह रुद्रों को समझना चाहिये। इसे शिखा के मध्य में धारण करना चाहिए। इसके पुण्य फल को तुम सुनो।

एक सहस्र अश्वमेध यज्ञ और कोटिशत-संख्यक यज्ञ करने से शत-सहस्र संख्यापर्यंत गायों का सम्यक दान करने से जो फल मिलता है। वह फल एकादशमुखी रुद्राक्ष के धारण से शीघ्र ही प्राप्त हो जाता है।

वह इस लोक में शंकर-सदृश हो जाता है और उसका पुनर्जन्म नहीं होता।

द्वादशमुखी रुद्राक्ष को कण्ठदेश में धारण करने से आदित्य (सूर्य) तुष्ट होते हैं। वे नित्य द्वादशमुखी रुद्राक्ष में व्यवस्थित हो जाते हैं।

गोमेध और नरमेध यज्ञ करने से जिस फल की प्राप्त होती है, वह फल शीघ्र ही प्राप्त होता है। इससे किसी भी प्रकार की वज्रता (सांसारिक कठोरता अथवा आकाशीय हिमपात) से निवारण होता है।

इससे अग्नि भय नहीं होता और न शारीरिक रोग होता है। अर्थलाभ और सुख को भोगकर वह ईश्वर (स्वामी) बन जाता है। उसे दरिद्रता कभी नहीं छूती।

हाथी, घोड़ा, मनुष्य, बिल्ली, चूहा, खरहा, सर्प, सूअर, सियार इत्यादि की हत्या और उसके पाप से द्वादशमुखी रुद्राक्ष धारण कर्ता मुक्त हो जाता है, इसमें संदेह नहीं। यदि त्रयोदशमुखी रुद्राक्ष प्राप्त हो जाए, जो रुद्र ही है, तो वह परम शुभकारक बन जाता है-ऐसा समझना चाहिए। साथ ही यह सभी कामनाओं और फलों को प्रदान करनेवाला भी है। जो सुधा-रसायन आदि और धातुओं के निर्माण के लिये कृत-संकल्प हैं, हे षण्मुख ! उनके इस प्रकार के सभी कार्य सिद्ध होते हैं तथा वे भाग्ययुक्त बने रहते हैं। माता, पिता, बहन, भाई और गुरू की हत्या करने पर भी त्रयोदशमुखी रुद्राक्ष धारण करने से इन सभी प्रकार के पापों से

मुक्ति मिल जाती है। अक्षय स्वर्ग का लाभ भी इससे मिलता है, जैसे देव महेश्वर को अक्षय स्वर्ग मिलता है।

हे वत्स! यदि चतुर्दशमुखी रुद्राक्ष सदैव माथे पर अथवा बाहुओं में धारण किया जाए तो वह शिव का शक्ति-पिण्ड बन जाता है। (शक्तिपीठ और ज्योतिर्लिंग दोनों बन जाता है)।

इसके पुनः पुनः वर्णन और बहुकथन की क्या आवश्यकता? वह व्यक्ति देवताओं के द्वारा सदैव पूजित होता है। पुण्य-गौरवशाली व्यक्तियों के भाग्य से ही ऐसे व्यक्ति प्राप्त होते हैं।

कार्तकेय ने कहा, -

हे भगवान ! प्रत्येक मुख में किस प्रकार न्यास, मंत्र-पाठ और धारण होता है, यह हमें बताएँ।

ईश्वर ने कहा,

हे कार्तिकेय ! सुनों-तत्त्वपूर्वक, यथाविधि प्रत्येक वक्त्र का वर्णन करता हूँ। बिना मंत्रों के रुद्राक्ष धारण के इतने गुण वर्णित हैं।

यदि कोई मानव इस पृथ्वी पर मंत्रों से संयुक्त कर रुद्राक्ष धारण करता है तो उसके गुणों और महत्व को कहने की सामर्थ्य मुझमें नहीं है।

अब मंत्र कहे जा रहे है:

ॐ रुद्र एकवक्त्रस्य।

ॐ खं द्विवक्त्रस्य।

ॐ बुं त्रिवक्त्रस्य।

ॐ ह्रीं चतुर्वक्त्रस्य।

ॐ ह्रां पञ्चवक्त्रस्य।

ॐ हूं षड्वक्त्रस्य।

ॐ ह्रः सप्तवक्त्रस्य।

ॐ कं अष्टवक्त्रस्य।

ॐ जूं नववक्त्रस्य।

ॐ क्षं दशवक्त्रस्य।

ॐ श्रीं एकादशवक्त्रस्य।

ॐ ह्रां द्वादशवक्त्रस्य।

ॐ क्षौं त्रयोदशवक्त्रस्य।

ॐ त्रां चतुर्दशवक्त्रस्य।

इन मंत्रों से क्रमशः न्यास करना चाहिए।

मस्तक और हृदय पर माला धारण कर जो मनुष्य चलता है, उसे पग-पग पर एक-एक अश्वमेध यज्ञ के फल की प्राप्ति का लाभ मिलता है। इसमें किसी प्रकार की अन्यथा नहीं है।

सभी मुखों के धारण से व्यक्ति मेरे सदृश हो जाता है। इस लिए हे पुत्र ! सभी प्रयत्नों के साथ रुद्राक्ष धारण करना चाहिये।

जो (रुद्राक्ष संबंधी) इन मंत्रों को सुनता है, अथवा पुण्य आख्यान को सुनता है, उसे वही फल प्राप्त होता है, जो सभी मुखों के रुद्राक्ष को धारण करने से प्राप्त होता है।

इन सभी विहित फलों को प्राप्त कर वह स्वर्लोक (स्वर्ग) तथा मोक्ष (अपवर्गता) को प्राप्त करता है। पृथ्वी पर जो मनुष्य रुद्राक्ष को धारण कर मरता है, वह मेरे रमणीय लोक में जाता है और सभी देवताओं के द्वारा पूजित हो जाता है। हे पुत्र! प्राचीन काल में मरु देश नामक स्थल में व्यापार के लिए जाते हुए एक वणिक् पुत्र को वृक्ष पर बैठी हुई प्रेतिनी ने प्रताड़ित किया। फिर एक ब्राह्मण के द्वारा नाचती हुई वह प्रेतिनी देखी गई।

ब्राह्मण ने कहा,-

तुम कौन हो? दीन अवस्था को प्राप्त कर क्यों नाच रही हो? फटे वस्त्रों से भी लिपटी हो।

ईश्वर ने कहा, -

उस प्रेतिनी ने ब्राह्मण से कहा, ऐसा देवदूतों से सुना गया है, इस शोभन-पुरुष (वणिक् पुत्र) का वज्रपात के द्वारा अभी निधन होगा, और फिर वह मेरा पति बनेगा (ऐसा प्रेतिनी ने कहा)। इसी बीच ऊपर से (स्वर्ग से) उसके मस्तक पर वज्र गिरता है।

फिर वह वज्र पृथ्वी पर रुद्राक्ष के आधे खण्ड पर गिरता है। फिर मेरे ही समक्ष हे पुत्र ! शीघ्र ही एक विमान का अवतरण होता है।

फिर उस विमान पर आरोहणकर वह स्थिरतापूर्वक बैठ जाता है। रुद्राक्ष को धारण करनेवाला व्यक्ति ईश्वरवत् हो जाता है।

इस प्रकार रुद्राक्ष खण्ड पर मृत्यु होने से भी सुगति प्राप्त होती है, तो हे पुत्र! ज्ञानपूर्वक जो व्यक्ति रुद्राक्ष धारण करता है, उसके फल को कहने में मैं असमर्थ हूँ।

वह शैव (शिवोपासक), वैष्णव (विष्ण-उपासक), शाक्त (शक्ति-उपातक), गाणपत्य (गणेशोपासक) और सौरक (सूर्योपासक), कोई भी यदि मस्तक में रुद्राक्ष धारण किये हुए मरता है (एक माला भी) या जो इस माहात्म्य को पढ़ता और पढ़वाता है, सुनता या सुनाता है, वह सभी पापों से मुक्त होकर क्रमशः सुख और मोक्ष को प्राप्त करता है।

(यह पद्मपुराणांतर्गत सृष्टिखण्ड का रुद्राक्ष-माहात्म्य-वर्णन नामक सत्तावनवाँ अध्याय पूर्ण हुआ)

मंत्रमहार्णव

मूल श्लोक का अनुवाद

शंकर ने कहा-

एकमुखी रुद्राक्ष साक्षात शिव है, यह ब्रह्म-हत्या के पाप का नाश करता है। द्विमुखी रुद्राक्ष देव-देवी स्वरूप (शिव-शिवा रूप, अर्धनारीश्वर रूप) हैं और यह निश्चित रूप से गोवध से उत्पन्न पाप का नाश करता है।

त्रिमुखी रुद्राक्ष दहन (अग्नि) का साक्षात रूप है, जो भ्रूण हत्या जैसे पाप का नाश करता है। चतुर्मुखी रुद्राक्ष स्वयं ब्रह्मा ही हैं, जो ब्रह्म हत्या के पाप को दूर करता है।

पञ्चमुखी रुद्राक्ष स्वयं इंद्र स्वरूप है। इसका नाम कालाग्नि है। षण्मुखी रुद्राक्ष कार्तिकेय है। इसे दाहिनी भुजा में धारण करना चाहिए। 16०।।

इसके (षण्मुखी रुद्राक्ष के) धारण से ब्रह्म-हत्यादि पापों से मुक्ति मिलती है, इसमें कोई संदेह नहीं। सप्तमुखी रुद्राक्ष महासेन (विशाल सेना के अधिपति) हैं तथा अनन्त नामधारी हैं। यह अनेक नामों से शोभित है।

इसके (सप्तमुखी रुद्राक्ष के) धारण से गुरु-पत्नी-गमन इत्यादि पापों से मुक्ति मिलती है, इसमें तनिक भी संदेह नहीं। अष्टमुखी रुद्राक्ष भी महासेन (विशाल सेना के नायक) तथा साक्षात देव विनायक (गणेश) स्वरूप हैं।

इसके (अष्टमुखी रुद्राक्ष के) धारण से गुरु पत्नी का स्पर्श यदि पृष्ठोदर से हो जाए (गुरु पत्नी ही वशीभूत हो जाए) तो उसके द्वारा उत्पन्न प्रेम की स्थिति में पीठ से स्पर्श होता है। स्वयं क्रियाशीलता की दशा में स्त्री-गमन काल में उदर से स्पर्श होता है और अन्य स्थितियों में हाथ से स्पर्श होता है- यह त्रिविध पाप है। तो उसके संपूर्ण पापों को, ऐसे अनेक पापों को तथा अति पापों को यह रुद्राक्ष दूर करता है।

यह (अष्टमुखी रुद्राक्ष) संपूर्ण विघ्नों का नाश करता है। इसका धारक मुक्त होकर परागति को प्राप्त करता है। ये समस्त गुण अष्टमुखी रुद्राक्ष के धारण के हैं।

नौमुखी रुद्राक्ष भैरव-स्वरूप है। नौमुखी रुद्राक्ष को बायीं भुजा में धारण करना चाहिए। यह कपिल (अग्नि स्वरूप) तथा मुक्तिदायक है अथवा "कपिलः मुक्तिदः" (महर्षि कपिल के शाप से सगर के साठ हजार पुत्र भस्म हो गयो, फिर अनेक प्रार्थना के बाद वे ही कपिल कपिल-धारा, अर्थात गङ्गा के रूप में उन्हें मुक्ति प्रदान करते है)। नववक्त्र का धारणकर्ता मेरा तुल्य बल (शंकर के समान बलशाली) हो जाता है।

लक्ष कोटि सहस्र (अनंत) ब्रह्म हत्या के पाप को जो अर्जित करता है, उसको शीघ्र ही नौमुखी रुद्राक्ष धारण से भस्मीभूत किया जा सकता है।

दशमुखी रुद्राक्ष महासेन और साक्षात जनार्दन देव स्वरूप है। इसके धारण से (विपरीत) ग्रह, पिसाच, वैताल, ब्रह्म राक्षस, पन्नग (सर्प) इत्यादि नष्ट हो जाते हैं। दशमुखी रुद्राक्ष के धारण का यह फल है। एकादशमुखी रुद्राक्ष एकादश रुद्र माने जाते हैं।

(हे देवि!) शिखा के मध्य नित्य (सर्वदा) धारण करने से उसके

पुण्यफल को सुनो। एक हजार अश्वमेध यज्ञ एवं एक सी वाजपेय यज्ञ करने का और एक लाख स्वर्णश्रृंग के सम्यक् दान करनेवाले को जो पुण्य फल प्राप्त होता है, वह फल एकादशमुखी रुद्राक्ष धारण करने से होता है।

द्वादशमुखी रुद्राक्ष कंठ प्रदेश में धारण करने से आदित्य (सूर्य) नित्य तुष्ट होते हैं। वे सूर्य द्वादशार्क व्यवस्थित हैं। इस लिए यह रुद्राक्ष भी द्वादश सूर्यो से विशिष्ट भाव से अवस्थित (निवसित) हो जाता है।

त्रयोदशमुखी रुद्राक्ष "काम" कहा गया है। यह सभी कामनाओं और फलों को प्रदान करनेवाला है। चतुर्दशमुखी रुद्राक्ष भगवान श्रीकंठरूप हैं। यह "वशोद्धारक" और "पर" भी है (वशोद्धारक के रूप में वह रुद्राक्ष धारणकर्ता के वश में उत्पन्न सभी मृत व्यक्तियों की आत्मा का उद्धार करता है। यह अतीत का उद्धारक तत्त्व है। साथ ही, यह रुद्राक्ष धारणकर्ता के निधन पर लोक की सुगम और सुखद यात्रा करानेवाला सिद्ध होता है। अतः यह भविष्य दर्शन है। इस प्रकार यह रुद्राक्ष अतीत और भविष्य दोनों को उद्धृत एवं संस्कृत करता है)।

पद्मपुराण के आधार पर इसका धारण विधानः

(रुद्राक्ष के) स्नान काल में पंचामृत और पंचगव्य का प्रयोग करना चाहिए। रुद्राक्ष की प्रतिष्ठा में पंचाक्षर मंत्र का प्रयोग करना चाहिए। ॐ त्र्यंबकादि मंत्र जैसा वह है, उस रूप में उसका प्रयोग करना चाहिए।

मंत्र है-

ॐ त्र्यम्बकं यजामहे सुगन्धिं पुष्टिवर्द्धनम्।
उर्वारुकमिव बन्धनान्मृत्योर्मुक्षीय माऽमृतात्।।

ॐ पौं अघोरे घोरे हूं घोरतरे हुं ॐ ह्रीं श्रीं सर्वतः सर्वाङ्गे नमस्ते रुद्ररूपे हुम्॥

इस मंत्र से (इन मंत्रों से) रुद्राक्ष की प्रतिष्ठा विधिवत करनी चाहिए, तभी हे द्विजोत्तम (हे श्रेष्ठ ब्राह्मण) अधिक फल की प्राप्ति होती है। इसके बाद अपने अभीष्ट मंत्र से अभिमंत्रण-पूर्वक भक्ति संयुक्त होकर रुद्राक्ष धारण करना चाहए। अथवा प्रत्येक रुद्राक्ष का जो स्व-स्व मंत्र है, उससे इसको धारण करना चाहिए।

मंत्र क्रम से ये हैं, -

ॐ ॐ दृशं नमः(एकमुखी रुद्राक्ष के लिए मंत्र)
ॐ ॐ नमः(द्विमुखी रुद्राक्ष के लिए मंत्र)
ॐ ॐ नमः(त्रिमुखी रुद्राक्ष के लिए मंत्र)
ॐ ह्रीं नमः(चतुर्मुखी रुद्राक्ष के लिए मंत्र)
ॐ हूं नमः(पञ्चमुखी रुद्राक्ष के लिए मंत्र)
ॐ हूं नमः(षण्मुखी रुद्राक्ष के लिए मंत्र)
ॐ हूं नमः(सप्तमुखी रुद्राक्ष के लिए मंत्र)
ॐ सः हूं नमः(अष्टमुखी रुद्राक्ष के लिए मंत्र)
ॐ हं नमः(नौमुखी रुद्राक्ष के लिए मंत्र)
ॐ ह्री नमः(दशमुखी रुद्राक्ष के लिए मंत्र)
ॐ श्रीं नमः(एकादशमुखी रुद्राक्ष के लिए मंत्र)
ॐ हू ह्रीं नमः(द्वादशमुखी रुद्राक्ष के लिए मंत्र)
ॐ क्षां चौं नमः(त्रयोदशमुखी रुद्राक्ष के लिए मंत्र)
ॐ नमो नमः(चतुर्दशमुखी रुद्राक्ष के लिए मंत्र)

महाकाल संहिता

गुह्यकालीखण्डान्तर्गत षोढ़ान्यासोद्धार नामक नवम् पटल

मूल श्लोक का अनुवाद

कल्पसिद्धन्यास को रुद्राक्षमाला पर अत्यंत आदर के साथ लिखकर निश्चितात्मनाभाव से (गुह्यकाली के प्रति निश्चित-निर्धारित भक्तिपूर्वक) इसे अपने कंठ में धारण करना चाहिए, तभी उस देवी (गुह्यकाली) का ध्यान किया जा सकता है।

जो अन्य व्यक्ति भी (इस विस्तृत विधान के बिना भी) इसे

रुद्राक्ष-माला को) धारण करेंगे, उन पर भी गुह्यकाली वर प्रदान करनेवाली सिद्ध हो जाएगी। पृथ्वी पर एससे बढ़कर शुचिप्रद (पवित्रता प्रदायक) न्यास नहीं है।

हे सुरेश्वरि! तीनों लोको में ऐसा कोई भी न्यास नहीं है, जो अधिकाधिक फल प्रदानकर्ता के रूप में इसकी समता कर सके। इसमें तनिक भी संशय नहीं करना चाहिये।

किसी शुभ तिथि को गुरुमुख से उपदिष्ट होकर (आज्ञा प्राप्त कर) जो यत्नपूर्वक गुरु को स्वर्ण, रत्न, वस्त्रादि के द्वारा सन्तुष्ट करता है (उसके प्रति गुह्यकाली सिद्धिदायिका हो जाती है), जो बिना उपदेश (दीक्षा अथवा उपदेश) के धारण करता है, उससे गुह्या (गुह्यकाली) विमुख हो जाती हैं।

जो विधानपूर्वक रुद्राक्षमाला को धारण करता है, वह सभी प्रकारकी सिद्धियों को पा जाता है। जो अविधान (विधानहीनता) के साथ इसे धारण करता है, उसे यह रुद्राक्षमाला ही खा जाती है, इसमें कोई संशय नहीं।

यदि प्रति दिन न्यास करने की शक्ति नहीं हो तो किसी पर्व विशेष को लक्ष्यकर चतुर्दशी अथवा अष्टमी के दिन इस न्यास को करना चाहिए।

इसमें भी अशक्तता का अनुभव हो तो शारदीय नवरात्र में यह न्यास करना चाहिए। ऐसा करने में भी अशक्त होने पर भोज-पत्र पर इसे लिखकर भुजा

में बाँधना चाहिए। अथवा यन्त्रपीठ की तरह इसकी पूजा करनी चाहिए। हे परमेश्वरि! जहाँ यह न्यास लिखित होकर स्थित होता है, वहाँ संक्रामक रोग और दुर्भिक्ष, रोग और शोक, ग्रह-जनित पीड़ा या ऐसी कोई भी आपत्ति किसी को प्राप्त नहीं होती (रुद्राक्ष धारण करने से)।

भूत-प्रेत अथवा आवेशजनित किसी भी प्रकार का उपद्रव नहीं होता। त्रिविध उत्पात का शमन (शांति) होता है तथा अग्नि एवं विरुद्ध ग्रहों का नाश होता है।

रुद्राक्ष-माला को धारण करेंगे, उन पर भी गुह्यकाली वर प्रदान करनेवाली सिद्ध हो जाएगी। पृथ्वी पर इससे बढ़कर शुचिप्रद (पवित्रता प्रदायक) न्यास नहीं है।

हे सुरेश्वरि ! तीनों लोको में ऐसा कोई भी न्यास नहीं है, जो अधिकाधिक फल प्रदानकर्ता के रूप में इसकी समता कर सके। इसमें तनिक भी संशय नहीं करना चाहिये।

किसी शुभ तिथि को गुरुमुख से उपदिष्ट होकर (आज्ञा प्राप्त कर) जो यत्नपूर्वक गुरु को स्वर्ण, रत्न, वस्त्रादि के द्वारा सन्तुष्ट करता है (उसके प्रति गुह्यकाली सिद्धिदायिका हो जाती है), जो बिना उपदेश (दीक्षा अथवा उपदेश) के धारण करता है, उससे गुह्या (गुह्यकाली) विमुख हो जाती हैं।

जो विधानपूर्वक रुद्राक्षमाला को धारण करता है, वह सभी प्रकारकी सिद्धियों को पा जाता है। जो अविधान (विधानहीनता) के साथ इसे धारण करता है, उसे यह रुद्राक्षमाला ही खा जाती है, इसमें कोई संशय नहीं।

यदि प्रति दिन न्यास करने की शक्ति नहीं हो तो किसी पर्व विशेष को लक्ष्यकर चतुर्दशी अथवा अष्टमी के दिन इस न्यास को करना चाहिए।

इसमें भी अशक्तता का अनुभव हो तो शारदीय नवरात्र में यह न्यास करना चाहिए। ऐसा करने में भी अशक्त होने पर भोज-पत्र पर इसे लिखकर भुजा में बाँधना चाहिए। अथवा यन्त्रपीठ की तरह इसकी पूजा करनी चाहिए। हे परमेश्वरि! जहाँ यह न्यास लिखित होकर स्थित होता है, वहाँ संक्रामक रोग और दुर्भिक्ष, रोग और शोक, ग्रह-जनित पीड़ा या ऐसी कोई भी आपत्ति किसी को प्राप्त नहीं होती (रुद्राक्ष धारण करने से)।

भूत-प्रेत अथवा आवेशजनित किसी भी प्रकार का उपद्रव नहीं होता। त्रिविध उत्पात का शमन (शांति) होता है तथा अग्नि एवं विरुद्ध ग्रहों का नाश होता है।

उनके (रुद्राक्षमालाधारी व्यक्ति के) घर में मंगल की अधिकता उत्पन्न होता है, नित्य ऐश्वर्य की वृद्धि होती है। पुत्रों की आयु में भी वृद्धि होती है।

बड़े बड़े भूपति ऐसे रुद्राक्ष धारणकर्ता की वश्यता को स्वीकार कर लेते हैं। सुख और संपत्ति का विवर्धन होने लगता है। घर में लिखित और स्थापित यह न्यास क्या क्या नहीं सिद्ध और साधित करता है।

इसलिए हे देवि! प्रति दिन प्रयत्नपूर्वक यह कर्तव्य करना चाहिए। महानिर्वाण षोढ़ा नामक यह न्यास अत्यन्त शोभन है अथवा यह षोढ़ा-न्यास जो कल्प-सिद्ध-न्यास कहा जाता है, महानिर्वाण को देनेवाला और प्रत्येक प्रकार का शोभन कार्य सम्पन्न करनेवाला न्यास है। 1639

अनेक न्यासों के मध्य यह न्यास शिखरस्थ, सर्वोच्च तथा शास्वत (अशेष) है। हे सुरेशानि! ऐसा करनेवाला स्वयं सर्वचूड़ामणि (सबों में श्रेष्ठ) हो जाता है।

(हे देवि!) तुमसे मैं त्रिसत्यपूर्वक (तीन-तीन बार बल देते हुए) कहता हूँ कि इसके समान कोई दूसरा न्यास नहीं है। यह षोढ़ात्रय (ऋष्यादिन्यास, करादिन्यास और हृदयादिन्यास) बहुत विचार करके हे पार्वति ! तुमसे कहा गया है।

स्वयं शंभु के द्वारा उक्त उत्तरोत्तर श्रेष्ठत्व को प्राप्त करता हुआ यह न्यास महानिर्वाण षोढ़ान्यास के नाम से सर्वशेष में तुम्हारे द्वारा कहा गया है।

इसके सदृश कोई भी दूसरा नाम नहीं है, यद्यपि यह मोक्षदायक नहीं होने के कारण अनुत्तम है (ऐहिक उपलब्धियों के लिए यह सर्वश्रेष्ठ न्यास है) अथवा यह अनुत्तम न्यास है। इसके समान कोई भी दूसरा न्यास उत्तम नहीं है। इसलिए यह अनुत्तम है। यह न्यास पापरूपी तृणों के लिये अग्नि-सदृश है। रत्नों की महाखान है, जो सिद्धि प्रदान करती है अथवा सिद्धिदायक रत्नों की बहुत बड़ी खान है। यह भोगेच्छारूपी कल्पलता है। दुःख और शोक को डुबो देनेवाला जल का प्लावन है।

यदि तुम बहुत शीघ्र गुह्यकाली को सम्मुख करना चाहते हो, तब भक्तिभाव से तुम्हें निर्वाण-षोढ़ा-विधान करना चाहिए।

(यह महाकालसंहितांन्तर्गत षोढ़ान्यासोद्धार नामक नववाँ पटल पूर्ण हुआ)

अक्षमालिकोपनिषद्

मूल श्लोक का अनुवाद

शांति पाठ-

ॐ। वाक् (वाणी) मेरे मन में प्रतिष्ठित (स्थिर) हो। मन मेरी वाणी में प्रतिष्ठित हो। हे स्वयं प्रकाश आत्मा, मेरे सम्मुख तुम प्रकट बनों। हे वाक् और मन! तुम दोनों ही वेद-ज्ञान के लिये मेरे आधार (बन जाओ) हो। इस लिये तुम मेरे वेदाभ्यास का नाश न करो। इस वेदाभ्यास में ही मैं दिन और रात व्यतीत करता हूँ। मैं ऋत-भाषण करूंगा, मैं सत्य-भाषण करूंगा। मेरी रक्षा करो। वक्ता की रक्षा करो। मेरी रक्षा करो। वक्ता की रक्षा करो। वक्ता की रक्षा करो। ॐ शांतिः शांतिः शांतिः।

(एक समय) प्रजापति ने गुह से हूँछा, हे भगवन्! अक्षमाला की भेद-विधि को कहिये। उसके क्या लक्षण हैं, कितने भेद हैं, कितने सूत्र हैं। इसके घटना-प्रकार (पिरोने के प्रकार) कैसे हैं? कौन-कौन वर्ण हैं? प्रतिष्ठा क्या हैं? इसके अंधिदेवता कौन-कौन हैं और क्या फल है?

इस पर गुह ने उनसे कहा, प्रवाल, मोती, स्फटिक, शङ्ख, चाँदी, स्वर्ण, चन्दन, पुत्रजीविका, कमल तथा रुद्राक्ष ये दस प्रकार की मालाएँ होती हैं, जो अ से क्ष-पर्यन्त (पचास) अक्षरों से अनुभावित करके धारण की जाती हैं। इसमें स्वर्ण, चाँदी और ताँवा के तीन सूत्र होते हैं। मनके (दाने) के छेद में स्वर्ण, दाहिने भाग में चाँदी और बायें भाग में ताँबा के सूत्र होते हैं। मनकों को मुख-से-मुख तथा पूँछ-से-पूँछ संयुक्त कर उन्हें सूत्रित करना चाहिए।

इसके अंदर की सूत्र (स्वर्ण-सूत्र) ब्राह्म है। दाहिने भाग का सूत्र (रजत-सूत्र) शैव है। बायीं ओर का सूत्र (ताम-सूत्र) वैष्णव है। मनके

का मुख-भाग सरस्वती हैं। पुच्छ-भाग गायत्री हैं। छेद विद्या है। गाँठ (ग्रंथि) प्रकृति है। जो स्वर हैं, वे धवल हैं (सात्त्विक)। जो स्पर्श है, वे पीत हैं (सत्व तथा तम के मिश्रण के कारण पीले है)। शेष जो पर (अन्य) हैं, वे लाल हैं (राजस)।

इसके पश्चात् नंदा आदि गायों के दूध से तथा गाय के शरीर से उत्पन्न पञ्चगव्य (गोदुग्ध, गोदधि, गोघृत, गोमूत्र, गोमय) से शोधित कर पुनः पञ्चगव्य (नंदादि पञ्चगौः के दधिमात्र से) तथा गंधयुक्त जल से स्नान कराकर, ओंकार का उच्चारण करते हुए पत्रकूर्च (कुशगुच्छ) से स्नान कराकर, अष्टगंध से लीपे हुए स्थान पर मणशिला नामक धातु को स्थापना करनी चाहिये और अक्षत तथा पुष्प से उसकी पूजा भी करनी चाहिये। फिर उस पर माला (रुद्राक्ष) को रखकर प्रत्येक अक्ष (मनका) को अ से लेकर क्ष-तक के अक्षरों द्वारा क्रमशः भावित (स्थापना) करें।

ॐ। हे अंकार! तुम मृत्युञ्जय (मृत्यु को जीतनेवाले) हो। तुम सर्वव्यापक भी हो। तुम प्रथम अक्ष (दाने) में प्रतिष्ठित हो जाओ। ॐ। हे आंकार! तुम आकर्षणात्मक और सर्वगत हो, तुम दूसरे अक्ष में प्रतिष्ठित हो जाओ। ॐ। हे ईकार! तुम पुष्टिदा और क्षोभकर हो, तुम तृतीय अक्ष में प्रतिष्ठित हो जाओ।

ॐ। हे ईकार! तुम वाकासादकर (वाणी को स्वच्छता प्रदान करनेवाले) और निर्मल हो, तुम चतुर्थ अक्ष में प्रतिष्ठित हो जाओ। ॐ। हे उकार! तुम सर्वबलप्रद तथा सारयुक्तों में श्रेष्ठ (सारतर) हो, तुम पाँचवे अक्ष में प्रतिष्ठित हो जाओ। ॐ। हे ऊंकार! तुम उच्चाटनकर तथा दुःसह हो. तुम छठे अक्ष में प्रतिष्ठित हो जाओ। ॐ। हे ऋकार। तुम संक्षोभकर (चञ्चलचित्तता लानेवाले) और चञ्चल हो, तुम सातवें अक्ष में प्रतिष्ठित हो जाओ। ॐ। हे ऋकार। तुम संमोहनकर तथा उज्ज्वल हो. तुम आठवें अक्ष में प्रतिष्ठित हो जाओ। ॐ०। हे लंकार! तुम विद्वेषणकर तथा श्रूहक (सर्वज्ञ एवं गुप्त) हो, तुम नवे अक्ष में प्रतिष्ठित हो जाओ। ॐ। हे लूंकार। तुम मोहकारी हो, तुम दसवे अक्ष में प्रतिष्ठित हो जाओ। ॐ। हे एंकार। तुम सर्ववश्यकर तथा शुद्ध सत्त्ववाले हो, तुम ग्यारहवे अक्ष में प्रतिष्ठित हो जाओ। ॐ। हे ऐकार। तुम शुद्ध सात्विक तथा पुरुशवश्यकार हो, तुम बारहवे अक्ष में प्रतिष्ठित हो जाओ। ॐ। हे ओकार। तुम अखिल वाङ्मयस्वरूप

(सपूर्ण अक्षरों के समूह) तथा नित्य शुद्ध हो, तुम तेरहवे अक्ष में प्रतिष्ठित हो जाओ। ॐ। हे औकार। तुम भी सर्ववाङ्मयस्वरूप, वश्यकर तथा शांत हो, तुम चौदहवे अक्ष में प्रतिष्ठित हो जाओ। ॐ। हे अंकार! तुम हाथी इत्यादि को वश में करनेवाले तथा मोहन करनेवाले हो, तुम पन्द्रहवे अक्ष में प्रतिष्ठित हो जाओ। ॐ। हे अःकार। तुम मृत्युनाशकर तथा रौद्ररूप हो, तुम सोलहवें अक्ष में प्रतिष्ठित हो जाओ। ॐ। हे ककार। तुम सर्वविषहर और कल्याणप्रद हो, तुम सत्रहवें अक्ष में प्रतिष्ठित हो जाओ। ॐ। हे खंकार! तुम सर्वक्षोभकर तथा व्यापक हो, तुम इस अठारहवें अक्ष में प्रतिष्ठित हो जाओ। ॐ। हे गंकार। तुम सर्वविघ्नशमनकर्ता तथा महत्तर हो, तुम उन्नीसवें अक्ष में प्रतिष्ठित हो जाओ। ॐ। हे घंकार। तुम सौभाग्य देनेवाले तथा स्तंभन कर्ता (गति को रोकनेवाले) हो, तुम बीसवे अक्ष में प्रतिष्ठित हो जाओ। ॐ। हे ङकार। तुम सर्वविषनाशकर तथा उग्र हो, तुम इक्कीसवें अक्ष में प्रतिष्ठित हो जाओ। ॐ०। हे चंकार! तुम अभिचारनाशक (मारण-मोहनादि-नाशक) तथा क्रूर हो, तुम बाइसवें अक्ष में प्रतिष्ठित हो जाओ। ॐ। हे छकार। तुम भूतनाशकर तथा भीषण हो, तुम तेईसवें अक्ष में प्रतिष्ठित हो जाओ। ॐ। हे जंकार। तुम कृत्यानाशक (डाकिनी-शाकिनी-नाशक) तथा दुर्द्धर्ष हो, तुम इस चौबीसवे अक्ष में प्रतिष्ठित हो जाओ। ॐ। हे झंकार। तुम भूतनाशकर हो, तुम पचीसवें अक्ष में प्रतिष्ठित हो जाओ। ॐ। हे ञकार! तुम मृत्यु का मंथन करनेवाले हो, तुम इस छब्बीसवें अक्ष में प्रतिष्ठित हो जाओ। ॐ। हे टंकार! तुम सभी व्याधियों का हरण करनेवाले सौम्य तथा सुभग हो, तुम सत्ताइसवे अक्ष में प्रतिष्ठित हो जाओ। ॐ। हे ठकार। तुम चन्द्र-स्वरूप हो, तुम इस अट्ठाइसवे अक्ष में प्रतिष्ठित हो जाओ। ॐ। है डकार! तुम गरुण-स्वरूप, विषनाशक तथा सुंदर हो, तुम इस उनतीसवे अक्ष में प्रतिष्ठित हो जाओ। ॐ। हे ढंकार। तुम सभी तरह की संपत्तियों को देनेवाले तथा सौम्य हो, तुम इस तीसवे अक्ष में प्रतिष्ठित हो जाओ। ॐ। हे णंकार। तुम सर्वसिद्धिप्रद तथा मोहकर हो, तुम इस इकतीसवे अक्ष में प्रतिष्ठित हो जाओ। ॐ। हे तकार। तुम घनधान्यादि सपत्तियों को देनेवाले हो तथा प्रसन हो, तुम इस बत्तीसवें अक्ष में प्रतिष्ठित हो जाओ। ॐ। हे थंकार ! तुम धर्म की प्राप्ति करानेवाले तथा निर्मल हो, तुम इस

तैतीसवें अक्ष में प्रतिष्ठित हो जाओ। ॐ। हे दकार! तुम पुष्टि और वृद्धि करनेवाले तथा प्रियदर्शन हो, तुम इस चौतिसवें अक्ष में प्रतिष्ठित हो जाओ। ॐ। हे धंकार! तुम विष और ज्वर के नाशक हो तथा विशाल (विपुल या बहुत) हो, तुम इस पौतिसवें अक्ष में प्रतिष्ठित हो जाओ। ॐ। हे नंकार ! तुम भोग और मोक्ष को देनेवाले तथा स्वयं शान्त हो, तुम इस छत्तीसवें अक्ष में प्रतिष्ठित हो जाओ। ॐ। हे पंकार ! तुम विष एवं विघ्नों के नाशक हो तथा भव्य (कल्याणमय एवं सुंदर) हो, तुम इस सैतिसवें अक्ष में प्रतिष्ठित हो जाओ। ॐ। हे फंकार ! तुम अणिमादि (अष्ट) सिद्धिप्रद तथा ज्योतिःस्वरूप हो, तुम इस अड़तीसवें अक्ष में प्रतिष्ठित हो जाओ। ॐॐॐ। हे बंकार! तुम सभी दोषों का हरण करनेवाले तथा शोभन हो, तुम इस उनचालीसवें अक्ष में प्रतिष्ठित हो जाओ। ॐ। हे भंकार! तुम भूतबाधादि शांत करनेवाले तथा भयानक हो, तुम इस चालीसवें अक्ष में प्रतिष्ठित हो जाओ। ॐ। हे मंकार ! तुम विद्वेष करनेवाले को मोहित करनेवाले (स्वयं विद्वेषण और मोहन-कर्म के कर्ता) हो, तुम इस इकतालीसवें अक्ष में प्रतिष्ठित हो जाओ। ॐ। हे यंकार ! तुम सर्वव्यापी तथा पवित्र हो, तुम इस बयालीसवें अक्ष में प्रतिष्ठित हो जाओ। ॐ। हे रंकार ! तुम दाहकर (जलन-तपन इत्यादि उत्पन्न करनेवाले) तथा विकृत (अग्नि-स्वरूप अथवा जातवेदस्स्वरूप होने के कारण "विकृत" करता हैं अर्थात् विकार-युक्त करता हैं, रूपान्तरित करता है अथवा विशिष्टकृत भी करता है) करता हैं, तुम इस तिरालीसवें अक्ष में प्रतिष्ठित हो जाओ। ॐ। हे लंकार ! तुम विश्व का पालन करनेवाले तथा चमकवाले देवस्वरूप (भासुर) हो, तुम इस चौवालीसवें अक्ष में प्रतिष्ठित हो जाओ। ॐ। हे वंकार! तुम सबों को तृप्त करनेवाले (सर्वाप्यायनकर) तथा निर्मल हो, तुम इस पौंतालीसवें अक्ष में प्रतिष्ठित हो जाओ। ॐ। हे शंकार! तुम सर्वफलप्रद तथा पवित्र हो, तुम इस छियालीसवें अक्ष में प्रतिष्ठित हो जाओ। ॐ। हे षंकार! तुम धर्म, अर्थ और काम के फलों को देनेवाले तथा धवल (सात्त्विक) हो, तुम इस सैतालीसवें अक्ष में प्रतिष्ठित हो जाओ। ॐ। हे संकार ! तुम सर्वकारण (सभी वस्तुओं के कारण) तथा सार्ववर्णिक (सभी वर्णों से संबद्ध) हो, तुम इस अड़तालीसवे अक्ष में प्रतिष्ठित हो जाओ। ॐ। हे हंकार! तुम सर्ववाङ्मय (सभी भाषा-साहित्य और

उच्चारण के मूलाधार) और निर्मल (ह का अर्थ आकाश (वियत्) होता है, यह आकाश ही सभी अक्षरों का आधान है। वह "निर्मल" है। आकाश को निर्मल कहा जाता है। दूसरे शब्दों में यही निरञ्जन है। आकाश में मल का अञ्जन नहीं लगता, इसलिये वह निर्मल और निरञ्जन है)। हो, तुम इस उनतालीसवे अक्ष में प्रतिष्ठित हो जाओ। ॐ। हे ळकार! तुम सर्वशक्तिप्रद हो तथा प्रधान हो, तुम इस पचासवें अक्ष में प्रतिष्ठित हो जाओ। ॐ। हे क्षकार ! तुम परापर-तत्त्व के बतानेवाले तथा परमज्योतिः स्वरूप हो, तुम इस शिखामणि (मेरुमाला का प्रधान मनका) में अर्थात् इस इक्यावनवें अक्ष अर्थात् सुमेरू पर प्रतिष्ठित हो जाओ।

फिर वे इस प्रकार बोले, जो देवगण पृथ्वी पर स्थित और विचरणशील हैं, उन्हें नमस्कार है। हे भगवन्! आप सभी इस माला में स्थित हों। आप सभी इस माला का अनुमोदन करे (मेरे द्वारा माला-ग्रहण के विधान का आप सभी समर्थन करे) और इसकी शोभा के लिये पितृगण भी अनुमोदन करें। यह ज्ञानमयी अक्षमालिका है (इसे सभी अनुमोदित और शोभित करे)।

पुनः बोले, जो देवगण आकाश में स्थित और विचरणशील हैं, उन्हें नमस्कार है। हे भगवन्! आप सभी इस माला में स्थित हों। आप सभी इस माला का अनुमोदन करे (मेरे द्वारा माला-ग्रहण के विधान का आप सभी समर्थन करे) और इसकी शोभा के लिये पितृगण भी अनुमोदन करें। यह ज्ञानमयी अक्षमालिका है (इसे सभी अनुमोदित और शोभित करें)।

पुनः इस प्रकार बोले, सात करोड़ मानी गई है), चौसठ कला-रूप विद्या), इसमें प्रतिष्ठित हो जाएँ। इस लोक में जितने मंत्र हैं (मंत्रों की संख्या जो भी विद्यायें हैं (परा, अपरा विद्या तथा उन्हें नमस्कार है। उन सबों की शक्तियां

पुनः बोले, जो ब्रह्मा, विष्णु और रुद्र-संज्ञक देव हैं, उन सगुण देवों (वे सभी देव अपने सभी गुणों के साथ और साकार रूप में आनेवाले) को नमस्कार है। उनके वीर्य (पराक्रम) को नमस्कार है। वह पराक्रम यहाँ प्रतिष्ठित हो।

पुनः बोले, जो सांख्यादि दर्शनों में विहित (छियानबे) तत्त्व हैं, उन्हें नमस्कार है। आप सभी इस माला में स्थित हों तथा जापक (इस माला पर जप करनेवाले)

को वर देनेवाले कामधेनु-स्परूप बनकर शोभित हो (जापक के विरोधों का नाशक बने)।

पुनः बोले, इस जगत में सैकड़ों-हजारों की संख्या में जो शैव, वैष्णव और शाक्त निवास करते हैं, उन्हें नमस्कार है। वे सभी भगवान् (शक्तिवान) अनुग्रह तथा अनुमोदन करें।

पुनः बोले, (अन्त में), मृत्यु की जो उपजीव्य शक्तियाँ हैं, उन्हें नमस्कार है। आप सभी इस नमस्कार से प्रसन्न होकर इस अक्षमालिका को अपने उपासकों के लिये सुखद बना दें।

फिर इस अक्षमालिका में सर्वात्मकत्व (सर्वथा पूर्णत्व) की भावना करके इसी भावना से पूर्वमालिका (आधी माला) को पिरोकर, फिर शेष आधी माला को (सौ मनके पूरे कर) पुनः अष्टवर्ग के आठ मनके (अ. क, च, ट, त, प, य तथा श) को पूर्वोक्त क्रम से योजित करें। मेरु में क्ष अनुग्रथित रहेगा। इस प्रकार एक-एक मनका को माला में उपहृत कर (माला में पिरोकर) एक सौ आठ की अक्षमाला बनती है।

फिर उठकर प्रदक्षिणा करके बोलना चाहिये, ॐ भगवति मन्त्रमातृके। "अक्षमाले! तुम सबों को वश में करनेवाली हो, तुम्हें नमस्कार है। है भगवति मन्त्रमातृके ! अक्षमाले! तुम सबकी गति का स्तंभन करनेवाली हो, तुम्हें नमस्कार है। हे भगवति मन्त्रमातृके। अक्षमाले! तुम उच्चारण पुनः बोले, जो देवगण स्वर्ग में स्थित और विचरणशील हैं, उन्हें नमस्कार है। हे भगवन्! आप सभी इस माला में स्थित हो। आप सभी इस माला का अनुमोदन करें (मेरे द्वारा माला-ग्रहण के विधान का आप सभी समर्थन करें) और इसकी शोभा के लिये पितृगण भी अनुमोदन करें। यह ज्ञानमयी अक्षमालिका है (इसे सभी अनुमोदित और शोभित करें)।

करनेवाली हो, तुम्हें नमस्कार है। हे भगवति मन्त्रमातृके ! अक्षमाले! तुम विश्वभूतमृत्यु को भी जीतनेवाली मृत्युञ्जयस्वरूपिणी हो, सबों को दीपित करनेवाली हो, सकल लोकों को प्रदान करनेवाली (बनानेवाली) और उनकी रक्षा करनेवाली, सकल लोकों की प्राणदात्री हो, तुम सब कुछ

उत्पन्न करनेवाली हो, दिन का प्रवर्तन करनेवाली, रात का प्रवर्तन करनेवाली, नद्यन्तर, देशान्तर, द्वीपान्तर, लोकान्तर में संचरण करने में शक्तिशाली हो। तुम सदैव सबों के हृदय में निवास करनेवाली और स्फुरण करनेवाली हो। पर, पश्यन्ती, मध्यमा और वैखरी वाणी के रूप में तुम्हीं हो। तुम सर्वतत्त्वात्मिका हो, सर्वविद्यात्मिका हो, शक्त्यात्मिका हो, सर्वदेवात्मिका हो, तुम वसिष्ठ मुनि के द्वारा आराधित एवं विश्वामित्रमुनि के उपसेव्यमान (सेवाशुश्रूषा की गई) हो, तुम्हें बार-बार नमस्कार है।

इस (अक्षमालिकोपनिषद्) को प्रातःकाल पढ़नेवाला अपने रात्रिकृत पाप को नष्ट कर लेता है। संध्या काल इसको पढ़नेवाला अपने दिवसकृत पाप को नष्ट कर लेता है। प्रातः संध्या पाठ करनेवाला अपने किसी भी पाप को निष्पाप कर लेता है (वह पाप-मुक्त हो जाता है)। भगवान गूह ने प्रजापति को अंत में यही कहा कि इस विधि से अभिमंत्रित तथा पूजित अक्षमाला से जो जप किया जाता है, वह शीघ्र ही सिद्धिदायक होता है।

निर्णयसिन्धु

रुद्राक्ष-माहात्म्य-वर्णन

(बिना भस्म-त्रिपुंड्रादि पूजन विचार) - अनुवाद

तिथि-तत्त्व में लिङ्गपुराण के वचन के अनुसार बिना भस्म के त्रिपुंड्र और बिना रुद्राक्ष की माला से महादेव शंकर की पूजा फलप्रद नहीं होती (अभाव की स्थिति में मिट्टी से भी ललाट पर त्रिपुंडू कर लेना चाहिये)।

रुद्राक्ष-धारण के विशेष फल कथन,-

एकमुखी रुद्राक्ष साक्षात् शिवस्वरूप है। यह ब्रह्म-हत्या के पाप का नाश करता है। यह प्रत्येक धारक को अवध्यता प्रदान करता है और प्रत्येक स्रोत पर अग्नि का स्तंभन करता है,

द्विमुखी रुद्राक्ष हर-गौरी-स्वरूप (अर्धनारीश्वर) है। यह गोबध आदि अघ (पाप) का नाश करनेवाला है।

त्रिमुखी रुद्राक्ष अग्निजन्मा (अग्नि-संभूत) है। यह पाप-समुच्चय का नाश करता है।

चतुर्मुखी रुद्राक्ष तो स्वयं ब्रह्मा ही हैं। यह नर-हत्या के पाप को दूर करता है।

पञ्चमुखी रुद्राक्ष कालाग्नि-स्वरूप है। यह अगम्य-गमन (अमैथुनीय स्त्री के साथ शय्या-शयन) तथा अभक्ष्य-भक्षण (मनुष्य के द्वारा नहीं खाने जानेवाली वस्तुओं के खाने पर) के कारण जो पाप लगता है, उसका नाश करता है।

षण्मुखी रुद्राक्ष "गुह" संज्ञक है। वह भ्रूण हत्या पाप आदि का नाश करता है।

सप्तमुखी रुद्राक्ष "अनंत" संज्ञक है। वह सोने की चोरी आदि से उत्पन्न पाप आदि का हरण करता है।

अष्टमुखी रुद्राक्ष "विनायक" (गणेश) संज्ञक है। वह अनृत-भाषण से उत्पन्न (झूठ बोलने से उत्पन्न) पापों का नाश करता है।

नवमुखी रुद्राक्ष "भैरव" संज्ञक है। वह शिव-सायूज्य को प्रदान करनेवाला है।

दशमुखी रुद्राक्ष "विष्णु" संज्ञक है। वह भूत-प्रेतादि के भय को मिटाता है।

एकादशमुखी रुद्राक्ष रुद्र ही है (रुद्रों की संख्या एकादश है)। यह अनेक प्रकार के यज्ञों का फलदायक है।

द्वादशमुखी रुद्राक्ष आदित्य (सूर्य) हैं (सूर्यो की संख्या बारह है)। यह सभी प्रकार के रोगों को हटानेवाला है।

त्रयोदशमुखी रुद्राक्ष "काम" संज्ञक है। यह सर्वकामफलप्रद (सभी इच्छाओं के फलों को देनेवाला) है।

चतुर्दशमुखी रुद्राक्ष "श्रीकण्ठ" संज्ञक है। यह वंश का उद्धार करनेवाला है।

रुद्राक्ष-धारण तथा उसकी प्रतिष्ठा

बिना मंत्र के जो मनुष्य इस पृथ्वी पर रुद्राक्ष धारण करता है, वह जब तक चौदह इन्द्र हैं, तब तक घोर नरक को प्राप्त करता है।

(रुद्राक्ष के) स्नान-काल में पंचामृत तथा पंचगव्य का प्रयोग करना चाहिये। रुद्राक्ष की प्रतिष्ठा में पंचाक्षर मंत्र (ॐ नमः शिवाय) तथा त्र्यंबकादि मंत्र (ॐ त्र्यंबकं यजामहे सुगंधिपुष्टिवर्धनम्। उर्वारुकमिवबंधनात् मृत्योर्मुक्षीय माऽमृतात्। । ऋग्वेद, 6-59-12)।

ॐ जूं सः, ॐ हौं जूं सः, ॐ व जूं सः इत्यादि का प्रयोग (जप) करना चाहिये अथवा अघोर-मंत्र (ॐॐ अघोर ॐ अघोरतर ॐ हौं ह्रां नमस्ते रुद्ररूपाय हैं स्वाहा) से अभिमंत्रित कर रुद्राक्ष धारण करना चाहिये।

फिर एक सौ आठ, चौवन अथवा सत्ताईस दाने की माला बनानी चाहिये। इससे कम दाने की माला हीन अथवा अधम कही गई है।

प्रजापति नें कहा, मोक्ष की इच्छावाले पचीस दाने की माला, धन की इच्छावाले तीस दाने की माला, पुष्टि की इच्छावाले पचीस दाने की माला तथा अभिचार-कार्य के लिये पन्द्रह दाने की माला बनानी चाहिये।

सत्ताईस दाने की रुद्राक्ष माला शरीर में धारण कर जो मनुष्य जो कर्म करता है, उसको करोड़ों गुना फल मिलता है।

जो मनुष्य इस पृथ्वी पर परमेश्वर के सम्मुख ब्राह्मणों के उपयोग के लिये रुद्राक्ष देता है (दान करता है), उससे रुद्र प्रसन्न होते हैं और अपने पद को देते हैं।

पदार्थादर्श में बोपदेव ने कहा है, जो कण्ठदेश में बत्तीस, मस्तक पर चालीस, बायें और दाहिने कान में छह-छह, दोनों हाथों में क्रमशः बारह-बारह, दोनों बाहुओं में क्रमशः सोलह-सोलह, दोवों आँखों में क्रमशः चार-चार, शिखा में एक और वक्षःस्थल पर एक सौ आठ रुद्राक्षों को धारण करता है, वह स्वयं नीलकण्ठ हो जाता है।

बृहज्जाबालोपनिषद्

मूल श्लोक का अनुवाद

"त्र्यंबकं यजामहे सुगंधिपुष्टिवर्धनम्। उर्वारुकमिवबंधनात् मृत्योर्मुक्षीय माऽमृतात्। ।" मंत्र अथवा षडक्षर मंत्र (प्रणव पंचाक्षर = षडक्षर = ॐ नमः शिवाय) से रुद्राक्ष धारण करना चाहिये।

कण्ठ-देश में बत्तीस, मस्तक पर चालीस, बायें और दाहिने कान में छह-छह, दोनों कलाइयों में क्रमशः बारह बारह, दोनों बाहुओं में क्रमशः सोलह-सोलह, दोनों आँखों पर क्रमशः एक-एक, शिखा में एक और हृदय पर आठ रुद्राक्षों को धारण कर जो शोभित होता है, वह स्वयं नीलकण्ठ बन जाता है।

इसका फल इस प्रकार है, -

रुद्राक्ष-धारण किसके सदृश पुण्य है? तत्त्वदर्शी मुनियों ने इसे महाव्रत कहा है।

एक हजार रुद्राक्षों को धारण करनेवाले व्रती व्यक्ति को सभी देवगण नमस्कार करते हैं, जैसे रुद्र हैं, वैसे ही वह हो जाता है।

जो व्यक्ति रुद्राक्षों को धारण करता है, वह रुद्रवत होकर पूज्य बन जाता है। मुक्ता, प्रवाल, स्फटिक, रौप्य (चाँदी), वैदूर्य, स्वर्ण-इन सबों के साथ जो रुद्राक्ष को धारण करता है, वह शिव हो जाता है। जो केवल रुद्राक्ष को धारण मात्र कर लेता है, वह भी यथालाभ को प्राप्त करता है। उसे पाप स्पर्श नहीं करते।

संदर्भ

1. शिव पुराण (गीता प्रेस, गोरखपुर)
2. श्रीमद् देवीभागवतम् (मुंशीराम मनोहरलाल पब्लिशर्स, नई दिल्ली)
3. रुद्राक्ष जाबालोपनिषद
4. रुद्राध्याये (गीता प्रेस, गोरखपुर)
5. श्रीमद्भगवद्गीता (इस्कॉन)
6. शिव रहस्य (शिवदत्त शास्त्री, सावित्री ठाकुर प्रकाशन, वाराणसी)
7. स्कंद पुराण (गीता प्रेस, गोरखपुर) 8. पद्म पुराण (गीता प्रेस, गोरखपुर) 9. मंत्र महार्णव
10. महाकाल संहिता
11. शिव, अध्यात्म विज्ञान, खंड। 9ए, डॉ. जयंत आठवले.
12. अक्षमालिका उपनिषद.
13. रुद्राक्ष, सुबास राय, गंगा कावेरी प्रकाशन, वाराणसी
14. ध्यान और मंत्र, स्वामी विष्णु देवानंद, मोतीलाल बनारसीदास प्रकाशक, नई दिल्ली
15. रुद्राक्ष धारण और जपयोग, निशांत केतु, मुंशीराम मनोहरलाल, नई दिल्ली
16. जे.डी. हुकर, ब्रिटिश भारत की वनस्पति
17. मेरु तंत्र
18. लिंग पुराण
19. रुद्राक्ष (मराठी), वसंत राव वैद्य, मैजेस्टिक प्रकाशन, मुंबई।
20. गुरु चरित्र.
21. भजन (चिन्मय प्रकाशन, मुंबई)। 22. शिव लीलामृत.

23. एकनोट रुद्राक्ष। एलेओकार्पस स्पैइकस (गार्टन) के. शूम, कृष्णमूर्ति टी., 1964, इंडियन फॉरेस्टर 90, 11, 774-76।

24. "मांसपेशियों पर एलेओकार्पस गैनिट्रस के एक अंश की क्रिया", भट्टाचार्य, एस.एस. और सरकार, पी.आर.जी. कर, मेडिकल कॉलेज, कोलकाता।

25. "एलेओकार्पस गैनिट्रस RoXb का सेल स्टोन।", ओज़ा जी.एम., करंट साइंस, 1972; 41(7): 269.

26. "सामान्य और हाइपोडायनामिक हृदय पर एलेओकार्पस गैनिट्रस के साथ आगे के अवलोकन", सरकार, पी.के., और भट्टाचार्य एस.एस., फार्माकोलॉजी विभाग, मेडिकल कॉलेज, कोलकाता।

27. रुद्राक्ष और रत्न, "रुद्राक्ष" थेरेपी: रुद्र केंद्र।

28. "रुद्राक्ष के बारे में अधिक जानकारी", जॉयस डायमंती, द बीड सोसाइटी ऑफ ग्रेटर वाशिंगटन न्यूज़लैटर, 2001; 18(2):6.

29. येल्ने, एम.बी., "नोट्स ऑन बॉटनिकल आइडेंटिटी ऑफ बीड्स फाउंड अंडर द नेम: 'रुद्राक्ष'", बायोरिदम, आयु एकेडमी सीरीज, 1955; 44, 39-44.

30. 'रुद्राक्षम', एन. स्वर्णलता, जर्नल ऑफ ओरिएंटल रिसर्च इंस्टीट्यूट, वॉल्यूम। II, नंबर 1, अक्टूबर 2000।

31. रुद्राक्ष: एक धार्मिक वृक्ष और इसका आर्थिक महत्व, मित्रा, बी., दास गुप्ता, आर. और सूर, पी.आर. एथनोबोट पब्लिशर्स, जोधपुर, 1992।

32. "रुद्राक्ष: न केवल एक आध्यात्मिक प्रतीक, बल्कि एक औषधीय उपाय भी", डेनिस, टी.जे., सचित्रा आयुर्वेद (एलेओकार्पस गैनिट्रस RoXb.), 1993..

33. कूडे, एम.जे.ई., "न्यू गिनी में एलेओकार्पस: मोनोसेरा समूह के डेब्रुइनी उपसमूह में नए कर।" माउंट जया, वी. की वनस्पतियों में योगदान, केव बुलेटिन, केव, यूनाइटेड किंगडम। 2001.

34. भारतीय पौधों की रेड डेटा बुक, भारतीय वनस्पति सर्वेक्षण।

35. ज़मर्ज़्टी, सू (2001)। "दक्षिणी भारत और श्रीलंका में एलेओकार्पस (एलेओकार्पेसी) अनुभाग एलियोकार्पस का संशोधन", केव बुलेटिन, केव, यूनाइटेड किंगडम।

36. रुद्राक्ष की शक्ति, कमल एन सीता, 2005, नागपुर।

37. ली, डेविड डब्ल्यू., "द बायोलॉजी ऑफ रुद्राक्ष", करंट साइंस, 1998; 75 (1): 26-30,।

38. हुई, गाओ और या, तांग, "एलेरोकार्पस डेसीपिएन्स (एलेओकार्पेसी) का प्रकार और ताइवान, चीन से इसकी नई किस्म", नोवोन, 2006; 16:59-60.

39. छवियाँ www.plansindia.org/Elaeocarpacee पर देखी जा सकती हैं। एचटीएमएल।

40. ट्रेज़ और इवांस फार्माकोग्नॉसी, 15वां संस्करण, एल्सेवियर 2002।

41. इंडियन मटेरिया मेडिका के.एम. नाडकर्णी, पॉपुलर प्रकाशन प्रा. लिमिटेड, मुंबई।

42. सालिगराम निघण्टु (लाला सालिगरामजी वैश्य), खेमराज श्रीकृष्णदास, मुम्बई (पृ. 531)।

43. द्रव्य गुण विज्ञान, प्रोफेसर प्रियव्रत शर्मा, चौखम्भा भारती अकादमी, वाराणसी।

44. रस योग सागर, वैद्य पं. हरिप्रपन्नजी, कृष्णदास अकादमी, वाराणसी

45. जानकारी http://www.toolkit.parkinson से प्राप्त की गई। संगठन/ सामग्री/परिचय

46. जानकारी https://psychcentral.com/ से प्राप्त की गई है।

47. येल्ने, एम.बी., "रुद्राक्ष नाम के तहत पाए जाने वाले मोतियों की वानस्पतिक पहचान पर नोट्स", बायोरिदम, आयु। अकादमी श्रृंखला, 1995; 44: 39-44.

48. "एलाओकार्पस गैनिट्रस RoXb की चिकित्सीय क्षमता पर एक व्यापक रिपोर्ट। (रुद्राक्ष)", स्वाति जोशी, पायल गुप्ता, नवीन कुमार, निशांत राय, पंकज गौतम, आशीष थपलियाल।

49. कुमार, एस.टी. और अन्य, "एंटीऑक्सिडेंट गुणों का मूल्यांकन।" एलेओकार्पस गैनिट्रस RoXb। पत्तियां", ईरानी जर्नल ऑफ फार्मास्युटिकल रिसर्च, 7(3): 211-15।

50. सिंह, आर.के. और नाथ, जी., "एलेओकार्पस स्पैरिकस की रोगाणुरोधी गतिविधि", फाइटोथर रेस., 1999; 13(5): 448-50.

51. इटो ऐको एट अल., "एलेओकार्पस मास्टर्सि से एलैजिक एसिड डेरिवेटिव और साइटोटोक्सिक कुकुर्बिटासिन", फाइटोकेमिस्ट्री, 2002; 61: 171-74.

52. सकाट, एस.एस. एट अल., "एलेओकार्पस गैनिट्रस RoXb के जलीय अर्क के उच्चरक्तचापरोधी प्रभाव। उच्च रक्तचाप से ग्रस्त चूहों की वृक्क धमनी में बीज", इंटरनेशनल जर्नल ऑफ फार्म टेक रिसर्च, 2009; 1(3): 779-82.

53. जसप्रीत नैन, कल्पना गर्ग और सुमित्रा दहिया, "एलाओकार्पस स्फेरिकस लीफ एक्सट्रैक्ट की एनाल्जेसिक और एंटी-इंफ्लेमेटरी गतिविधि", इंटरनेशनल जर्नल ऑफ फार्मेसी एंड फार्मास्युटिकल साइंस, 2012; 4(1): 379-81.

54. यू. ताकाहामा, "फ्लेवोनोइड्स द्वारा सक्रिय ऑक्सीजन की सफाई", तानपाकुशित्सु काकुसन कोसो, 1988; 33(16): 2994-99।

55. ए.पी. रोजेरियो, ए. कनाशिरो, सी. फोंटानारी, एट अल., "प्रायोगिक म्यूरिन एलर्जिक अस्थमा में क्वेरसेटिन और आइसोक्वेर्सिट्रिन की सूजन-रोधी गतिविधि," सूजन अनुसंधान, 2007; 56(10): 402-08।

56. डी. डब्ल्यू. लैमसन और एम. एस. ब्रिगनॉल, "एंटीऑक्सिडेंट्स और कैंसर III: क्वेरसेटिन", वैकल्पिक चिकित्सा समीक्षा, 2000; 5(3): 196-208।

57. के.ए. यूडिम, एम.जेड. कैसर, डी.जे. बेगली, सी.ए. राइस-इवांस, और एन.जे. एबॉट, "ब्लड-ब्रेन बैरियर के इन सीटू मॉडल में फ्लेवोनोइड पारगम्यता," फ्री रेडिकल बायोलॉजी एंड मेडिसिन, 2004; 36(5): 592-604।

58. जे. वाई. चो, आई. एस. किम, वाई. एच. जैंग, ए. आर. किम, और एस. आर. ली, "क्वार्सेटिन का सुरक्षात्मक प्रभाव, क्षणिक वैश्विक सेरेब्रल इस्किमिया के बाद न्यूरोनल क्षति के खिलाफ एक प्राकृतिक फ्लेवोनोइड", न्यूरोसाइंस लेटर्स, 2006; 404(3): 330-35।

59. एच.जे. हीओ और सी.वाई. ली, "ऑक्सीडेटिव तनाव-प्रेरित न्यूरोडीजेनेरेशन के खिलाफ क्वेरसेटिन और विटामिन सी के सुरक्षात्मक प्रभाव," जर्नल ऑफ़ एग्रीकल्चरल एंड फ़ूड केमिस्ट्री, 2004; 52(25): 7514-17.

60. टी. महेश और वी.पी. मेनन, "क्वेरसेटिन स्ट्रेप्टोज़ोटोसिन-प्रेरित मधुमेह चूहों में ऑक्सीडेटिव तनाव को कम करता है," फाइटोथेरेपी रिसर्च, 2004; 18(2): 123-27.

61. एम. फियोरानी, आर. डी सैंक्टिस, पी. मेंघिनेलो, एल. कुचिआरिनी, बी. सेलिनी, और एम. डाचा, "क्वेरसेटिन खरगोश की लाल रक्त कोशिकाओं में डिहाइड्रोस्कॉर्बिक एसिड से प्रेरित ग्लूटाथियोन की कमी को रोकता है", फ्री रेडिकल रिसर्च, 2001; 34(6): 639-48.

62. एम.एस. किम, जे.आई. ली, डब्ल्यू.वाई. ली, और एस.ई. किम, "पार्किंसंस रोग के एक चूहे के मॉडल में जिंकगो बिलोबा एल. अर्क का न्यूरोप्रोटेक्टिव प्रभाव", फाइटोथेरेपी रिसर्च, 2004; 18(8): 663-66।

63. एफ. पु, के. मिशिमा, के. इरी एट अल., "8-हाथ रेडियल भूलभुलैया कार्य में स्थानिक स्मृति हानि पर क्वेरसेटिन और रुटिन के न्यूरोप्रोटेक्टिव प्रभाव और चूहों में बार-बार सेरेब्रल इस्किमिया से प्रेरित न्यूरोनल मौत", जर्नल ऑफ़ फार्माकोलॉजिकल साइंसेज, 2007; 104(4): 329-34.

64. लिंडर एमसी, हाज़ेघ-आज़म एम. कॉपर जैव रसायन और आणविक जीव विज्ञान। एम जे क्लिन न्यूट्र 1996;63:797एस-811एस।

65. पर्सिवल एसएस. तांबा और रोग प्रतिरोधक क्षमता. एम जे क्लिन न्यूट्र 1998;67:1064एस-8एस।

66. फ़ैला एमएल, हॉपकिंस आरजी। क्या कम तांबे की स्थिति प्रतिरक्षादमनकारी है? न्यूट्र रेव 1998;56:एस59-64।

67. बेसोल्ड एएन, कल्बर्टसन ईएम, कुलोटा वीसी। संक्रमण के दौरान तांबे के यिन और यांग-tion. जे बायोल इनॉर्ग केम 2016;21:137-44।

68. ली सीएक्स, ग्लीसन जेई, झांग एसएक्स, ब्रूनो वीएम, कॉर्मैक बीपी, कुलोटा वीसी। कैंडिडा एल्बिकैंस संक्रमण के दौरान सुपरऑक्साइड डिसम्यूटेज के लिए धातु सहकारकों की अदला-बदली करके मेजबान तांबे के अनुकूल हो जाता है। प्रोक नेटल एकेड साइंस यू एस ए 2015;112:ई5336-42।

69. वीज़ जी, कार्वर पीएल। संक्रामक रोग संवेदनशीलता में द्विसंयोजक धातुओं की भूमिका और नतीजा। क्लिन माइक्रोबायोल संक्रमण 2018; 24:16–23।

70. मुनोज़ सी, रियोस ई, ओलिवोस जे, ब्रून्सर ओ, ओलिवारेस एम. आयरन, कॉपर और इम्यूनोकॉम्पिटेंस। ब्र जे न्यूट्र 2007;98(सप्ल 1):एस24-8।

71. कोल्लर एलडी, मुलहर्न एसए, फ्रेंकल एनसी, स्टीवन एमजी, विलियम्स जेआर। प्रतिरक्षा शिथिलता जिन चूहों को तांबे की कमी वाला आहार दिया गया। एम जे क्लिन न्यूट्र 1987;45:997-1006।

72. गेटके एलएम, चाउ-जॉनसन एचएस, चाउ सीके। कॉपर: टॉक्सिकोलॉजिकल प्रासंगिकता और तंत्र। आर्क टॉक्सिकोल 2014;88:1929-38।

73. जू डी, लियू डी, वांग बी, चेन सी, चेन जेड, ली डी, एट अल। O2- और H2O2 से स्वस्थानी OH पीढ़ी प्लाज्मा-प्रेरित कोशिका मृत्यु में महत्वपूर्ण भूमिका निभाती है। प्लस वन 2015;10:e0128205।

74. वार्न्स एसएल, कीविल सीडब्ल्यू। गीली या सूखी सतह के संपर्क के बाद वैनकोमाइसिन-प्रतिरोधी एंटरोकोकी में तांबे की सतह की विषाक्तता का तंत्र। एपल एनवायरन माइक्रोबायोल 2011;77:6049-59।

75. बाला एस, फैला एमएल। कॉपर की कमी सक्रिय टी में डीएनए संश्लेषण को प्रतिकूल रूप से बाधित करती है इंटरल्यूकिन 2 गतिविधि को सीमित करके लिम्फोसाइट्स। प्रोक नेटल एकेड साइंस यू एस ए 1992;89:6794-7।

76. हॉपकिंस आरजी, फ़ैला एमएल। कॉपर की कमी से मानव टी-लिम्फोसाइटों में इंटरल्यूकिन-2 (IL-2) उत्पादन और IL-2 mRNA कम हो जाता है। जे न्यूट्र 1997;127:257-62।

77. बोनहम एम, ओ'कॉनर जेएम, हैनिगन बीएम, स्ट्रेन जेजे। सीमांत तांबे की स्थिति के शारीरिक संकेतक के रूप में प्रतिरक्षा प्रणाली? ब्र जे न्यूट्र 2002;87:393-403।

78. सग्रीपंती जेएल, राउटसन एलबी, लिटल सीडी। अकेले तांबे या लोहे के आयनों द्वारा वायरस को निष्क्रिय करना और पेरोक्साइड की उपस्थिति में। एपल एनवायरन माइक्रोबायोल 1993;59:4374-6।

79. वार्न्स एसएल, लिटिल जेडआर, कीविल सीडब्ल्यू। मानव कोरोना वायरस 229ई सामान्य स्पर्श सतह सामग्री पर संक्रामक रहता है। एमबीओ 2015;6. e01697-15.

80. सुसिप्टो टीएच, चुरोटिन एस, सेत्यावती एच, मार्टक एफ, मुल्यात्नो केसी, अमरुल्ला आईएच, एट अल। एक नया कॉपर (Ii)-इमिडाज़ोल व्युत्पन्न प्रभावी रूप से वेरो सेल में डेनव-2 की प्रतिकृति को रोकता है। अफ़्र जे इंफेक्ट डिस 2018;12:116–9।

81. मियामोतो डी, कुसागाया वाई, एंडो एन, सोमेटानी ए, ताकेओ एस, सुजुकी टी, एट अल। थूजाप्लिसिन- कॉपर केलेट्स मानव इन्फ्लूएंजा वायरस की प्रतिकृति को रोकते हैं। एंटीवायरल रेस 1998;39:89-100।

82. नॉयस जो, मिशेल्स एच, कीविल सीडब्ल्यू। तांबे पर इन्फ्लुएंजा ए वायरस का निष्क्रिय होना बनाम स्टेनलेस स्टील की सतहें। एपल एनवायरन माइक्रोबायोल 2007;73:2748-50।

83. ग्रास जी, रेंसिंग सी, सोलिओज़ एम. रोगाणुरोधी सतह के रूप में धात्विक तांबा। एपल एनवायरन माइक्रोबायोल 2011;77:1541-7।

टिपणी

इस पुस्तक के रुद्राक्ष-विशेषज्ञ द्वारा दी गई विस्तृत एवं गहन जानकारी से पाठक दो प्रकार से लाभान्वित होंगे:

1. अपने पेशे व आवश्यकता के अनुसार रुद्राक्ष का चयन कर सकेगें।
2. असली-नकली रुद्राक्ष की पहचान आ जाएगी।

परामर्श के लिए संपर्क स्त्रोत नीचे दिए गए हैं।

info@rudralife.com
Website – www.rudralife.com

तनय सीठा
मोबाइल: +91 9322791193.

१९४६ में स्थापित जयको पब्लिशिंग हाउस एक ऐसी प्रकाशक संस्था है जिसने मशहूर लेखक श्री श्री परमहंस योगानंद, ओशो, रॉबिन शर्मा, दीपक चोपड़ा, स्टीफन हॉकिंग्ज, एकनाथ ईश्वरन, सर्वपल्ली राधाकृष्णन, निरद चौधरी, खुशवंत सिंह, मुल्कराज आनंद, जॉन मैक्सवेल, क्लेन बेनचार्ड और ब्रायन ट्रेसी जैसे लेखकों की किताबें प्रकाशित की हैं।

स्वर्गीय श्री जमन शाह ने पुस्तक वितरण कंपनी के रूप में जयको की स्थापना की थी। स्वतंत्रता आंदोलन चल रहा था, इसलिए उन्होंने अपनी कंपनी को 'जयको' (हिंदी में जय का मतलब जीत) नाम दिया। विकसनशील देशों में किताबों की उल्लेखनीय माँग को देखते हुए श्री शाह ने खुद ही किताबें प्रकाशित करने का फैसला किया। जयको देश की पहली प्रकाशन संस्था है जिसने अंग्रेजी भाषा में पेपर बैक पुस्तकें प्रकाशित कीं।

जयको ने अपने क्षितिज का विस्तार शैक्षणिक और व्यावसायिक, प्रबंधन, इंजीनियरिंग और प्रौद्योगिकी की किताबों के व्यापार में अग्रणी प्रकाशक के रूप में किया है। हमारे महाविद्यालय स्तर की पाठ्यपुस्तकों और संदर्भ शीर्षकों का अध्ययन देशभर के छात्र कर रहे हैं। हमारे शैक्षणिक और व्यावसायिक किताबों की सफलता काफी हद तक हमारे शैक्षणिक और कॉर्पोरेट बिक्री प्रभागों के प्रयासों के कारण है।

जयको केवल अपनी किताबें वितरित करता है। मुम्बई में मुख्यालय के अलावा, जयको के कार्यालय अमदाबाद, बैंगलोर, चेन्नई, दिल्ली, हैदराबाद और कोलकाता में भी हैं।

Visit our Website

Scan QR Code